Christian Immler

Dein Smartphone mit Android 6

Einfach alles können

Markt+Technik

ISBN 978-3-95982-046-2

Espenpark 1a
90559 Burgthann

Produktmanagement Christian Braun, Burkhardt Lühr
Herstellung Jutta Brunemann, j.brunemann@mut.de
Covergestaltung David Haberkamp
Coverfoto © kirill_μ – Fotolia.com
Satz Thorsten Schlosser, Kreuztal (www.buchsetzer.de)
Druck Media-Print, Paderborn
Printed in Germany

Inhaltsverzeichnis

Kapitel 1

Das Android-6-Smartphone

Willkommen in der Welt der Smartphones, der Handys mit eingebautem Computer oder der Computer, die man wirklich immer bei sich haben kann. Smartphones sind schon lange kein Spielzeug mehr für geschäftliche Anwender, sondern aus dem Alltag der meisten Menschen kaum noch wegzudenken. Wer heute im Rahmen eines auslaufenden Handyvertrags über neue Hardware nachdenkt, wird fast immer ein Smartphone wählen. In den meisten Fällen läuft dieses mit dem Android-Betriebssystem. Klassische Handys gibt es so gut wie gar nicht mehr.

Android – was ist das?

Am 5. November 2007 präsentierte Google erstmals eines seiner für die Zukunft wichtigsten Produkte: Android. Seitdem ist Android zum bekanntesten Betriebssystem für Smartphones und andere mobile Geräte geworden. Android läuft nicht nur auf Smartphones und Tablets, sondern auch auf Armbanduhren, Fernsehern und Bordcomputern in Autos.

> **INFO:** Jeden Tag werden etwa 3.000.000 neue Android-Handys auf der Welt neu aktiviert – fast achtmal so viel, wie an einem Tag Menschen auf der Welt geboren werden. Im Jahr 2014 wurden weltweit über eine Milliarde Android-Geräte verkauft. Mit Android 6 Marshmallow werden jetzt 74 Sprachen unterstützt. Neu hinzugekommen sind Albanisch, Aserbaidschanisch, Gujarati (Muttersprache im indischen Bundesstaat Gujarat), Kasachisch, Urdu und Usbekisch.

Nach einer Studie des Marktforschungsunternehmens Gartner aus dem November 2015 hält Android mit einem Marktanteil von 84,7 % die Spitze unter den Smartphone-Betriebssystemen weltweit – Tendenz steigend. Apple mit iOS und Microsoft mit Windows 10 Mobile – der Vorgänger hieß Windows Phone – teilen sich den Rest. BlackBerry sowie Nokias Symbian-Plattform, ehemaliger Marktführer, sind komplett verschwunden, seit Nokia auf Windows Phone umgestiegen ist. In Deutschland hat Android durch die zunehmende Verbreitung von Windows Phone nach einer aktuellen Studie von Kantar Worldpanel aus dem Juli 2015 »nur noch« einen Marktanteil von 75,1 % und liegt so mit großem Abstand vor iOS mit 13,2 % und Windows Phone mit 10,5 %. Das letzte Prozent teilen sich BlackBerry und andere kleine Plattformen wie unter anderem Ubuntu und Firefox OS.

Zu den offiziell von Google lizenzierten Android-Geräten kommen noch diverse Smartphones chinesischer Hersteller hinzu, die mit eigenen Android-Varianten auf Basis des AOSP (**A**ndroid **O**pen **S**ource **P**roject) laufen und keine Google-Dienste vorinstalliert haben. Nach aktuellen Schätzungen sind dies inzwischen zwischen 25 % und 40 % aller aktuell verkauften Geräte. Der Hersteller der OpenSignal-App identifizierte im Sommer 2015 über 24.000 verschiedene Android-Gerätemodelle im Internet: opensignal.com/reports/2015/08/android-fragmentation.

Google wirbt auf www.android.com für die aktuelle Android-Version Marshmallow.

Alle Neuheiten in Android 6 Marshmallow im Überblick

Android 6 Marshmallow bietet diverse Neuheiten, die eher technischer Natur sind und auf den ersten Blick an der Oberfläche gar nicht so auffallen. Hier zunächst alle wichtigen Neuheiten in Kurzform:

Kontextabhängige Funktionen

- **Now on Tap:** Kontextabhängige Zusatzinformationen aus vielen Apps oder Webseiten heraus – berühren und halten Sie einfach die Home-Schaltfläche (zurzeit in Deutschland noch nicht verfügbar).
- **Mehr Sprachfunktionen:** Alle Apps, die den neuen Sprachinteraktionsdienst unterstützen, können per Sprachbefehl gesteuert werden (Kapitel 10).
- **Direct Share:** schnelle und einfache Methode zum direkten Teilen mit der richtigen Person in der richtigen App (Kapitel 5).

Energiesparen

- **Stromsparmodus:** Wenn Sie Ihr Smartphone nicht nutzen, wird es vom Stromsparmodus automatisch in den Ruhemodus versetzt, um die Stand-by-Zeit des Akkus zu verlängern (Kapitel 10).
- **App Standby:** weniger Akkuverbrauch durch selten verwendete Apps. App Standby beschränkt den Einfluss dieser Apps auf den Energieverbrauch, damit der Akku länger reicht (Kapitel 10).
- **Unterstützung von USB Typ-C:** schnellere Datenübertragung und Aufladen. Die extrem schnelle Ladefunktion sorgt in Minuten für mehrere Nutzungsstunden (Kapitel 10).

Datenschutz und Sicherheit

- **Berechtigungen auf Nachfrage:** Für Android 6 Marshmallow entwickelte Apps fragen nur dann nach Berechtigungen zum Zugriff auf bestimmte persönliche Daten oder Hardwarekomponenten wie Kamera und GPS, wenn diese auch erforderlich sind. Sie können sie verweigern und die App trotzdem weiter nutzen (Kapitel 3).
- Erweiterte Funktionen zum **Aktivieren und Deaktivieren von Berechtigungen** für alle installierten Apps (Kapitel 3).
- **Bestätigter Bootmodus:** Während des Startens wird eine Warnung angezeigt, wenn die Firmware oder das Android-Betriebssystem von der Werksversion abweichen (Kapitel 9).
- **Fingerabdrucksensoren** zum Entsperren, für Einkäufe in Google Play, zum Authentifizieren von Transaktionen in Apps und zum Bezahlen in Onlineshops verwenden (Kapitel 9).

Produktivität

- **Druckempfindliche Bluetooth-Eingabestifte** mit Modifikatortasten werden vom System unterstützt.

- Optimierte Typesetting- und Text-Rendering-Leistung.
- **Intelligente Textauswahl**, integrierte Rückgängig-/Wiederholen-Funktion und vereinfachte Textaktionen (Kapitel 4).
- **Neue Textauswahlfunktionen** wie die Übersetzungsoption, mit der Text direkt übersetzt werden kann, sofern die Google-Übersetzer-App installiert ist (Kapitel 8).
- Mit **Duplexdruck** Papier sparen.

Verbesserte Nutzererfahrung

- **App-Links:** Mit dieser Funktion können installierte Apps ihre Web-URLs automatisch verarbeiten, damit Sie direkt und nicht über die mobile Website zur App gelangen.
- **Nicht stören** ganz einfach in den Schnelleinstellungen aktivieren oder deaktivieren und konfigurieren (Kapitel 2).
- Wählt Sie ein Anrufer innerhalb von 15 Minuten zweimal an, können Sie den Anruf durchstellen lassen, auch wenn *Nicht stören* aktiviert ist (Kapitel 2).
- Automatische Regeln, um *Nicht stören* für beliebig viele benutzerdefinierte Zeiträume oder Kalenderereignisse zu aktivieren (Kapitel 2).
- Lautstärke von Benachrichtigungen, Musik und Weckern über die erweiterte Lautstärkeregelung überall mit den Lautstärketasten regeln (Kapitel 2).
- Alle Konfigurationen einer App an einem Ort verwalten – Akku, Speichernutzung, Benachrichtigungen und Berechtigungen (Kapitel 2).
- Liste der im Google Now Launcher verfügbaren Apps bietet jetzt eine Suche, schnelle alphabetische Scrollfunktion und App-Vorschläge (Kapitel 2).

Konnektivität

- Stromsparende Bluetooth-Low-Energy-Suche (BLE) nach Beacons in der Nähe und Bluetooth-Zubehör.
- **Hotspot 2.0:** nahtlose, sichere Verbindung zu kompatiblen WLANs (Kapitel 4).
- Der mobile WLAN-Hotspot unterstützt 5-GHz-Bänder (Kapitel 10).
- Bluetooth-SAP: Nutzen Sie die SIM-Karte Ihres Smartphones für Gespräche über das Autotelefon.

Erweiterbarer Speicher

- **Flexibler Speicher:** vereinfacht die Nutzung von SD-Karten oder externen Speichergeräten als verschlüsselter erweiterter Speicher für Apps und Spiele (Kapitel 10).

Geräteeinrichtung und Migration

- Konten, Apps und Daten leichter auf ein anderes Gerät übertragen (Kapitel 2).
- Während der Einrichtung ein zusätzliches privates oder geschäftliches E-Mail-Konto (z. B. IMAP) hinzufügen (Kapitel 2).
- Automatische Sicherungen für Apps: nahtlose Sicherung und Wiederherstellung von App-Daten (Kapitel 2).
- Sicherung und Wiederherstellung zusätzlicher Systemeinstellungen wie Synchronisierung, bevorzugte Apps, *Nicht stören*, Bedienungshilfen und aktivierte IMEs (Kapitel 2).

Medien

- **MIDI-Unterstützung:** Erstellen, hören und spielen Sie Musik mit Ihrem Android Gerät mit USB MIDI Geräten, MIDI über Bluetooth und software basierten MIDI-Geräten.

Lokalisierung

- Android ist jetzt in über 74 Sprachen verfügbar. Neu dabei sind: Albanisch, Aserbaidschanisch, Gujarati, Kasachisch, Urdu und Usbekisch.

Android for Work

- Für eingehende Anrufe und bestehende Nachrichten werden nun vollständige geschäftliche Kontaktdetails angezeigt, selbst wenn Sie nicht in Ihrem Arbeitsprofil angemeldet sind.
- **Arbeitsstatusbenachrichtigung:** Ein Aktentaschensymbol auf der Statusleiste zeigt an, dass Sie eine App aus dem Arbeitsprofil verwenden. Wenn das Gerät direkt in einer App aus dem Arbeitsprofil entsperrt wird, erscheint eine Warnung für den Nutzer.
- **VPN-Apps** sind jetzt in den Einstellungen unter *Mehr/VPN* sichtbar. Außerdem richten sich die Benachrichtigungen, die von VPNs verwendet werden, nun danach, ob diese für ein Arbeitsprofil oder das gesamte Gerät konfiguriert sind.

Android Runtime (ART)

- Optimierte App-Leistung und weniger Speicher-Overhead für schnelleres Multitasking.

Android 6 als Update installieren

Ob man auf einem vorhandenen Smartphone Android 6 Marshmallow installieren kann, hängt davon ab, ob der jeweilige Gerätehersteller ein Update anbietet. Google selbst liefert nur Updates für die Smartphones der hauseigenen Nexus-Serie. Diese Geräte waren im Oktober 2015 auch die ersten, auf denen die neue Android-Version verfügbar war.

So wird das Marshmallow-Update installiert

Welche Android-Version auf einem Smartphone installiert ist, finden Sie ganz einfach heraus. Wischen Sie in den *Einstellungen* nach ganz unten und tippen Sie auf *Über das Telefon*. Auf dem nächsten Bildschirm sehen Sie die installierte Android-Version.

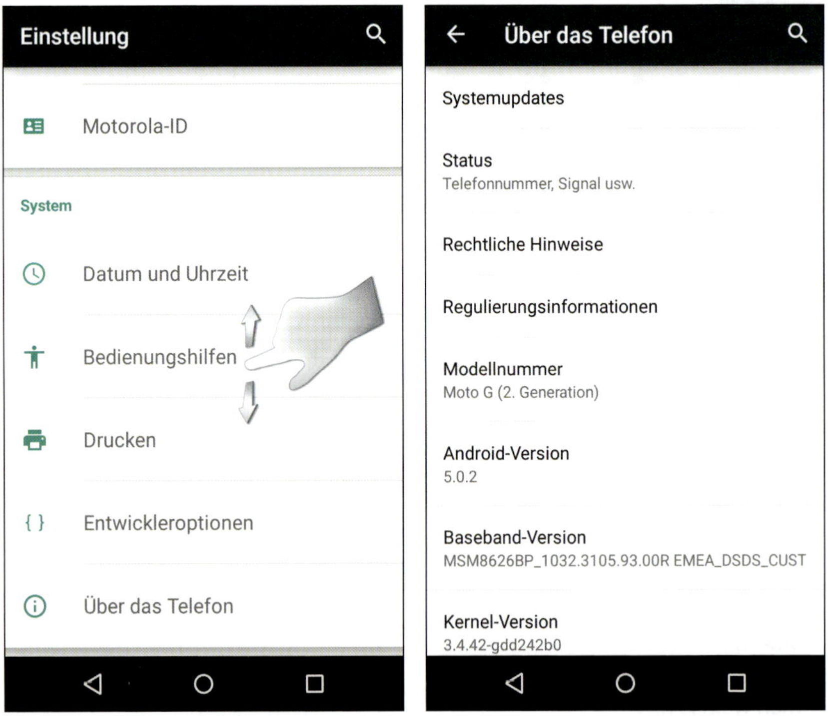

Anzeige der installierten Android-Version.

Üblicherweise benachrichtigen die Gerätehersteller jedes Smartphone, wenn das Update auf Android 6 Marshmallow oder auch ein kleineres Update zur Verfügung steht. In diesem Fall erscheint eine auffällige Meldung auf dem Bildschirm. Sie können aber auch über den Menüpunkt *Über das Telefon/Systemupdates* in den *Einstellungen* gezielt nach einem Update suchen.

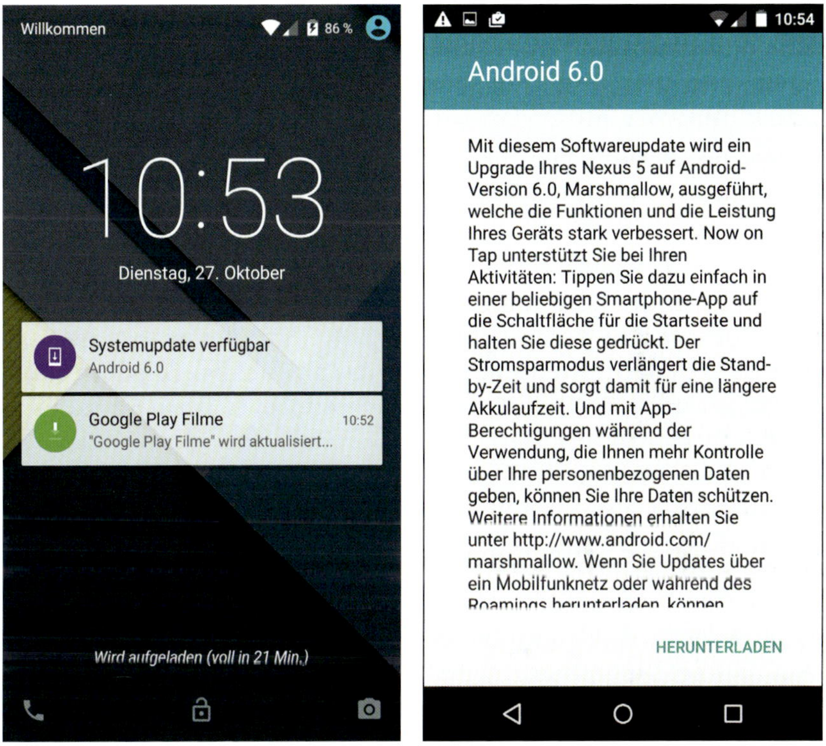

Automatische Benachrichtigung beim Update auf Android 6 Marshmallow.

Bei einem Betriebssystem-Update bleiben alle persönlichen Daten sowie auch aus dem Google Play Store installierte Apps erhalten. Daten auf der Speicherkarte bleiben ebenfalls erhalten. Apps, die bei manchen Smartphones vom Gerätehersteller vorinstalliert sind, wie zum Beispiel Werbe-Apps oder Samsung ChatON, sind teilweise im Update auf Android 6 Marshmallow nicht mehr enthalten.

ACHTUNG: Beim Betriebssystem-Update muss unbedingt sichergestellt sein, dass der Akku nicht während des Update-Vorgangs leer wird. Lassen Sie das Smartphone am besten während des Update-Vorgangs am Ladegerät hängen. Sorgen Sie auch für ein Backup wichtiger Daten und Dateien, denn ... man weiß ja nie.

Wegen der großen Datenmenge sollten Betriebssystem-Updates immer per WLAN heruntergeladen werden. Die Update-Installation dauert üblicherweise einige Minuten bis eine halbe Stunde. Während dieser Zeit kann man keine Telefongespräche führen. Die deutsche Notrufverordnung schreibt vor, dass Benutzer ausdrücklich darauf hingewiesen werden, dass ihr Smartphone während des Update-Vorgangs nicht für Notrufe genutzt werden kann.

Nach dem Update bootet das Smartphone neu. Danach müssen Sie wieder die PIN der SIM-Karte sowie das Passwort des Google-Kontos eingeben. Sorgen Sie dafür, dass Sie diese Daten im Zugriff haben.

Tipps zur Geräteauswahl

Seit dem ersten Android-Handy mit dem schlichten Namen G1 werden jede Woche neue Smartphones mit Android-Betriebssystem angekündigt. Bekannte Handyhersteller wie Samsung, Motorola, HTC, Sony (früher Sony Ericsson), Asus, LG, ZTE oder Huawei setzen auf Android als Plattform. Zusätzlich bauen unzählige chinesische Hersteller Android-Smartphones, die in Europa unter verschiedenen Markennamen in Elektronikmärkten und online verkauft werden. Außer den Geräten von Nokia und Apple sowie älteren BlackBerrys läuft mittlerweile fast jedes Smartphone mit Android.

Google selbst stellt zwar keine Smartphones her, veröffentlicht aber zusammen mit den Hardwarepartnern HTC, LG, Motorola und Samsung zu den wichtigen Android-Versionen ein Referenzgerät unter der Eigenmarke Nexus.

Die Google-Geräte Nexus 4, Nexus 5 und Nexus 6 (kein Größenvergleich).

Die Nexus-Smartphones werden über die Webseite www.google.de/nexus sowie über Vertriebspartner in den einzelnen Ländern verkauft. Die Nexus-Smartphones bekommen immer als Erstes die neuen Android-Versionen. Für die Modelle Nexus 5 und 6 wird Android 6 Marshmallow direkt seit Veröffentlichung angeboten.

Zum Start von Android 6 Marshmallow veröffentlichte Google gleich zwei neue Smartphones. Das Nexus 6P mit 5,7-Zoll-Bildschirm wird von Huawei produziert, das Nexus 5X mit 5,2-Zoll-Bildschirm von LG. Diese beiden Smartphones sind die ersten Geräte, die ab Werk bereits mit der neuen Android-Version ausgeliefert werden.

Die Google-Geräte Nexus 5X, Nexus 6P und Nexus 7 (kein Größenvergleich).

Das 7 Zoll Tablet Google Nexus 7 der zweiten Generation erhält bereits seit den ersten Entwicklerversionen das neue Betriebssystem Android 6 Marshmallow. Dieses Gerät gilt bei vielen App-Entwicklern als Referenzgerät für pures Android auf großen Bildschirmen, ohne Veränderungen seitens der Gerätehersteller.

Bevor Sie sich für ein Smartphone entscheiden, überlegen Sie sich, wofür Sie es hauptsächlich nutzen werden und wie viel Sie dafür ausgeben möchten. Jeder Nutzer verfolgt andere Interessen und Ziele, und genauso vielfältig ist mittlerweile die Auswahl an Android-Smartphones. Für unterschiedliche Anwenderszenarien sind auch unterschiedliche Hardwarekriterien von Bedeutung.

Der echte »Poweruser«, der viel im Internet surft und Multimedia-Anwendungen nutzt, braucht einen leistungsfähigen Prozessor und mindestens einen großen 5-Zoll-Bildschirm (12,7 cm), auf dem alle Apps und Videos laufen und der auch bei der Orientierung auf Landkarten hilfreich ist. Die Displayauflösung sollte idealerweise mindestens 1.080 x 1.920 Pixel betragen, dazu eine Kamera mit 16 Megapixeln und ein Quad-Core-Prozessor machen das Profi-Smartphone perfekt.

Die Smartphones Samsung Galaxy S6, HTC One M9 und LG G4 erhalten das Marshmallow-Update (kein Größenvergleich).

Der typische Smartphone-Nutzer, der sich neben dem Telefonieren Informationen aus dem Internet holt, Apps nutzt, E-Mails schreibt und ab und an ein Spielchen spielt, möchte trotzdem nicht immer ein überdimensionales Handy mit sich herumtragen. Hier empfehlen sich Smartphones der 4,0–4,5 Zoll Bildschirmklasse (10–11,5 cm). Diese haben trotz des günstigeren Preises ausreichend Prozessorleistung und Speicher für alle Alltags-Apps.

Würde man den diversen Kaufberatungsvideos im Internet oder auch im Fernsehen glauben, könnte man denken, die Funktionen der verschiedenen Android-Smartphones seien völlig unterschiedlich. Dort werden Werbeaussagen von Geräteherstellern ungefiltert übernommen und als das einzig Wahre verkauft. Ein Hersteller wirbt mit E-Mail-Funktionen, ein anderer mit der Google-Suche, ein dritter mit Facebook. Dass jedes Android-Smartphone dieser Welt all das kann, gerät dann ganz schnell in den Hintergrund. Tatsächlich unterscheiden sich die Geräte eher in der Hardwareausstattung und im Design.

Natürlich hat die Leistung ihren Preis, besonders was den Stromverbrauch angeht. Bei keiner anderen Zahl in den Datenblättern beweisen Hersteller so viel Fantasie wie bei Stand-by- und Gesprächszeiten. Angaben von mehreren Hundert Stunden können nur unter extremen Laborbedingungen gelten, wenn optimaler Netzempfang besteht und keine einzige App sich im Hintergrund Daten holt. Klingeln sollte das Telefon dann auch nicht. Um die mit einer Akkuladung erzielbare Gesprächszeit auf die Minute genau anzugeben, ist einiges an Kreativität nötig. Im realen Nutzeralltag hält keines der modernen Android-Smartphones wesentlich länger als einen Tag ohne Steckdose durch, besonders wenn man sich zeitweise in Gebieten mit schlechter Netzversorgung aufhält. Die auf den Datenblättern der Handyhersteller angegebenen Zeiten können Sie einfach aus Ihrem Gedächtnis streichen. Sie haben mit der Realität nichts zu tun.

Verschiedene Benutzeroberflächen

Im Gegensatz zu den proprietären Plattformen von Apple oder BlackBerry kann sich ein Smartphone-Nutzer bei Android ein Handy aussuchen, das ihm gefällt, findet dann immer weitgehend das gleiche vertraute System vor und kann dieselben Apps nutzen. Allerdings gibt es bei Android, ähnlich wie bei Linux – die beide auf UNIX basieren – diverse verschiedene Benutzeroberflächen, die über das eigentliche Betriebssystem gelegt werden. Besonders Samsung und HTC zeigen Benutzeroberflächen, die sich vom Android-Standard stark unterscheiden. Google versucht, seit Android 5 Lollipop einen Standard für Bedienung und Optik zu setzen und Hersteller dazu zu bringen, auf eigene Oberflächen zu verzichten. Motorola liefert aktuelle Geräte mit unverändertem Android. Der chinesische Hersteller ZTE kündigte an, bei zukünftigen in Europa erhältlichen Smartphones reines Android zu verwenden. Die meisten Abbildungen in diesem Buch wurden auf einem Google Nexus 5 erstellt, um die Originaloberfläche von Android 6 Marshmallow zu zeigen.

Wiederaufbereitetes Smartphone als kostengünstige Alternative

Aktuelle Smartphones haben ihren Preis – und das gilt bei den großen bekannten Marken auch noch für die Topmodelle der vergangenen Jahre. Es muss aber nicht unbedingt ein fabrikneues Smartphone sein. Professionell aufbereitete gebrauchte Markengeräte bieten eine kostengünstige Alternative zu Neugeräten, ohne dass man dabei die vom klassischen Gebrauchtmarkt bekannten Qualitätseinbußen hinnehmen muss.

asgoodasnew (»So gut wie neu«), eine der bekanntesten deutschen Spezialfirmen für professionelle Geräteaufbereitung, bietet hochwertig wiederaufbereitete Smartphones und Tablets bis zu 30 % unter dem Neupreis an. Dabei sind selbst aktuelle Modelle oft bereits wenige Tage bis Wochen nach Verkaufsstart verfügbar.

Die Geräte werden nicht nur professionell gereinigt, sondern auch technisch bis ins letzte Detail geprüft und generalüberholt. Die Technik entspricht der eines Neugerätes, dabei gibt asgoodasnew sogar 30 Monate Garantie. Mithilfe der zertifizierten Löschsoftware von Blanko wird die jeweils aktuelle Firmware vorinstalliert und dabei sichergestellt, dass das Gerät frei von Datenspuren oder eventueller Malware des Vorbesitzers ist.

Professionell wiederaufbereitete Elektronik stellt eine dritte Geräteklasse zwischen fabrikneuer Ware und klassischem Gebrauchtmarkt dar, wobei technische Qualität und auch Garantieleistungen denen von Neuware entsprechen oder dank vielfältiger Tests sogar überlegen sind. Hier kann es kein »Montagsgerät« geben.

Die wichtigsten Android-Versionen

Im Laufe der noch relativ kurzen Geschichte des Betriebssystems wurde Android ständig weiterentwickelt. Dabei waren immer verschiedene Versionen gleichzeitig auf dem Markt. Alle Android-Versionen sind nach amerikanischen Namen von Süßigkeiten benannt, in alphabetischer Folge. Zu jeder Version hat Google ein eigenes Logo veröffentlicht. Erst bei Version 1.5 und dem Buchstaben C wie Cupcake beginnen die Versionen, die öffentlich auf für die Allgemeinheit verfügbaren Geräten lieferbar waren. Android 1.0 Angel Cake und 1.1 Battenberg waren nie auf Geräten verfügbar.

Die ganz frühen Android-Versionen 1.0 Angel Cake, 1.1 Battenberg, 1.5 Cupcake und 1.6 Donut.

Alle Android-Versionen bis einschließlich 2.3 Gingerbread sind mittlerweile bei Neugeräten völlig bedeutungslos. Die Version 3.0 Honeycomb wurde speziell für Tablets entwickelt und wird ebenfalls nicht mehr ausgeliefert.

Die älteren Android-Versionen 2.0/2.1 Eclair, 2.2 Froyo, 2.3 Gingerbread und 3.x Honeycomb.

Mit Android 4.0 Ice Cream Sandwich wurden die beiden Produktlinien 2.3 Gingerbread für Smartphones und 3.x Honeycomb für Tablets wieder zu einem System zusammengeführt. Dazu wurde eine gänzlich neue Benutzeroberfläche entwickelt, in die viele Elemente der Tablet-Version eingeflossen sind. Auf Smartphone-Bildschirmen stellt sich diese Oberfläche automatisch so um, dass die Bedienelemente auch bei geringeren Bildschirmauflösungen funktionieren. Viele derzeit erhältliche Smartphones und Tablets verwenden noch die Android-Versionen der Generation 4: 4.0 Ice Cream Sandwich, 4.1/4.2/4.3 Jelly Bean sowie 4.4 KitKat. Mit Android 5 Lollipop startete Google unter dem Namen »Material Design« ein komplett überarbeitetes Design der Benutzeroberfläche, das auch in Android 6 Marshmallow verwendet wird.

Die Logos der immer noch weitverbreiteten Android-Versionen 4.0 Ice Cream Sandwich, 4.1/4.3 Jelly Bean, 4.4 KitKat und 5.0/5.1 Lollipop.

Google veröffentlicht monatlich Zahlen zur Verbreitung der einzelnen Android-Versionen. Die Zahlen stammen nicht aus verkauften Smartphones, sondern werden über die Besucherzahlen des Google Play Store ermittelt.

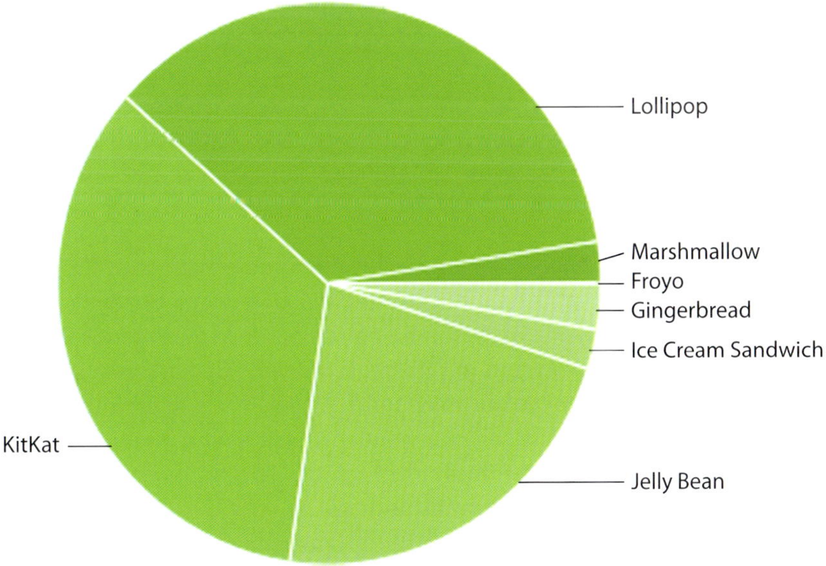

Verteilung der Android-Versionen, Stand März 2016 (Quelle: Google).

Demnach hatte Android 5 Lollipop Anfang März 2016 mit 36,1 % die Vorgängerversion Android 4.4 KitKat mit 34,3 % bereits knapp überholt. Jelly Bean, lange Zeit auf Platz 1, hat deutlich Prozentpunkte an modernere Versionen eingebüßt. Die Android-Versionen 4.x halten zusammen nur noch 58,9 %. Ältere Versionen werden zunehmend bedeutungslos. Android-Versionen vor 2.2 Froyo können mit der verwendeten Technologie nicht erfasst werden.

Das aktuelle Android 6 Marshmallow schaffte Anfang März 2016 erstmals über 2 % Marktanteil, da langsam die ersten Updates für schon länger erhältliche Smartphones verfügbar sind.

Was macht Android so besonders?

Android ist nicht nur eine elegante Oberfläche für Touchscreen-Smartphones, sondern ein echtes Betriebssystem wie auf einem PC, mit dem man das Handy für noch viel mehr als nur zum Telefonieren nutzen kann. Natürlich hat Android diese Art von Mobilität nicht erfunden, es gibt parallel noch diverse andere Systeme, allen voran Apples iOS mit dem iPhone, das erstmals Smartphones alltagstauglich machte.

Google als wichtigster Entwickler der Android-Plattform gibt Softwareentwicklern viele Freiheiten – deutlich mehr als die Hersteller der anderen Plattformen, sodass in kurzer Zeit jede Menge Apps entstanden sind, der größte Teil davon ist für den Nutzer kostenlos.

Auch Gerätehersteller sind weitgehend frei, wenn es darum geht, Android-Handys zu produzieren. Hardwaredaten wie Bildschirmauflösung und -größe, Zahl und Anordnung der Tasten, Kameraauflösung, Unterstützung verschiedener Funktechnologien (EDGE, UMTS, HSDPA, LTE), Tastatur oder nicht sind für die Hersteller nicht konkret vorgeschrieben. Dies führte dazu, dass sich eine breite Vielfalt verschiedener Smartphones für jeden Nutzergeschmack entwickelt hat.

Dank der vielfältigen Möglichkeiten bieten Android-Smartphones für jeden etwas, vom »ganz normalen« Alltagsnutzer, der unterwegs telefoniert und E-Mails schreibt, aber auch gern den Komfort eines Internetzugangs überall und jederzeit nutzt, bis hin zum Technikfreak, der seine Geräte tunen und das letzte technisch Mögliche herausholen möchte. Viele ehemalige Nutzer »normaler« Handys steigen bei einer anstehenden Verlängerung ihres Mobilfunkvertrags auf Android-Smartphones um. Auch die vergleichsweise niedrigen Gerätepreise tragen zu dieser Entwicklung bei.

Kapitel 2

Alltag mit dem Android-6-Smartphone

In diesem Kapitel werden die wichtigsten Grundlagen der Bedienung von Smartphones mit Android 6 Marshmallow erklärt, die Sie in den folgenden Kapiteln sicher gebrauchen können. Selbst wer schon einige Zeit ein Android-Smartphone sein Eigen nennt, wird noch das ein oder andere Interessante finden, da sich die neue Oberfläche deutlich von Android 4.x und früheren Versionen unterscheidet.

Die wichtigsten Fingergesten zur Touchscreen-Steuerung

Um den Touchscreen fehlerfrei zu bedienen, noch ein wenig technischer Hintergrund: Fast alle Android-Smartphones verwenden kapazitive Touchscreens, die auf das Energiefeld der Hand reagieren und nicht auf mechanischen Druck wie ältere Handys. Ein moderner Touchscreen lässt sich ausschließlich mit dem Finger bedienen, Stifte oder andere mechanische Hilfsmittel sowie Handschuhe sind wirkungslos. Wassertropfen auf dem Bildschirm beeinträchtigen ebenfalls die Funktion.

Berühren Sie den Touchscreen am besten nur mit einem Finger. Die anderen Finger der Hand können, selbst wenn sie das Glas nicht direkt berühren, schon eine ungewollte Reaktion auslösen. Nur ganz wenige Gesten, etwa das Zoomen sowie Spezialgesten bei Google Earth, benötigen zwei Finger.

Die grundlegenden Fingergesten auf dem Bildschirm werden im Buch mit Handsymbolen in den jeweiligen Abbildungen erklärt, sodass Sie sofort sehen, wohin Sie tippen oder von wo nach wo Sie mit dem Finger über den Bildschirm streichen, um eine bestimmte Aktion auszulösen.

Einfaches Antippen – Tippen Sie mit einem Finger kurz auf die angegebene Stelle auf dem Bildschirm.

Halten/Langes Antippen – Halten Sie einen Finger länger auf die angegebene Stelle auf dem Bildschirm. Das angetippte Bildschirmelement zeigt eine Reaktion, z. B. leuchtet auf oder lässt sich auf dem Bildschirm verschieben. Beim Loslassen erscheint oft ein Auswahlmenü.

Fingerstrich – Streichen Sie mit dem Finger über den Bildschirm, in die Richtung, die der Pfeil angibt. Das bedeutet, berühren Sie den Bildschirm am Fußpunkt des Pfeils und streichen Sie mit dem Finger, ohne loszulassen, zur Spitze des Pfeils, erst dort lassen Sie los.

Wischen – Beim Wischen oder Scrollen streichen Sie mit dem Finger vertikal oder horizontal über den Bildschirm, ohne eine genaue Position beachten zu müssen. Damit verschieben Sie den gesamten Bildschirminhalt nach oben oder unten bzw. nach links oder rechts. Fotos, Landkarten und auch einige Webseiten lassen sich auch in andere Richtungen über den Bildschirm verschieben.

Benachrichtigungsleiste nach unten ziehen – Erscheinen Benachrichtigungen über neue E-Mails, entgangene Anrufe oder heruntergeladene Apps in der Benachrichtigungsleiste am oberen Bildschirmrand, können Sie diese anzeigen lassen, indem Sie die Benachrichtigungsleiste nach unten ziehen. Tippen Sie dazu an den oberen Bildschirmrand und streichen Sie mit dem Finger, ohne loszulassen, bis zum unteren Rand.

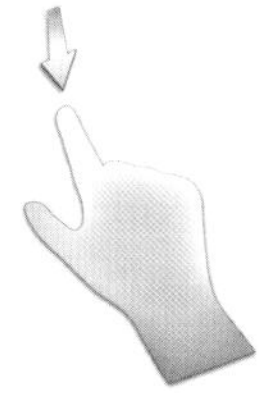

Zoom – Berühren Sie den Bildschirm mit zwei Fingern dicht nebeneinander und spreizen Sie dann die Finger, ohne den Bildschirm loszulassen, auseinander. Damit zoomen Sie in ein Foto, eine Landkarte oder eine Webseite hinein. Die umgekehrte Bewegung zoomt wieder zurück. Die genaue Position, an der Sie dazu den Bildschirm berühren, spielt keine Rolle.

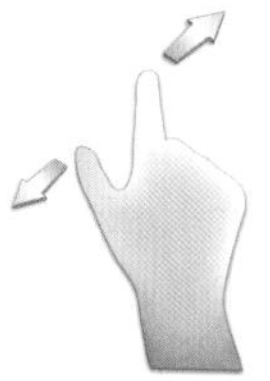

Drehen – Berühren Sie den Bildschirm mit zwei Fingern und führen Sie dann, ohne den Bildschirm loszulassen, eine bogenförmige Bewegung aus. Damit drehen Sie in ein Foto oder eine Landkarte. Die genaue Position, an der Sie dazu den Bildschirm berühren, spielt keine Rolle.

Die Ersteinrichtung des Smartphones

Zuerst müssen Sie den Akku, die SIM-Karte und bei Bedarf auch noch eine MicroSD-Karte in das Smartphone einbauen. Aufgrund internationaler Sicherheitsvorschriften dürfen Akkus im Gerät nicht in vollgeladenem Zustand verschickt werden. Der Akku fabrikneuer Smartphones ist bei Auslieferung nur zu etwa 50 % aufgeladen, was aber ausreicht, um das Gerät sofort in Betrieb nehmen und einrichten zu können.

Akku laden

Fast alle aktuellen Android-Handys verwenden Micro-USB-Ladegeräte. Diese sind beliebig zwischen den Smartphones austauschbar. Wer mehrere Geräte nutzt, braucht nicht immer mehrere Ladegeräte mit sich herumzutragen. Seit der Vereinheitlichung der Ladegeräte für alle Smartphones außer dem iPhone kann man bequem ein Ladegerät fest am Schreibtisch oder in der Küche deponieren, ein weiteres am Arbeitsplatz oder ähnlich. Mit Micro-USB Typ-C etabliert sich gerade ein neuer Standard, der höhere Ladegeschwindigkeiten und auch höhere Datenübertragungsraten ermöglicht. Micro-USB-Typ-C-Stecker sind symmetrisch, lassen sich also in beiden Richtungen einstecken.

Das alte Gerücht, ein Akku sollte vor jedem Aufladen erst komplett leer sein, gilt bei modernen Akkus schon lange nicht mehr. Sorgen Sie im Gegenteil lieber dafür, dass der Akku nie ganz leer ist, sondern laden Sie ihn lieber schon bei 50 % Restkapazität wieder auf. Kurze Ladevorgänge über den Tag verteilt verlängern die Lebensdauer des Akkus. Im Gegensatz dazu schadet es dem Akku, wenn er regelmäßig komplett entladen wird oder das Gerät längere Zeit mit vollgeladenem Akku am Ladegerät hängt.

SIM-Karte einstecken

Die meisten Android-Smartphones verwenden die typischen Mini-SIM- oder Micro-SIM-Karten. Einige ganz neue Modelle, unter anderem das Samsung Galaxy S6, verwenden noch kleinere Nano-SIM-Karten. Wer sein Smartphone nicht direkt mit einem Mobilfunkvertrag kauft, muss also darauf achten, von seinem Mobilfunkanbieter eine passende SIM-Karte zu bekommen. Viele Netzbetreiber und Mobilfunkdiscounter bieten inzwischen wahlweise verschiedene Größen von SIM-Karten an. Einige Anbieter liefern sogenannte Kombi-SIM-Karten: Mehrere Stanzlinien ermöglichen es, den SIM-Chip in unterschiedlichen SIM-Kartenformen aus dem Kartenträger herauszudrücken. Die Nano-SIM-Karten sind einfach nur kleiner, die Kontakte aber gleich angeordnet und elektronisch voll kompatibel zu Mini-SIM- und Micro-SIM-Karten.

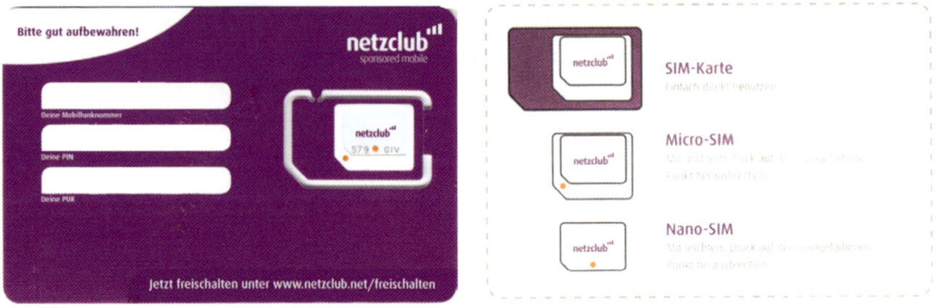

Kombi-SIM-Karte mit Bedienungsanleitung (Foto: netzclub SIM-Karte).

Netzclub

Netzclub (www.netzclub.net) ist ein Mobilfunkdiscounter im O2-Netz, bei dem man jeden Monat 100 MByte Datenvolumen geschenkt bekommt, wenn man zustimmt, Werbung per E-Mail und SMS zu erhalten. Die Werbung hält sich in vertretbaren Grenzen, alle paar Tage kommt mal eine E-Mail oder SMS. Guthaben für Gespräche oder größere Datenpakete lassen sich bequem per Prepaid ohne Vertragspflichten aufladen. Dieser Tarif ist ideal für alle, die ihr Smartphone im Wesentlichen im WLAN nutzen und nur sehr wenig damit telefonieren.

Micro-SIM und Nano-SIM selbst basteln

Obwohl dies offiziell nicht empfohlen wird, findet man im Internet Anleitungen und Schneidevorlagen, um normale Mini-SIM-Karten auf die Größe einer Micro-SIM oder Nano-SIM zurechtzustutzen. Der eigentliche Chip in den SIM-Karten liegt genau unter der Kontaktfläche und kann, sofern man mit einem scharfen Messer sauber schneidet und die SIM-Karte dabei nicht zerspringt, nicht beschädigt werden. Also am besten einmal mit einer abgelaufenen oder einer kostenlosen Promo-SIM-Karte üben, bevor man das Messer an der echten SIM-Karte ansetzt. Für weniger Mutige gibt es im Zubehörhandel einfache Stanzmaschinen für unter 10 Euro, mit denen man kaum etwas falsch machen kann.

Der erste Start des Smartphones

1. Drücken Sie zum Erststart länger (etwa eine Sekunde) auf den Einschalter. Der Bildschirm wird leicht heller, und nach kurzer Zeit erscheinen ein Logo des Handyherstellers sowie ein Android-Logo.

2. Nach dem Einschalten müssen Sie als Erstes wie auf jedem Handy die PIN Ihrer SIM-Karte eingeben. Ist die PIN-Abfrage auf der SIM-Karte deaktiviert, entfällt dieser Schritt natürlich hier auch.

3. Die meisten Funktionen von Android-Smartphones lassen sich im WLAN auch ohne SIM-Karte nutzen. Ist keine SIM-Karte eingelegt, wird die PIN-Eingabe automatisch übersprungen. Anhand der SIM-Karte wird bei der Ersteinrichtung automatisch auch ein Internetzugang über diese SIM-Karte eingerichtet, der allein durch Hintergrunddienste schon Kosten verursachen kann (siehe dazu weiter unten den Abschnitt »Tipps zur Wahl eines Tarifs für Android-Smartphones«). Wenn Sie keinen Internettarif auf Ihrer SIM-Karte haben oder sich nicht sicher sind, führen Sie die Erstinstallation am besten per WLAN durch und stecken dazu keine SIM-Karte in das Gerät.

4. Wählen Sie im nächsten Schritt als Sprache *Deutsch* aus. So bekommen Sie sämtliche Menüs und Systemdialoge in deutscher Sprache angezeigt.

5. Tippen Sie nach der Sprachauswahl auf das Pfeilsymbol.

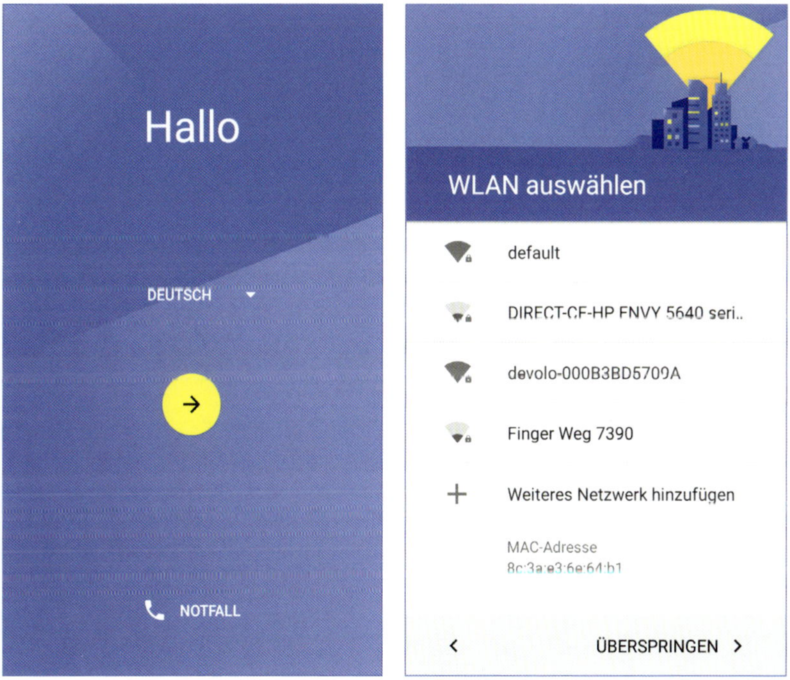

Sprache und WLAN bei der Ersteinrichtung auswählen.

ACHTUNG: Immer wieder behaupten besonders schlaue Nutzer in Internetforen, moderne Elektronik ließe sich nur auf Englisch richtig bedienen und manche Funktionen blieben in der deutschen Oberfläche verborgen. Das ist natürlich völliger Quatsch und galt vielleicht vor 20 Jahren. Heute ist der deutsche Markt einer der wichtigsten Märkte für Elektronikhersteller weltweit. Android 6 Marshmallow ist in allen verfügbaren Sprachen gleichermaßen nutzbar.

WLAN als schneller Internetzugang zu Hause

Zu Hause bietet das eigene WLAN eine schnelle, zuverlässige Internetverbindung auch für Smartphones. Hinzu kommt, dass dieser Internetzugang kostenlos ist, das übertragene Datenvolumen also nicht auf das wertvolle Datenvolumen der Mobilfunkflatrate angerechnet wird.

Aus diesen Gründen bieten Android-6-Smartphones gleich bei der Ersteinrichtung – noch vor der datenintensiven Synchronisation mit dem Google-Konto – an, eine WLAN-Verbindung einzurichten.

INFO: Wi-Fi ist die englische Bezeichnung für WLAN. Der in Deutschland gebräuchliche Begriff WLAN (**W**ireless **L**ocal **A**rea **N**etwork) für drahtloses Netzwerk ist ein deutscher Anglizismus und wird von englischen oder amerikanischen Muttersprachlern nie verwendet. Diese sprechen immer von Wi-Fi.

1. Automatisch erscheint ein Bildschirm für die WLAN-Einstellungen. Wählen Sie in der Liste das Netzwerk aus, mit dem Sie sich verbinden möchten. Ist das WLAN verschlüsselt, wird es in der Liste mit einem Schloss-Symbol dargestellt, und Sie müssen bei der ersten Verbindung den Schlüssel eingeben.
2. Android unterstützt alle gängigen Verschlüsselungsverfahren: WEP, WPA und WPA2. Klicken Sie anschließend auf *Verbinden*. Danach wird diese Verbindung gespeichert, es ist keine weitere Schlüsseleingabe mehr nötig.

WPS statt WLAN-Schlüssel

Haben Sie einen Router mit einer WPS-Taste, können Sie die Verbindung mit einem Knopfdruck einrichten. Drücken Sie dann einfach, wenn auf dem Smartphone die entsprechende Meldung erscheint, die WPS-Taste auf dem Router.

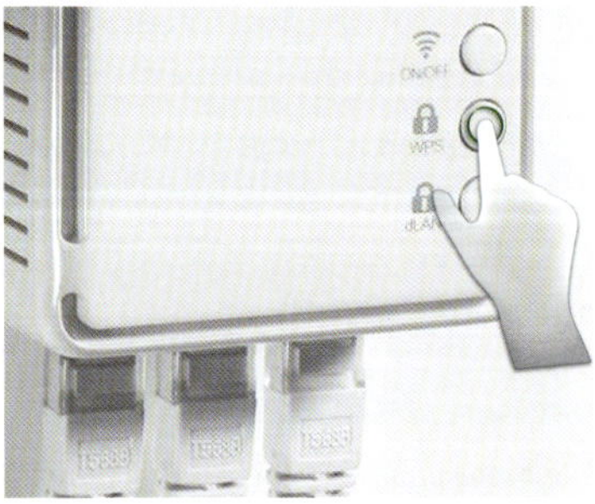

WPS-Taste (Foto: devolo AG).

3. Zur Verbindung mit einem WLAN, das nur bestimmte Geräte zulässt, wird die eigene MAC-Adresse des Smartphones angezeigt.
4. Eine aktive WLAN-Verbindung wird mit einem Symbol in der Benachrichtigungsleiste am oberen Bildschirmrand angezeigt. Dieses zeigt auch die ungefähre Signalstärke.

5. Nachdem die Verbindung erfolgreich hergestellt wurde, tippen Sie auf *Weiter*, um mit der Ersteinrichtung des Smartphones fortzufahren.
6. Android 6 Marshmallow bietet jetzt die Möglichkeit, Google-Konten, Apps und persönliche Daten von einem anderen Android-Smartphone direkt zu übernehmen. Beide Geräte müssen dazu die Funktechnik NFC unterstützen. Sie brauchen die Geräte dann nur Rücken an Rücken aneinanderzuhalten, um die Übertragung zu starten.

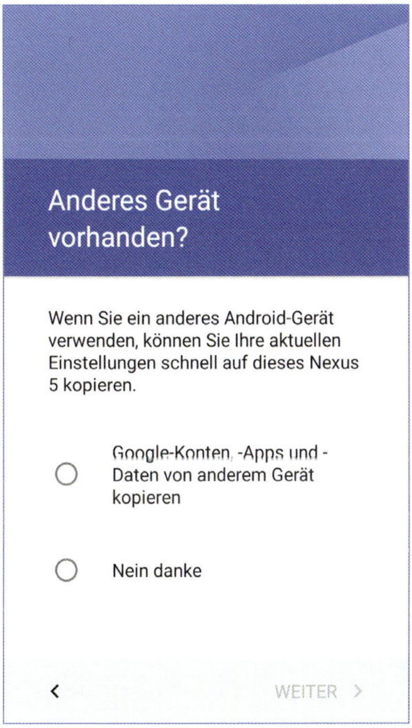

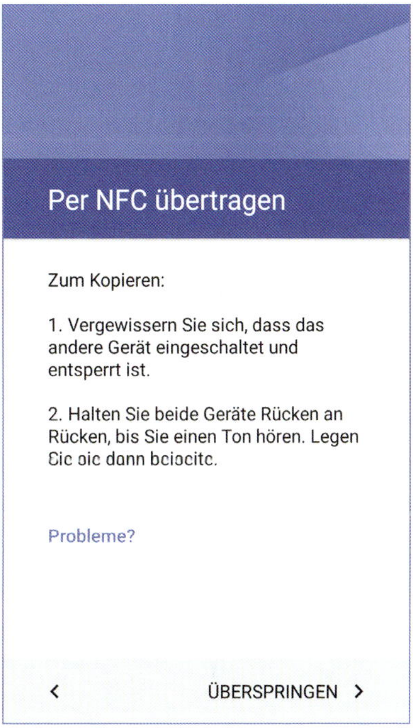

Daten eines vorhandenen Smartphones per NFC übertragen.

Im nächsten Schritt möchten alle Android-Smartphones ein Google-Konto einrichten.

Das Google-Konto

Wer seine Adressen, E-Mails und andere Daten online speichert, kann sie mit jedem neuen Computer, Smartphone oder Tablet synchronisieren, ohne Adressbücher zu importieren oder gar Daten abzutippen. Google bietet dazu jedem Anwender kostenlos ein persönliches Google-Konto an, in dem man seine Daten speichern kann. Diese Daten stehen dann auf jedem internetfähigen Gerät, das mit Google-Diensten synchronisiert werden kann, zur Verfügung. Welche Daten man bei Google ablegt, bleibt jedem selbst überlassen.

Besonders beliebt ist es, seinen Kalender, das Adressbuch sowie die persönliche Lesezeichensammlung bei Google abzulegen, um sie automatisch auf jedem PC, Smartphone oder Tablet zur Verfügung zu haben.

Android-Smartphones sind sehr eng mit Google-Konten verbunden, viele Funktionen können aber auch ohne diese – mit Einschränkungen – verwendet werden. Zur Nutzung von Google Play (früher: Android Market) ist ein Google-Konto zwingend nötig.

Wer bereits ein Google-Konto hat, wird dieses natürlich auch auf dem Smartphone weiternutzen. Wer noch nicht über ein Google-Konto verfügt, kann jetzt eines anlegen. Es ist auch möglich, ein Android-Smartphone mit mehreren Google-Konten zu synchronisieren oder den Schritt ganz zu überspringen und das Smartphone zunächst ohne Google-Konto zu betreiben.

1. Wählen Sie im ersten Schritt des Assistenten, ob Sie ein neues Google-Konto auf dem Smartphone anlegen oder sich mit einem vorhandenen Google-Konto anmelden möchten.

2. Wenn Sie bereits ein Google-Konto haben, geben Sie jetzt Ihre E-Mail-Adresse sowie das Passwort ein.

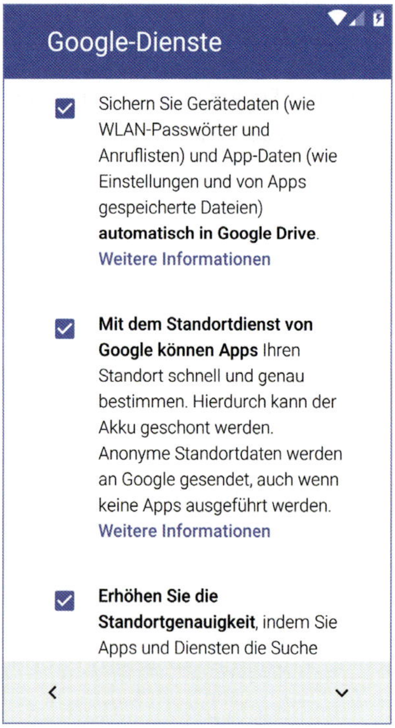

Die ersten Schritte bei der Anmeldung mit einem vorhandenen Google-Konto.

3. Den Punkt *Sicherung & Wiederherstellung* sollten Sie auf jeden Fall eingeschaltet lassen. So werden Ihre Apps und Einstellungen im Google-Konto gesichert und lassen sich im Notfall oder bei einem Hard-Reset leicht wiederherstellen. Mit dieser Einstellung können Sie auch Daten von früheren Android-Smartphones, die im Google-Konto gesichert wurden, auf dem neuen Smartphone wiederherstellen.

4. Weiter unten müssen Sie noch zustimmen, dass Google anonyme Standortdaten Ihres Gerätes nutzen darf. Viele Apps werden dadurch erst sinnvoll, dass Informationen aus der näheren Umgebung angezeigt werden können. Wer sich unbedingt verstecken möchte und dafür bereit ist, diverse Einschränkungen bei Apps in Kauf zu nehmen, kann die Standorterfassung hier ausschalten. Die Einstellung kann später jederzeit wieder geändert werden.

5. Haben Sie die Option *Wiederherstellung* eingeschaltet, werden jetzt automatisch die auf Ihrem bisherigen Smartphone installierten Apps auf dem neuen Gerät installiert, was einige Zeit dauern kann. Auch Kontakte und Termine stehen möglicherweise erst nach ein paar Minuten zur Verfügung.

6. Nach der Einrichtung des Google-Kontos folgen weitere Schritte, um die Google-Dienste einzurichten. Die zusätzliche Anmeldung bei Google+ aus früheren Android-Versionen gibt es nicht mehr. Google+ steht jetzt automatisch zur Verfügung.

7. Damit Sie auf dem Smartphone im Google Play Store Apps, E-Books oder Musik kaufen können, müssen im Google-Konto Kreditkartendaten hinterlegt werden. Alternativ können Sie auch die Abrechnung über Ihre Mobilfunkrechnung einrichten, wenn Ihr Netzbetreiber es unterstützt, eine Google-Play-Guthabenkarte einlösen oder ein PayPal-Konto hinterlegen. Diesen Schritt können Sie am einfachsten zunächst überspringen, wenn Sie in nächster Zeit nicht planen, bei Google Play einzukaufen. Kostenlose Apps können auch ohne Angabe einer Kreditkartennummer bei Google Play heruntergeladen werden. Bei der ersten kostenpflichtigen App ist immer noch Gelegenheit, Zahlungsinformationen anzugeben.

8. Android 6 Marshmallow bietet die Möglichkeit, direkt bei der Ersteinrichtung eine weitere E-Mail-Adresse anzugeben – zum Beispiel eine IMAP- oder POP3-Adresse eines der großen E-Mail-Anbieter oder eine geschäftlich genutzte E-Mail-Adresse auf einem Exchange-Server. Diese werden dann ebenfalls über die vorinstallierte Gmail-App genutzt.

9. Nach diesem Schritt erscheint der Android-Startbildschirm mit einem grünen Begrüßungsfeld. Tippen Sie auf *OK* und Sie können Ihr neu eingerichtetes Smartphone nutzen.

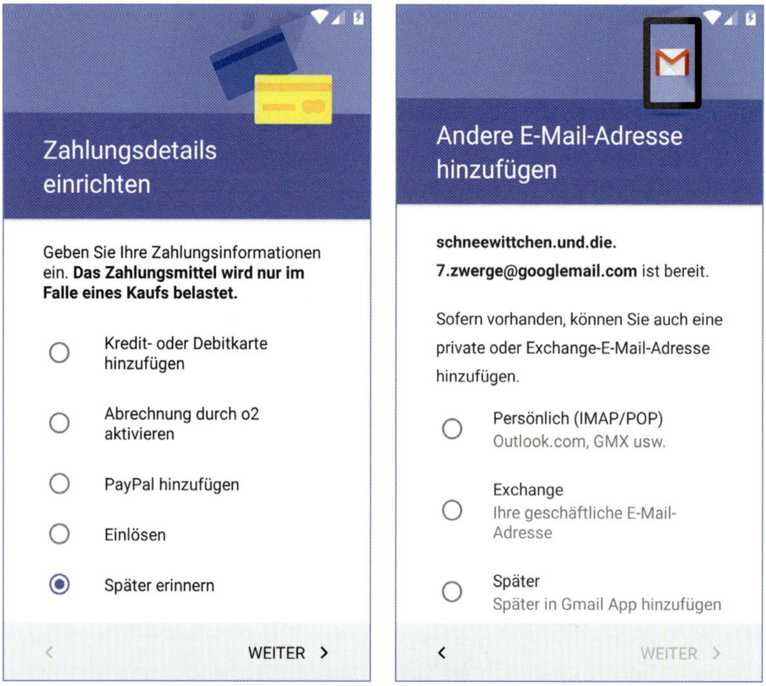

Zahlungsdetails und weitere E-Mail-Adresse einrichten.

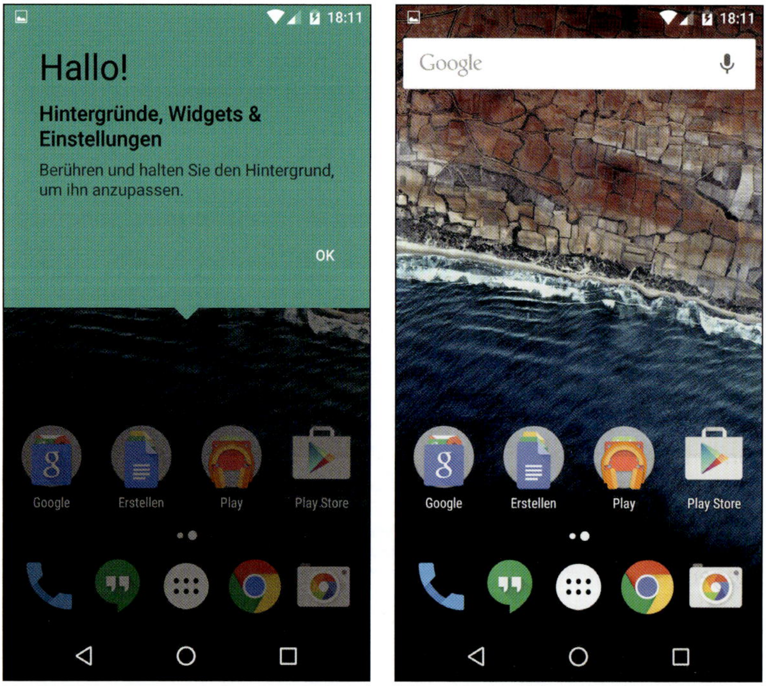

Die letzten Schritte des Einrichtungsassistenten.

Neues Google-Konto anlegen

Haben Sie noch kein Google-Konto, können Sie es direkt auf dem Smartphone auch ohne PC einrichten, wie es im Folgenden beschrieben wird. Alternativ können Sie das Google-Konto auf dem PC anlegen. Klicken Sie dazu auf einer beliebigen Google-Seite oben rechts auf *Anmelden*. Auf der Anmeldeseite finden Sie den Link *Erstellen Sie ein kostenloses Konto*.

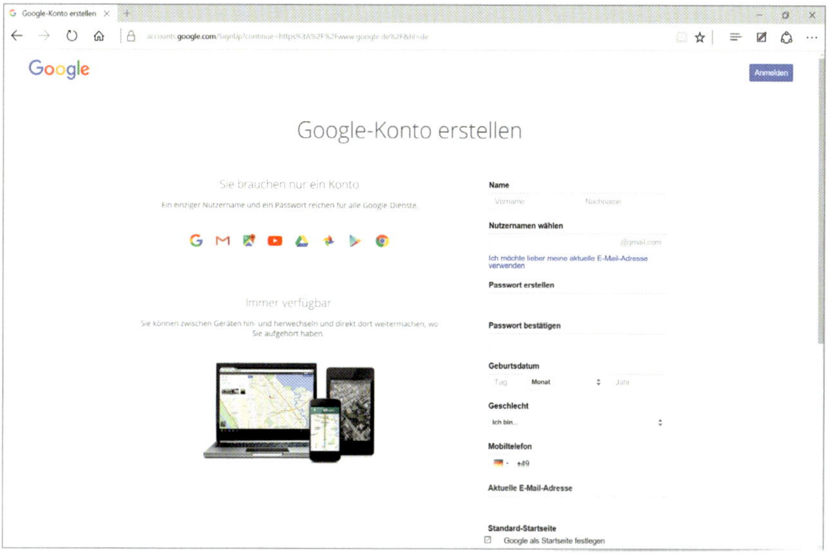

Google-Konto auf dem PC erstellen.

1. Wenn Sie im ersten Schritt des Assistenten auf dem Smartphone die Option auswählen, ein neues Google-Konto zu erstellen, erscheinen zwei Bildschirmseiten, auf denen Sie Ihren Namen und danach die gewünschte E-Mail-Adresse für das neue Google-Konto angeben müssen.

INFO: Bei gängigen Namen wird die E-Mail-Adresse *vorname.nachname@googlemail.com* möglicherweise nicht mehr verfügbar sein. Bei Google sind weltweit etwa 1.150 Millionen Nutzer registriert. Sollte die Adresse bereits vergeben sein, werden automatisch Alternativvorschläge angezeigt. Hier können Sie einen auswählen oder sich auch eine ganz andere E-Mail-Adresse ausdenken.

2. Legen Sie im nächsten Schritt ein Passwort fest. Um sicherzustellen, dass Sie sich nicht vertippt haben, muss dieses Passwort ein zweites Mal eingegeben werden.

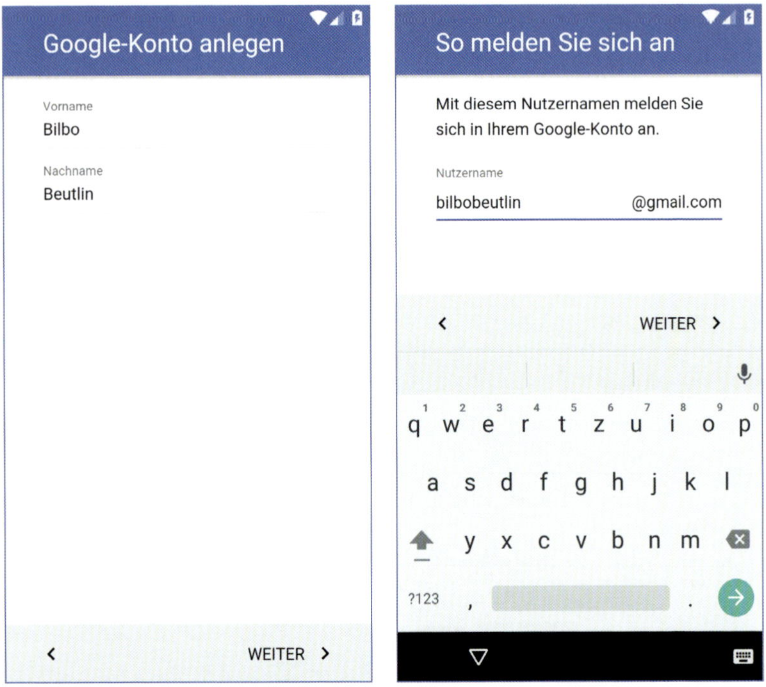

Die ersten Schritte beim Anlegen eines neuen Google-Kontos auf dem Smartphone.

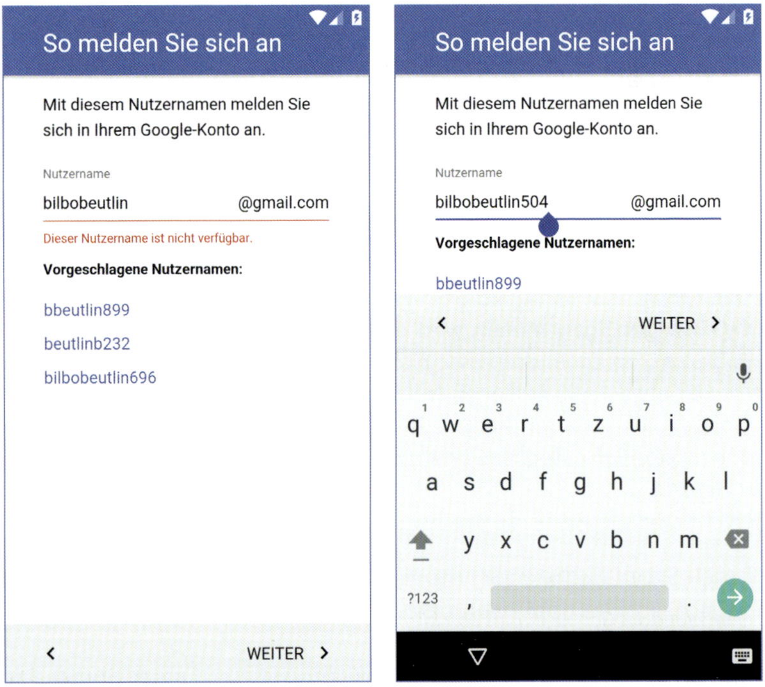

Den Nutzernamen ändern, falls dieser bereits vergeben ist.

3. Sollten Sie Ihr Passwort vergessen, können Sie es wiedererlangen, indem Sie sich an eine Mobilfunknummer einen Wiederherstellungscode schicken lassen. Geben Sie dazu die entsprechenden Daten an. Die Telefonnummer der SIM-Karte im Handy wird automatisch vorgeschlagen.

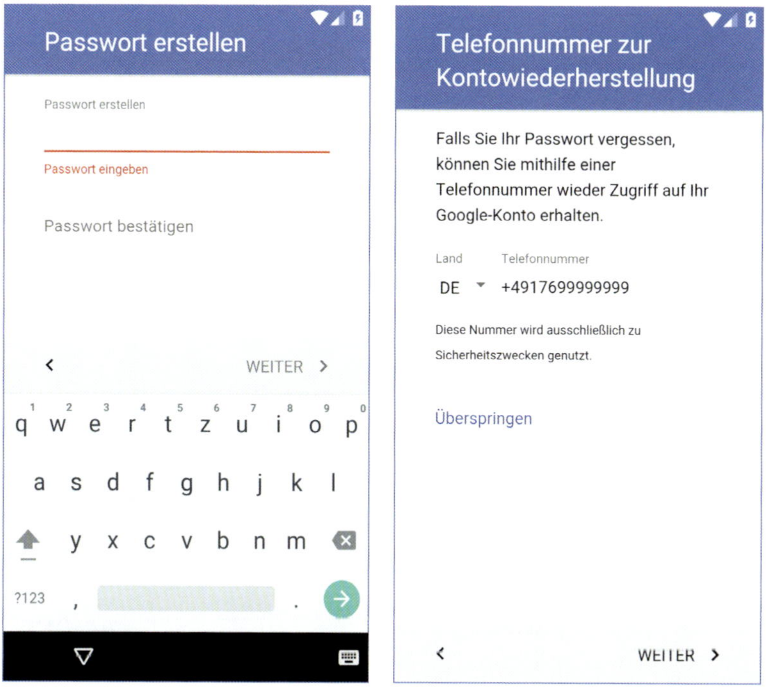

Passwort für das neue Google-Konto anlegen und Daten zum Wiederherstellen eines vergessenen Passworts eingeben.

4. Zur endgültigen Einrichtung des Google-Kontos müssen Sie noch die Nutzungsbedingungen und die Datenschutzerklärung bestätigen.

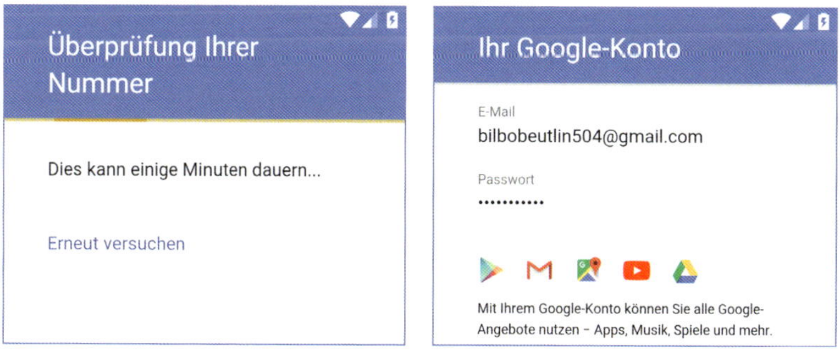

Einrichtung des Google-Kontos abschließen.

5. Im nächsten Schritt wird Google Now eingerichtet. Dieser Google-Dienst zeigt auf einer eigenen Startbildschirmseite das aktuelle Wetter sowie

ortsabhängige Verkehrsinformationen und wichtige Nachrichten passend zu Ihrem Suchverlauf bei Google an. Die notwendigen Einstellungen im Google-Konto können in einem Schritt automatisch vorgenommen werden. Welche Informationen Google Now tatsächlich im Alltagsbetrieb anzeigen soll, können Sie später noch festlegen.

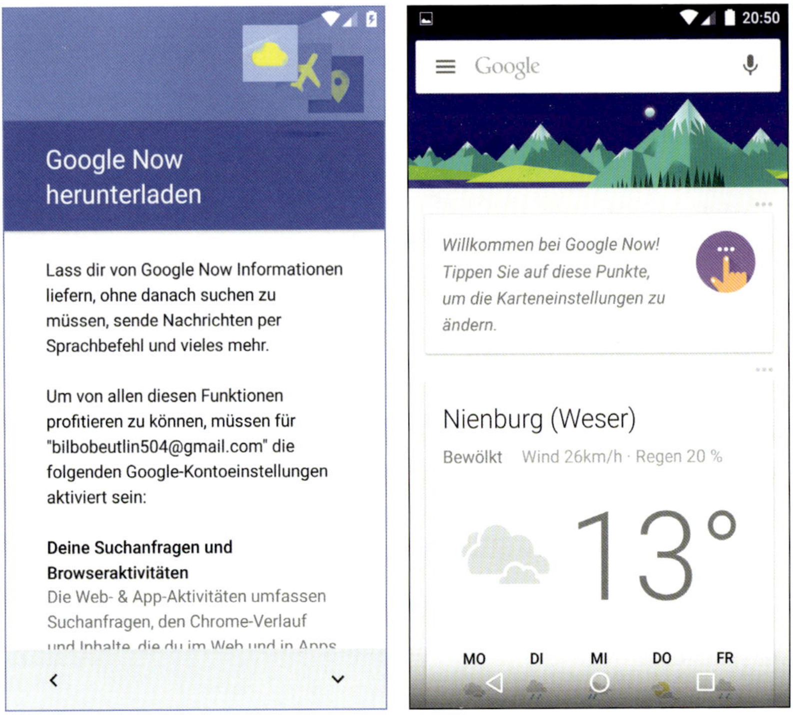

Google Now einrichten.

6. Zum Abschluss meldet sich das neue Google-Konto auf dem Smartphone an. Jetzt dauert es nur noch wenige Sekunden, dann ist Ihr Smartphone mit dem neuen Google-Konto einsatzbereit.

Google-Konto auf dem PC nutzen

Mit denselben Kontodaten können Sie sich auch auf dem PC bei Google anmelden, um Gmail, Google Kalender, Google+-Webalben, persönliche Webeinstellungen oder ein eigenes YouTube-Profil zu nutzen. Klicken Sie dazu auf einer beliebigen Google-Seite oben rechts auf *Anmelden*.

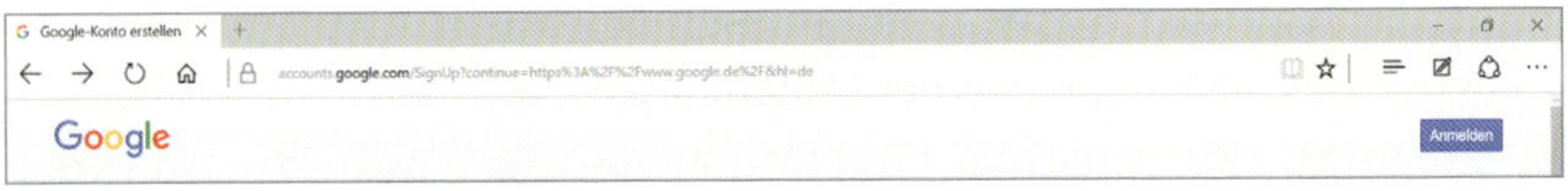

Anmelden auf einer Google-Seite.

Hier erscheint ein Anmeldeformular, in dem Sie Ihre Google-Mailadresse und das Passwort eingeben müssen.

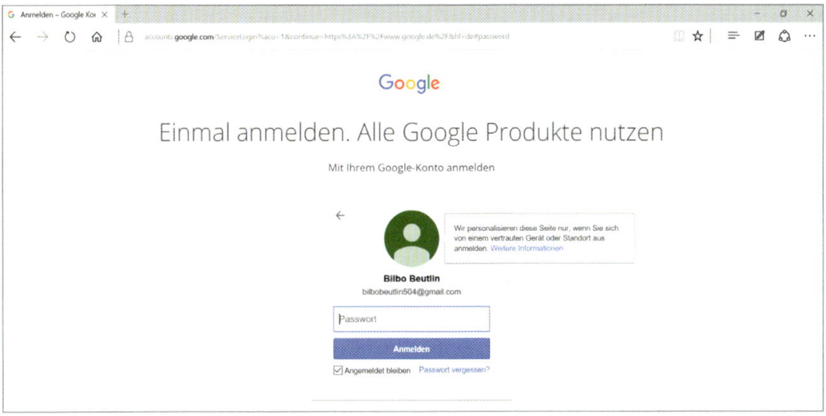

Anmeldung mit dem Google-Konto auf dem PC.

In den Kontoeinstellungen des Google-Kontos auf dem PC können Sie jederzeit das Passwort und die Wiederherstellungsoptionen ändern. Hier lassen sich auch weitere mit dem Konto verknüpfte E-Mail- sowie Datenschutzeinstellungen festlegen.

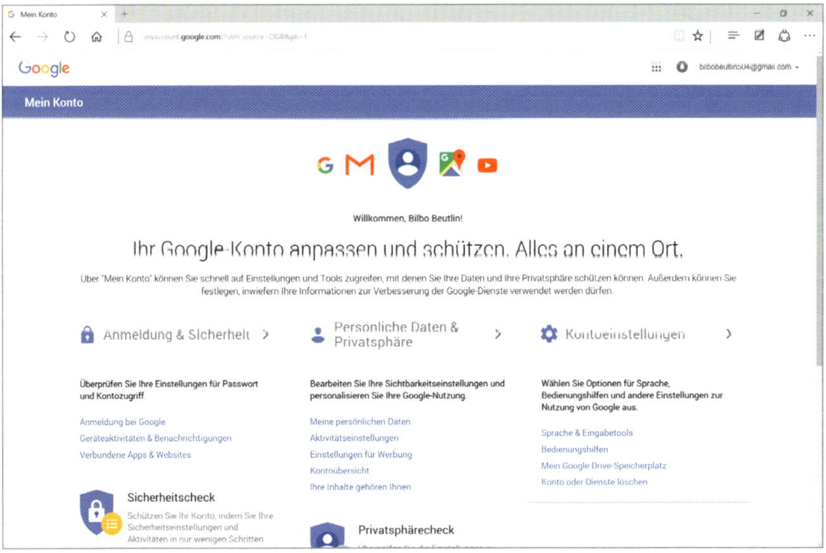

Kontoeinstellungen des eigenen Google-Kontos.

Geänderte Einstellungen werden automatisch auch auf dem Smartphone übernommen. Wenn Sie das Passwort des Google-Kontos am PC ändern, müssen Sie dieses natürlich auf dem Smartphone neu eingeben.

Daten eines alten Handys übernehmen

Jeder hat auf seinem Handy eine Vielzahl persönlicher Daten, Telefonnummern, Adressen, Fotos und Musik. Früher war es mühsam, diese Daten vom alten Handy auf ein neues zu übernehmen. Heute bietet Android bequeme Lösungen zur Datenübertragung an.

Daten per NFC übertragen

Während der Ersteinrichtung können Daten eines anderen Android-Smartphones direkt per NFC übertragen werden. Komfortabler ist es, die Daten im eigenen Google-Konto zu speichern und dann automatisch auf ein neues Gerät zu übertragen. Dazu sind keine räumliche Nähe der Geräte und auch keine NFC-Technik nötig. Eine beliebige Internetverbindung reicht aus.

In den *Einstellungen* unter *Nutzer/Konten/Google* legen Sie fest, welche Daten aus dem Google-Konto mit dem neuen Smartphone synchronisiert werden sollen.

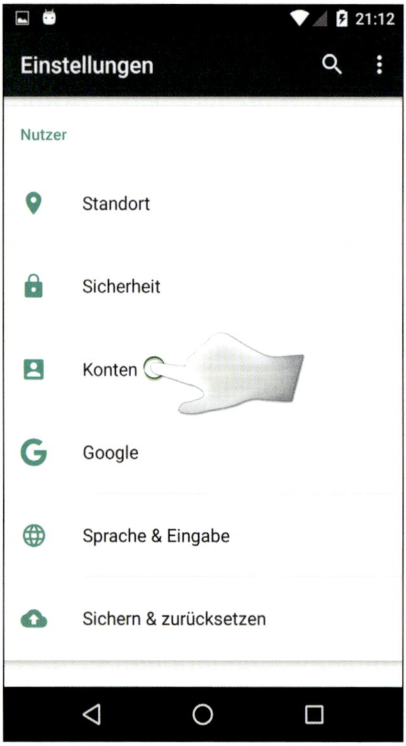

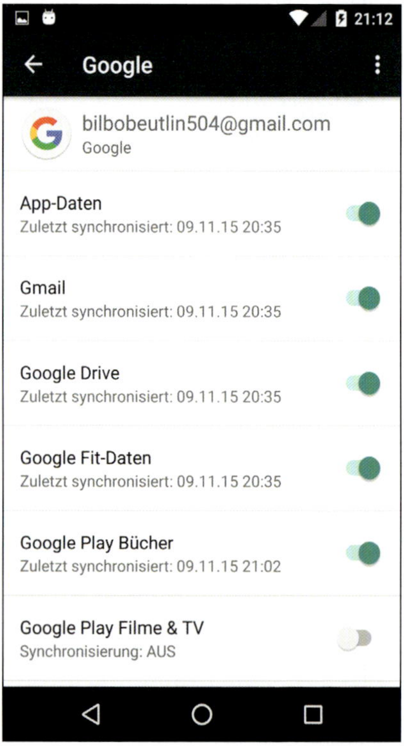

Kontakte übernehmen

Ganz alte Handys speicherten Telefonnummern noch direkt auf der SIM-Karte. Stecken Sie eine SIM-Karte mit darauf gespeicherten Kontakten in ein Android-Smartphone, stehen diese Kontakte auch wieder zur Verfügung. Allerdings hat diese Methode den Nachteil, dass die Möglichkeiten, die Kontakte zu bearbeiten oder um weitere Informationen zu ergänzen, sehr begrenzt sind. Es lassen sich auch keine Fotos für Kontakte auf der SIM-Karte hinzufügen.

Besser ist es, die Kontakte von der SIM-Karte ins Google-Konto auf dem Smartphone zu importieren.

1. Öffnen Sie die App *Kontakte* (nähere Informationen dazu finden Sie weiter unten unter der Überschrift »Adressbuch – Kontakte«) und tippen Sie oben rechts auf das Menüsymbol mit den drei Punkten.
2. Wählen Sie im Menü *Importieren/Exportieren* und auf dem nächsten Bildschirm *Von SIM-Karte importieren*. Bei Dual-SIM-Smartphones müssen Sie anschließend noch die gewünschte SIM-Karte auswählen.

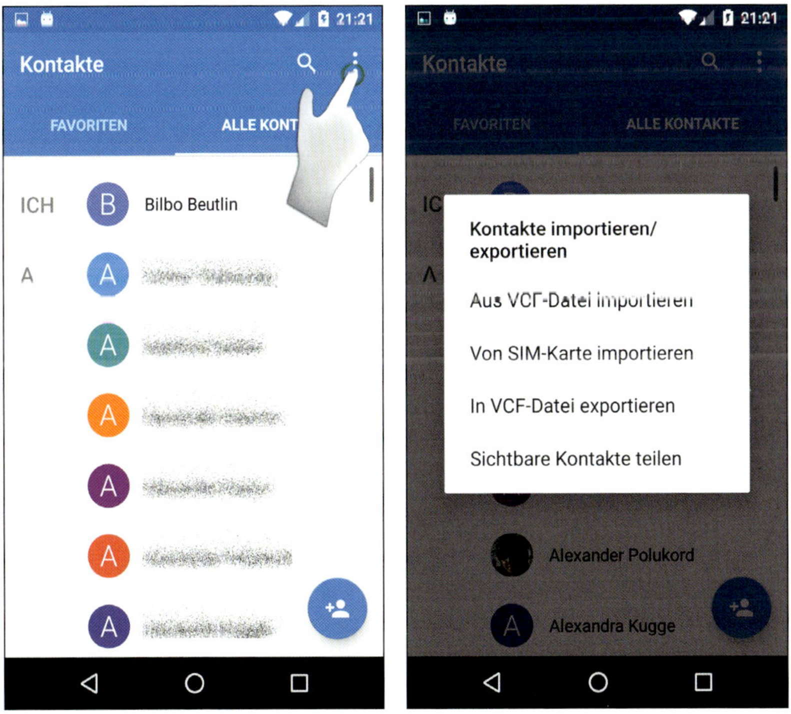

Kontakte von der SIM-Karte importieren.

3. Jetzt erscheint eine Liste der auf der SIM-Karte gespeicherten Kontakte. Wählen Sie die gewünschten Kontakte aus, die importiert werden sollen.

Ältere Handys wie auch die früheren Smartphone-Plattformen Symbian, Palm OS und BlackBerry boten eigene Softwarelösungen, um das Adressbuch des Handys auf dem PC zu bearbeiten. Aus diesen Programmen lassen sich CSV-Dateien mit den Kontaktdaten exportieren. Das Gleiche gilt übrigens auch für Microsoft Outlook und Lotus Notes. Diese Dateien können Sie dann auf dem PC im Browser unter mail.google.com in Ihr Google-Konto importieren. Nähere Informationen dazu finden Sie weiter unten unter der Überschrift »Adressbuch – Kontakte«. Die Daten erscheinen dann automatisch auf dem Android-Smartphone in der Kontakte-App.

Kontakte, die von einem früheren Android-Smartphone im gleichen Google-Konto gespeichert wurden, stehen auf dem neuen Smartphone automatisch zur Verfügung.

Fotos und Musik übernehmen

Fotos und Musik, die nicht im Google-Konto gespeichert sind, überträgt man bequem mit einer Speicherkarte. Einfach die Speicherkarte aus dem alten Smartphone in das neue stecken und die Daten können dort genutzt werden. Natürlich können Sie auch Daten im Kartenleser am PC auf die Speicherkarte kopieren und diese dann in das Smartphone stecken.

Ganz alte Handys mit exotischen Speicherkartenformaten oder ganz ohne Speicherkarte können über ein USB-Kabel mit dem PC verbunden werden und werden dort als Kamera oder Wechseldatenträger erkannt. Mit der Windows-Software *Desktop Uploader* (photos.google.com/apps) werden diese Fotos vom PC automatisch ins Google-Konto nach *Google Fotos* hochgeladen und stehen dann sofort auch auf dem Smartphone zur Verfügung.

Material Design – die Android-Oberfläche

Die Benutzeroberfläche von Android-Smartphones wird über den Touchscreen bedient und zeigt für jede Funktion wie auch für jede App klare Symbole an, sodass Sie sich nicht wie auf dem PC unter Windows durch verschachtelte Menüs klicken müssen. Allerdings kann die Oberfläche auf jedem Smartphone etwas anders aussehen, da Google den Geräteherstellern lange Zeit umfangreiche Freiheiten bot, die Oberfläche anzupassen oder gar gänzlich eigene Oberflächen zu installieren. Besonders bei Smartphones von HTC und Samsung sehen die Benutzeroberflächen wie auch die Standard-Apps für Adressbuch, Kalender, E-Mail etc. völlig anders aus als beim Standardbetriebssystem.

Startbildschirme im Android-6-Marshmallow-Design mit Standard Hintergrundbildern.

Mit jeder Android-Version hat Google die Oberfläche verbessert und damit auch verändert. Die größten Änderungen kamen mit der Android-Version 5 Lollipop, bei der Google die optischen Neuerungen sehr medienwirksam vorgestellt hat, um so den Druck auf die Gerätehersteller zu erhöhen, die Oberfläche nicht zu verändern, um das Benutzererlebnis nicht einzuschränken. Dieses sogenannte Material Design wird auch in Android 6 Marshmallow verwendet. Es setzt auf klare Farben und gute Kontraste ohne verspielte Farbverläufe und Transparenzeffekte, die früher gern genutzt wurden.

Startbildschirm und Apps

In der Grundeinstellung zeigt der Android-Startbildschirm ein Hintergrundbild und ein Google-Suchfeld sowie einige App-Symbole an. Als Benutzer kann man seine wichtigsten Apps und Widgets auf dem Startbildschirm für den schnellen Zugriff ablegen.

Der Android-Startbildschirm wird manchmal auch als Homescreen bezeichnet und besteht aus mehreren Bildschirmseiten. Zwischen diesen können Sie mit einer horizontalen Fingerbewegung auf dem Touchscreen hin- und herschalten. Viele Android-Smartphones haben standardmäßig nur eine Startbildschirmseite und links daneben Google Now. Die Punkte in der Mitte unten oberhalb der Schnellstartleiste zeigen an, auf welcher Startbildschirmseite man sich gerade befindet.

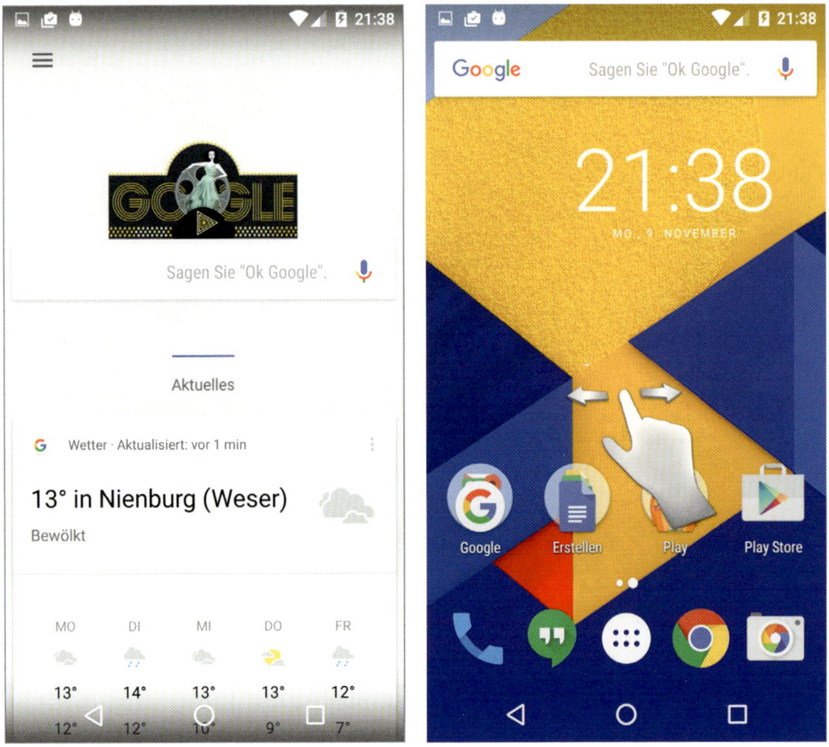

Zwischen den Bildschirmseiten des Startbildschirms wechseln.

Android zeigt am unteren Bildschirmrand des Startbildschirms fünf Symbole, die auf jeder Startbildschirmseite zu sehen sind, die sogenannte Schnellstartleiste. Das Punktraster in der Mitte öffnet eine Liste aller installierten Apps. Diese ist alphabetisch sortiert. Alternative Oberflächen bieten auch andere Sortiermethoden. Von hier aus lässt sich jede App durch Antippen ihres Symbols starten. Die Apps-Liste besteht seit einiger Zeit nicht mehr aus mehreren Bildschirmseiten, sondern ist eine lange scrollbare Liste. In der obersten Zeile der Apps-Liste werden zuletzt verwendete Apps vorgeschlagen. So hat man diese immer schnell im Zugriff.

Einige Medien und Webseiten beschreiben dieses Design als Neuheit von Android 6 Marshmallow. Tatsächlich wurde es aber schon mit einem kleinen Update in Android 5 Lollipop eingeführt. Bei herstellerspezifischen Android-Anpassungen muss man oft noch seitenweise durch die Apps-Liste blättern.

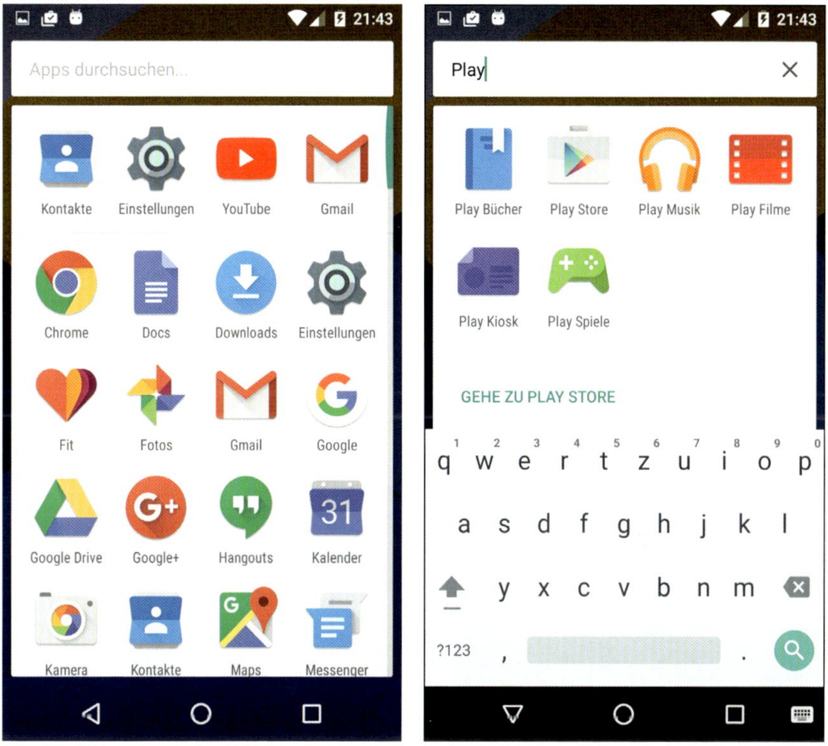

Die Apps-Liste mit Suchfeld.

Um in langen Apps-Listen eine App schnell zu finden, können Sie oben im Suchfeld die Anfangsbuchstaben eintippen. Die Liste wird dann automatisch gefiltert, sodass man sich mühsames Scrollen erspart.

Apps auf den Startbildschirm legen

Apps, die Sie häufig benötigen, können Sie direkt auf dem Startbildschirm ablegen. Auf den meisten Smartphones mit unverändertem Android 6 Marshmallow liegen bereits der Google Play Store sowie drei Ordner mit vorinstallierten Google-Apps auf dem Startbildschirm.

Tippen Sie länger auf eine App in der Liste. Der Startbildschirm erscheint in etwas verkleinerter Größe. Schieben Sie das App-Symbol an die gewünschte Position und lassen Sie es dort wieder los. Schon ist die App auf dem Startbildschirm.

Genauso einfach können Sie Apps an eine andere Position oder auf eine andere Bildschirmseite auf dem Startbildschirm ziehen. Tippen Sie länger auf die zu verschiebende App. Schieben Sie jetzt die App an die neue Position und lassen Sie wieder los.

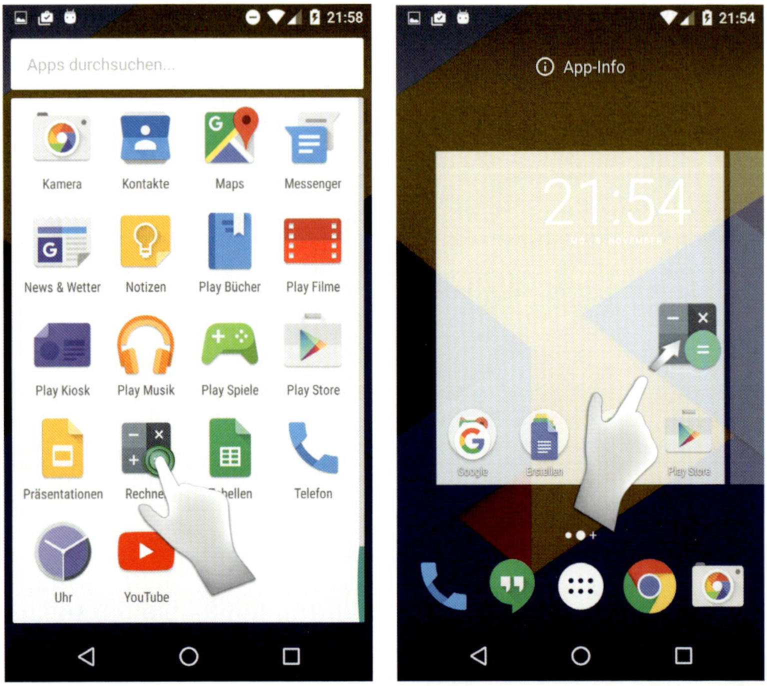

App auf dem Startbildschirm ablegen.

Apps auf eine neue Startbildschirmseite ziehen.

Am rechten Bildschirmrand erscheint eine helle Linie, die andeutet, dass hier eine weitere Startbildschirmseite folgen kann. Schieben Sie ein App-Symbol über den Rand hinaus, wird eine neue Startbildschirmseite angelegt, auf der Sie dieses Symbol platzieren können.

Um eine App vom Startbildschirm wieder zu entfernen, ziehen Sie sie an den oberen Bildschirmrand auf die mit *Entfernen* gekennzeichnete Fläche. Die App wird dann in Grau dargestellt. Beim Loslassen wird sie vom Startbildschirm entfernt, aber nicht deinstalliert. In der Liste der Apps bleibt sie weiterhin verfügbar und kann auch jederzeit wieder auf den Startbildschirm geholt werden.

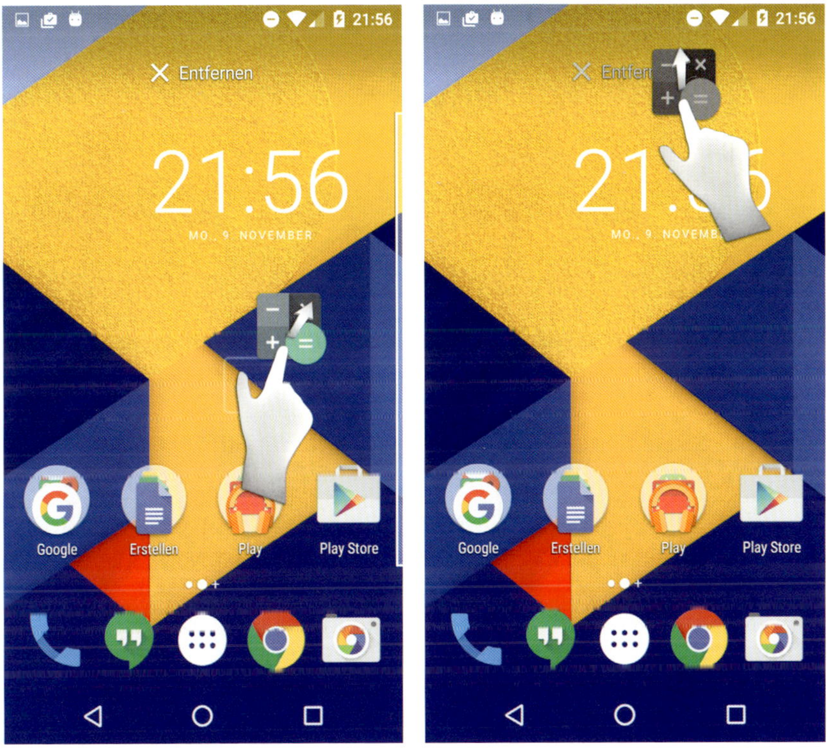

App vom Startbildschirm entfernen.

Ordner für Apps

Bei vielen installierten Apps verliert man schnell die Übersicht auf dem Startbildschirm. Ordner für Apps bringen Ordnung auf den Startbildschirm. Ordner sind runde Symbole mit automatisch darin gestapelten Symbolen der Apps, die in dem Ordner liegen. Auf den meisten Android-6-Smartphones sind bereits solche Ordner vorinstalliert.

Ordner mit Google-Apps auf dem Startbildschirm von Android 6 Marshmallow.

So legen Sie einen neuen Ordner für Apps auf dem Startbildschirm an:

1. Ziehen Sie zunächst eine App auf den Startbildschirm.
2. Ziehen Sie eine zweite App aus der Apps-Liste auf ein vorhandenes App-Symbol, wird automatisch ein Ordner erstellt.
3. Tippen Sie auf einen Ordner, werden die darin enthaltenen Apps angezeigt und können durch Antippen gestartet werden.
4. Weitere Apps können einfach auf das Ordnersymbol gezogen und dann im Ordner an eine beliebige Position geschoben werden.
5. Tippen Sie auf die Bezeichnung *Unbenannter Ordner* und geben Sie dem Ordner einen Namen.

Um einen Ordner zu löschen, ziehen Sie ihn an den oberen Bildschirmrand auf die mit *Entfernen* gekennzeichnete Fläche. Beim Loslassen wird der Ordner vom Startbildschirm entfernt. Die Apps bleiben installiert. Auf die gleiche Weise können Sie auch einzelne Apps aus einem Ordner herausnehmen.

Neue App in einen Ordner ziehen.

Die Schnellstartleiste für wichtige Apps

Vier besonders wichtige Apps sind in der sogenannten Schnellstartleiste auf jeder Seite des Startbildschirms am unteren Rand immer zu sehen. Welche Apps das in der Grundeinstellung sind, können die Gerätehersteller festlegen. Häufig liegen die Apps *Telefon*, *SMS* (oder Google Hangouts), *Internet* (Chrome-Browser) und *Kamera* in der Schnellstartleiste.

Die Schnellstartleiste mit vier wichtigen Apps und dem Menüsymbol.

Auf den vier Positionen außer dem Menüsymbol können Sie statt der vorgegebenen Apps auch andere platzieren, die Sie häufig benötigen. So platzieren Sie eine andere App in der Schnellstartleiste:

1. Tippen Sie länger auf eine nicht mehr benötigte App in der Schnellstartleiste und ziehen Sie diese auf eine freie Stelle auf dem Startbildschirm oder auf das *Entfernen*-Symbol oben rechts.

2. Ist die gewünschte neue App noch nicht auf dem Startbildschirm, ziehen Sie diese zunächst aus der Liste aller Apps dorthin.

3. Ziehen Sie jetzt diese App vom Startbildschirm auf die freie Position in der Schnellstartleiste.

TIPP: Auch in der Schnellstartleiste können Ordner verwendet werden. Ziehen Sie dazu eine zweite App aus der Apps-Liste auf ein vorhandenes App-Symbol in der Schnellstartleiste, wird dort – wie auf dem Startbildschirm – automatisch ein Ordner erstellt.

Die Tasten auf dem Smartphone

Außer dem Einschalter und der Lautstärketaste verfügen die meisten Android-Smartphones – außer Samsung – über keine weiteren Tasten. Hier werden am unteren Bildschirmrand drei Symbole eingeblendet.

Bildschirmsymbole statt Tasten auf einem Android-Smartphone.

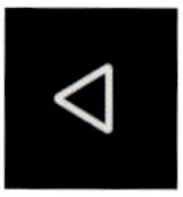

Mit dem Dreieck geht man immer einen Schritt zurück. Die meisten Apps unterstützen dieses Symbol auf eigene Weise. So gelangt man zum Beispiel im Browser damit zur zuletzt angezeigten Webseite zurück. In einigen Dateimanagern kommt man damit eine Ordnerebene nach oben.

Der Kreis, auch als Home-Taste bezeichnet, führt immer zurück zum Startbildschirm – egal, in welcher App man sich gerade befindet. Drückt man länger auf die Home-Taste, startet Google Now, eine neuartige Google-Suche, die viele Informationen anhand des persönlichen Verhaltens findet, ohne dass man bewusst danach suchen muss. Dies ist auch ein schneller Weg, um zum Google-Suchfeld zu kommen, falls dieses sich nicht auf dem Startbildschirm befindet. Unterhalb des Suchfeldes erscheint der aktuelle Wetterbericht für den eigenen Standort.

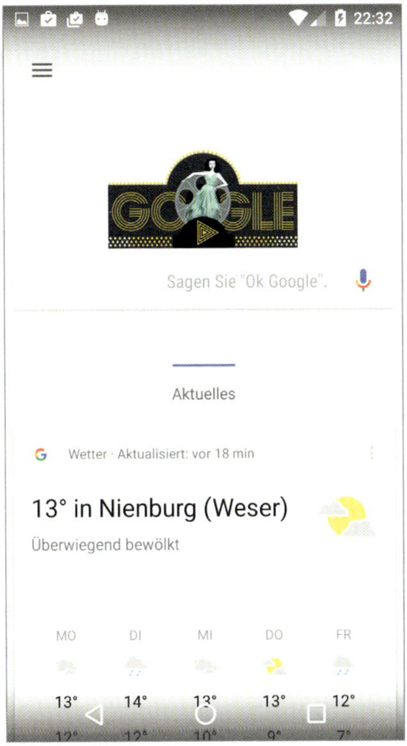

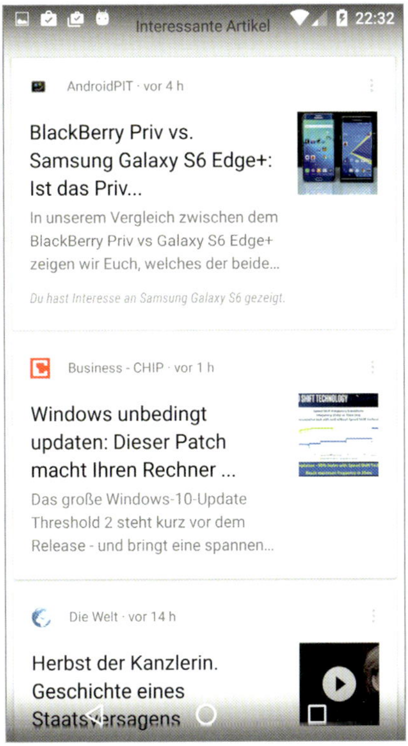

Google Now

Now on Tap

Now on Tap ist eine Erweiterung von Google Now, die abhängig vom gerade angezeigten Bildschirminhalt aus Apps oder Webseiten heraus passende Informationen anzeigt. Diese von Google ausdrücklich hervorgehobene neue Funktion in Android 6 Marshmallow steht leider in der deutschen Betriebssystemversion noch nicht zur Verfügung.

Das Quadrat rechts unten hat die Funktion, die App-Übersicht anzuzeigen. Hier wird eine Liste der zuletzt verwendeten Apps eingeblendet. Auf diesem Weg können Sie schnell zu einer der angezeigten Apps wechseln, indem Sie durch die Liste scrollen. Der 3D-Effekt zeigt die zuletzt verwendeten Apps ganz oben auf dem Stapel. Tippen Sie auf das *x*-Symbol rechts im Titelbalken einer der angezeigten Apps, wird diese aus der Liste entfernt. Alternativ können Sie die entsprechende App auch seitlich aus der Liste herausschieben, um sie zu entfernen.

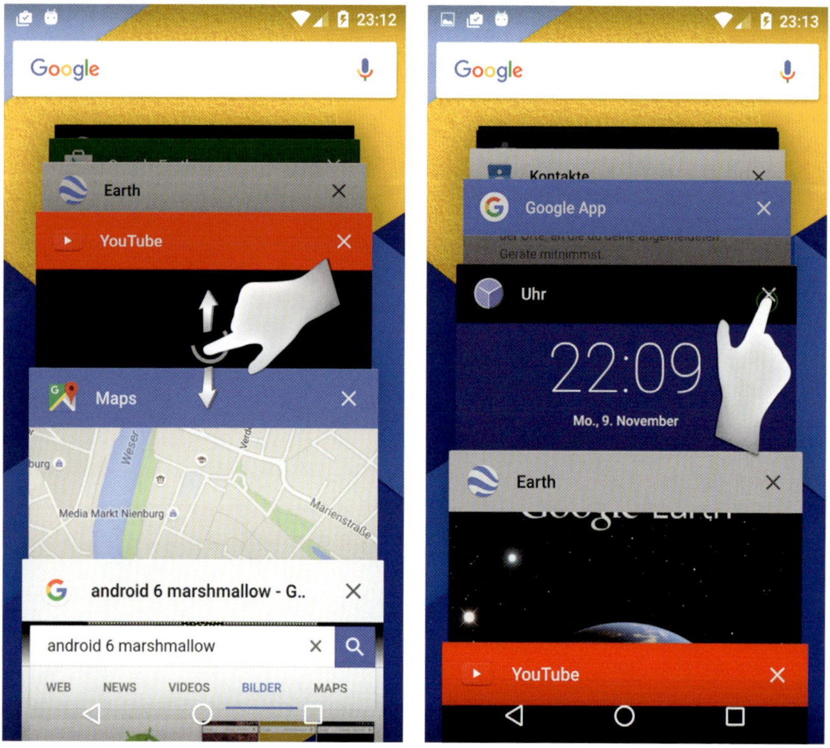

Die App-Übersicht in Android 6 Marshmallow.

Die Benachrichtigungsleiste

Kommt eine E-Mail oder eine SMS an oder möchte der Kalender an einen Termin erinnern, geschieht dies über die Benachrichtigungsleiste am oberen Bildschirmrand, ohne dass Meldungen mitten auf dem Bildschirm die Nutzung des Smartphones einschränken. In den meisten Fällen ertönt zusätzlich ein Signalton. Auch wenn eine Datei aus dem Internet heruntergeladen oder eine App aus Google Play installiert wurde, wird dies in der Benachrichtigungsleiste angezeigt. Am oberen Bildschirmrand links erscheinen entsprechende Benachrichtigungssymbole.

Die Leiste oben bleibt immer stehen, egal, in welcher App man sich gerade befindet. Nur die Kamera und einige Spiele im Vollbildmodus blenden die Benachrichtigungsleiste aus.

Tippen Sie auf den oberen Bildschirmrand und ziehen Sie die Benachrichtigungsleiste nach unten, um die einzelnen Benachrichtigungen zu sehen. Eine umgekehrte Wischbewegung nach oben klappt die Benachrichtigungsleiste wieder zu.

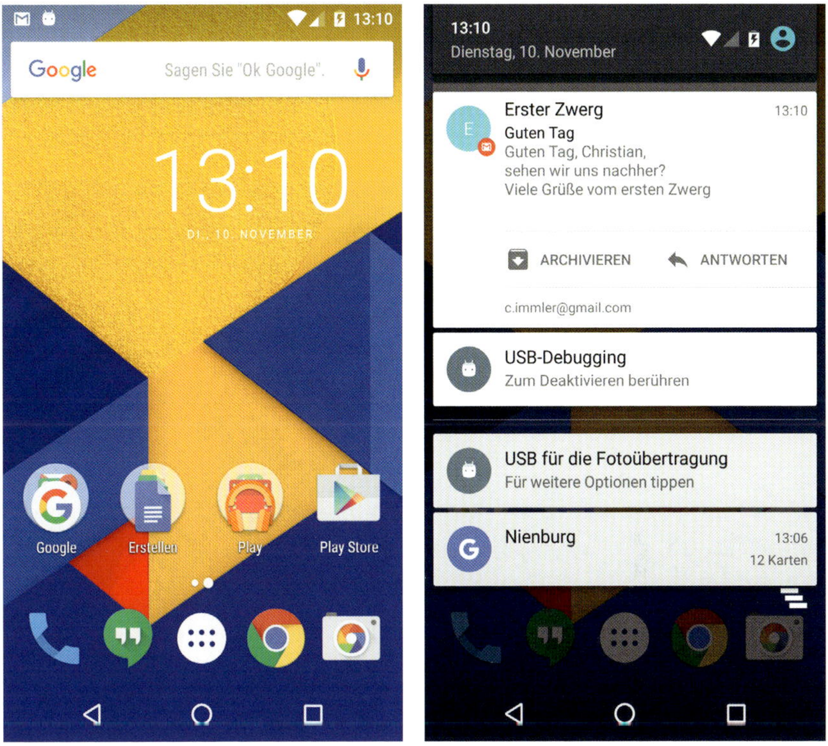

Benachrichtigungsleiste nach unten ziehen.

Jetzt können Sie einzelne Benachrichtigungen direkt antippen, um zum Beispiel eine E-Mail zu lesen oder eine heruntergeladene Datei zu öffnen. Möchten Sie einzelne Benachrichtigungen entfernen, ohne die entsprechende App zu öffnen, halten Sie den Finger darauf und ziehen die Benachrichtigung nach links oder rechts aus dem Bildschirm heraus.

> TIPP: In vielen Apps können Sie einstellen, ob die App dem Benutzer über die Benachrichtigungsleiste Informationen zukommen lassen soll oder nicht.

Die Schnelleinstellungen

Die Statusleiste, der rechte Teil der Benachrichtigungsleiste am oberen Bildschirmrand, zeigt Informationen zur WLAN- und Mobilfunk-Signalstärke, den Akkuladestand sowie die aktuelle Uhrzeit an. Ziehen Sie die Benachrichtigungsleiste nach unten, erscheinen ein paar weitere Informationen, selbst wenn keine Benachrichtigungen eingegangen sind. Ziehen Sie diese Leiste dann noch ein zweites Mal nach unten, können Sie direkt auf die wichtigsten Einstellungen zugreifen, ohne die *Einstellungen*-App aufrufen zu müssen.

TIPP: Anstatt zweimal zu ziehen, können Sie auch aus einer beliebigen App heraus oder auf dem Startbildschirm mit zwei Fingern gleichzeitig von oben herunterziehen.

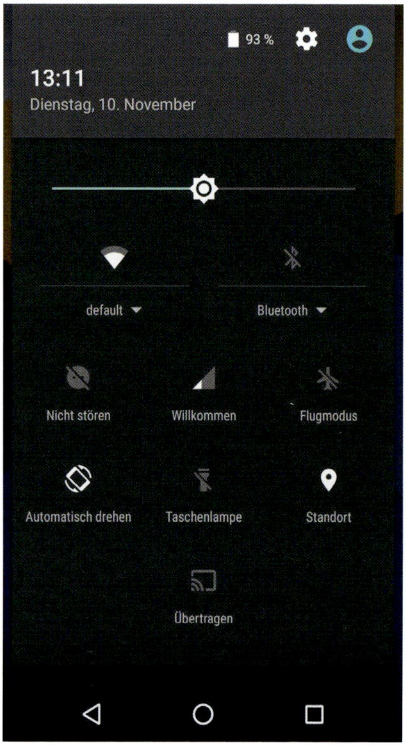

Benachrichtigungsleiste einmal und zweimal herunterziehen.

Welche Einstellungen hier angezeigt werden, hängt vom jeweiligen Smartphone und dessen Hardwareausstattung ab.

Die Bildschirmhelligkeit kann mit einem Schieberegler stufenlos eingestellt werden. In dunklen Räumen reicht die geringste Stufe fast immer aus, im Freien bei Tageslicht braucht man häufig die höchste Stufe, die allerdings auch den meisten Strom verbraucht.

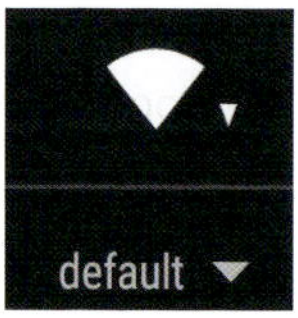

Das WLAN-Symbol zeigt die Signalstärke des verbundenen WLANs an. Während Daten fließen, erscheinen daneben kleine Pfeile. Tippen Sie einfach auf das Symbol, um das WLAN aus- oder einzuschalten. Auf diese Weise können Sie unterwegs ohne WLAN deutlich Strom sparen.

Unterhalb der Linie wird der Name des verbundenen WLANs angezeigt. Tippen Sie darauf, erscheint eine Liste sichtbarer WLANs, in der Sie ein anderes WLAN wählen können oder einen Schlüssel eingeben. Über den Link *Weitere Einstellungen* kommen Sie zu den klassischen WLAN-Einstellungen.

Alle Symbole, bei denen neben dem Text ein kleiner Pfeil angezeigt wird, haben eine derartige Doppelfunktion.

Listen mit WLAN- und Bluetooth-Geräten beim Antippen der Symbole in den Schnelleinstellungen.

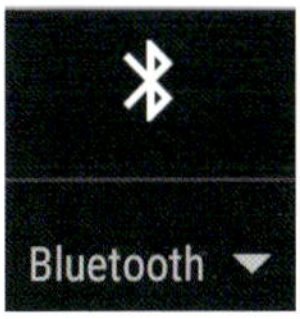

Mit diesem Symbol schalten Sie Bluetooth ein und aus. Da Bluetooth extrem viel Strom verbraucht, sollten Sie es nur einschalten, wenn Sie es wirklich benötigen. Tippen Sie auf das Wort *Bluetooth*, erscheint die Liste der bereits gepaarten Bluetooth-Geräte in der Umgebung. Hier können Sie ein Gerät zur Verbindung auswählen. Tippen Sie in dieser Liste unten auf *Weitere Einstellungen*, sehen Sie alle sichtbaren Bluetooth-Geräte in der Umgebung.

Mit diesem Symbol schalten Sie das Smartphone ganz einfach in den *Nicht stören*-Modus – manchmal auch als Ruhemodus bezeichnet – in dem es weder klingelt noch vibriert.

Dabei können Sie festlegen, ob dieser Modus nach einer bestimmten Zeit – standardmäßig nach einer Stunde – automatisch beendet und wieder in den Normalmodus zurückgeschaltet wird oder ob Sie ihn manuell deaktivieren möchten. Die automatische Abschaltzeit lässt sich auch verlängern.

Entscheiden Sie auch, ob als wichtig markierte Benachrichtigungen oder nur der Wecker weiterhin klingeln dürfen. Im Lautlosmodus gibt es keinerlei akustische Benachrichtigungen, auch keinen Wecker.

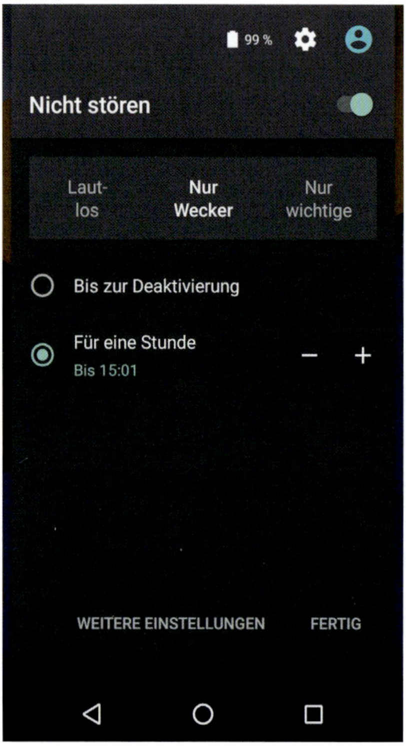

Nicht-stören-Einstellungen beim Antippen des Schnelleinstellungssymbols und beim Drücken der Lautstärketaste.

Ist der *Nicht stören*-Modus aktiv, wird dies in der Symbolleiste rechts oben angezeigt. Beim Drücken der Lautstärketaste erscheint eine zusätzliche Informationsleiste. Hier können Sie den *Nicht stören*-Modus jederzeit beenden. Weitere Informationen zum *Nicht stören*-Modus finden Sie weiter unten in diesem Kapitel unter der Überschrift »Ruhe vor dem Handy – Bitte nicht stören«.

Das Mobilfunksymbol zeigt die Signalstärke des Mobilfunknetzes sowie den Typ der Datenverbindung an. **H** = HSDPA, **E** = EDGE, **G** = GPRS.

Tippen Sie auf das Symbol, kommen Sie direkt zur Anzeige des verbrauchten Datenvolumens. Dual-SIM-Smartphones zeigen für jede SIM-Karte ein eigenes Mobilfunksymbol.

Dieses Symbol schaltet das Smartphone in den Flugmodus. Hier werden alle Funkverbindungen ausgeschaltet – WLAN, Bluetooth, NFC und natürlich auch das Mobilfunknetz. In diesem Modus kann das Smartphone im Flugzeug oder an anderen Orten verwendet werden, wo keine Funksignale zulässig sind, wie z. B. auch in einigen wissenschaftlichen Labors oder Intensivstationen von Krankenhäusern. Im Alltag empfiehlt sich der Flugmodus, um Strom zu sparen, wenn man unterwegs in schnell fahrenden Zügen, in Kellern oder abgelegenen Regionen ohnehin keine Internetverbindung hat.

Beim Betrachten von Fotos oder Videos, in der Kamera-App und in bestimmten Spielen ist der Querformatmodus nützlich. Halten Sie das Smartphone quer, schalten die meisten Apps auf eine Querformatdarstellung um. Einige Apps zeigen im Querformat andere Inhalte oder verwenden ein anderes Layout. So zeigt zum Beispiel der Taschenrechner im Querformat eine wissenschaftliche Tastatur. Andere Apps oder auch der Startbildschirm unterstützen die Umschaltung auf das Querformat nicht.

Wenn Sie das automatische Drehen des Bildschirms beim Halten des Smartphones – z. B. beim Lesen im Bett – stört, tippen Sie auf das Symbol *Automatisch drehen* und schalten die Bildschirmdrehung aus.

Viele Apps sind erst dann sinnvoll zu nutzen, wenn sie wissen, wo man sich gerade befindet. Dies gilt nicht nur für Navigationssysteme, auch die Suche ist mit Standortangabe deutlich hilfreicher, wenn es z. B. darum geht, Läden, Restaurants, Haltestellen oder Geldautomaten zu finden. Foto-Apps können den Standort in Bilder eintragen, um diese etwa in Onlinegalerien auf Landkarten zu positionieren.

Allerdings verbrauchen die Standortdienste, die im Hintergrund GPS- und WLAN-Daten auswerten, auch einiges an Strom und können, wenn sie nicht benutzt werden, ausgeschaltet werden.

TIPP: Überlegen Sie sich genau, ob Sie die Standortdaten wirklich ausschalten. Sie helfen nämlich auch dabei, ein verlorenes oder gestohlenes Handy zu orten und eventuell wiederzufinden. Nähere Informationen dazu finden Sie in Kapitel 9.

Taschenlampe jetzt ohne App

Verschiedene Hersteller bieten Apps an, die die Fotoleuchte ein- und ausschalten, um das Smartphone als Taschenlampe zu verwenden. Die meisten dieser Apps scheinen im Wesentlichen dazu zu dienen, das Handy regelmäßig mit Werbung zu überfluten. Einige sind sogar schon hinsichtlich des Datenschutzes in die Kritik geraten, da sie im Hintergrund Benutzerdaten sammeln.

Android 6 Marshmallow löst dieses Problem sehr elegant, indem in den Schnelleinstellungen ein Schalter angeboten wird, mit dem man jederzeit die Fotoleuchte ein- und wieder ausschalten kann.

Alle Einstellungen schnell zugänglich

Android enthält seit der ersten Version eine System-App, in der Sie alle Einstellungen des Smartphones finden. In Android 6 Marshmallow brauchen Sie diese App nicht mehr aus der Apps-Liste zu starten – tippen Sie einfach auf das *Einstellungen*-Symbol ganz oben in den Schnelleinstellungen.

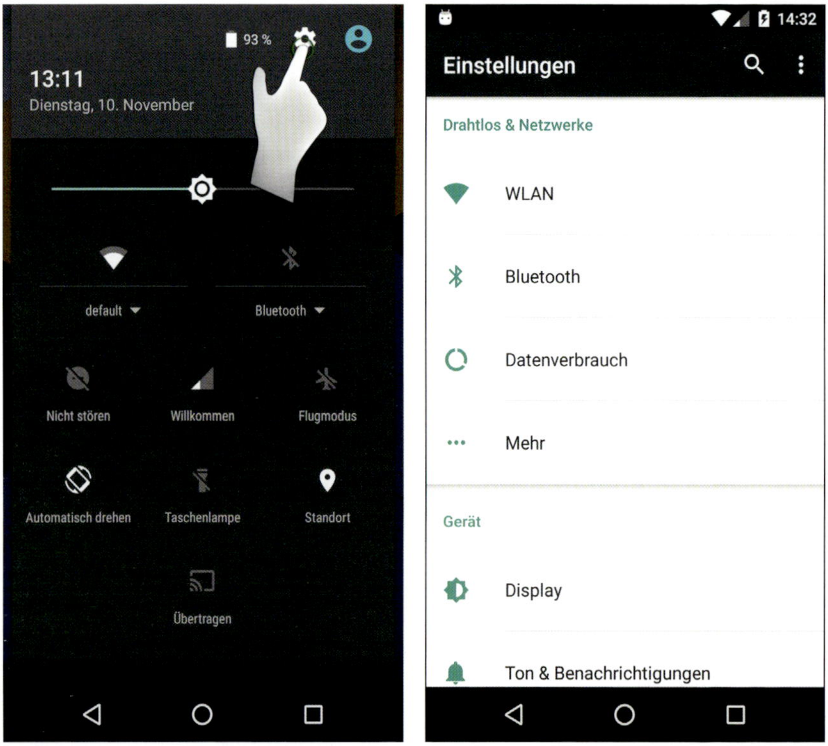

Einstellungen über das Schnelleinstellungen-Symbol aufrufen.

Datum und Uhrzeit richtig einstellen

Prüfen Sie bei dieser Gelegenheit gleich, ob Datum und Uhrzeit auf dem Smartphone richtig eingestellt sind. Eine falsch gehende Uhr ist nicht nur lästig, sondern kann auch zu Fehlern mit Zeitstempeln bei internationalen Onlinediensten und beim E-Mail-Versand führen.

1. Scrollen Sie in den *Einstellungen* nach unten in den Bereich *System* und tippen Sie dort auf *Datum und Uhrzeit*.
2. Die meisten Handys sind so vorkonfiguriert, dass sie Datum, Uhrzeit und Zeitzone aus dem Netz beziehen. Leider kommt es immer wieder vor, dass Netzbetreiber hier falsche oder gar keine Informationen übertragen. Sollte die angezeigte Zeit oder das Datum falsch sein, tippen Sie oben auf *Autom. Datum/Uhrzeit*, um die Automatik auszuschalten. Schalten Sie auf die gleiche Weise die Einstellung *Automatische Zeitzone* aus.

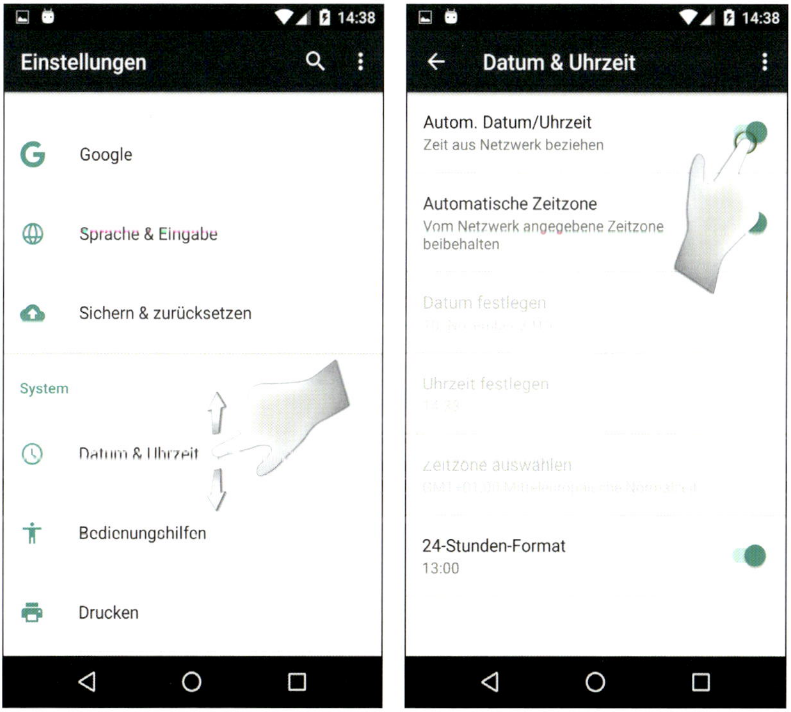

Datum und Uhrzeit in den Einstellungen.

3. Tippen Sie dann auf die Zeile *Uhrzeit einstellen*. Auf dem nächsten Bildschirm können Sie mit einer analogen Uhr die Stunden und Minuten richtig einstellen. Auf die gleiche Weise legen Sie auch das Datum auf dem Smartphone fest, wenn es nicht automatisch richtig übernommen wurde.

Uhrzeit und Zeitzone auf dem Smartphone einstellen.

4. Wählen Sie in jedem Fall auch die richtige Zeitzone *GMT+01:00, Mitteleuropäische Zeit* aus. Die Zeitzonen sind in Android 6 Marshmallow nach Städten benannt. Wenn die hierzulande übliche Zeitzone *Berlin* fehlt, wählen Sie *Amsterdam*. Die Einstellungen sind die gleichen.

5. Legen Sie an dieser Stelle auch das 24-Stunden-Format zur Anzeige der Uhrzeit fest, sonst würde z. B. *16:00* als *04:00* angezeigt. Diese Einstellung gilt überall auf dem Smartphone, wo Datum und Uhrzeit angezeigt werden.

Der Sperrbildschirm

Um ein versehentliches Aktivieren durch Berührung zu verhindern, wird beim Drücken der Einschalt-Taste im gesperrten Zustand zunächst der Sperrbildschirm eingeblendet. Dieser zeigt Uhrzeit, Datum und Akkuladestand sowie Benachrichtigungen über eingegangene E-Mails und andere Nachrichten.

Um den Bildschirm freizugeben und das Smartphone normal benutzen zu können, wischen Sie auf dem Sperrbildschirm mit dem Finger nach oben. Wischen Sie auf dem Sperrbildschirm von links nach rechts, öffnet sich die Sprachsteuerung, wischen Sie von rechts nach links, öffnet sich die Kamera.

In Kapitel 9 finden Sie Tipps, wie Sie den Sperrbildschirm auch als Sicherheitssperre gegen unbefugten Zugriff auf Ihr Smartphone einrichten können.

Der Sperrbildschirm ist bei Smartphone-Herstellern beliebt, um eigene Anpassungen vorzunehmen oder spezielle Funktionen hinzuzufügen. So bieten einige Hersteller Funktionen an, die durch geschicktes Ziehen von Symbolen direkt vom Sperrbildschirm aufgerufen werden können.

Ruhe vor dem Handy – Bitte nicht stören

Benachrichtigungen auf dem Smartphone können interessant, aber auch lästig sein. Nicht immer möchte man ständig durch Nachrichten unterbrochen werden. Nachts oder auch beim Betrachten eines Films oder beim Spielen sollen nur wirklich wichtige Unterbrechungen erscheinen.

Android 6 Marshmallow bietet einen Prioritätsmodus, in dem zwischen wichtigen und unwichtigen Benachrichtigungen unterschieden wird.

Ziehen Sie die Benachrichtigungsleiste zweimal nach unten und tippen Sie auf das Schnelleinstellungssymbol *Nicht stören*. Jetzt können Sie auswählen, ob nur wichtige Unterbrechungen, nur Wecker oder gar keine Unterbrechungen auf dem Smartphone zu hören sein sollen. Standardmäßig sind alle Klingeltöne und Vibrationsalarme aktiv.

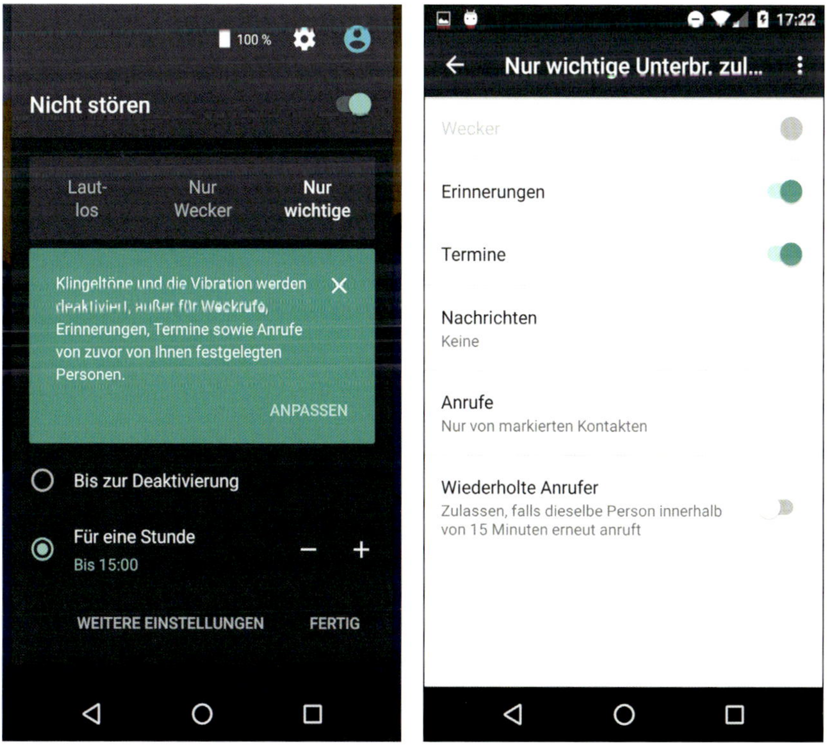

Wichtige Unterbrechungen festlegen.

Nachdem Sie einen der *Nicht stören*-Modi aktiviert haben, können Sie festlegen, für welchen Zeitraum dieser gelten soll. Nach Ablauf der Zeit sind wieder alle Klingeltöne und Alarme zu hören.

Wenn Sie nur wichtige Unterbrechungen zulassen möchten, müssen Sie noch festlegen, welche Arten von Unterbrechungen als wichtig gelten und weiterhin zu hören sein sollen. Bei Anrufen und Nachrichten haben Sie die Wahl, ob alle Anrufe von Kontakten im Adressbuch oder nur von den mit einem Sternchen als wichtig markierten Kontakten unterbrechen dürfen.

Ruhig schlafen und Wecker hören

Alarme vom Wecker können auch ertönen, wenn alle anderen Benachrichtigungen abgeschaltet sind. So können Sie zum Beispiel in der Nacht alle Benachrichtigungen ausschalten, aber trotzdem morgens den Wecker hören. Auch ein persönlicher Weckruf der Freundin ist möglich. Schalten Sie dazu den Modus *Nur wichtige Unterbrechungen* ein und wählen Sie in den erweiterten Einstellungen unter *Anrufe* die Option *Nur von markierten Kontakten*. Wenn Sie jetzt im Adressbuch nur eine einzige Person als Favoriten markieren, kann niemand anderes Sie morgens aus dem Schlaf reißen.

Möchten Sie wirklich absolute Ruhe vor dem Handy haben, wählen Sie den Modus *Lautlos*. Hier ertönen für den gewählten Zeitraum keinerlei Unterbrechungen und auch keine Weckrufe.

Zur Erinnerung, dass ein *Nicht stören*-Modus aktiv ist, erscheint in der Symbolleiste am oberen Bildschirmrand ein entsprechendes Symbol.

Symbole für Lautlos und nur wichtige Unterbrechungen.

Über die Option *Automatische Regeln* in den Einstellungen zu *Nicht stören* können Sie Regeln definieren, dass sich das Smartphone zu bestimmten Zeiten oder bei bestimmten Ereignissen, die über Termine im Kalender definiert werden, selbstständig in den *Nicht stören*-Modus versetzt. Dabei handelt es sich um eine neue Funktion in Android 6 Marshmallow, die bisher nur über Herstelleranpassungen oder zusätzliche Apps möglich war.

Drei Regeln sind bereits vordefiniert, aber ausgeschaltet. Diese schalten das Smartphone nachts in den Modus *Nur Wecker*, wobei für Werktage und Wochenendnächte unterschiedliche Zeiten voreingestellt sind. Die Regel *Event* schaltet während Terminen auf den Modus *Nur Wecker*, vorausgesetzt, die Termine wurden mit *Ja* oder *Vielleicht* beantwortet.

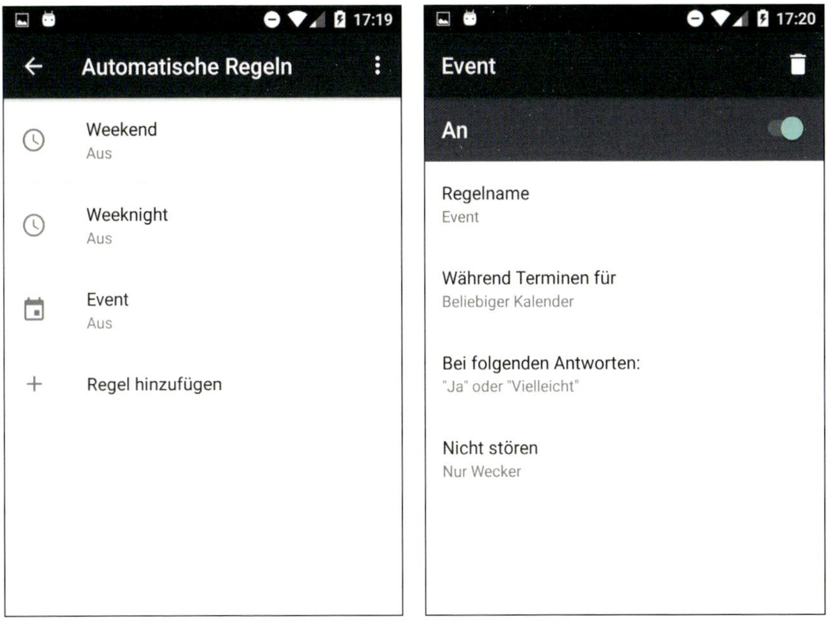

Automatisch vordefinierte Regeln für »Nicht stören«.

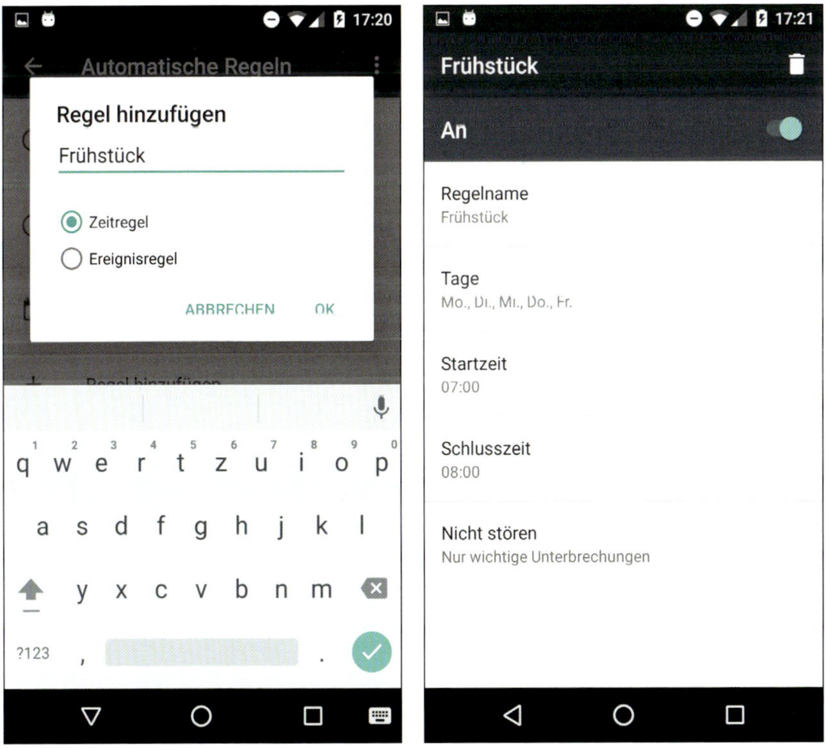

Neue Regel für »Nicht stören« anlegen.

Natürlich können Sie diese Regeln, bevor Sie sie einschalten, Ihren persönlichen Lebensgewohnheiten anpassen oder auch ganz neue Regeln definieren. Dabei wird zwischen Zeitregeln, die abhängig von Wochentagen und Tageszeiten arbeiten, sowie Ereignisregeln, die abhängig von Terminen im Kalender arbeiten, unterschieden.

Tipps zur Bildschirmtastatur

Android-Smartphones haben üblicherweise keine wirkliche Tastatur. Beim Antippen eines Texteingabefeldes erscheint dafür automatisch eine Bildschirmtastatur, auf der Buchstaben, Ziffern und auch Sonderzeichen eingegeben werden können.

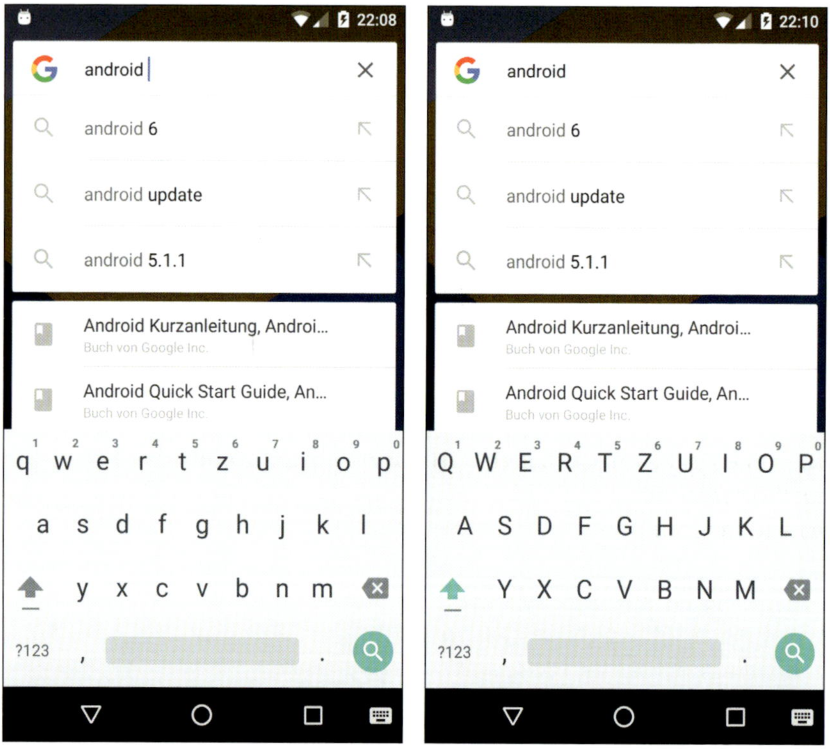

Bildschirmtastatur für Klein- und Großbuchstaben.

Ein angetippter Buchstabe wird vor dem Loslassen deutlich hervorgehoben, um Tippfehler zu vermeiden.

Zur Eingabe von Großbuchstaben muss zuerst die [⇧]-Taste links unten angetippt werden, die die Bildschirmtastatur für den nächsten Buchstaben auf Großbuchstaben umschaltet.

Tippt man zweimal auf die [⇧]-Taste, wird diese farbig hervorgehoben und die Großschreibung festgestellt, bis man sie mit einem weiteren Antippen wieder löst. Auf dem PC bezeichnet man die gleiche Funktion als Feststelltaste oder Caps Lock.

Die Tasten der oberen Reihe zeigen ganz klein in der Ecke noch eine Ziffer. Zur Eingabe dieser Ziffer wie auch für Umlaute oder Buchstaben mit Akzent halten Sie den Finger länger auf dem jeweiligen Buchstaben. Es erscheint ein Zusatzfeld mit einer Auswahl von Varianten dieses Buchstabens. Auf diese Weise finden Sie auch das ß auf der Taste [S]. Bei einer Auswahl von mehreren Zeichen wird das eingegeben, auf dem Sie den Finger vom Bildschirm loslassen.

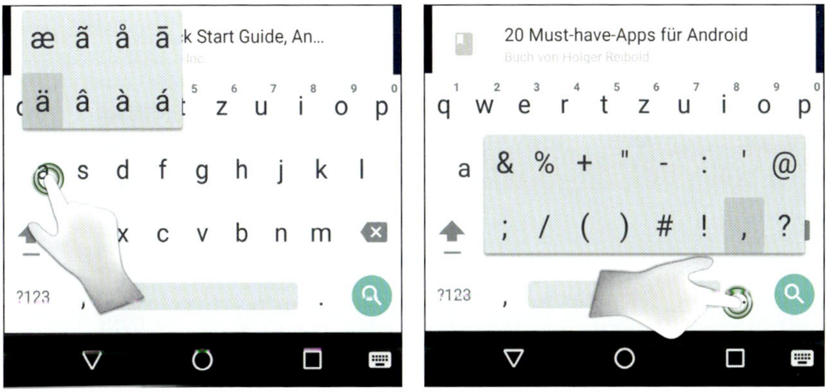

Umlaute und Sonderzeichen auf der Bildschirmtastatur eingeben.

Die Taste [?123] schaltet auf ein Tastaturlayout zur Eingabe von Ziffern und mathematischen Sonderzeichen um. Dort schaltet die Taste [Alt] oder [=\<] auf eine weitere Sonderzeichentastatur um.

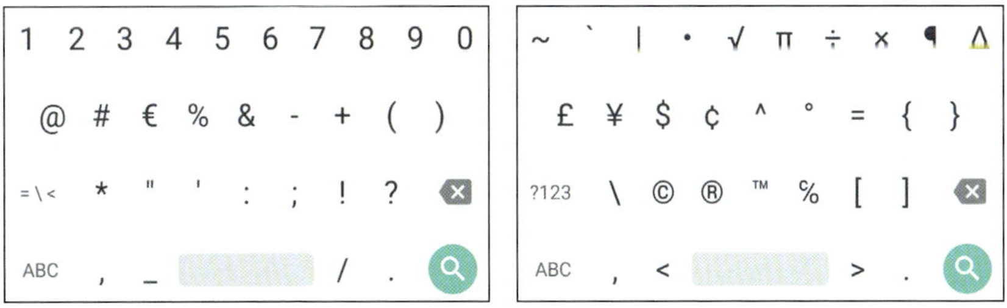

Bildschirmtastatur für Ziffern und Sonderzeichen.

Von der Zifferntastatur kommt man mit der Taste [ABC] links unten wieder zurück zur normalen Buchstabentastatur.

Tippt man auf eine Stelle auf dem Bildschirm, wo keine Texteingabe möglich ist, verschwindet die Bildschirmtastatur automatisch wieder. Sie können diese auch jederzeit mit einem Druck auf das Zurück-Symbol ausblenden, wenn sie wichtige Bildschirmteile verdeckt.

Hoch- und Querformat

Zum flüssigen Schreiben von Texten ist die Bildschirmtastatur sehr klein. Hinzu kommt, dass man im Hochformat kaum mit zwei Fingern gleichzeitig auf dem Smartphone tippen kann.

Halten Sie das Smartphone beim Schreiben quer, dreht sich der Bildschirminhalt automatisch und die Tastatur füllt die gesamte Bildschirmbreite, dafür verdeckt sie aber noch größere Teile des Bildschirms.

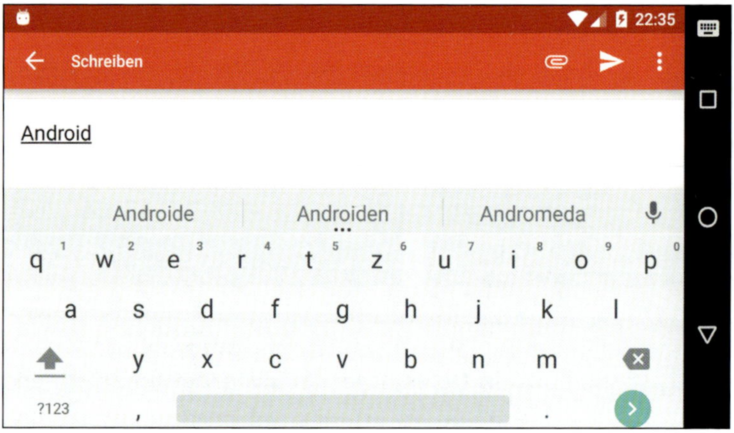

Die Bildschirmtastatur im Querformat.

Oberhalb der Tastatur werden in vielen Apps beim Tippen Wortvorschläge gemacht, die Sie antippen und damit übernehmen können. Hat man sich an diese Vorschläge einmal gewöhnt, schreibt es sich deutlich schneller, da längst nicht mehr jedes Wort vollständig eingegeben werden muss.

Wenn Sie das automatische Drehen des Bildschirms beim Halten des Smartphones – z. B. beim Lesen im Bett – stört, tippen Sie auf das Symbol *Automatisch drehen* in den Schnelleinstellungen und schalten die automatische Bildschirmdrehung aus.

Telefonieren mit dem Android-Smartphone

Wundern Sie sich nicht, dass erst an dieser Stelle im Buch erwähnt wird, dass man mit Android-Smartphones auch telefonieren kann. Telefonieren ist längst nicht mehr die wichtigste Funktion eines Smartphones, das heute als persönlicher, jederzeit verfügbarer Begleiter noch ganz andere Aufgaben erfüllt.

Inzwischen gibt es auf fast keinem Android-Smartphone mehr die klassische grüne und rote Taste, die man von früheren Handys zum Telefonieren kennt. Die Android-Oberfläche zeigt – solange vom Benutzer nicht verändert – unten links auf dem Startbildschirm ein Telefonsymbol an, das die Telefonfunktion des Smartphones aufruft.

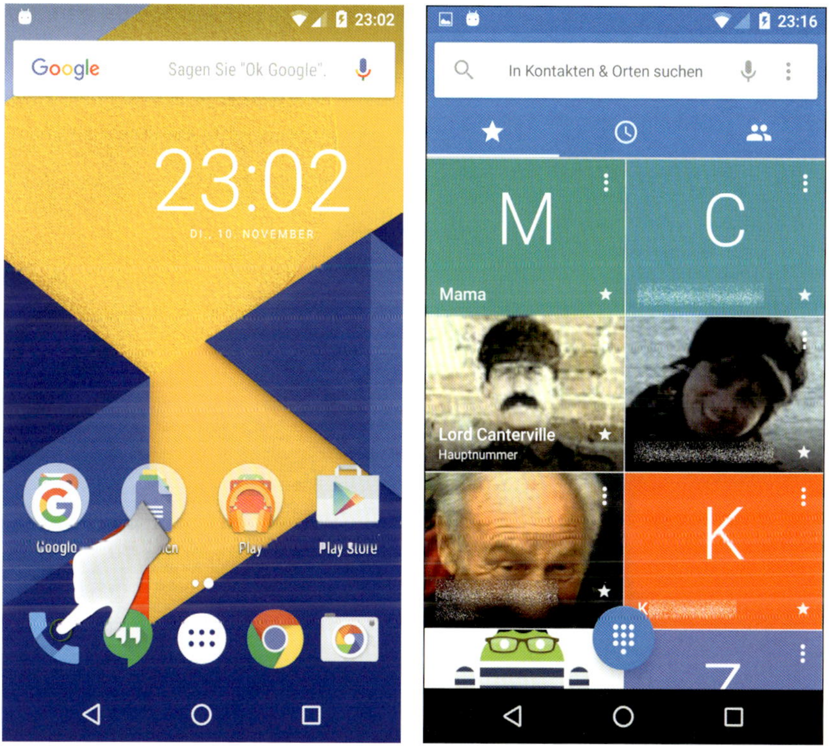

Die Telefonfunktion auf einem Android-Smartphone.

Da kaum noch jemand Telefonnummern auswendig kennt und man in den meisten Fällen immer wieder mit den gleichen Leuten telefoniert, zeigt Android 6 Marshmallow beim Start der Telefon-App keine Zifferntastatur mehr an, sondern eine Liste mit Kurzwahlsymbolen oder Fotos wichtiger Kontaktpersonen.

Tippen Sie auf ein Bild, wird die Person angerufen. Im Suchfeld ganz oben auf dem Bildschirm können Sie einen Namen oder eine Telefonnummer eingeben, um diese Person im Adressbuch zu finden.

Das runde blaue Tastatursymbol unten in der Mitte blendet eine Zifferntastatur auf dem Touchscreen ein, mit der Sie jede beliebige Telefonnummer wählen und so auch Personen anrufen können, die nicht als Kontakt gespeichert sind. Tippen Sie anschließend auf das grüne Telefonsymbol, um die Verbindung aufzubauen.

TIPP: Kennen Sie die Telefonnummer einer Person nicht auswendig, verwenden Sie die Buchstaben auf der Zifferntastatur und tippen damit den Namen ein. Auch hier werden passende Kontakte sofort angezeigt.

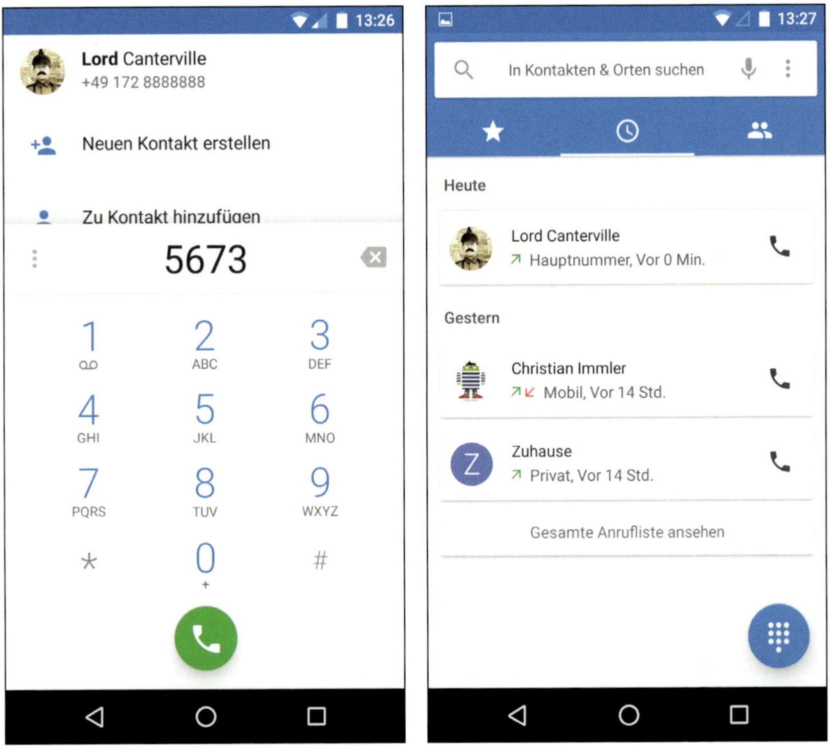

Zifferntastatur und Anrufliste in der Telefon-App.

Haben Sie mit der Person, die Sie anrufen möchten, schon einmal gesprochen, können Sie die Anrufliste auf dem Smartphone verwenden. Diese wird in der Telefon-App unter dem Uhrensymbol angezeigt. Hier erscheint eine Liste der zuletzt gewählten Nummern sowie der eingegangenen Anrufe. Oftmals möchte man ja mit der Person, mit der man zuletzt gesprochen hat, kurz darauf noch mal telefonieren.

Anstatt eine Nummer zu wählen, können Sie auch auf der Seite *Kontakte* rechts oben in der Telefon-App eine Person im Adressbuch suchen und anrufen. Scrollen Sie durch die Liste zur gewünschten Person. Besonders schnell geht es, wenn Sie mit dem Finger am rechten Bildschirmrand entlang scrollen. Hierbei wird der aktuelle Anfangsbuchstabe großflächig angezeigt, damit Sie im richtigen Moment stoppen können. Außerdem finden Sie bestimmte Personen schnell im Adressbuch, indem Sie oben im Suchfeld einige Buchstaben des Namens eintippen. Das Adressbuch filtert die Liste immer genauer, je mehr Buchstaben bereits eingegeben sind.

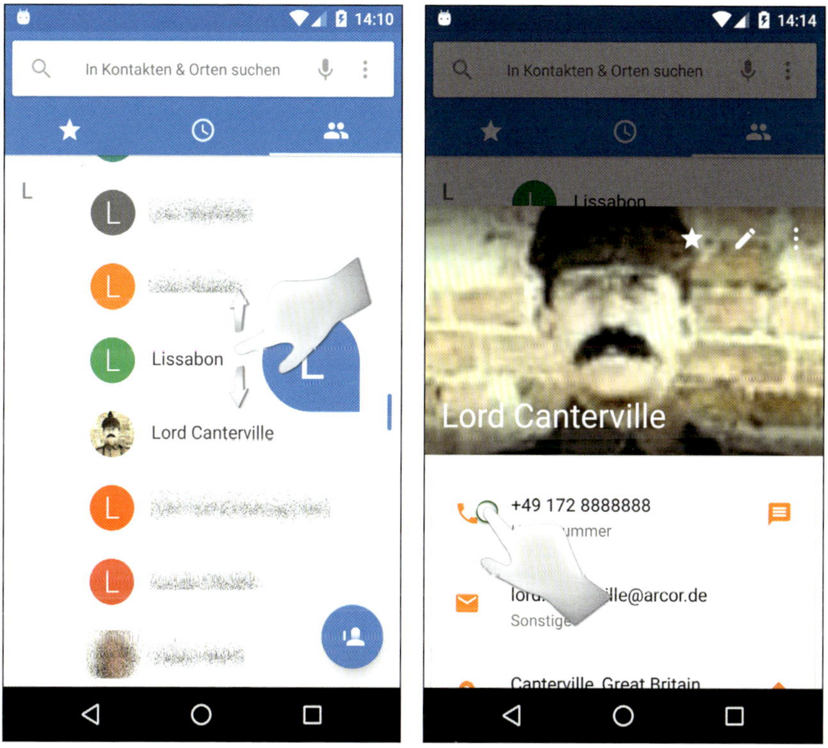

Person im Adressbuch finden und anrufen.

Tippen Sie auf eine Person in der Liste, erscheinen außer der Telefonnummer auch noch die E-Mail-Adresse und andere gespeicherte Daten. Sind mehrere Telefonnummern gespeichert, finden Sie weitere über *Alle anzeigen*. Tippen Sie auf das Telefonsymbol, um die Verbindung aufzubauen. Weiter unten finden Sie den Konversationsverlauf mit dieser Person, der anzeigt, wann Sie die letzten Male miteinander telefoniert haben.

Kurzwahl mit Bildern

Bei den meisten Menschen beschränkt sich die alltägliche Kommunikation auf weniger als zehn Personen, obwohl im Adressbuch des Telefons Hunderte gespeichert sind. Der Kurzwahlbildschirm beim Start der Telefon-App macht sich diese Tatsache zunutze und zeigt wichtige Kontaktpersonen übersichtlich auf dem Bildschirm an. Tippen Sie auf eines der Bilder, um die jeweilige Person anzurufen.

Tippen Sie länger auf ein Bild, können Sie die Bilder auf dem Kurzwahlbildschirm neu anordnen, um besonders wichtige Personen immer gleich ganz oben in der Liste zu haben. Möchten Sie eine Person vom Kurzwahlbildschirm entfernen, ziehen Sie das Bild einfach nach oben auf das Symbol *Entfernen*. Die Person bleibt weiterhin im Adressbuch eingetragen.

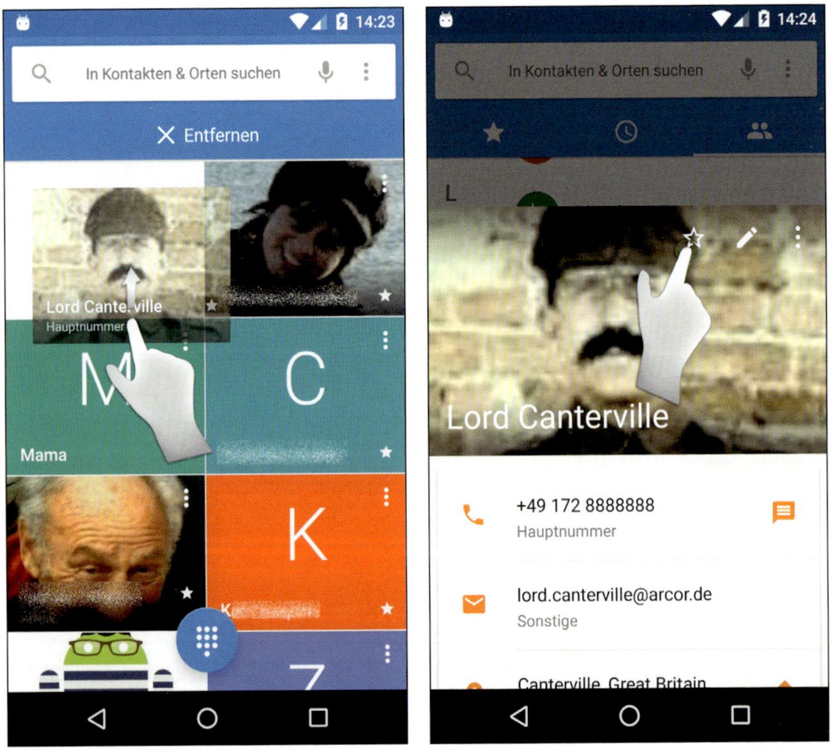

Kurzwahlbildschirm bearbeiten.

Möchten Sie eine neue Person auf den Kurzwahlbildschirm legen, wechseln Sie in der Telefon-App oben rechts zur Seite *Kontakte* und suchen dort die gewünschte Person. Tippen Sie dann auf das Sternchen oben rechts im Kontaktbild. Jetzt erscheint diese Person automatisch auf dem Kurzwahlbildschirm.

Das Telefon klingelt

Klingelt das Telefon, weil jemand anruft, erscheinen automatisch dessen Kontaktbild und Name, soweit diese im Adressbuch gespeichert sind, sowie die Telefonnummer auf dem Bildschirm. Ziehen Sie das Telefonsymbol von der Mitte des Bildschirms auf den blauen Telefonhörer, um das Gespräch anzunehmen, oder auf den roten Telefonhörer, um es abzulehnen.

Eingehender Anruf bei inaktivem oder aktivem Smartphone.

Unaufdringliche Anrufe

Ist der Bildschirm gerade aktiv, weil Sie das Smartphone in dem Moment benutzen, in dem das Telefon klingelt, erscheint der Anruf nur noch am oberen Bildschirmrand. Auch hier stehen zwei Schaltflächen zur Verfügung, um den Anruf anzunehmen oder abzulehnen.

Funktionen während des Gesprächs

Während des Gesprächs werden die Telefonnummer und Gesprächsdauer angezeigt. Ist zu der angerufenen Person ein Foto im Adressbuch hinterlegt, erscheint dieses ebenfalls auf dem Bildschirm. Bei Dual-SIM-Smartphones sehen Sie auch, über welche SIM-Karte das Gespräch läuft. Tippen Sie nach dem Gespräch auf das rote Symbol unten, um die Verbindung zu trennen, »den Hörer aufzulegen«, wie es früher hieß.

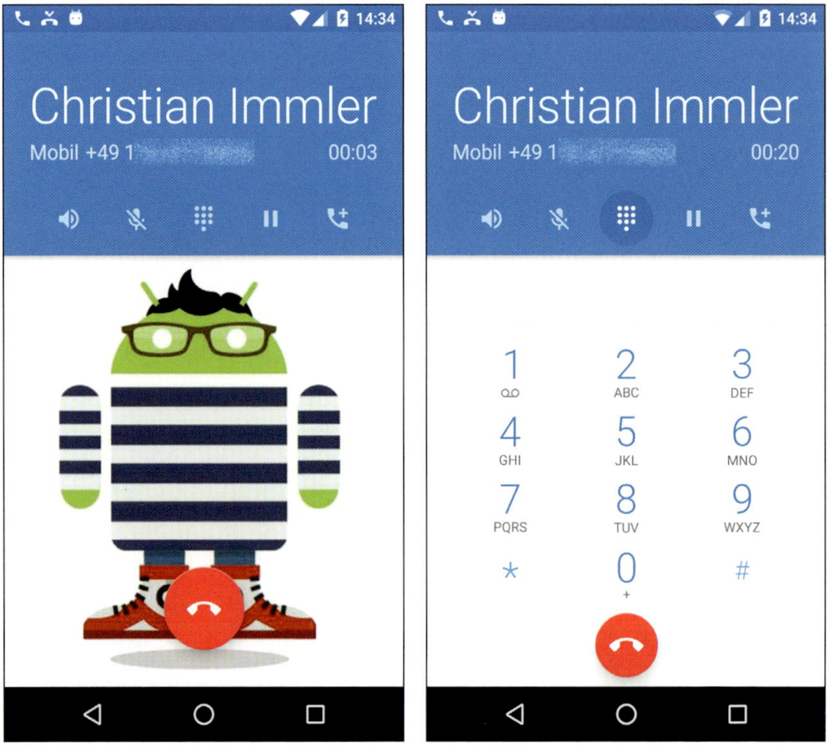

Gesprächsbildschirm und Tonwahltastatur.

Die Symbolleiste auf dem Anrufbildschirm stellt einige nützliche Funktionen während eines Telefongesprächs zur Verfügung.

Lautsprecher – schaltet den Lautsprecher ein, dann kann man das Telefon auf den Tisch legen und frei sprechen, auch mit mehreren Personen im Raum.

Mikrofon stumm – schaltet das Mikrofon stumm, um Rückfragen zu stellen, die der Gesprächspartner nicht hören soll.

Tonwahltastatur – blendet eine Ziffertastatur ein, um zum Beispiel Sprachcomputer oder Mailboxen per Tonwahl zu steuern oder um bei Callthrough-Anbietern während des Gesprächs eine weitere Telefonnummer zu wählen.

Gespräch halten – hält das Gespräch, ohne die Verbindung zu trennen, um zum Beispiel kurz einen eingehenden Anruf entgegenzunehmen.

Konferenz – startet eine Telefonkonferenz. Jetzt können Sie weitere Personen zum Gespräch hinzufügen.

INFO: Viele Android-Smartphones verfügen über einen Annäherungssensor, der den Bildschirm automatisch ausschaltet, sobald man das Gerät ans Ohr hält. Dies spart nicht nur Strom, sondern verhindert auch, dass man versehentlich durch Berührung mit dem Ohr eine Aktion auf dem Touchscreen auslöst. Nehmen Sie das Smartphone vom Ohr, wird der Bildschirm wieder benutzbar.

Entgangene Anrufe

Haben Sie einen Anruf auf dem Smartphone verpasst, wird dies in der Benachrichtigungsleiste angezeigt. So sehen Sie sofort, ob und wann jemand in Abwesenheit angerufen hat.

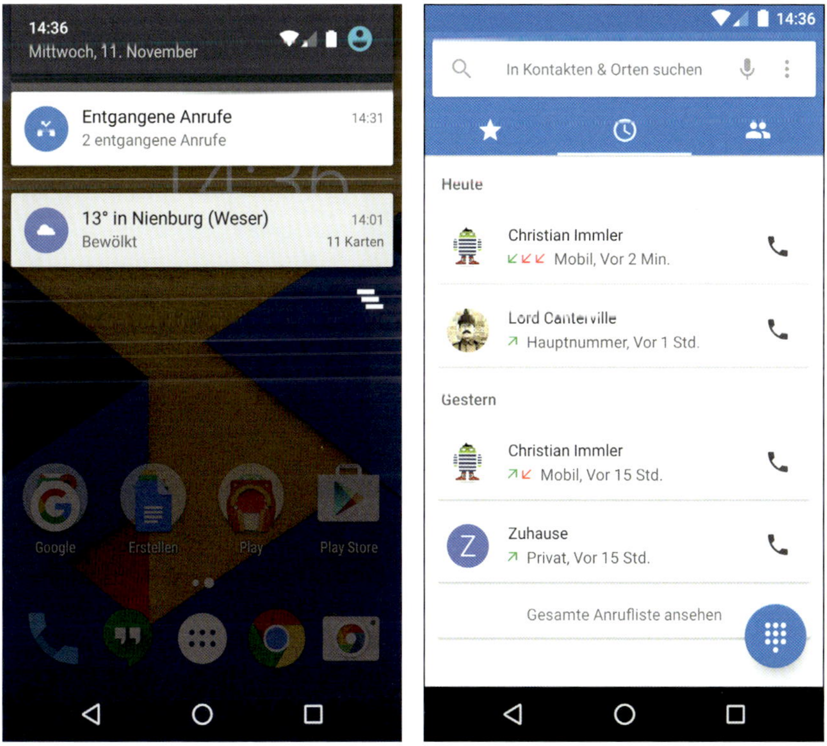

Entgangene Anrufe in der Benachrichtigungsleiste und Liste entgangener Anrufe.

Wenn oben links ein Symbol für entgangene Anrufe erscheint, ziehen Sie diese Leiste herunter. Tippen Sie dort auf *Entgangene Anrufe*, kommen Sie direkt ins Anrufprotokoll der Telefon-App.

Klingelton auswählen

Klingeltöne auf dem Handy sind für viele etwas ganz Persönliches und müssen je nach Tagesstimmung geändert werden. Anderen kommt es eher darauf an, einen im Alltag deutlich hörbaren Klingelton zu verwenden oder einen, mit dem nicht 100 andere Handys in der Umgebung klingeln. Früher gab es sogar Leute – und nicht gerade wenige –, die für Klingeltöne Geld ausgegeben haben.

Android 6 Marshmallow liefert diverse Klingeltöne mit, Gerätehersteller installieren oft auch noch weitere. Tippen Sie in der Telefon-App oben rechts auf das Menüsymbol und wählen Sie dann *Einstellungen/Töne und Vibration*. Tippen Sie auf *Klingelton*, um einen Klingelton auszuwählen. Ganz oben wird ein Klingelton *Ohne* zur Auswahl angeboten. Damit klingelt das Telefon nie, sondern zeigt Anrufe nur akustisch und je nach Einstellung auch mit Vibration an, unabhängig von einem *Nicht stören*-Modus.

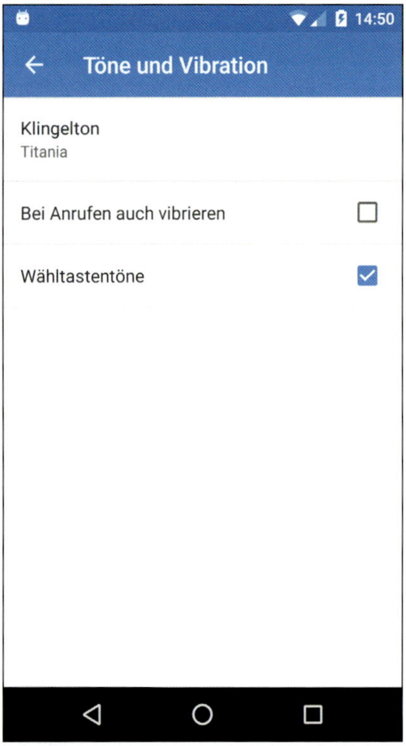

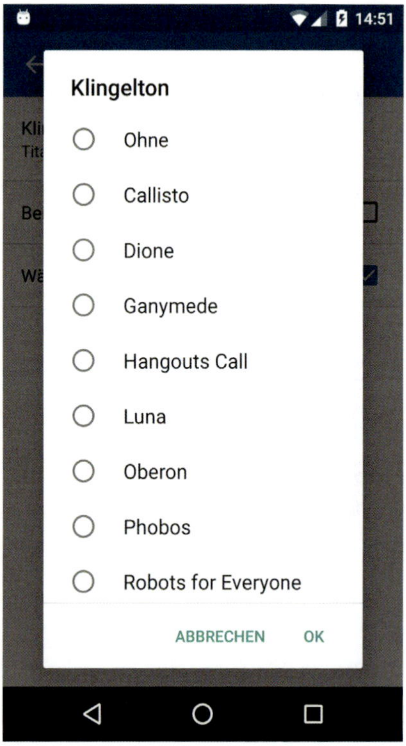

Klingelton auswählen.

Auf der gleichen Einstellungsseite legen Sie auch fest, ob beim Eintippen von Telefonnummern Wähltastentöne zu hören sein sollen und ob das Telefon zusätzlich zum Klingeln auch vibrieren soll.

Die Klingeltonlautstärke stellen Sie mit den Lautstärketasten an der Seite des Smartphones ein. Dazu müssen Sie sich in der Telefon-App oder auf dem Startbildschirm befinden, da Android zwischen Klingeltonlautstärke und Medienlautstärke unterscheidet. Im Musikplayer oder in einem Spiel regeln diese Tasten die Medienlautstärke. Beim Drücken einer Lautstärketaste wird oben ein Schieberegler eingeblendet, der die aktuelle Lautstärke anzeigt. Tippen Sie ganz links auf die Glocke, wird das Klingeln ausgeschaltet und auf Vibrationsalarm umgestellt. Tippen Sie auf den Pfeil rechts, werden weitere Lautstärkeregler für die Medienlautstärke und Wecker eingeblendet.

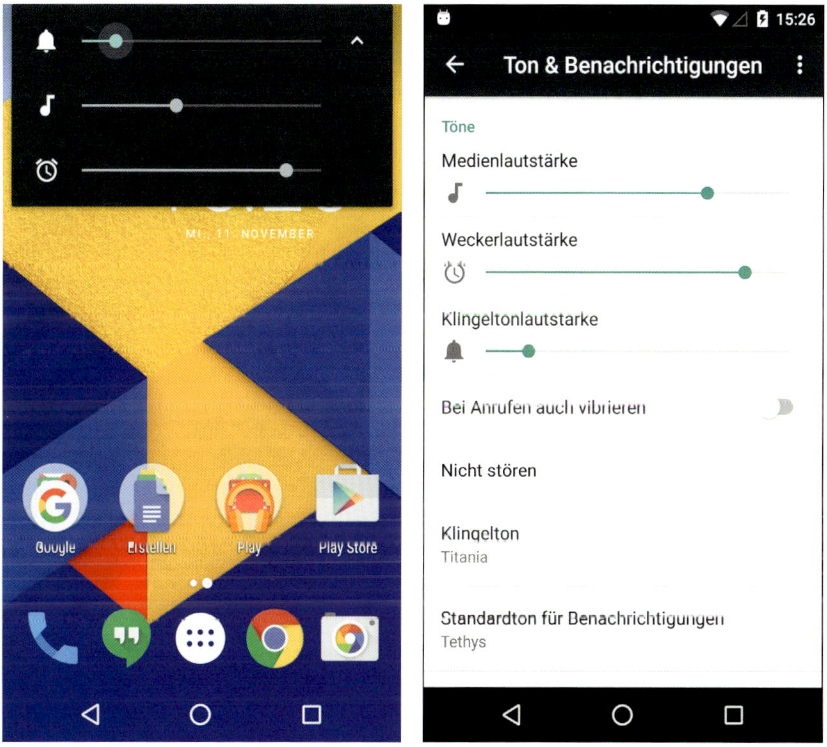

Lautstärke über die Lautstärketasten oder über die Einstellungen regeln.

In den *Einstellungen* unter *Ton & Benachrichtigungen* können Sie die Medienlautstärke, Weckerlautstärke und Klingeltonlautstärke ebenfalls unabhängig voneinander einstellen. Unter *Andere Töne* legen Sie fest, ob bei Berührung des Bildschirms und bei der Bildschirmsperre Töne erklingen sollen, ob Wähltastentöne beim Telefonieren ertönen und ob das Gerät bei Berührung der Bildschirmtastatur und bestimmter Schaltflächen vibrieren soll. Der Schalter *Benachrichtigungslicht* legt fest, ob die LED bei einer neuen Benachrichtigung blinken soll.

Automatische SMS bei unpassenden Anrufen

Das Handy klingelt oft in unpassenden Momenten. Wenn man gerade in einer Konferenz ist oder beim Essen sitzt, möchte man nicht gestört werden, den Anrufer aber auch nicht einfach »wegdrücken«. Android bietet hier Kurzantworten an, die mit wenigen Fingerstrichen per SMS an einen Anrufer geschickt werden können. Allerdings sollten Sie diese Funktion nur bei Anrufen von Handys nutzen. SMS-Antworten an Festnetztelefone werden von den meisten Anrufern nicht verstanden.

Wählen Sie im Menü der Telefon-App den Menüpunkt *Einstellungen//Kurzantworten*. Hier sind bereits einige Kurzantworten vordefiniert. Tippen Sie auf eine Kurzantwort, können Sie den Text bearbeiten und speichern.

Wenn das Telefon klingelt, erscheint auf dem Bildschirm die Nummer oder der Name des Anrufers. Schieben Sie das Telefonsymbol nach oben auf das SMS-Symbol, erscheint eine Liste der vordefinierten Kurzantworten. Wählen Sie eine Kurzantwort aus, wird diese automatisch per SMS an den Anrufer geschickt. Über den Punkt *Eigene Antwort schreiben* können Sie selbst eine kurze SMS an den Anrufer tippen.

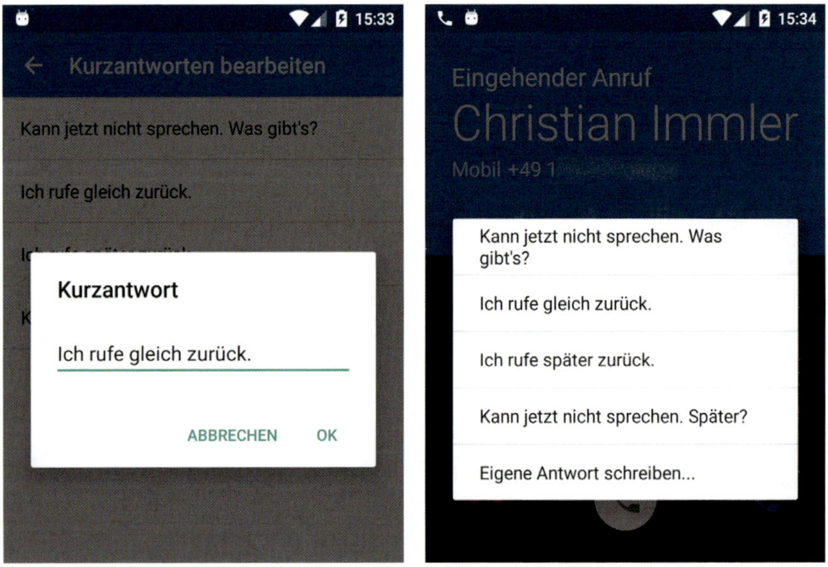

Links: Kurzantworten bearbeiten, rechts: eingehenden Anruf mit Kurzantwort beantworten.

Rufumleitungen einrichten

Die von einfachen Handys bekannten Einstellungen zur Rufweiterleitung auf die Mailbox finden Sie über den Menüpunkt *Einstellungen* in der Telefon-App. Tippen Sie oben rechts auf das Menüsymbol mit den drei Punkten und wählen Sie *Einstellungen/Anrufe/Rufweiterleitung*.

Jetzt können Sie für *besetzt*, *keine Antwort* oder *nicht erreichbar* unterschiedliche Rufumleitungen festlegen oder auch Kontakte auswählen, an die der Anruf weitergeleitet werden soll. Bei den meisten SIM-Karten sind standardmäßig Umleitungen auf die Mailbox voreingestellt.

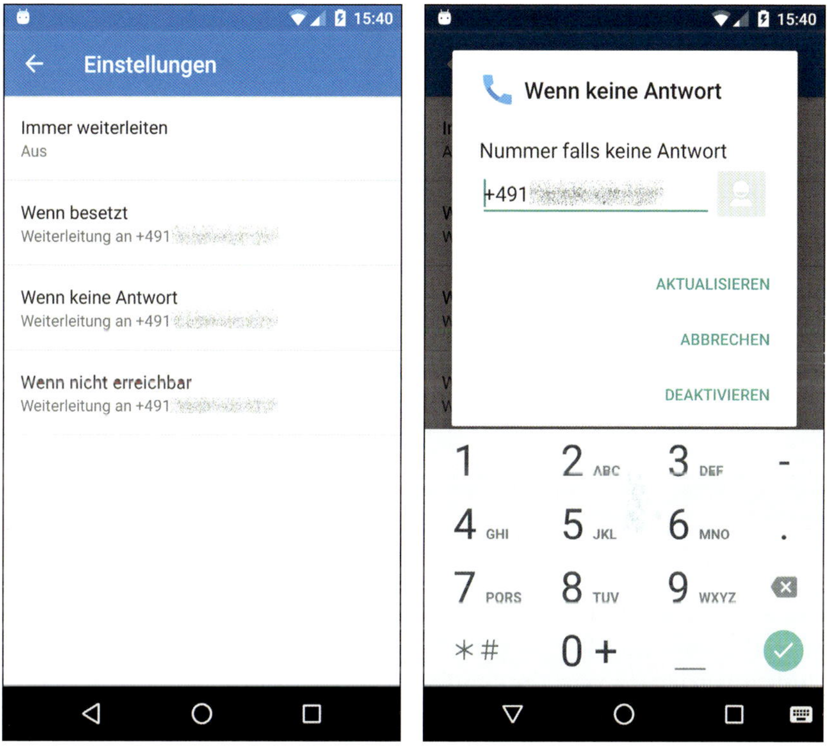

Einstellungen zur automatischen Rufumleitung.

> **ACHTUNG:** Für Rufumleitungen können je nach Mobilfunkvertrag erhebliche Kosten entstehen. Viele Anbieter schließen umgeleitete Gespräche von der Flatrate aus, sodass die Weiterleitungen im teuren Minutentakt bezahlt werden müssen, obwohl Sie selbst gar nicht telefonieren. Die Rufumleitung wird direkt im Mobilfunknetz eingerichtet und ist nicht nur eine Einstellung auf dem Smartphone selbst. Das bedeutet, zur Einrichtung muss ausreichender Empfang vorhanden sein und der eigene Handyvertrag muss Umleitungen zulassen.

Unerwünschte Anrufer blockieren

Android 6 Marshmallow ermöglicht es seit einem kleinen Update, unerwünschte Anrufer zu blockieren. Tippen Sie dazu in der Anruferliste länger auf die zu blockierende Nummer und wählen Sie dann die Option *Nummer blockieren*.

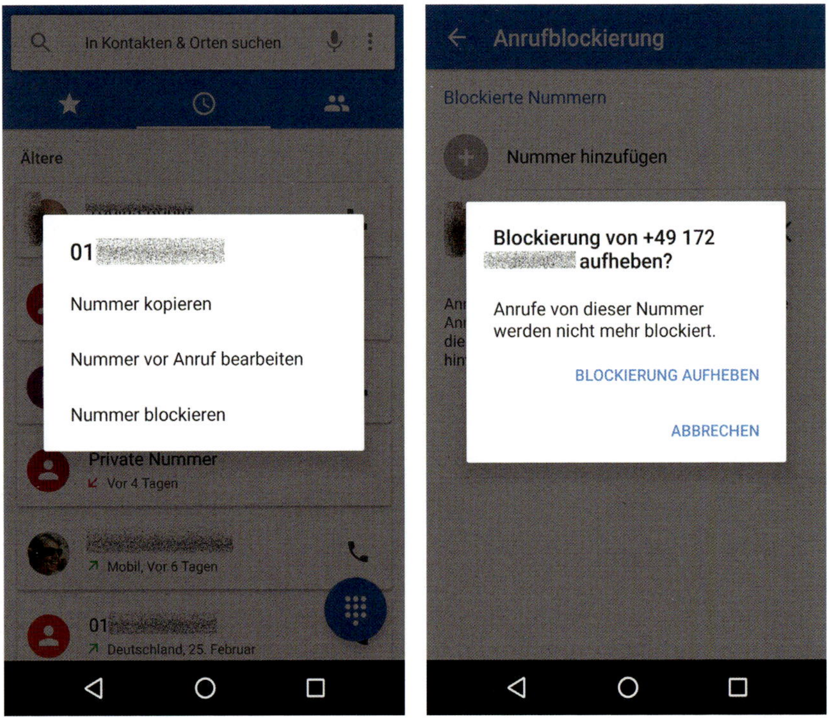

Unerwünschte Anrufer blockieren.

Der Menüpunkt *Einstellungen/Anrufblockierung* in der Telefon-App zeigt eine Liste der blockierten Nummern. Tippen Sie hier auf eine Nummer, um die Blockierung wieder aufzuheben. Die Person kann dann wieder ungehindert anrufen.

Eigene Telefonnummer herausfinden

Seit man alle Telefonnummern nur noch in Kontaktlisten speichert und kaum noch eine Nummer eintippt, wissen viele Anwender nicht einmal mehr ihre eigene Handynummer auswendig. Wer mehrere SIM-Karten und mehrere Handys hat, kommt schnell durcheinander. Früher war es oft der einfachste Weg, mit einem Handy das andere anzurufen, um die Nummer zu erfahren, da die Geräte selbst oft keine Möglichkeit boten, die Telefonnummer der eingesteckten SIM-Karte anzuzeigen.

Android 6 Marshmallow zeigt in den *Einstellungen* unter *Über das Telefon/Status/Status der SIM-Karte* die eigene Telefonnummer an. Dual-SIM-Smartphones haben hier getrennte Einstellungen für beide SIM-Karten.

Anrufer-ID von Google

Über den Dienst *Anrufer-ID von Google* können auch Namen von Anrufern angezeigt werden, die nicht in den Kontakten gespeichert sind. Ist dieser Dienst in den Einstellungen der Telefon-App eingeschaltet, wird bei einem eingehenden Anruf über die Internetverbindung eine Datenbank bei Google abgefragt und, wenn möglich, werden der Name sowie das Google+-Profilbild des Anrufers angezeigt. Diese Daten werden aber nicht automatisch in den Kontakten gespeichert.

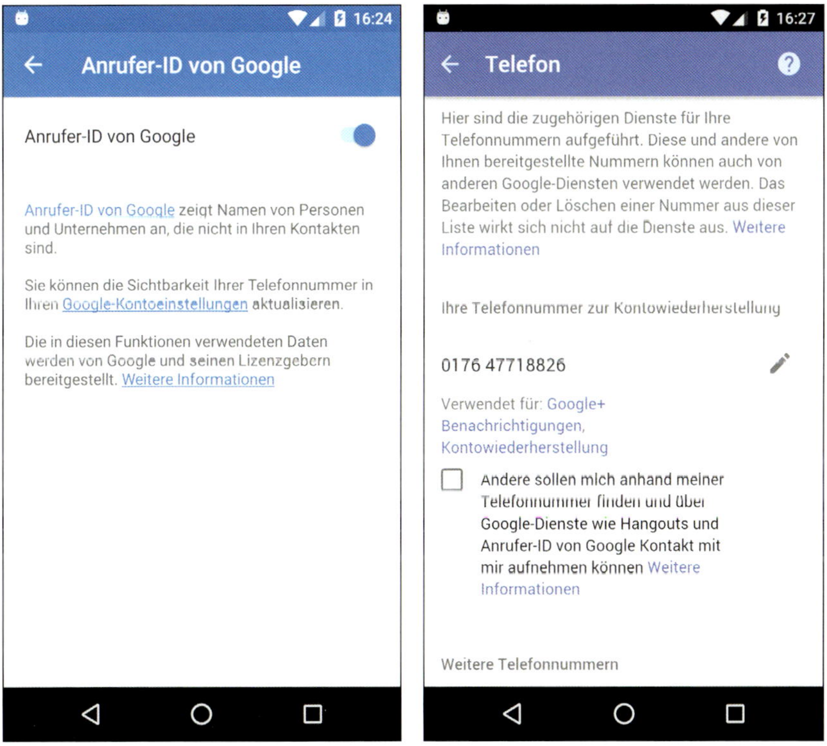

Einstellungen zur Anrufer-ID von Google.

Möchten Sie nicht, dass andere auf diesem Weg Ihren Namen angezeigt bekommen, klicken Sie auf den Link *Google-Kontoeinstellungen* in den *Einstellungen* unter *Anrufer-ID von Google* und deaktivieren auf der nächsten Seite den Schalter *Andere sollen mich anhand meiner Telefonnummer finden ...*

Rufnummernunterdrückung

In den Telefoneinstellungen können Sie unter *Anrufe/Zusätzliche Einstellungen/Anrufer-ID* bei Bedarf die Anzeige Ihrer Rufnummer bei der angerufenen Person unterdrücken.

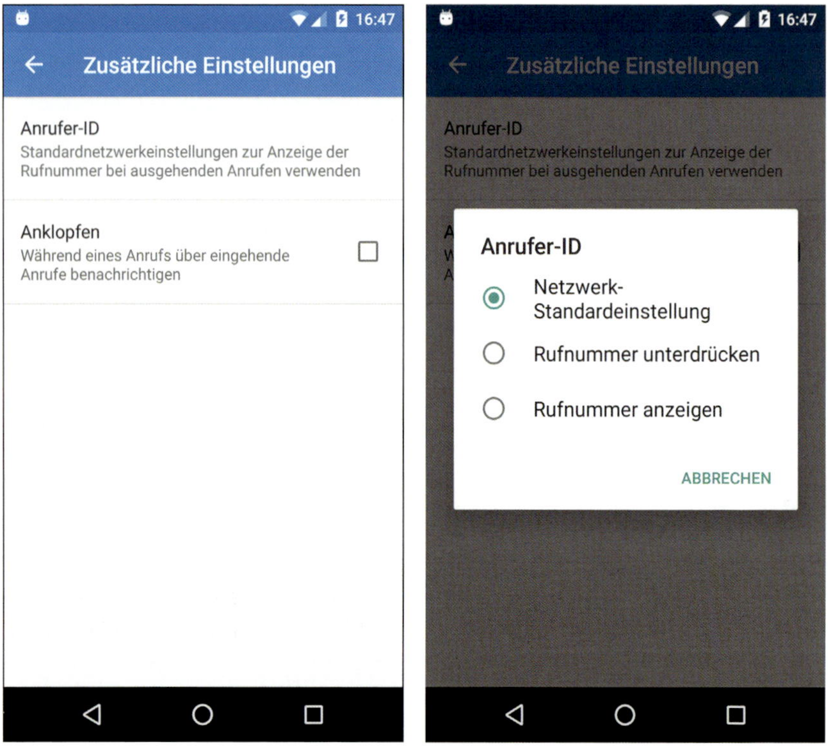

Einstellungen zur Übertragung der eigenen Telefonnummer.

Kein Freibrief für illegale Aktivitäten

Eine ausgeschaltete Rufnummer ist kein Freibrief für kriminelle Aktivitäten am Telefon. Die Rufnummer wird bei jedem Gespräch übertragen, bei abgeschalteter Anrufer-ID wird nur zusätzlich ein spezielles Signal gesendet, das das Telefon des Gesprächspartners anweist, die Nummer nicht zu zeigen. Die Notrufzentralen von Feuerwehr, Rettungsdiensten und Polizei sehen die Nummer trotzdem. Auch in den Anrufprotokollen der Telefongesellschaften taucht die Nummer weiterhin auf. Nach dem »Gesetz zur Bekämpfung unlauterer Telefonwerbung und zur Verbesserung des Verbraucherschutzes« sind Anrufe von Firmen und Geschäftstreibenden mit unterdrückter Rufnummer aus Deutschland nicht mehr zulässig.

Tipps zur Wahl eines Tarifs für Android-Smartphones

Wer sich noch an die Mobilfunktarife vor einigen Jahren erinnert, kommt bei dem Gedanken, mit einem Smartphone permanent online zu sein, schnell ins Schwitzen. Heute ist mobiles Internet mit dem geeigneten Tarif aber für jeden erschwinglich.

Der mobile Internetzugang per UMTS, HSPA und auch LTE wird heute fast überall nach verbrauchtem Datenvolumen abgerechnet und nicht mehr nach Onlinezeit, wie es früher bei den ersten Handys der Fall war. Zur Ermittlung des Datenverbrauchs spielt es keine Rolle, ob Daten aus dem Internet heruntergeladen oder vom Smartphone gesendet werden, wie z. B. E-Mails oder Fotos, die man bei Facebook hochlädt. Jedes MByte zählt. Bei den typischen 24 Cent/MByte ist die sporadische Internetnutzung eines einfachen Handys, mit dem man mal kurz E-Mails abruft oder sich eine Fahrplanauskunft holt, kein großes finanzielles Problem. Hier kommen bei durchschnittlicher Nutzung im Monat meist nicht einmal 10 MByte zusammen. Bei Android-Smartphones, die permanent im Internet sind und allein für reine Hintergrundaktivitäten jeden Monat etwa 100–200 MByte Datenvolumen verbrauchen, kann es allerdings schnell sehr teuer werden – zumal Smartphone-Apps darauf ausgelegt sind, ihre Daten aus dem Netz zu holen oder auch in der Cloud abzulegen.

Datenpakete mit 200 MByte, 500 MByte oder gar 1 GByte, die bei den meisten Prepaid-Anbietern zum Handytarif dazugebucht werden können, bieten bei Vorabbezahlung einen deutlich günstigeren Preis pro MByte als der Standardtarif.

Heute werden die meisten Tarife nach dem Verbrauch des Inklusivvolumens nicht mehr gestoppt, sondern auf GPRS-Geschwindigkeit gebremst, sodass man nicht komplett vom Internet abgeschnitten ist, da viele Funktionen von Smartphones ohne Internetanbindung gar nicht mehr funktionieren. Man kann das Freivolumen zwar ohne zusätzliche Kosten überschreiten, wird dann aber vom flotten UMTS/HSDPA auf GPRS-Niveau heruntergebremst, was die Nutzung für den Rest des Monats unattraktiv macht und höchstens noch für E-Mails ohne Anhang und den aktuellen Wetterbericht reicht. Denn es handelt sich dabei nicht um eine Bremse von wenigen Prozent, sondern eher um ein »vor die Wand fahren« von theoretisch bis zu 150 Mbit/s bei LTE oder 32 Mbit/s bei HSPA+ (vergleichbar DSL 32.000) auf 64 Kbit/s (vergleichbar ISDN), also einen Geschwindigkeitsverlust von mehr als 99 %!

Seit die Internetverbindung nicht mehr komplett getrennt, sondern nur noch drastisch abgebremst wird, bezeichnen fast alle Anbieter ihre Datentarife als Internetflatrate. Entscheidend für die Preisunterschiede ist das Datenvolumen, bei dem die Bremse zuschlägt.

Bis vor wenigen Jahren musste man die Datentarife zum Telefontarif dazukaufen oder Telefonminuten oder Flatrates zu einem Datentarif. Dabei war bei den meisten Anbietern nur die eine Tarifkomponente wirklich günstig, bei der anderen zahlte man deutlich mehr als bei anderen Anbietern. In letzter Zeit bieten fast alle Mobilfunknetzbetreiber spezielle Smartphone-Tarife an, die günstige Minutenpakete oder Flatrates zum Telefonieren mit einer Internetflatrate mit meist 200–300 MByte Inklusivvolumen kombinieren.

Diese Tarife sind ideal für alle, die ihr Smartphone eher durchschnittlich sowohl zum Telefonieren als auch fürs Internet nutzen, und auch für alle, die von einem einfachen Handy auf ein Smartphone umsteigen und nicht allein durch dessen Hintergrundaktivität in eine Kostenfalle tappen wollen. Wer überdurchschnittlich viel Internet nutzt oder sein Smartphone auch als Internetzugang fürs Notebook einsetzt, dafür aber wenig telefoniert, kommt mit einem speziellen Datentarif möglicherweise noch besser weg.

TARIFTIPP: Der derzeit (Januar 2016) günstigste Smartphone-Tarif kostet mit 500 MByte Datenvolumen, 100 Freiminuten und 100 Frei-SMS 4,95 Euro im Monat: bit.ly/DeutschlandSIM500. Für Wenignutzer gibt es eine noch preisgünstigere Variante mit 200 MByte Datenvolumen, 50 Freiminuten und 50 Frei-SMS für 2,95 Euro im Monat: bit.ly/DeutschlandSIM200. Leider sind beide Tarife zwischenzeitlich immer mal wieder ausverkauft.

Ein weiteres wichtiges Auswahlkriterium für einen Internettarif ist neben dem Preis die Netzqualität bzw. Verfügbarkeit in der Region, in der man das Smartphone vorrangig nutzen möchte. Telefonieren kann man inzwischen in Deutschland fast überall, mit dem Internetzugang über schnelles HSPA sieht es jedoch ganz anders aus. Während die D-Netze von Vodafone und Telekom fast flächendeckend UMTS/HSDPA oder auch LTE mit bis zu 50 Mbit/s, in Ballungszentren bis zu 150 Mbit/s. bieten, hängen die E-Netze von O2 und ehemals E-Plus noch deutlich hinterher. Hier stehen HSDPA und auch UMTS nur in den großen Ballungsräumen zur Verfügung, in Kleinstädten muss man sich häufig mit GPRS zufriedengeben.

Auf dem flachen Land gibt es noch große Versorgungslücken, wo mobiles Internet überhaupt nicht möglich ist. Auf diesen weißen Flecken der deutschen Landkarte bieten die D-Netze zumindest noch GPRS-Anbindung. Die Netzbetreiber werben zwar mit sehr hohen Prozentzahlen, wie viele Einwohner Deutschlands mittlerweile schnelles Internet über HSDPA nutzen können, allerdings beziehen sich diese auf die Bevölkerung und deren Wohnorte, nicht auf die Fläche Deutschlands. 80 % der Deutschen wohnen auf 20 % der Landesfläche. Demnach blieben selbst bei 80 % UMTS-Versorgung der Bevölkerung theoretisch 80 % der Fläche unterversorgt.

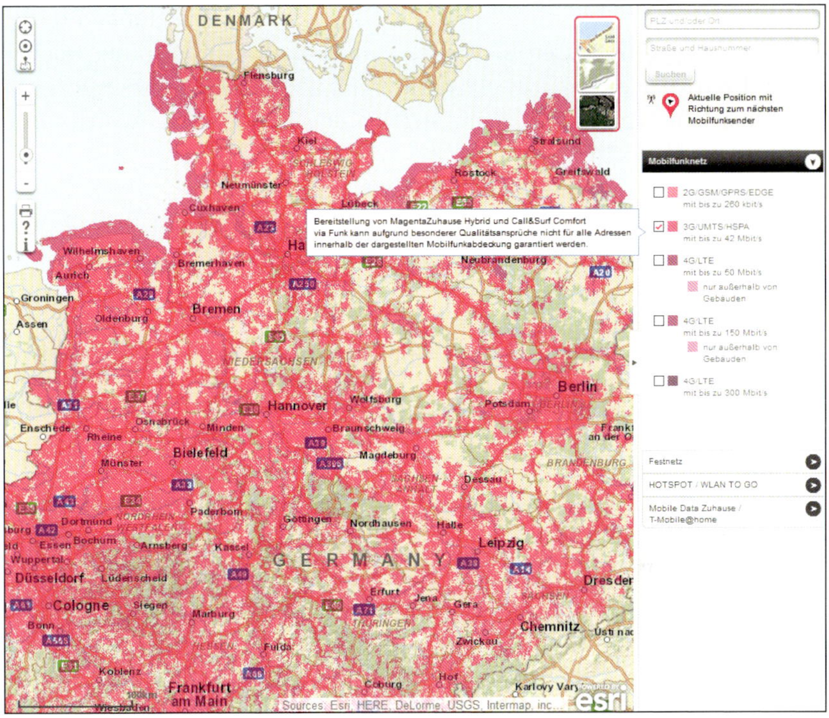

UMTS-Netzausbau der Telekom (Grafik: Telekom, Stand: Januar 2016).

In ländlichen Regionen und Mittelgebirgen sowie im Osten und äußersten Süden Deutschlands haben alle Mobilfunkprovider noch erhebliche Versorgungslücken im UMTS-Netz. In großstädtischen Ballungsräumen und den Tourismusregionen entlang der Küsten sind die Netze hingegen sehr gut ausgebaut. Das LTE-Netz ist mittlerweile an vielen Stellen besser ausgebaut, aber nur mit einem teureren LTE-Mobilfunkvertrag nutzbar.

Alle deutschen Netzbetreiber bieten interaktive Landkarten an, auf denen man die Netzabdeckung für GSM/GPRS, EDGE, UMTS, HSDPA und – wenn angeboten – auch LTE ablesen kann. Diese Angaben gelten natürlich immer unter optimalen Bedingungen im Freien ohne Verschattung durch Gebäude und ohne schnelle Bewegung.

Netzabdeckungskarten

Interaktive Karten zur Netzabdeckung der großen deutschen Mobilfunkanbieter:

Vodafone	goo.gl/IR2oF	E-Plus	goo.gl/BU8WT4
Telekom	goo.gl/gp8ADp	O2	goo.gl/mbG1k

LTE

Mit dem Mobilfunkstandard LTE (**L**ong **T**erm **E**volution = langfristige Entwicklung), auch als Mobilfunk der vierten Generation bezeichnet, sollen in erster Linie ländliche Regionen versorgt werden, in denen bisher keine DSL-Festnetzanschlüsse zur Verfügung standen.

Anstatt über ein Telefonkabel kommt das Internetsignal dabei über Funk ins Haus und das mit theoretisch bis zu 150 Mbit/s. LTE wird zwar von den Netzbetreibern als Festnetzersatz vermarktet, basiert aber wie UMTS auf Mobilfunktechnik und kann sogar die vorhandene UMTS-Mobilfunk-Infrastruktur in Teilen mit verwenden.

Natürlich eignet sich diese Technik auch für den schnellen Internetzugang bei entsprechend ausgestatteten Smartphones. Voraussetzung ist, dass das Smartphone und der Mobilfunkvertrag LTE unterstützen. Handyverträge mit LTE-Nutzung sind zurzeit allerdings bei vielen Anbietern noch erheblich teurer als reine UMTS-Verträge.

Datenverbrauch ermitteln

Wegen der oft knapp begrenzten Flatrates in günstigen Mobilfunkverträgen ist die Anzeige des Datenverbrauchs für viele Nutzer sehr interessant. In den *Einstellungen* unter *Datenverbrauch* können Sie rechtzeitig abschätzen, wann das Freivolumen Ihrer Flatrate aufgebraucht ist und welche Apps den größten Datenverkehr verursachen.

Tippen Sie in den Schnelleinstellungen auf das Mobilfunksymbol, erscheint eine Übersicht der Datennutzung des aktuellen Monats. Tippen Sie auf *Weitere Einstellungen*, um eine detailliertere Übersicht zu erhalten.

Damit die Anzeige des Datenverbrauchs optimal nutzbar ist, stellen Sie den Tag des Monats ein, an dem Ihr Mobilfunkanbieter das monatliche Datenvolumen der Flatrate zurücksetzt. Diesen Tag finden Sie üblicherweise auf Ihrer Mobilfunkrechnung. Bei vielen Anbietern ist dies der erste Tag des Monats.

Zum Vergleich können Sie über das Menü auch den Datenverbrauch im WLAN anzeigen lassen. Mit dem Schalter *Mobilfunkdaten* lässt sich die Datennutzung jederzeit ganz abschalten. Bei Dual-SIM-Smartphones wird das verbrauchte Datenvolumen für jede SIM-Karte getrennt ermittelt.

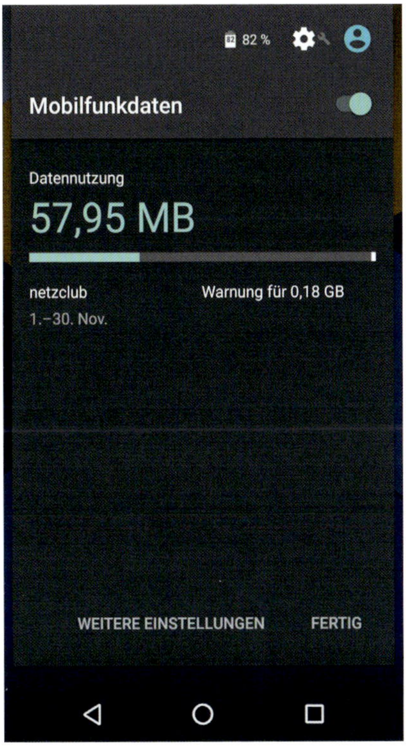

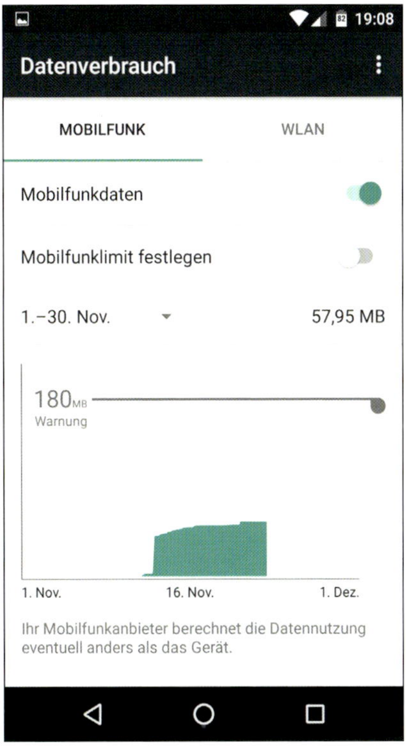

Datenverbrauch anzeigen.

Dual-SIM-Smartphones

Viele vermeintlich günstige Telefontarife sind in der Internetnutzung so teuer, dass sie für Smartphones uninteressant werden. Umgekehrt haben die preiswerten Surfflatrates oft hohe Minutenpreise beim Telefonieren. Es gibt viele Gründe, zwei SIM-Karten zu verwenden. Dafür aber immer zwei Handys mit sich herumzutragen, kann schnell lästig werden.

TIPP: Dual-SIM-Smartphones bieten eine Lösung, die Tarifvorteile von zwei SIM-Karten zu nutzen und so z. B. eine Telefonflatrate bei einem billigen E-Netz-Anbieter mit einem Internettarif im deutlich besser ausgebauten D-Netz zu kombinieren. Außerdem braucht man statt eines beruflichen und eines privaten Smartphones nur noch ein Gerät. Im Urlaub oder nachts schaltet man die berufliche SIM-Karte einfach aus. In grenznahen Gebieten lassen sich mit Dual-SIM-Smartphones Roamingkosten vermeiden, wenn das Mobilfunknetz des Nachbarlandes einmal stärker ist. Stecken Sie einfach SIM-Karten beider Länder ins Smartphone.

In Deutschland sind Dual-SIM-Smartphones den Mobilfunkprovidern, die auch die heimliche Macht über den Handymarkt haben, ein Dorn im Auge. Daher kommt diese Technologie hierzulande erst langsam in den Markt.

Bekannte Dual-SIM-Smartphones großer Markenhersteller, die voraussichtlich das Android-6-Marshmallow-Update erhalten werden, sind Motorola Moto G (2014), das kurzzeitig unter anderem bei Aldi angeboten wurde, ZTE Blade S6 und Samsung Galaxy S5 Duos.

Aktuelle Dual-SIM-Smartphones: Motorola Moto G (2014), ZTE Blade S6, Samsung Galaxy S5 Duos (kein Größenvergleich).

Dual-SIM-Outdoor-Smartphone

Simvalley bietet mit dem SPT-900 ein Outdoor-Smartphone mit Dual-SIM-Technik, aber leider nur Android 4.2 an. Gerade weit weg von der Zivilisation funktionieren oft nur einzelne Mobilfunknetze. Hier erhöht die Dual-SIM-Technik die Wahrscheinlichkeit, im Notfall überhaupt Handyempfang zu haben. Das SPT-900 steckt in einem robusten IP67-zertifizierten wasserdichten Gehäuse.

Die meisten anderen Dual-SIM-Smartphones kommen aus China, wo zwei und mehr SIM-Karten in einem Handy alltäglich sind. Derartige Geräte sind oft nur über eBay oder spezielle Onlineshops für Importgeräte erhältlich. Viele der preisgünstigen Modelle bieten zum Internetzugang nur das relativ langsame EDGE, kein UMTS an. Obwohl die chinesischen Geräte häufig an das Gehäusedesign bekannter Marken-Smartphones angelehnt sind, unterscheiden sie sich meist durch einen deutlich schwächeren Prozessor, eine sehr geringe

Bildschirmauflösung und das Fehlen der Google-Zertifizierung. Deshalb fehlen auf diesen Geräten fast immer die Google-Apps *Gmail*, *Google Maps* und *Google Play*.

Neben der reinen Technik ist bei Dual-SIM-Handys die Integration der beiden SIM-Karten ins Betriebssystem wichtig. Android bietet von sich aus keine Dual-SIM-Funktionalität an. Hier hat z. B. Motorola gute Arbeit geleistet. Bei Sprachanrufen und SMS kann man jedes Mal wählen, welche SIM-Karte genutzt werden soll, oder auch eine SIM-Karte als Standard voreinstellen. Für Datenverbindungen legt man eine SIM-Karte fest, und zwar die mit dem günstigeren Internettarif. Die Statusleiste zeigt die Signalstärke für beide SIM-Karten parallel an. Der Datenverbrauch wird ebenfalls für beide SIM-Karten getrennt angezeigt.

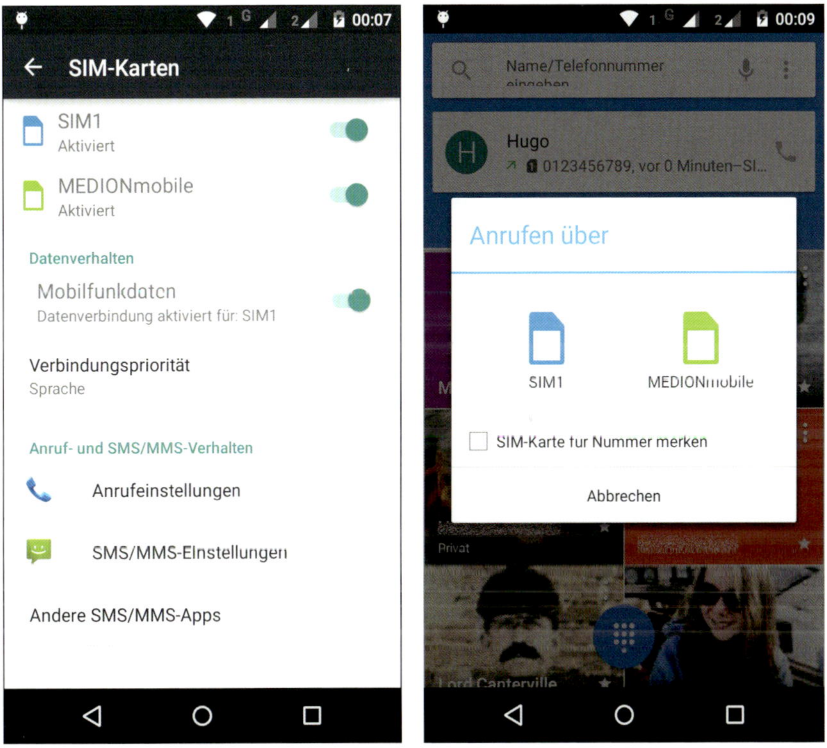

Dual-SIM-Einstellungen auf dem Motorola Moto G (2014).

Adressbuch – Kontakte

Seit den ersten Handys kann man dort seine wichtigsten Telefonnummern mit Namen speichern. Die Zeiten, in denen man beim Wechsel auf ein neues Handy Termine und Telefonnummern abtippen musste, sind lange vorbei. Heute synchronisiert man seine Daten mit dem PC oder in der Cloud.

Auf Android-Smartphones ist eine komplette Kontaktverwaltung enthalten, mit der Sie Ihr Adressbuch nicht nur auf dem Smartphone, sondern auch auf dem PC über ein Google-Konto verwalten können. Die App *Kontakte* synchronisiert automatisch die Adressen, die in dem Google-Konto gespeichert sind, das bei der Einrichtung des Smartphones festgelegt wurde. Damit haben Sie die gleichen Kontakte auf dem Smartphone, auf dem PC und auf jedem anderen Gerät, das mit dem Google-Konto synchronisieren kann, zur Verfügung.

Datenschutz

Immer wieder hört man die Medien gegen Google wettern. Tatsächlich ist aber kein Fall bekannt, dass Google mit den anvertrauten Daten irgendetwas Vertragswidriges gemacht hätte. Auch ist die Wahrscheinlichkeit, ein fremder Hacker könnte bei Google einbrechen und die persönlichen Daten stehlen, dank erhöhter Sicherheit der Großrechenzentren deutlich geringer, als dass ein Hacker per Trojaner auf dem eigenen Computer Daten stiehlt oder ein ganz simpler Dieb einfach das Smartphone samt Daten klaut.

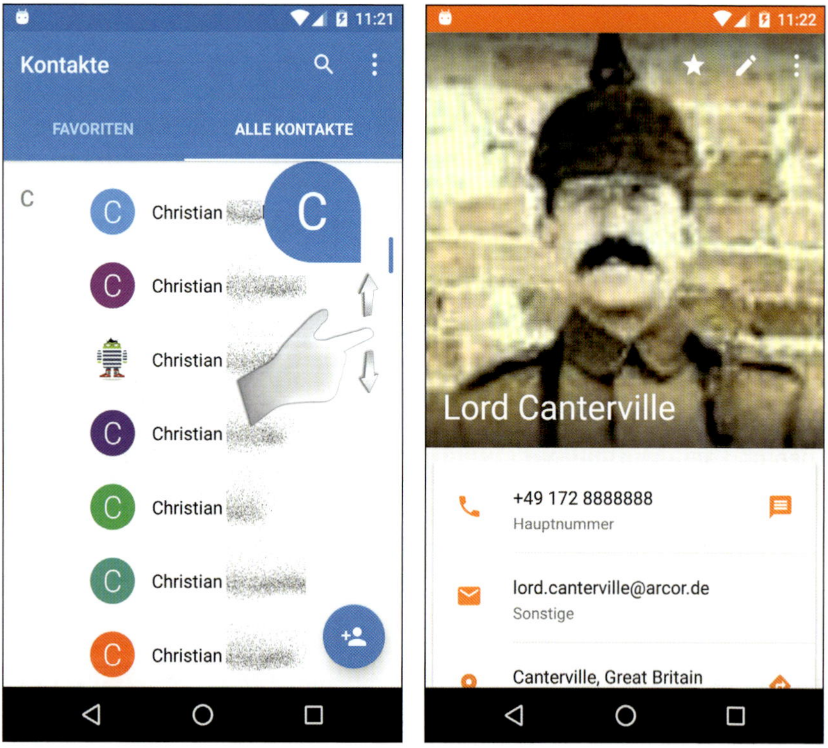

Das Adressbuch auf einem Android-Smartphone.

Mit einer vertikalen Fingerbewegung auf dem Touchscreen können Sie schnell durch die Kontaktliste blättern. Der aktuelle Anfangsbuchstabe wird großflächig angezeigt, damit Sie im richtigen Moment stoppen können. Außerdem finden Sie bestimmte Personen schnell im Adressbuch, indem Sie oben rechts auf das Lupensymbol tippen und die Anfangsbuchstaben des Namens eingeben. Die Kontakte-App filtert die Liste immer genauer, je mehr Buchstaben bereits eingegeben sind.

Tippen Sie auf einen Eintrag, werden alle zu dieser Person gespeicherten Daten angezeigt. Diese sind automatisch mit der passenden App verknüpft. Tippen Sie also auf die Telefonnummer, ruft das Smartphone die Person an, tippen Sie auf eine E-Mail-Adresse, öffnet sich die E-Mail-App.

Kontakte sortieren

Die App *Kontakte* bietet verschiedene Möglichkeiten zur Darstellung und Sortierung von Namen. So können Sie entweder die in Westeuropa übliche Schreibweise mit Vor- und Nachnamen verwenden – *Hans Müller* – oder die sogenannte bayerische Schreibweise – *Müller, Hans*. Unabhängig von der Darstellung lassen sich die Kontakte nach Vorname oder Nachname in der Liste sortieren.

Um die Einstellungen zu ändern, tippen Sie in der Kontaktliste auf das Menüsymbol mit den drei Punkten unten rechts und wählen im Menü die *Einstellungen*. Hier finden Sie die Optionen *Sortieren nach* und *Namensformat*.

Neue Adresse eintragen

In der App *Kontakte* können Sie jederzeit einen neuen Eintrag hinzufügen. Tippen Sie dazu in der Liste auf das blaue Symbol mit dem Pluszeichen unten rechts in der Namensliste. Haben Sie mehr als ein Konto auf dem Smartphone, müssen Sie das gewünschte auswählen.

Es öffnet sich ein Formular zur Eingabe der Kontaktdaten einer neuen Person. Mit einer vertikalen Fingerbewegung auf dem Touchscreen können Sie nach oben und unten zwischen den Feldern hin- und herblättern. Geben Sie hier die jeweiligen Daten ein. Sie brauchen nicht alle Felder auszufüllen.

In den Feldern für Telefonnummer und E-Mail-Adresse können Sie noch weitere Telefonnummern und Mailadressen hinzufügen. Nach der Eingabe einer Telefonnummer oder E-Mail-Adresse erscheint darunter das Wort *Hinzufügen*. Tippen Sie darauf, wird sofort ein weiteres Eingabefeld angelegt. Wählen Sie die Art der Telefonnummer sowie der E-Mail-Adresse aus, indem Sie auf das Feld rechts daneben tippen. Hier erscheint eine Liste verschiedener Typen von Telefonnummern: *Privat*, *Mobil*, *Geschäftlich* etc.

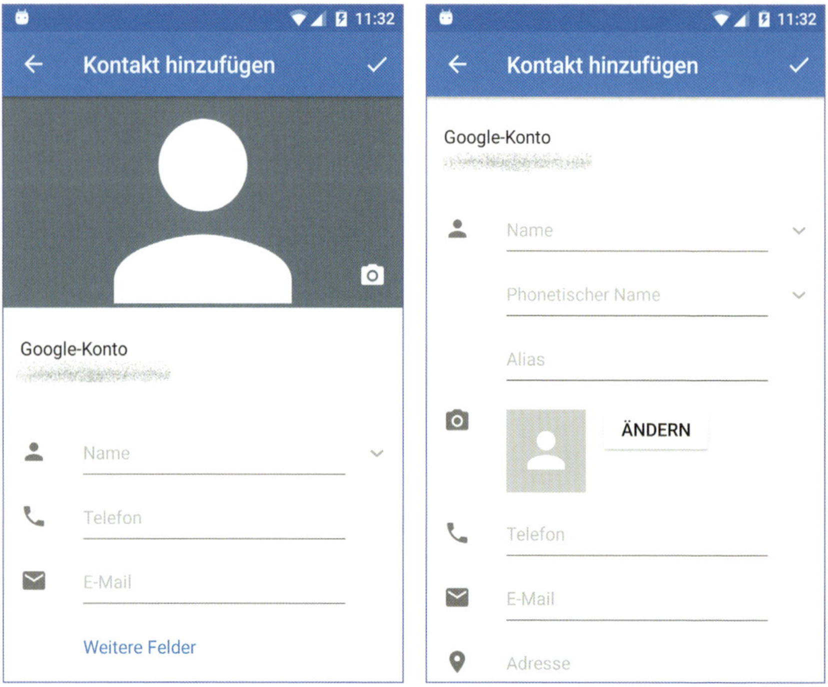

Neuen Kontakt hinzufügen.

Spezielle, selten gebrauchte Felder werden standardmäßig nicht zur Eingabe angeboten. Diese können Sie über die Schaltfläche *Weitere Felder* einblenden.

Adresse bearbeiten

Natürlich können Sie einen gespeicherten Adressbucheintrag auch nachträglich bearbeiten. Tippen Sie dazu in der Anzeige des jeweiligen Eintrags auf das Stiftsymbol oben rechts. Sie haben dann die gleichen Funktionen zur Verfügung wie beim Anlegen eines neuen Eintrags im Adressbuch.

Kontaktfotos

Hat eine Person in ihrem persönlichen Google-Konto ein persönliches Foto abgelegt, erscheint dieses bei jedem, der diese Person in seinem Adressbuch hat, automatisch als Kontaktfoto. Alternativ können Sie selbst den Personen in Ihrem Adressbuch eigene Fotos zuordnen, die Sie dann aber nur selbst sehen. Tippen Sie im Bearbeitungsbildschirm für eine Kontaktperson oben rechts auf das Kamerasymbol, erscheint ein kleines Menü. Hier können Sie direkt mit der Kamera ein Foto machen oder ein auf dem Smartphone gespeichertes Bild auswählen.

> ACHTUNG: Kontakten, die auf der SIM-Karte gespeichert sind, können keine Kontaktfotos zugeordnet werden.

Eigenes Profil einrichten

Der erste Eintrag in der Kontaktliste heißt *ICH*. Hier können Sie ein eigenes Profil mit Ihrer Adresse und Telefonnummer anlegen. Diese Daten auf dem Smartphone schnell greifbar zu haben, hat viele Vorteile:

- Möchten Sie Ihre Daten wie eine Visitenkarte an eine andere Person weitergeben, brauchen Sie nicht lange im Adressbuch zu suchen.
- Ein ehrlicher Finder kann ein verloren gegangenes Smartphone leichter zurückgeben, wenn er weiß, wem es gehört.
- Sollte das Smartphone in einem Notfall bei Ihnen gefunden werden, können Sie leichter identifiziert werden. Am besten speichern Sie dazu an dieser Stelle auch ein deutlich erkennbares Profilfoto.

Tragen Sie Ihre persönlichen Daten, je nachdem, was Sie zur Verfügung stellen möchten, wie einen normalen Adressbucheintrag an dieser Stelle ein.

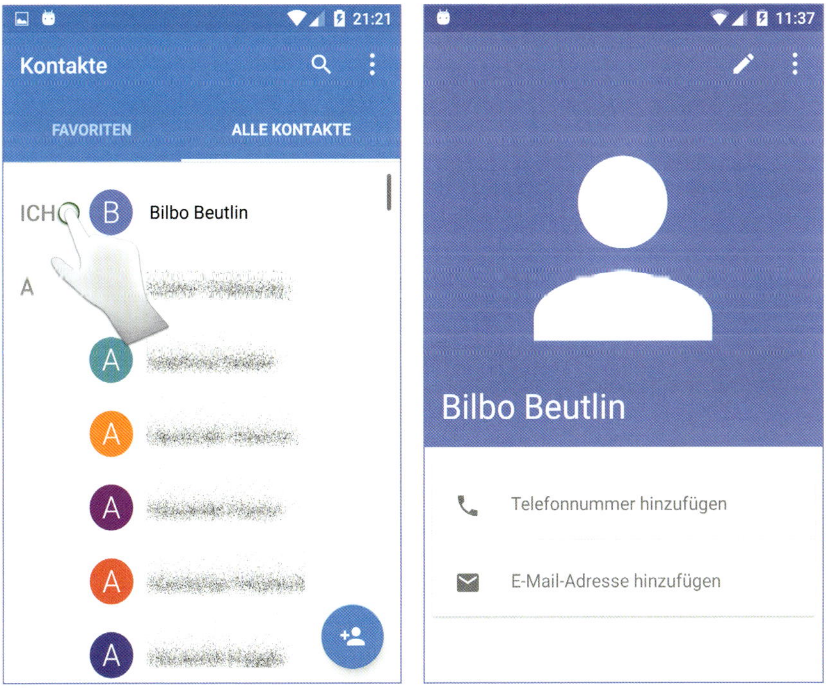

Persönliches Profil auf dem Smartphone speichern.

Visitenkarten drahtlos übertragen

Viel einfacher als über klassische Visitenkarten auf Papier lassen sich Kontaktdaten drahtlos von einem Smartphone auf ein anderes übertragen und beim Empfänger direkt ins Adressbuch übernehmen.

1. Wählen Sie den Kontakt, den Sie als Visitenkarte versenden möchten, im Adressbuch aus, tippen Sie auf das Menüsymbol oben rechts und wählen Sie im Menü *Teilen*.

2. Wählen Sie in der Liste installierter Kommunikations-Apps die gewünschte Versandart aus. Schieben Sie die Liste auf dem Bildschirm weiter nach oben, erscheinen weitere Apps zum Teilen.

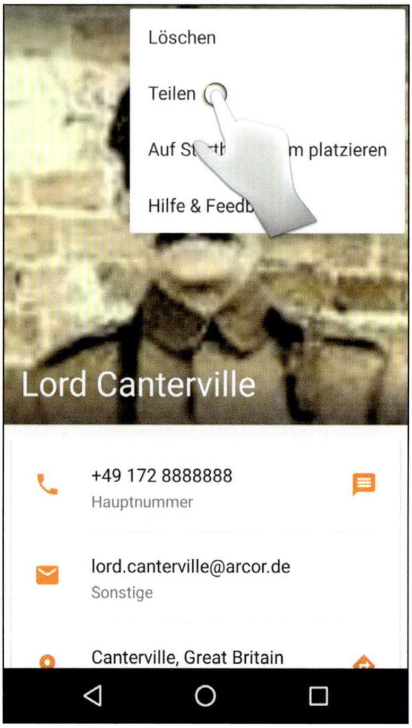

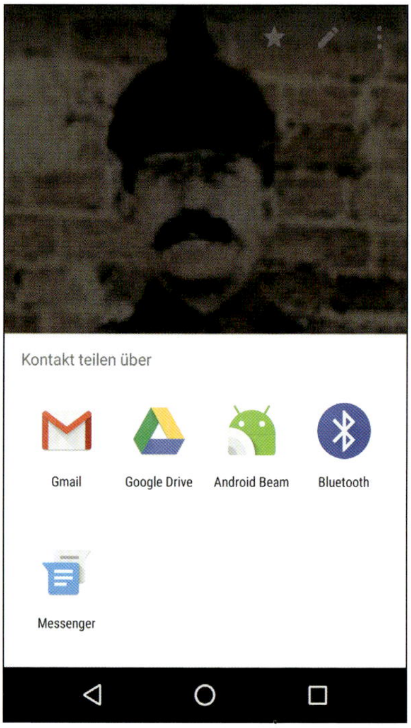

Kontaktdaten aus dem Adressbuch versenden.

3. Bei E-Mail oder Gmail öffnet sich eine neue Mail. Hier brauchen Sie nur noch den Empfänger und einen kurzen Text einzutragen. Die Kontaktdaten sind bereits angehängt.

4. Der Empfänger kann den Kontakt direkt in sein Adressbuch auf dem Smartphone importieren, indem er den Mailanhang öffnet. Vor dem Importieren muss allerdings das Konto gewählt werden, wenn mehrere Konten auf dem Smartphone eingerichtet sind.

Kontakte an PCs und einfache Handys verschicken

Android verwendet zum Teilen von Kontakten das Format VCF (vCard). Diese Dateien können auch auf dem PC von verschiedenen Anwendungen, wie z. B. Microsoft Outlook, importiert werden. Da es sich um ein reines Textformat handelt, lassen sich Kontakte sogar per SMS auf ganz einfache Handys schicken.

Adressbuch auf dem PC bearbeiten

Wesentlich komfortabler als auf dem Smartphone selbst kann man das Adressbuch auf dem PC bei Gmail bearbeiten.

Melden Sie sich mit den gleichen Zugangsdaten bei mail.google.com an, die Sie auch auf dem Smartphone verwenden. Unter *Kontakte* links oben finden Sie dort das komplette Adressbuch des Smartphones und können alle Daten direkt bearbeiten sowie auch neue Kontakte hinzufügen. Hier wird neben der klassischen Version noch die Vorschau einer neuen Version der Kontakte-App angeboten. Diese unterstützt aber bisher den Import von Kontakten aus anderen Programmen noch nicht, weshalb hier die klassische Version abgebildet wird.

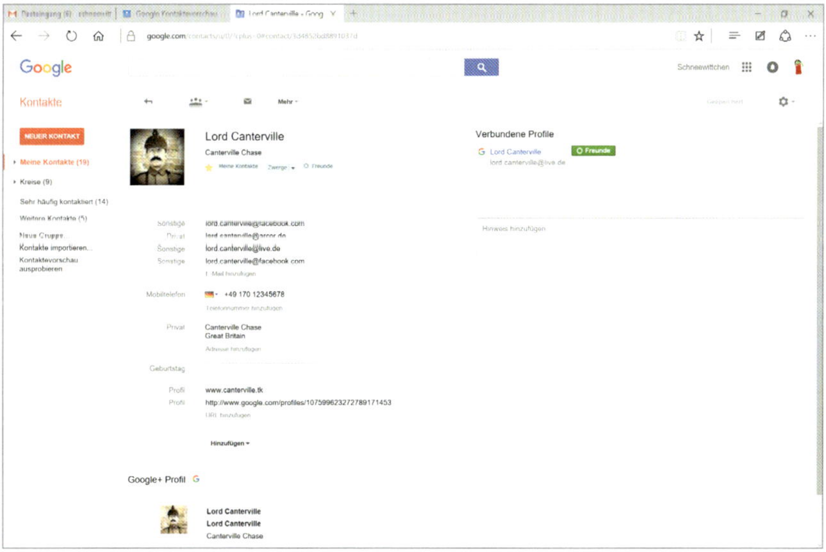

Kontakte vom Smartphone im Google-Konto auf dem PC bearbeiten.

Haben Sie früher Ihre Adressen auf dem PC mit Outlook oder einem anderen Programm verwaltet, können Sie sie nun ins Google-Konto einlesen.

1. Suchen Sie dazu in Ihrer bisherigen Adressverwaltung eine Funktion zum Export im CSV-Format. Dabei handelt es sich um ein einfaches Textformat, das sogar mit einem Texteditor bearbeitet werden kann. In Outlook heißt der Menüpunkt *Datei/Importieren/Exportieren/Exportieren*. Wählen Sie dort *Kommagetrennte Werte (Windows)* und *Kontakte*. In Outlook Express heißt es *Datei/Exportieren/Adressbuch* und im nächsten Schritt *Textdatei (mit Kommas als Trennzeichen)*.

2. Klicken Sie in der Liste aller Kontakte im Google-Konto auf dem PC links auf *Kontakte importieren* und wählen Sie dann den Menüpunkt *Importieren*.

3. Wählen Sie jetzt die CSV-Datei aus, die Sie aus Ihrer alten Adressverwaltung exportiert haben, und klicken Sie auf *Importieren*.

Kontakte aus einer CSV-Datei importieren.

Die Kontakte werden importiert und danach im Google-Konto angezeigt. Sollte es Schwierigkeiten beim Import geben, klicken Sie auf den Link *Weitere Informationen*. Hier finden Sie detaillierte Hinweise zu den CSV-Formaten, die Google importieren kann.

INFO: Die Synchronisation der Daten mit dem Smartphone erfolgt vollautomatisch im Hintergrund. Nach wenigen Sekunden ist eine bearbeitete Adresse auf dem Smartphone, ohne dass Sie irgendetwas tun müssen.

Wer sein Outlook noch nicht ganz aufgeben will, kann die Kontakte aus Outlook auch mit dem Google-Konto synchronisieren, sodass sie bei Veränderungen in beiden Anwendungen zur Verfügung stehen. Weder Google noch Microsoft bieten eigene Tools für diesen Zweck an. Das kostenlose Programm *GO Contact Sync Mod* (googlesyncmod.sourceforge.net) erfüllt diesen Zweck aber sehr gut.

Google-Kalender

Neben dem Adressbuch verfügt ein Android-Smartphone auch über einen handlichen Terminkalender, der immer greifbar ist. Mit dem Google-Kalender sind die Termine auf dem Smartphone und dem PC immer synchron. Jeder, der ein Google-Konto hat, verfügt damit automatisch auch über einen Google-Kalender, man muss ihn nur nutzen.

Im Browser auf dem PC finden Sie Ihren persönlichen Google-Kalender unter calendar.google.com. Dort können Sie Termine anlegen und auch auf dem Smartphone angelegte Termine einsehen und bearbeiten. Die Synchronisation mit dem Google-Kalender wird mit der Einrichtung des Google-Kontos auf dem Smartphone automatisch mit eingerichtet.

Die App *Kalender* auf dem Smartphone zeigt automatisch alle Termine, die Sie im Google-Kalender oder auch in einem lokalen Kalender auf dem Smartphone vermerkt haben. Sie können natürlich auch jederzeit neue Termine eintragen.

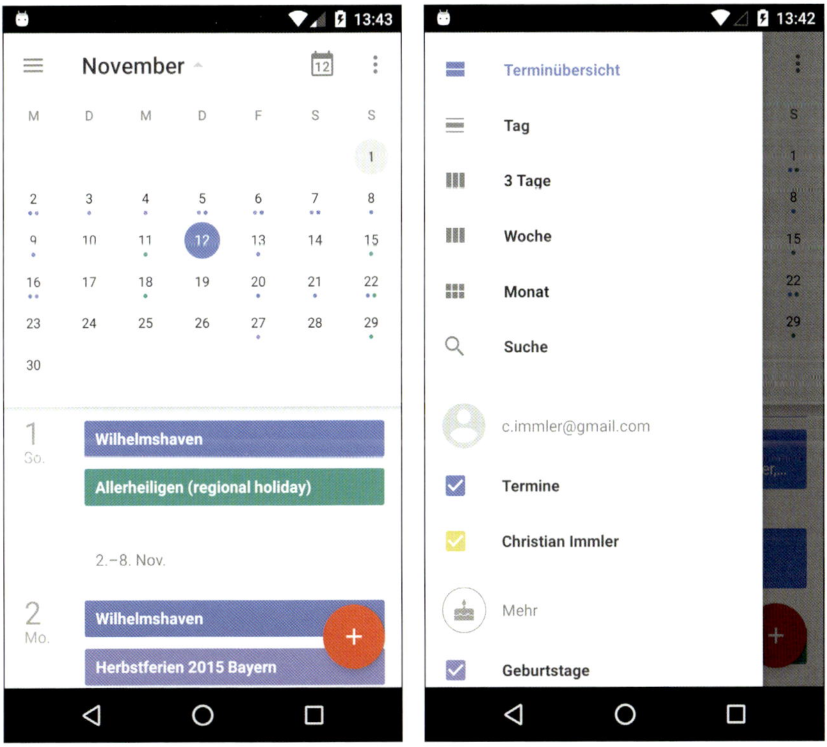

Links: Terminliste mit Monatsübersicht, rechts: zwischen verschiedenen Ansichten im Kalender umschalten.

Der Kalender startet standardmäßig mit einer Terminübersicht. Tippen Sie oben auf den Monat, um eine Monatsübersicht in der Terminliste einzublenden. Tippen Sie links auf das Menüsymbol mit den drei Strichen, um zwischen verschiedenen Ansichten umzuschalten.

Mit einer vertikalen oder horizontalen Fingerbewegung kommen Sie innerhalb einer Ansicht zu einem späteren Datum oder zu einer späteren Uhrzeit.

In der Monatsübersicht oben springen Sie schnell zu einem bestimmten Tag, oder Sie verschieben die Ansicht horizontal, um zu einem anderen Monat zu kommen.

Der farbige Balken zeigt das aktuelle Datum und die Zeit innerhalb der gerade dargestellten Ansicht. In der Monatsansicht wird das aktuelle Datum hervorgehoben. Ein Symbol oben rechts zeigt das aktuelle Tagesdatum. Tippen Sie darauf, kommen Sie schnell zum aktuellen Tag.

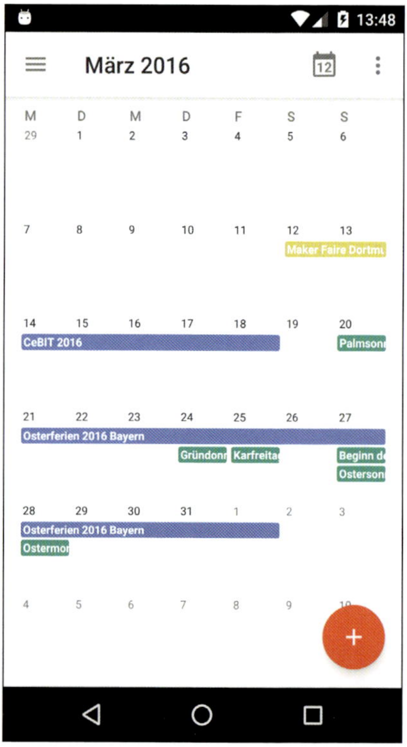

Verschiedene Ansichten im Kalender.

Neuen Termin im Kalender eintragen

Neue Termine können Sie auf dem Smartphone oder im Google-Kalender auf dem PC eintragen. Nach kurzer Zeit sind sie auf beiden Geräten vorhanden.

1. Um einen neuen Termin einzutragen, platzieren Sie die Markierung auf dem gewünschten Zeitpunkt und tippen auf das rote Plussymbol unten rechts. Es erscheint ein Formular, in dem Datum und Zeit bereits vorgewählt sind. Sie können diese aber auch jederzeit noch ändern. In der Grundeinstellung dauert jeder Termin eine Stunde. Sie können jedoch auch eine andere Endzeit festlegen.

2. Ganz oben können Sie wählen, in welchem Kalender der Termin eingetragen werden soll, im eigenen Google-Konto oder in einem weiteren abonnierten Kalender. Diese Zeile wird nur angezeigt, wenn mehr als ein Kalender zur Verfügung steht.

3. Schalten Sie für ganztägige Termine die Option *Ganztägig* ein. Diese Termine erhalten dann keine Zeitangabe und erscheinen ganz oben in der Tages- und Wochenansicht.

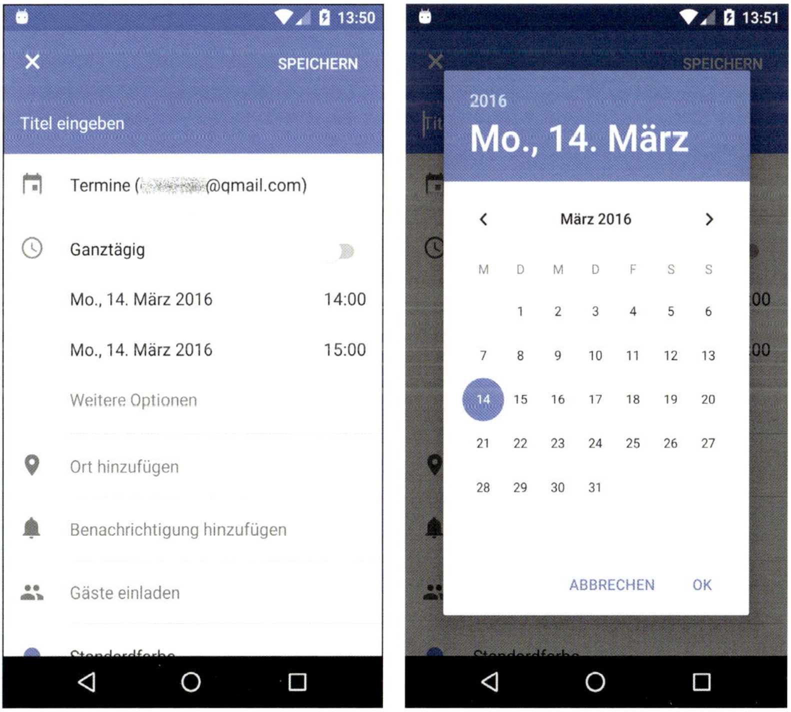

Termin im Kalender eintragen.

4. Geben Sie für den neuen Termin noch einen Namen ein.

5. Wenn Sie einen Ort für den Termin eingeben, können Sie über Google Maps Ihre Reise dorthin planen. Bei bekannten Orten findet Google automatisch passende Fotos und verwendet diese als Hintergrundbilder für die Termine.

6. Im Bereich *Benachrichtigungen* können Sie Erinnerungen eintragen, wenn Sie vor dem Termin benachrichtigt werden möchten. Diese Einstellung können Sie auch später noch vornehmen.

7. Bei Bedarf können Sie auch noch Gäste hinzufügen und ganz unten eine Notiz anhängen. Nach einem Klick auf *Speichern* erscheint der Termin im Kalender.

Tippen Sie später auf einen Termin, werden alle im Termin gespeicherten Angaben angezeigt. Mit dem Stiftsymbol oben links können Sie den Termin auch nachträglich noch bearbeiten. Auf dem Bearbeitungsbildschirm finden Sie unten rechts auch eine Schaltfläche, um einen Termin aus dem Kalender zu löschen.

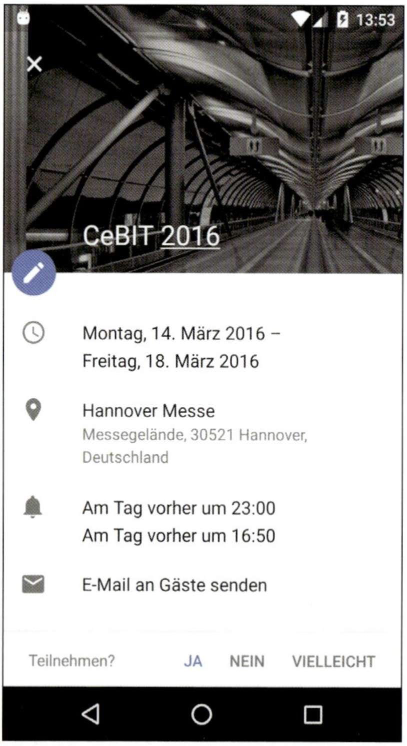

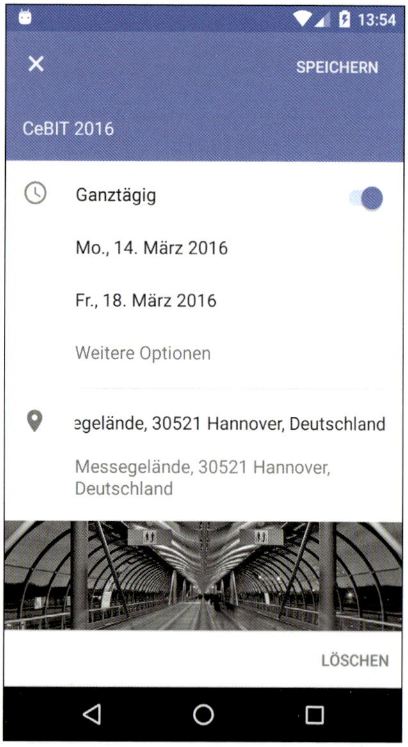

Termine bearbeiten – mit zum Ort passenden Hintergrundbild.

Möchten Sie sich an einen Termin erinnern lassen, fügen Sie in der Terminanzeige eine Erinnerung hinzu. Das Smartphone erinnert dann über die Benachrichtigungsleiste und auf Wunsch auch mit einem Signalton rechtzeitig an den Termin. Den Zeitraum können Sie selbst festlegen.

Regelmäßige Termine brauchen nicht jedes Mal neu eingetragen zu werden. Der Kalender auf Android-Smartphones bietet diverse Möglichkeiten zur Terminwiederholung. Tippen Sie im Bearbeitungsbildschirm eines Termins auf *Weitere Optionen* und dann auf das Feld *Einmalig*. Hier können Sie zwischen verschiedenen Wiederholungsmethoden wählen.

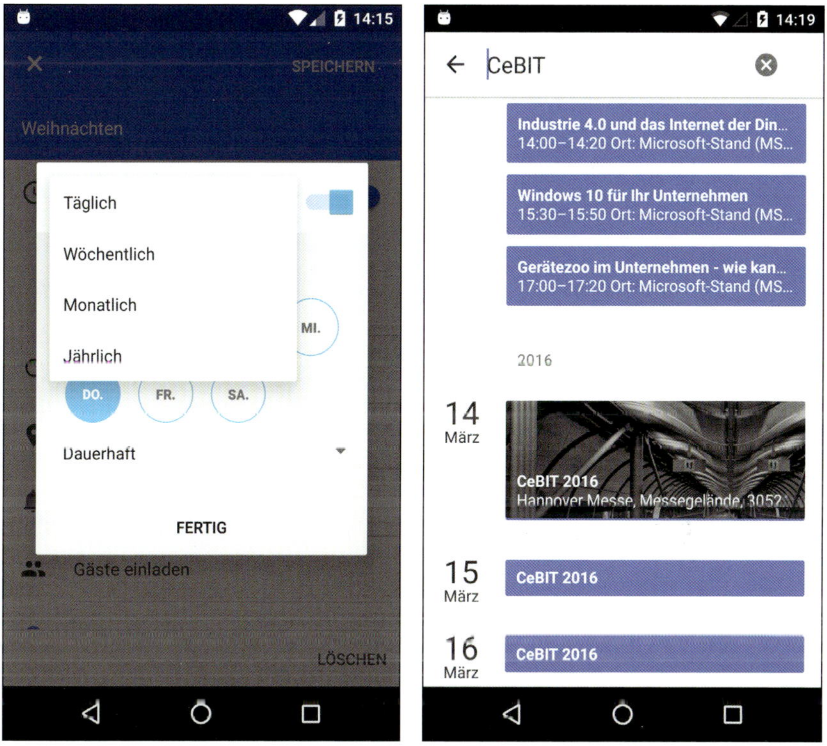

Terminwiederholung und Suche nach Terminen.

Haben Sie viele Termine im Kalender, ist es oft nicht einfach, einen bestimmten wiederzufinden, besonders wenn man sich nicht an das Datum erinnert. Hier hilft die Suchfunktion im Kalender weiter. Tippen Sie oben links auf das Menüsymbol und wählen Sie im Menü *Suche*. Nach der Eingabe eines Stichwortes im Suchfeld zeigt der Kalender eine Übersicht aller Termine, in denen dieses Stichwort vorkommt. Dabei beginnt der angezeigte Zeitraum automatisch mit dem aktuellen Datum. Zum Anzeigen von Terminen, die weiter in der Vergangenheit liegen, wischen Sie in der Terminliste nach unten.

Wichtige Kalendereinstellungen

In der Kalenderliste, die Sie über das Menüsymbol links oben erreichen, legen Sie fest, welche Kalender auf dem Smartphone angezeigt werden sollen. Haben Sie im Google-Konto mehrere Kalender, brauchen Sie nicht unbedingt immer alle Termine auf dem Smartphone.

Tippen Sie in der Liste auf *Einstellungen*, können Sie für jeden Kalender eine Farbe wählen und festlegen, ob er auf dem Smartphone synchronisiert werden soll oder nicht. In den *Einstellungen* unter *Allgemein* wählen Sie, auf welche Weise das Smartphone an Termine erinnern soll.

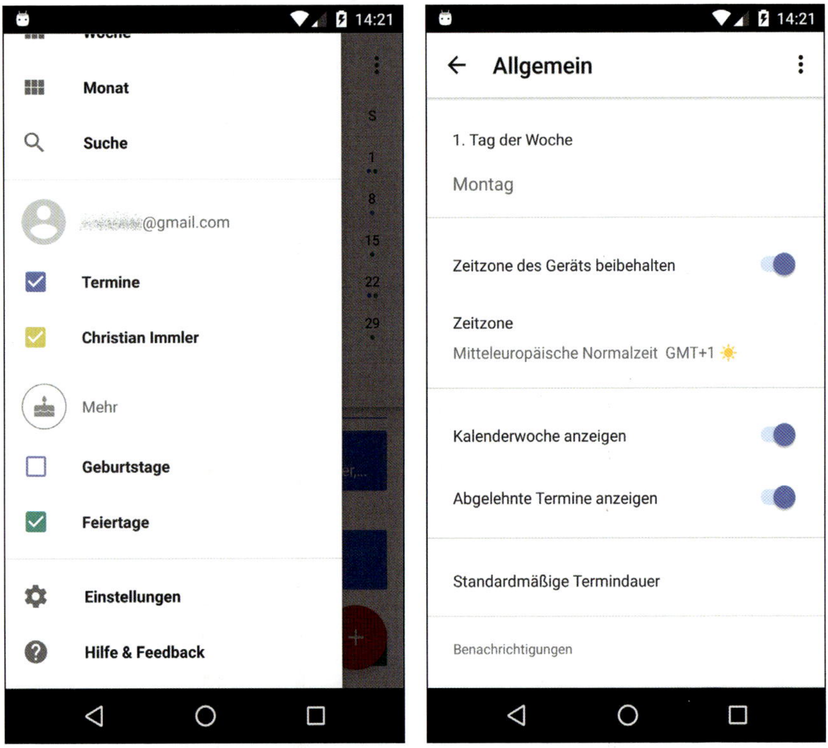

Kalenderliste und Einstellungen.

Neben der normalen Benachrichtigung über die Benachrichtigungsleiste kann auch ein Klingelton abgespielt oder ein Vibrationsalarm aktiviert werden.

Die Standardzeit für Erinnerungen legen Sie in den Einstellungen für jeden einzelnen Kalender fest. Diese lässt sich für jeden Termin allerdings auch noch verändern.

Kalender und Termine importieren

Der Google-Kalender bietet die Möglichkeit, weitere Kalender von Freunden, Firmenkalender oder öffentliche Kalender mit Feiertagen, Schulferien oder anderen Terminen zu importieren. Diese werden dann in anderer Farbe im eigenen Google-Kalender auf dem PC wie auch auf dem Smartphone angezeigt.

Um einen Kalender zu importieren, melden Sie sich auf dem PC im Browser bei calendar.google.com mit Ihrem Google-Konto an. In den *Einstellungen* unter *Kalender* können Sie weitere Kalender importieren. Welche dieser Kalender auf dem Smartphone angezeigt werden sollen, legen Sie im Menü fest, in dem Sie bei einzelnen Kalendern die Häkchen setzen oder entfernen können.

Einige Apps können einzelne Termine direkt in den Google-Kalender auf dem Smartphone eintragen, ohne dass ein ganzer Kalender importiert werden muss. Diese werden dann auch synchronisiert und stehen auf dem PC im Browser zur Verfügung. Ein gutes Beispiel ist der *DB Navigator*, der den Fahrplan für eine ausgewählte Strecke auf Wunsch in den Kalender einträgt.

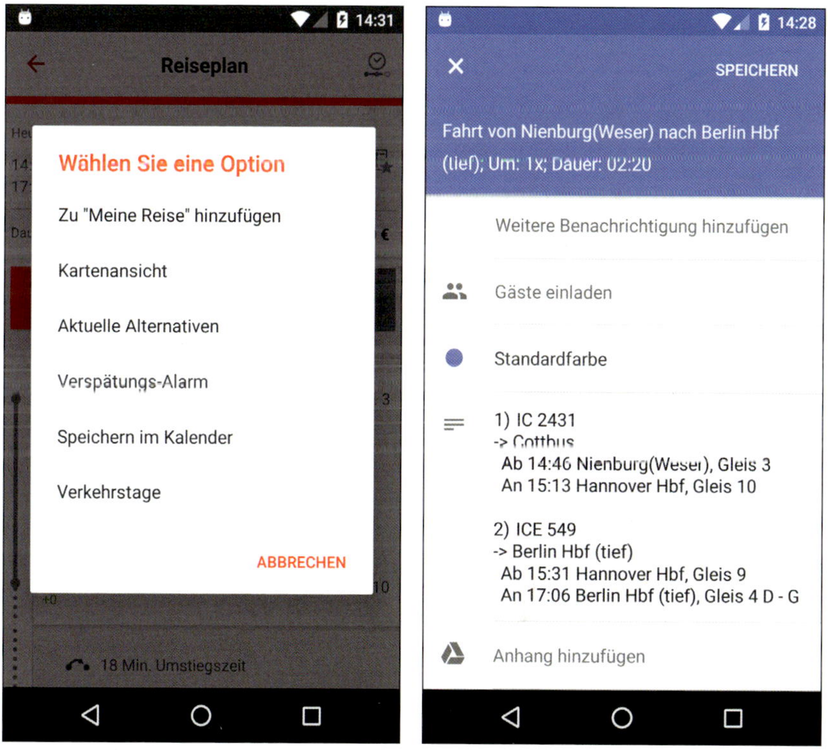

Termin im DB Navigator anlegen.

ICS-Dateien importieren

Viele Webseiten bieten Termine wie z. B. Feiertage, Schulferien, Messetermine oder auch Bahnfahrpläne im ICS-Format zum Download an. Speichern Sie diese Dateien auf Google Drive, können Sie sie direkt auf dem Smartphone in den Kalender übernehmen.

1. Starten Sie die App *Google Drive* und suchen Sie die zuvor dort abgelegte ICS-Datei. Tippen Sie darauf.
2. Der in der Datei gespeicherte Termin wird angezeigt. Enthält die ICS-Datei mehrere Termine, können Sie auswählen, welche davon Sie importieren möchten.
3. Tippen Sie unten auf *Zum Kalender hinzufügen*. Jetzt wird der Termin in den Kalender übernommen.

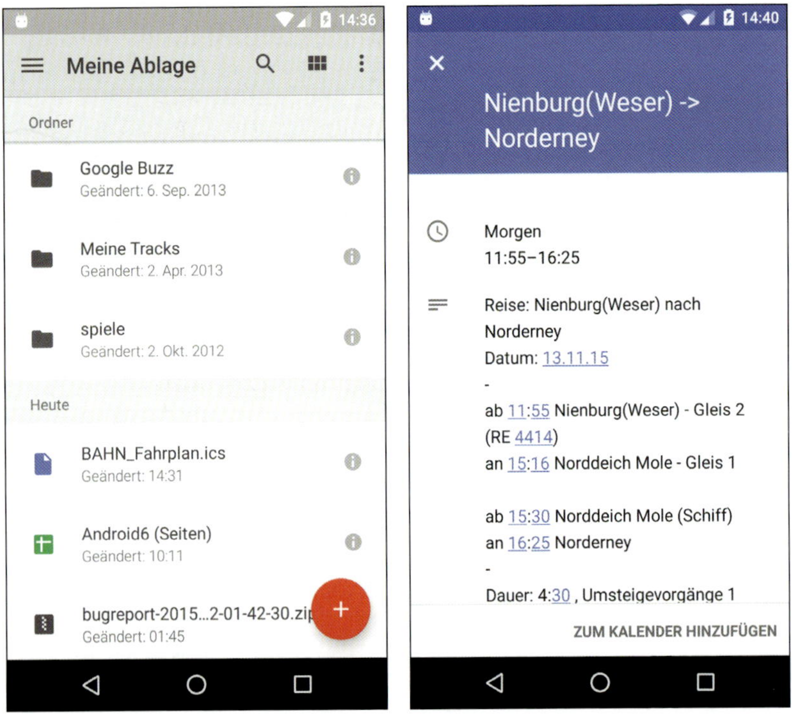

ICS-Datei auf Google Drive in den Kalender übernehmen.

Zu Terminen einladen

Andere Personen zu einem Termin einzuladen, ist häufig mit Missverständnissen verbunden. Da vergisst jemand den Ort oder den Zeitpunkt oder versäumt es einfach, den Termin in den Kalender einzutragen. Mit Android lassen sich Termine ganz einfach »teilen«.

1. Wählen Sie im Kalender den Termin und tippen Sie oben auf das *Bearbeiten*-Symbol.
2. Tippen Sie auf *Gäste einladen* und wählen Sie die Namen von Gästen aus dem Adressbuch aus. Geben Sie dazu einfach ein paar Buchstaben des Namens ein, bis Vorschläge erscheinen.
3. Der eingeladene Gast bekommt automatisch eine Benachrichtigung und kann den Termin direkt in seinen Kalender auf dem Smartphone importieren. Bei einer Zu- oder Absage wird diese im eigenen Kalender angezeigt.

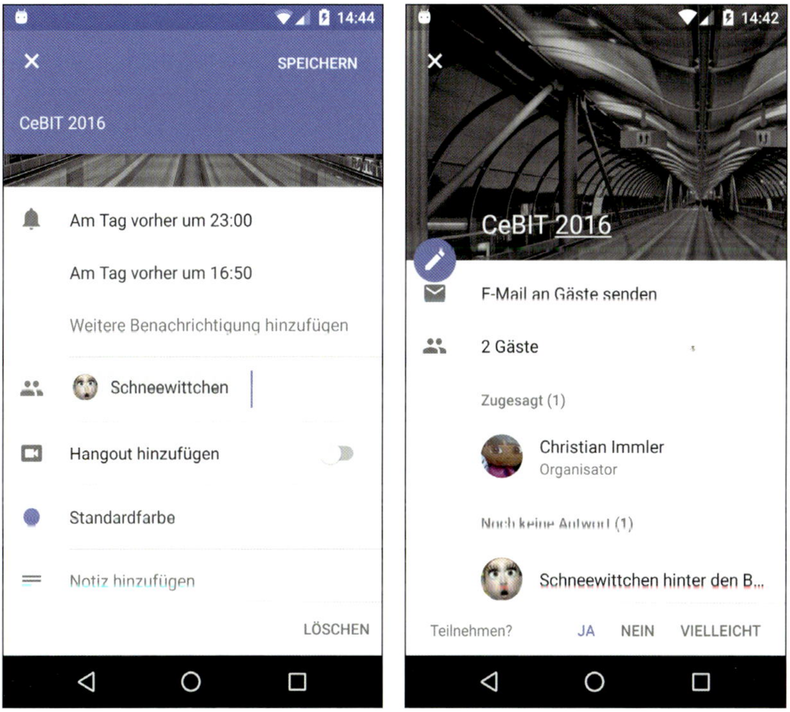

Gäste zu einem Termin einladen.

Termineinladungen an PCs verschicken

Android verwendet für den Versand von Terminen das Format VCS (vCalendar). Diese Dateien können auch auf dem PC von verschiedenen Kalendern wie z. B. Microsoft Outlook importiert werden.

Uhr und Wecker

Ein Smartphone, das man fast immer bei sich trägt, eignet sich geradezu ideal als Taschenuhr oder Wecker. Android liefert eine Uhr für den Startbildschirm und einen Wecker mit. Auf vielen Geräten ist die Uhr auf dem Startbildschirm bereits vorinstalliert. Wenn nicht, können Sie das leicht selbst vornehmen.

Uhr auf den Startbildschirm bringen

Android liefert ein Widget mit einer Analog- oder Digitaluhr mit, die gleichzeitig auch als Wecker benutzt werden kann.

1. Halten Sie den Finger länger auf dem Startbildschirm, bis sich dieser etwas abdunkelt und weitere Symbole erscheinen. Tippen Sie dort auf *Widgets*.
2. Scrollen Sie in der Liste der Widgets nach unten. Tippen Sie etwas länger auf das Widget *Analoguhr* oder *Digitaluhr*, bis der Startbildschirm erscheint.
3. Jetzt können Sie das Widget an der gewünschten Position auf dem Startbildschirm ablegen und dort loslassen. Die Uhr wird ab sofort ständig auf dem Startbildschirm angezeigt.

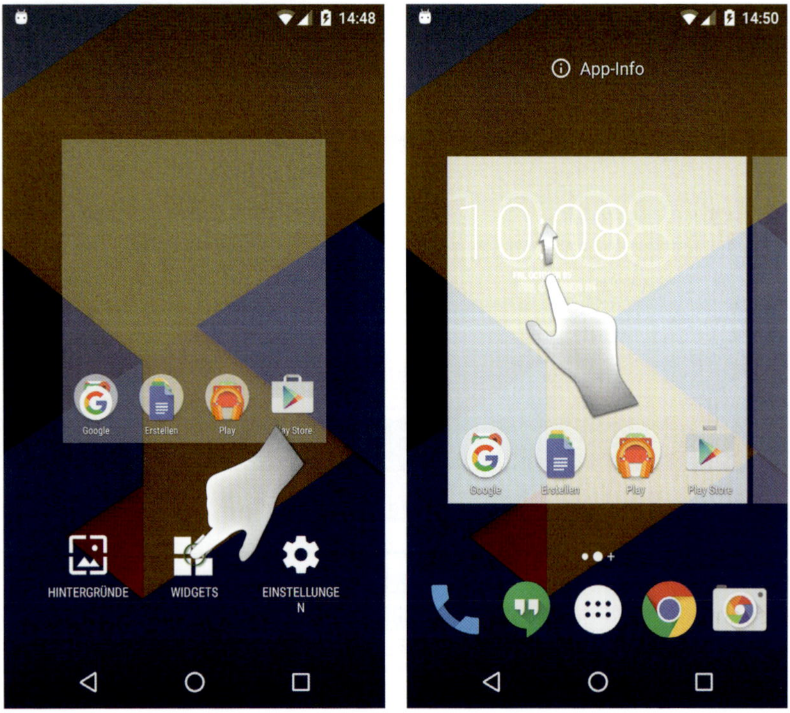

Uhr auf den Startbildschirm ziehen.

Auf die gleiche Weise können Sie auch andere Widgets auf den Startbildschirm bringen.

Android liefert zu dem Widget auch noch die App *Uhr* mit, die eine Digitaluhr im Vollbildmodus auf dem Bildschirm zeigt.

Einfacher, als die App in der Liste zu finden, geht es aber, indem Sie einfach das Uhr-Widget auf dem Startbildschirm antippen.

Mit den Symbolen am oberen Bildschirmrand oder einer horizontalen Wischbewegung lässt sich diese App auch als Wecker, Kurzzeit-Timer und als Stoppuhr verwenden.

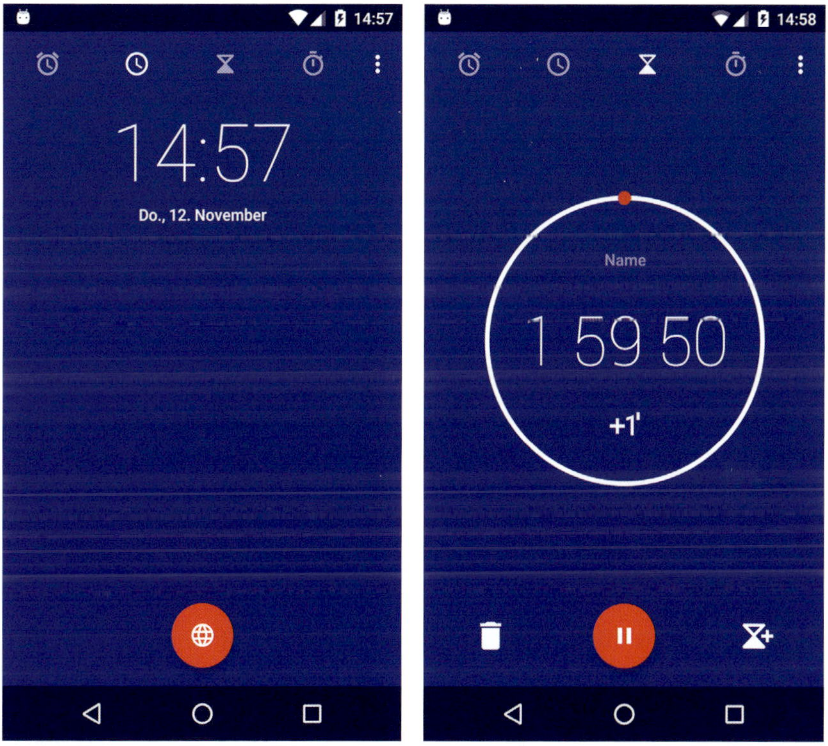

Digitaluhr und Kurzzeit-Timer in der Uhr-App.

Tippen Sie auf das Standortsymbol unten in der Mitte der Uhrenanzeige, können Sie weitere Städte hinzufügen, deren aktuelle lokale Uhrzeit auf dem Uhrenbildschirm mit angezeigt werden soll.

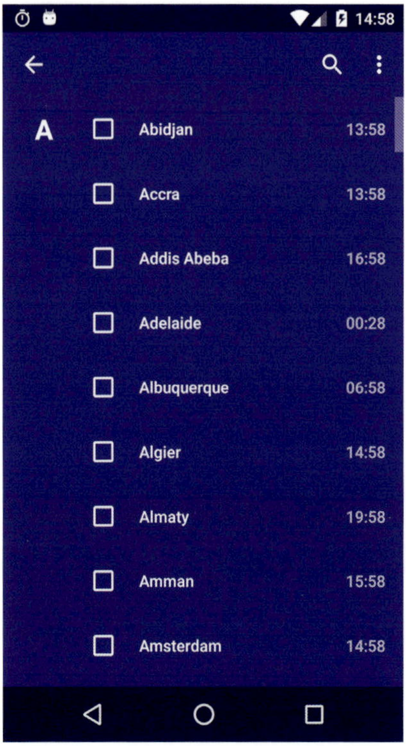

Weltzeituhr in der Uhr-App.

Wecker einstellen

In dieser App können Sie auch einen Wecker stellen. Die Einstellung der Zeit erfolgt ähnlich wie die Einstellung der Systemuhrzeit auf zwei Analoguhren für Stunden und Minuten.

1. Hier sind bereits ein paar Wecker voreingestellt, die Sie aktivieren oder auch ändern können.

2. Über die Schaltfläche mit dem Plussymbol in der Mitte unten legen Sie noch weitere neue Wecker fest. Auf diese Weise stellen Sie Wecker für verschiedene Tage oder Ereignisse, die sich wiederholen. Sie brauchen diese Wecker dann nur bei Bedarf ein- oder auszuschalten und müssen sie nicht jedes Mal neu einstellen.

3. Legen Sie die Weckzeit und den gewünschten Klingelton fest. Über die Liste *Wiederholen* bestimmen Sie die Wochentage, an denen der Wecker klingeln soll, wenn es sich nicht um ein einmaliges Ereignis handelt, an das Sie sich vom Wecker erinnern lassen möchten.

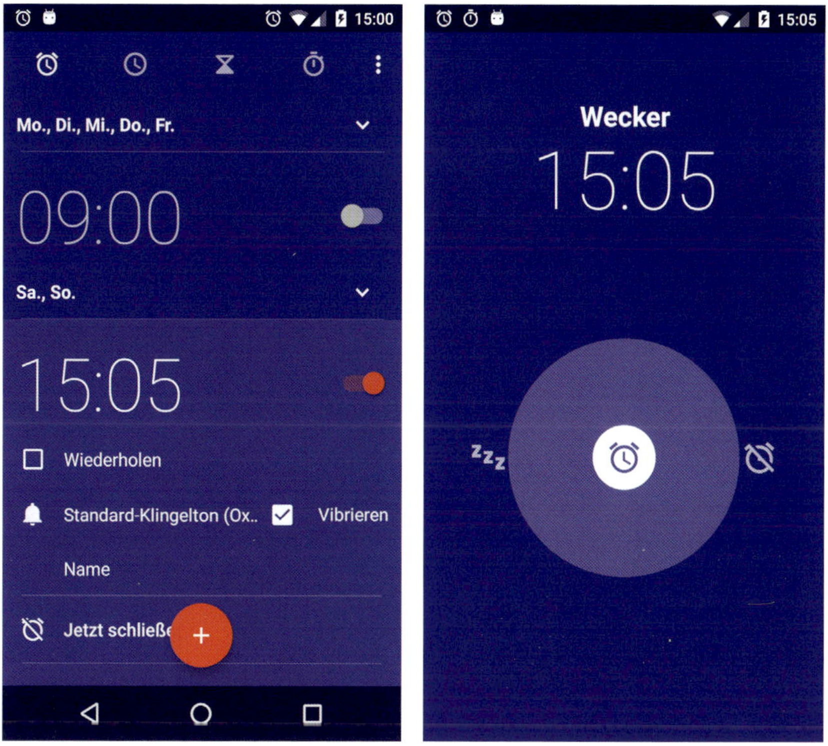

Links: Weckereinstellungen, rechts: Der Wecker klingelt.

Ein Weckersymbol in der Benachrichtigungszeile oben links weist darauf hin, dass ein Wecker aktiv ist. Der nächste Wecktermin wird zusätzlich bei der Uhrzeit auf dem Sperrbildschirm angezeigt. Wenn der Wecker klingelt, erscheint zudem eine auffällige Anzeige auf dem Bildschirm, unabhängig davon, welche App gerade läuft.

- Ziehen Sie in dieser Anzeige das Weckersymbol nach links auf das *zzz*-Symbol, bedeutet das, Sie möchten noch etwas schlummern. Der Wecker klingelt in wenigen Minuten noch einmal.
- Ziehen Sie das Weckersymbol auf das Symbol nach rechts, klingelt der Wecker nicht noch einmal, sondern erst wieder, wie es in der Wiederholung eingestellt ist, also beispielsweise am nächsten Tag.

Interessante Einstellungen für die Uhr

Über das Menüsymbol mit den drei Punkten oben rechts lässt sich die Uhr in einen augenschonenden und stromsparenden Nachtmodus umschalten. Hier werden auf einem schwarzen Bildschirm nur die Uhrzeit und das Datum in leichtem Grau angezeigt. Dieser Nachtmodus ersetzt gleichzeitig den Sperrbildschirm. Sie brauchen das Smartphone in der Nacht also nicht extra zu entsperren, um die Uhr im Nachtmodus zu sehen. Ein Druck auf den Einschalter reicht aus.

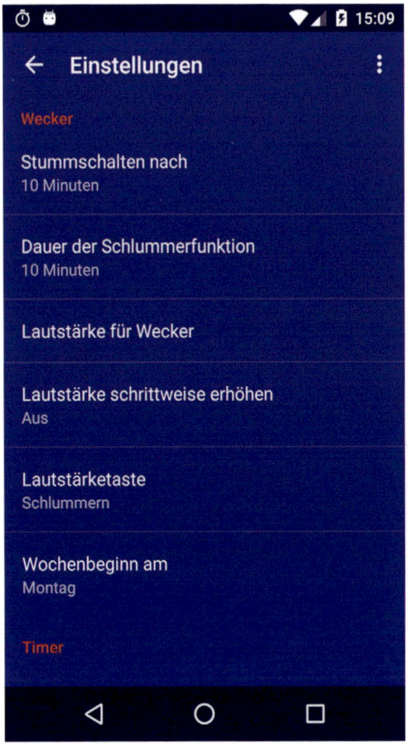

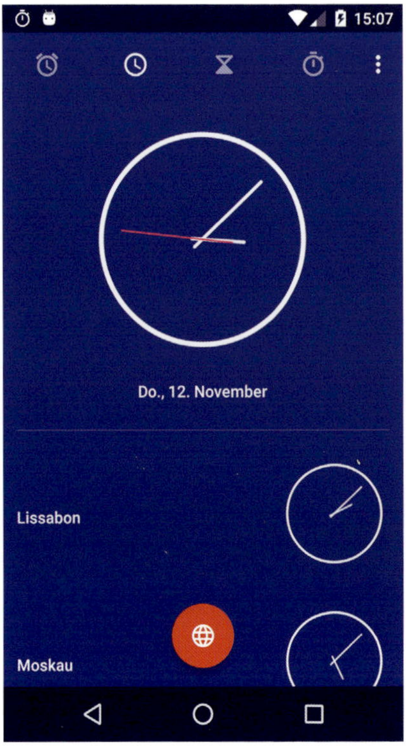

Einstellungen der Uhr und Analoguhr.

In den Einstellungen der Uhr können Sie diese von Digitaluhr auf Analoguhr umschalten. Das geänderte Design gilt dann auch für die Weltzeituhr sowie den Nachtmodus. Außerdem können Sie dort unter anderem den Lautstärketasten eine Sonderfunktion zuweisen, um damit den Wecker auszuschalten oder auf Schlummern zu setzen.

KAPITEL 3

Apps finden und installieren

Ähnlich wie es für PCs Tausende verschiedene Programme gibt, wird auch der Markt für Apps immer umfangreicher und zugleich unübersichtlicher. So ziemlich jedes erdenkliche Thema lässt sich mit der passenden App auf dem Handy darstellen. Für Android sind mittlerweile weit über 1.500.000 verschiedene Apps erhältlich, etwa zwei Drittel davon kostenlos, zwischen 15 % und 20 % aller Apps sind Spiele. Insgesamt wurden bereits über 23 Milliarden Apps aus dem Google Play Store heruntergeladen. Allerdings werden Sie, wenn Sie sich einige Zeit mit diesem Thema beschäftigt haben, feststellen, dass Sie über 99 % dieser Apps nicht brauchen.

Der Google Play Store

Die erste Anlaufstelle, um Apps auf ein Android-Smartphone herunterzuladen, ist für die meisten Nutzer der Google Play Store (früher Android Market). Zum Download aus dem großen Angebot ist eine spezielle App nötig, die auf allen Android-Smartphones mit Google Zertifizierung vorinstalliert ist, üblicherweise direkt auf dem Startbildschirm. Nur Smartphones besonders kleiner Hersteller, die sich keine Google-Lizenz leisten wollen, oder Geräte aus chinesischer Billigproduktion haben keinen Zugang zum Google Play Store.

Der Google Play Store listet alle Apps getrennt nach Anwendungen und Spielen in unterschiedlichen Kategorien auf. Hier kann man sich anhand von Bestenlisten und Empfehlungslisten inspirieren lassen. Diese Listen sollen zwar zur Orientierung dienen, sind aber weitgehend aussagelos, da sich Entwickler dort »einkaufen« können. Um eine bestimmte App zu finden, verwendet man am besten die Suchfunktion.

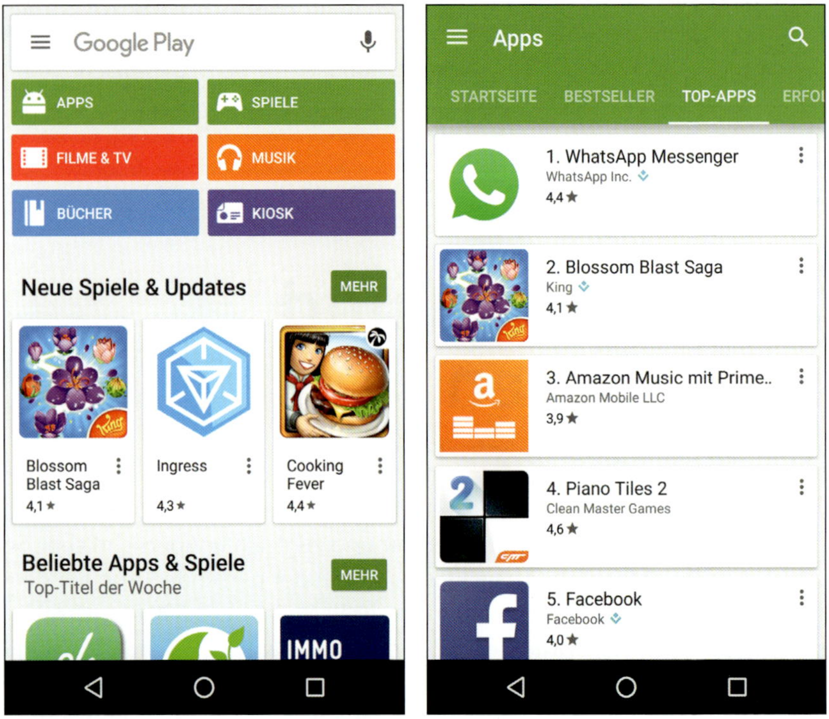

Der Google Play Store auf dem Smartphone.

Der Google Play Store listet auf dem Smartphone immer nur die Apps auf, die auf dem jeweiligen Gerät auch tatsächlich laufen. Zu jeder App werden eine Beschreibung sowie Screenshots angezeigt. Bei einigen Apps gibt es auch YouTube-Videos, die die Funktion näher erläutern. Da die Beschreibungen sowie die Videos nicht von Google selbst stammen, sondern von den Entwicklern geliefert werden müssen und nur minimalen Qualitätskontrollen unterliegen, sind sie häufig kaum brauchbar.

ACHTUNG: Der Google Play Store erfordert eine Anmeldung mit einem Google-Konto. Falls Sie bei der Einrichtung Ihres Smartphones kein Google-Konto angegeben haben, müssen Sie dies spätestens tun, wenn Sie den Google Play Store nutzen wollen.

Apps auf dem Smartphone installieren

Zur Installation auf dem Smartphone sind nach Auswahl der App nur noch zwei Klicks erforderlich. Der Google Play Store zeigt an dieser Stelle an, auf welche Systemkomponenten die jeweilige App zugreifen kann. Diese Berechtigungen sollte man sich in jedem Fall vor der Installation ansehen. Viele werbefinanzierte

Apps fordern uneingeschränkten Internetzugriff oder gar die Berechtigung, Anrufe zu tätigen oder SMS zu verschicken. Bei Apps wie zum Beispiel Telefonbüchern oder Branchenverzeichnissen ist diese Berechtigung für die Funktionalität wichtig, bei einfachen Spielen oder Grafikprogrammen besteht jedoch die Gefahr, dass Apps auf diesem Weg teure Verbindungen aufbauen – eine Betrugsmasche, die unter dem Namen Dialer schon zu Zeiten analoger Modems am PC bekannt war.

Neue App aus dem Google Play Store installieren.

Trotz der teilweise bedenklich klingenden Bezeichnungen sind die meisten Berechtigungen für das Funktionieren einer App wirklich nötig. Achten sollten Sie vor allem auf folgende Berechtigungen:

- *Telefonnummern direkt anrufen*: Damit kann eine App beliebige Telefonnummern – theoretisch auch kostenpflichtige Sonderrufnummern – anrufen, und das auch, ohne dass die Telefon-App zu sehen ist.
- *Kurznachrichten senden*: Damit kann die App SMS verschicken.
- *Uneingeschränkter Internetzugriff*: Seit das Thema App-Berechtigungen in aller Munde ist, fragt kaum noch eine App nach gezielten Internetberechtigungen, sondern verlangt immer gleich uneingeschränkten Internetzugriff, was den Blick auf die Berechtigungen schon fast wieder ad absurdum führt.

Wer bei den Zugriffsberechtigungen Sicherheitsbedenken hat, kann die Installation an dieser Stelle noch abbrechen. Danach wird die App installiert und Sie können sie direkt aus dem Google Play Store heraus öffnen. Zusätzlich wird an einer freien Position auf dem Startbildschirm automatisch ein App-Icon abgelegt, wenn in den Einstellungen der Google-Play-Store-App der Schalter *Symbol zu Startbildschirm hinzufügen* aktiviert ist. Selbstverständlich ist die neu installierte App auch in der Liste aller Apps zu finden.

Bewertungen und Nutzerkommentare

Das Symbol *Empfehlung der Redaktion* sowie die Anzahl der Sterne und auch die Gesamtzahl der Installationen sind noch ein guter Richtwert für die Qualität der App. Die Nutzerkommentare sollten Sie dagegen besser ignorieren. Wie in fast allen Onlineshops zeugen diese von absolut mangelhaftem technischem Verständnis, dafür umso mehr von übersteigertem Geltungsbewusstsein einiger Nutzer. Besonders die Bewerter mit wenigen Sternen würden bereits im Deutschunterricht der ersten Klasse durchfallen. Wie viele andere Webseiten auch, würde sich Google Play einen Gefallen tun, wenn die Kommentare redaktionell gefiltert oder ganz abgeschaltet würden.

App-Berechtigungen einschränken

In Android 6 Marshmallow ist es erstmals möglich, bestimmte Berechtigungen von Apps nachträglich einzuschränken. Im Gegensatz zu CustomROMs wie zum Beispiel CyanogenMod, die diese Funktionen schon länger enthielten, wobei das Einschränken von Berechtigungen häufig zu Abstürzen führt, werden in Android 6 Marshmallow bei den Apps, die den Entwicklerrichtlinien entsprechen, nur die Berechtigungen zum Deaktivieren angeboten, ohne die die App auch noch läuft. Ob sie ohne die jeweiligen Berechtigungen noch sinnvolle Arbeit leistet, bleibt dem Anwender überlassen.

Speziell für Android 6 Marshmallow optimierte Apps zeigen bei der ersten Verwendung einer standardmäßig nicht gewährten Berechtigung eine Abfrage an, in der man diese Berechtigung gewähren muss, um die entsprechende Aktion der App ausführen zu können. Manche Apps fordern den Benutzer auch auf, die App-Einstellungen zu öffnen und dort die Berechtigungen einzeln zu gewähren.

Um Berechtigungen nachträglich zu verweigern, tippen Sie in den App-Informationen einer App, die Sie über *Einstellungen/Apps* sehen, auf *Berechtigungen*. Hier werden die deaktivierbaren Berechtigungen dieser App angezeigt und können einzeln ausgeschaltet werden. Der Menüpunkt *Alle Berechtigungen* oben links zeigt alle von dieser App angeforderten Berechtigungen, auch die, die sich nicht abschalten lassen.

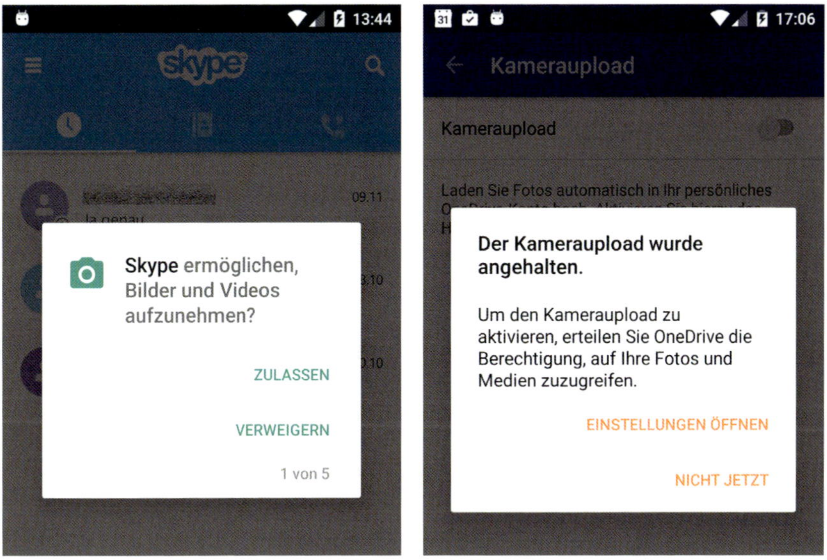

Unterschiedliche Anfragen nach Berechtigungen in den Apps Skype und OneDrive.

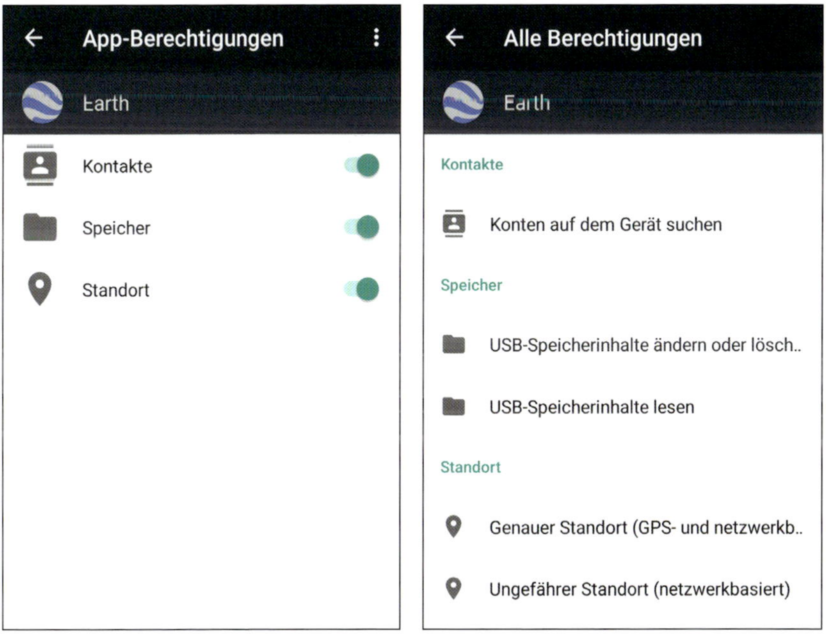

Berechtigungen einer App anzeigen.

Tippen Sie umgekehrt in den *Einstellungen* unter *Apps* oben rechts auf das Zahnradsymbol und auf dem nächsten Bildschirm auf *App-Berechtigungen*, erhalten Sie einen Überblick, welche Berechtigungen von wie vielen installierten Apps angefordert werden. Tippen Sie auf eine angezeigte Berechtigung, werden die entsprechenden Apps aufgelistet. Hier können Sie einzelnen Apps die Berechtigung nachträglich entziehen oder gewähren.

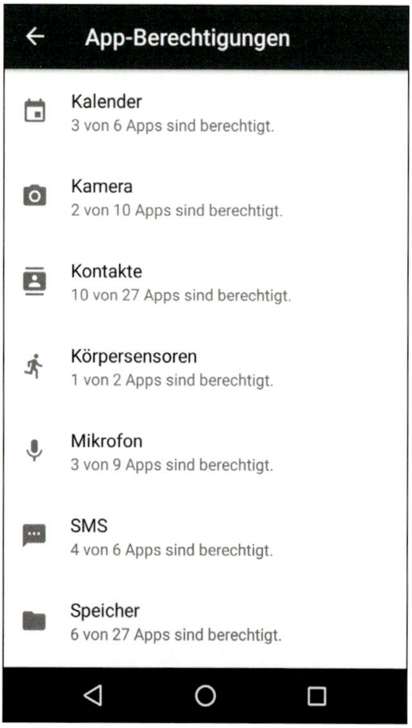

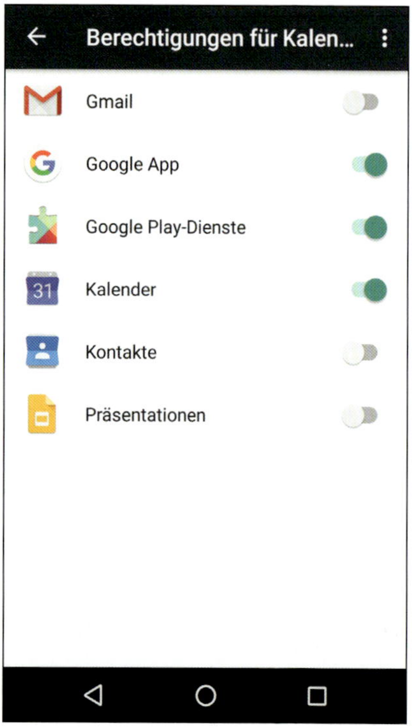

App-Berechtigungen in den App-Einstellungen anzeigen und verwalten.

Automatische App-Updates

Unter *Meine Apps*, erreichbar mit einer Wischgeste vom linken Bildschirmrand, speichert der Google Play Store alle von dort heruntergeladenen Apps. In dieser Liste werden auch Update-Benachrichtigungen angezeigt, wenn von einer App eine neue Version verfügbar ist. Einige Apps erhalten häufig Updates. Um nicht jede App manuell updaten zu müssen, können Sie auch alle anstehenden Updates auf einmal aktualisieren.

TIPP: Möchten Sie sich über Updates keine Gedanken machen müssen, schalten Sie über den Menüpunkt *Einstellungen* im Google Play Store die Funktion *Automatische App-Updates* ein. Um Mobilfunkdatenvolumen zu sparen, sollten Sie gleichzeitig die Option *Automatische App-Updates nur über WLAN zulassen* aktivieren. Damit werden automatische Updates nur heruntergeladen, wenn das Smartphone in einem WLAN ist. Manuell können Sie trotzdem jederzeit App-Updates auch über Mobilfunk installieren.

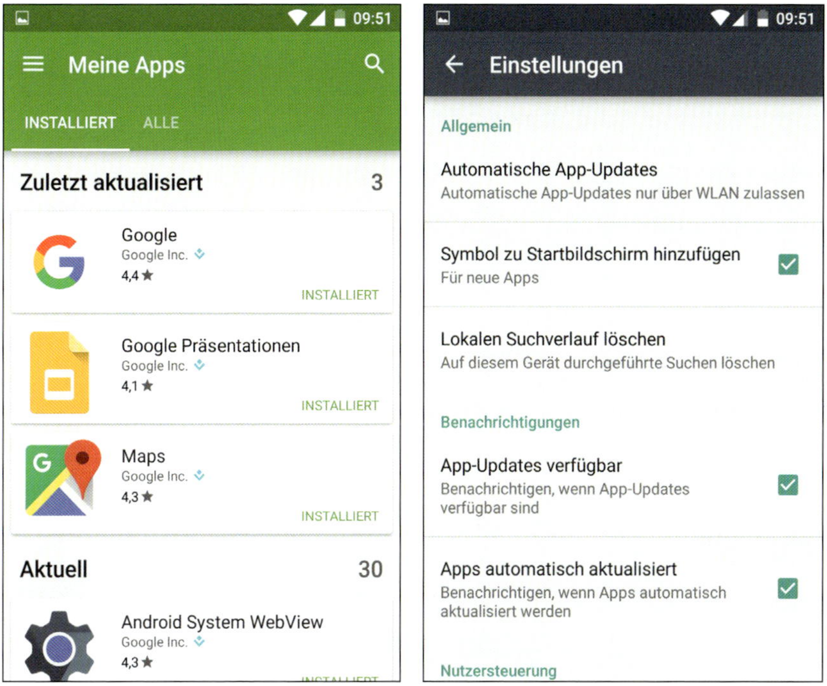

Meine Apps und Einstellungen im Google Play Store.

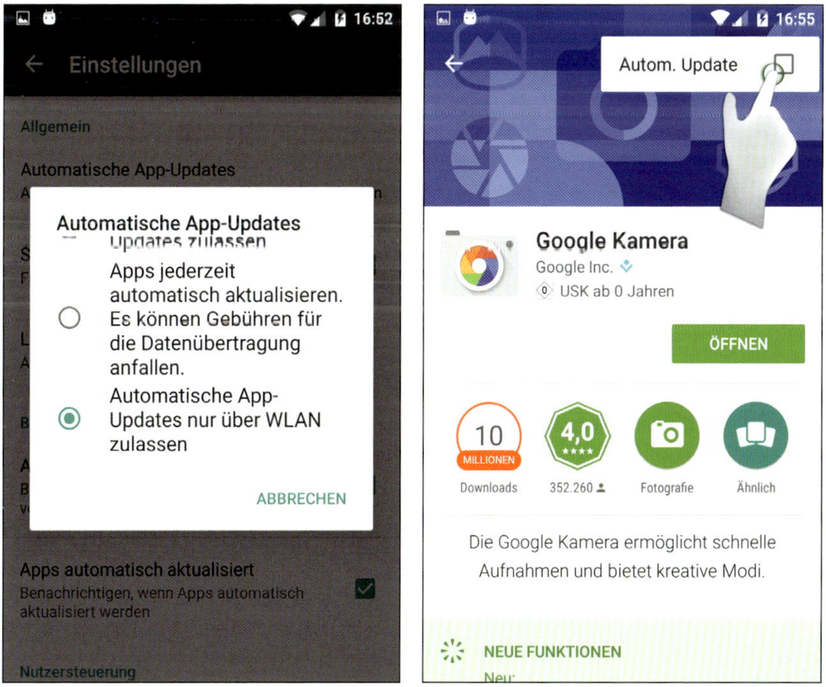

Automatische App-Updates im Google Play Store.

Auch wenn automatische Updates aktiv sind, können Sie bei einzelnen Apps über das Menü oben rechts die automatischen Updates abschalten, wenn zum Beispiel bekannt ist, dass neue App-Versionen Kompatibilitätsprobleme oder Funktionseinschränkungen mit sich bringen.

Sobald ein Update neue Berechtigungen erfordert, wird es nicht mehr automatisch installiert. In diesem Fall müssen Sie zuerst den neuen Berechtigungen zustimmen. Danach kann das Update manuell installiert werden.

Der Google Play Store auf dem PC

Der Google Play Store ist auch vom PC über einen beliebigen Webbrowser unter play.google.com/store zu erreichen. Hier kann man Apps finden und auch direkt auf seinen Geräten installieren.

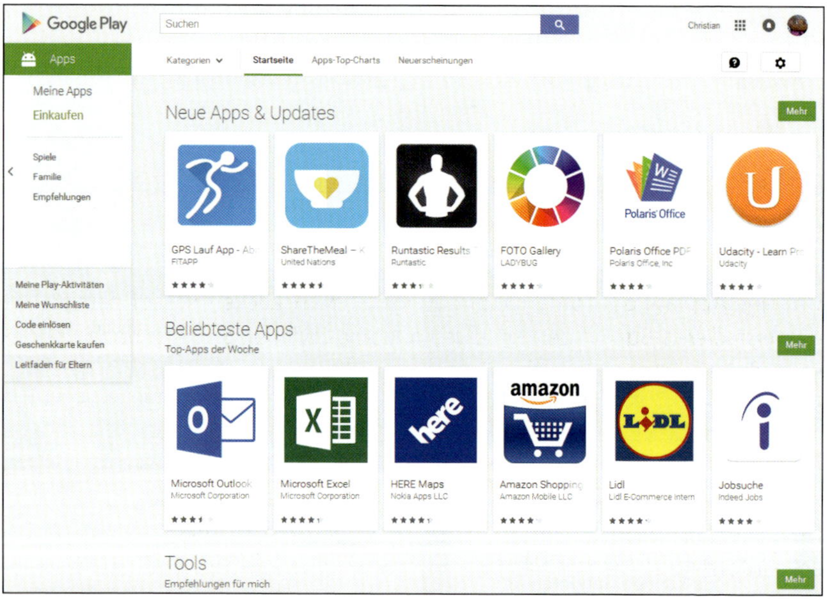

Der Google Play Store auf dem PC.

Zur Installation von Apps muss man auf dem PC im Browser mit dem Google-Konto angemeldet sein, das auch auf dem Smartphone verwendet wird. Unter dem Link *Apps/Meine Apps* können Benutzer die verwendeten Geräte verwalten. Hier sehen Sie auch alle auf Ihren Android-Geräten installierten Apps.

Bevor Sie eine App zur Installation auswählen, prüfen Sie unterhalb des grünen Installationsbuttons die Gerätekompatibilität. Ein Klick auf das *i*-Symbol zeigt alle für dieses Google-Konto eingetragenen Android-Geräte an. Anhand von Betriebssystemversion, Bildschirmgröße und einigen anderen technischen Kriterien wird ermittelt, mit welchen der Geräte die App kompatibel ist.

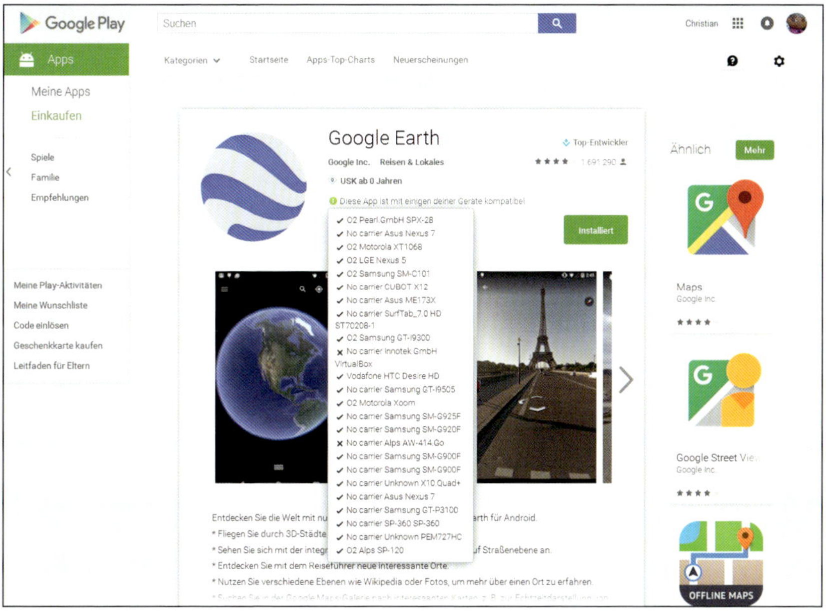

Anzeige der Gerätekompatibilität im Google Play Store auf dem PC.

Um eine App auf dem Smartphone zu installieren, klicken Sie auf dem PC auf den *Installieren*-Button bei der jeweiligen App. Wählen Sie jetzt noch das gewünschte Gerät aus, wenn Sie unter Ihrem Google-Konto mehrere Android-Geräte angemeldet haben, wie beispielsweise ein Smartphone und ein Tablet.

Um die Installation auf dem jeweiligen Gerät brauchen Sie sich keine Gedanken mehr zu machen. Die App wird nun vollautomatisch an Ihr Smartphone geschickt und dort installiert. Sie werden darüber in der Benachrichtigungszeile informiert. Beachten Sie hierbei, dass die Bestellung sofort per Push auf Ihr Smartphone geschickt wird. Das verbraucht Datenvolumen oder erzeugt Kosten, falls Sie keine Flatrate besitzen. Besonders schnell und kostenlos geht es natürlich, wenn Ihr Smartphone per WLAN online ist.

So kann man Apps kaufen

Kostenpflichtige Apps werden im Google Play Store mit Googles eigenem Bezahlsystem Google Wallet bezahlt. Dies funktionierte lange Zeit nur mit einer gültigen Kreditkarte oder einer Prepaid-Guthabenkarte, inzwischen bei einigen Telefonanbietern auch über die Mobilfunkrechnung.

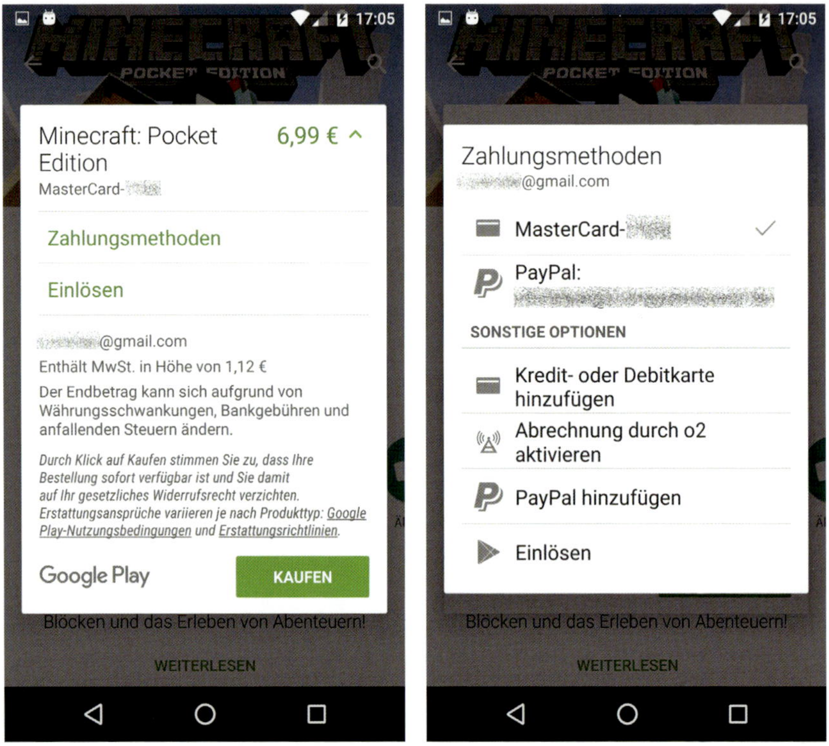

App kaufen und Zahlungsmethode wählen.

Spätestens beim ersten Kauf einer App müssen Benutzer in ihrem Google-Konto eine Zahlungsmethode und auch eine gültige Postanschrift hinterlegen. Vor jedem Kauf können Sie die Zahlungsmethode wechseln und es muss sicherheitshalber noch einmal das Passwort des Google-Kontos eingegeben werden, solange Sie diese Abfrage nicht deaktiviert haben.

Alternativ können Sie Prepaid-Guthaben für den Google Play Store in Form von Geschenkkarten unter anderem bei verschiedenen Supermarkt- und Tankstellenketten kaufen und beim Onlinekauf einlösen.

PayPal

Nachdem viele Nutzer jahrelang darauf gewartet haben, bietet der Google Play Store seit März 2015 endlich auch PayPal als Zahlungsmethode an. Dabei kann ein beliebiges PayPal-Konto eingetragen werden. Dieses muss nicht mit der E-Mail-Adresse Ihres Google-Kontos übereinstimmen.

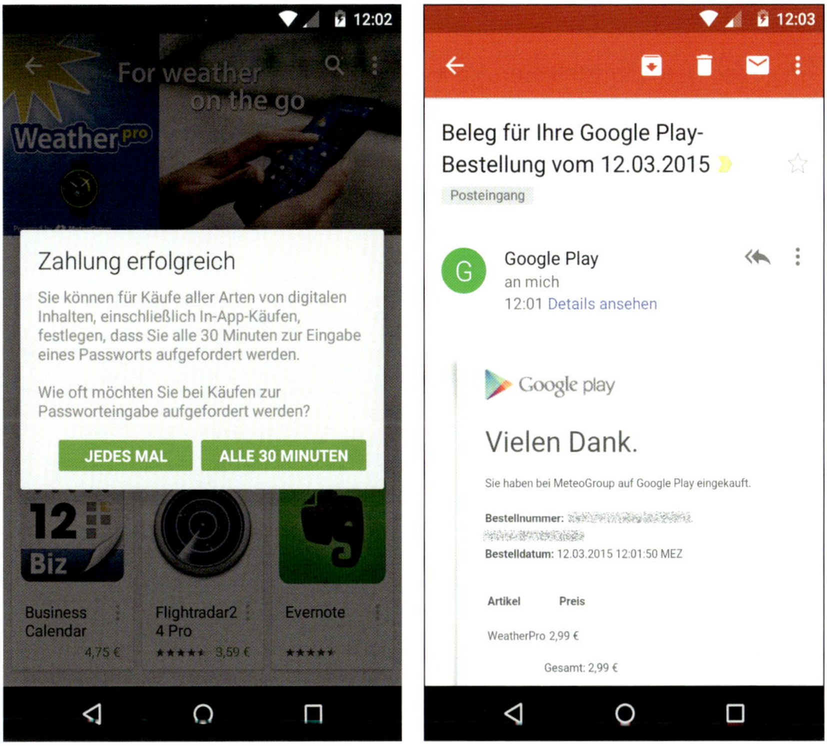

Nach dem Kauf erscheint eine Bestätigung und Sie erhalten automatisch einen Kaufbeleg per E-Mail.

Eine App, die Sie einmal auf einem Android Gerät gekauft haben, können Sie auf weiteren Geräten installieren, ohne sie neu zu kaufen. Wählen Sie dazu im Menü von Google Play *Meine Apps*. Dort finden Sie neben den installierten Apps noch eine Liste *Alle*, die alle Apps enthält, die Sie jemals mit diesem Google-Konto auf irgendeinem Android Gerät heruntergeladen haben – Freeware und auch Kauf-Apps.

Nicht mehr benötigte Apps deinstallieren

Irgendwann ist der Speicher des Smartphones voll oder Sie wollen mal wieder den Überblick in der Apps-Liste haben. Wie auch immer, es wird der Zeitpunkt kommen, an dem Sie bestimmte Apps wieder vom Smartphone entfernen möchten. Leider funktioniert dies nicht mit allen der auf manchen Smartphones vorinstallierten Werbe-Apps.

Deinstallieren über die Apps-Liste

Am einfachsten deinstallieren Sie Apps direkt aus der Apps-Liste oder vom Startbildschirm. Halten Sie den Finger länger auf die zu deinstallierende App, bis oben das *Deinstallieren*-Symbol erscheint. Ziehen Sie die App auf dieses Symbol und bestätigen Sie die Sicherheitsabfrage. Bei Apps, die im ROM des Smartphones vorinstalliert sind, erscheint das *Deinstallieren*-Symbol gar nicht erst.

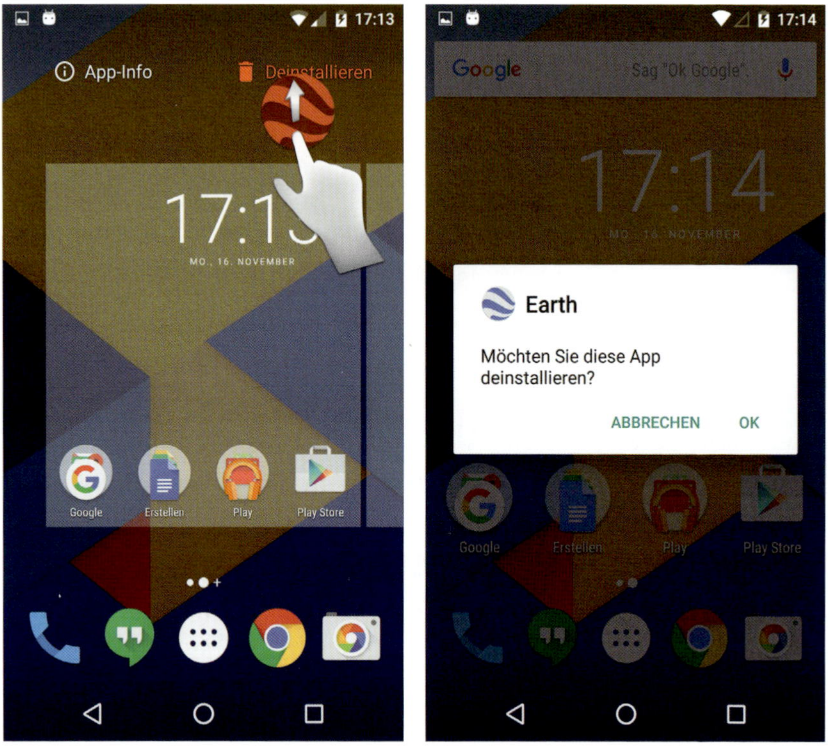

App über die Apps-Liste deinstallieren.

Deinstallieren über die App-Infos

Da diese einfache Methode nicht mit jeder App funktioniert, gibt es noch eine weitere Möglichkeit, Apps vom Smartphone zu entfernen. Wählen Sie in den Einstellungen die Option *Apps*. In der Liste wählen Sie die App aus, die Sie entfernen möchten. Auf der nächsten Bildschirmseite wird der Speicherverbrauch der App detailliert angezeigt. Hier können Sie die App dann deinstallieren.

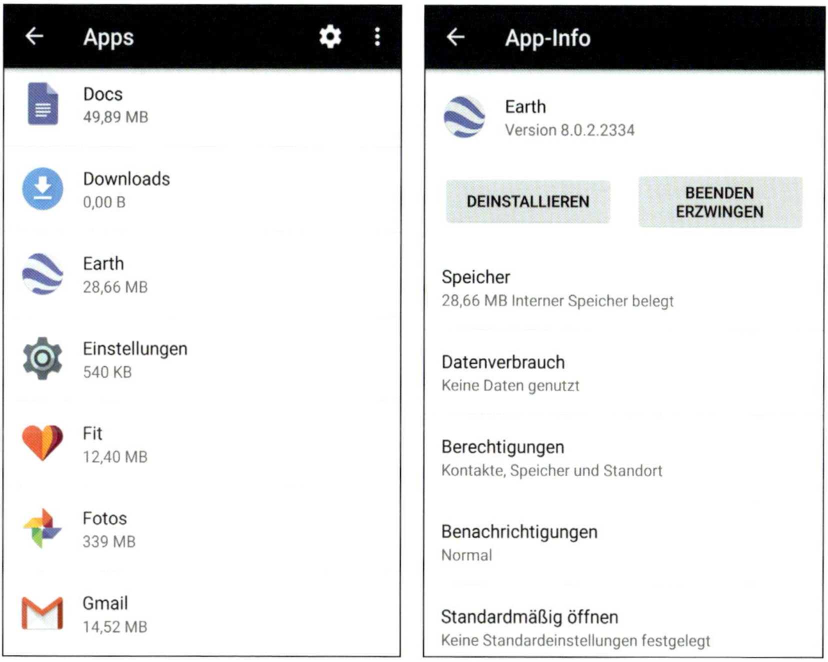

App über die Einstellungen deinstallieren.

TIPP: Manche Apps bieten die Möglichkeit, sie vom Hauptspeicher auf die Speicherkarte zu verschieben, um Hauptspeicher zu sparen. Die verschobenen Apps können genauso gestartet werden wie vorher. Diese Funktion muss aber von der jeweiligen App unterstützt werden und funktioniert natürlich nur auf Geräten mit Speicherkarte. Apps, die Hintergrundfunktionen nutzen oder ein Widget auf dem Startbildschirm verwenden, lassen sich nicht auf die Speicherkarte verschieben. Bei einigen Apps ist die Abfrage beim Verschieben auf die Speicherkarte nicht sauber integriert, sodass sie sich zwar verschieben lassen, danach aber einige Funktionen nicht mehr genutzt werden können. Bedenken Sie auch, dass die auf die Speicherkarte verschobenen Apps nicht zur Verfügung stehen, wenn das Smartphone im Laufwerkmodus mit dem PC verbunden ist.

Deinstallieren über den Google Play Store

Eine weitere Methode, Apps zu deinstallieren, ist der Google Play Store. Hier finden Sie unter *Meine Apps* eine Liste installierter Apps. Wählen Sie die App aus, die entfernt werden soll. Auf der Detailseite sehen Sie den Button *Deinstallieren*. Hier erscheint nur noch eine Abfrage, danach wird die App vom Smartphone entfernt.

Apps über den Google Play Store deinstallieren.

Diese Methode funktioniert nur mit Apps, die über den Google Play Store installiert wurden. Apps aus anderen Quellen können auf diese Weise nicht deinstalliert werden. Bei einigen vorinstallierten Apps lassen sich nur die später heruntergeladenen Updates deinstallieren. Die App selbst bleibt installiert.

Apps per QR-Code installieren

Immer mehr Plakate und andere Offlinewerbeformen zeigen Internetadressen, die sich der vorbeigehende Betrachter allerdings merken oder aufschreiben muss. Im Gegensatz zur Bannerwerbung kann man eine URL auf einem Plakat nicht einfach anklicken.

QR-Codes (Quick Response = schnelle Antwort) bieten hier eine komfortable Lösung. Sie sind der schnelle Weg zu einer Webseite, ohne Adressen abzutippen. Diese grobpixeligen Schwarz-Weiß-Grafiken findet man inzwischen auch auf Fahrscheinen, Visitenkarten und T-Shirts. Auch an Straßenbahnhaltestellen, Fahrkartenautomaten und touristischen Sehenswürdigkeiten sind aktuelle Infos häufig per QR-Code abrufbar.

Großformatige Werbung mit QR-Code auf dem Fußboden einer Fußgängerpassage.

Um die mobile Version einer Webseite zu bewerben, bieten auch viele Webseitenbetreiber auf ihren Seiten QR-Codes an, die einen Link auf die mobile Seite enthalten.

Scannt man mit der Handykamera so einen Code, wird dieser von der entsprechenden Software ausgewertet, und die darin enthaltenen Daten werden direkt an den Browser übergeben. Voraussetzung dafür ist nur eine QR-Code-Lesesoftware auf dem Smartphone.

Barcode Scanner

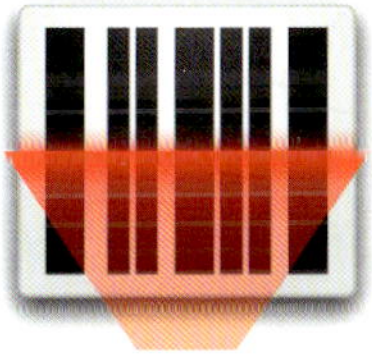

Die App *Barcode Scanner* scannt QR-Codes, wertet sie aus und startet automatisch einen Browser, wenn es sich bei der im QR-Code gespeicherten Information um einen Weblink handelt. QR-Codes können neben Weblinks auch Telefonnummern, Kurztexte oder Kontaktdaten beinhalten.

Im Google Play Store finden sich diverse Apps zum Lesen von QR-Codes. Viele davon sind voller Werbung. Die hier vorgestellte Open-Source-App ist werbefrei und bietet gegenüber manchen anderen noch diverse interessante Zusatzfunktionen.

ACHTUNG: Barcode-Scanner-Apps funktionieren nur auf Smartphones, deren Kamera über eine Autofokusfunktion verfügt.

1. Starten Sie den *Barcode Scanner* auf dem Smartphone und halten Sie die Kamera auf einen QR-Code.
2. Sobald der Code erkannt wurde, zeigt der *Barcode Scanner* den Inhalt an. Bei einem Weblink gibt es direkt die Möglichkeit, einen Browser zu starten.

Der Barcode Scanner hat einen QR-Code erkannt.

3. Sie können auch direkt aus dem *Barcode Scanner* heraus den Link per E-Mail oder SMS weitergeben.

TIPP: Mit dem Barcode Scanner können Sie auch Apps auf dem Smartphone installieren. Scannen Sie dazu die im Buch abgedruckten QR-Codes. Diese führen direkt in den Google Play Store.

Daten zwischen zwei Smartphones per QR-Code weitergeben

Kontakte, Lesezeichen oder Apps lassen sich per QR-Code ganz einfach von einem Smartphone an ein anderes weitergeben. Dazu erzeugt man auf dem einen Gerät einen QR-Code auf dem Bildschirm und fotografiert diesen mit dem anderen Smartphone.

Der *Barcode Scanner* bietet über das Symbol *Senden* die Möglichkeit, QR-Codes für auf dem Smartphone gespeicherte Lesezeichen, Kontakte oder Apps auf dem Bildschirm anzuzeigen. Bei Apps wird ein Link auf die jeweilige App im Google Play Store generiert.

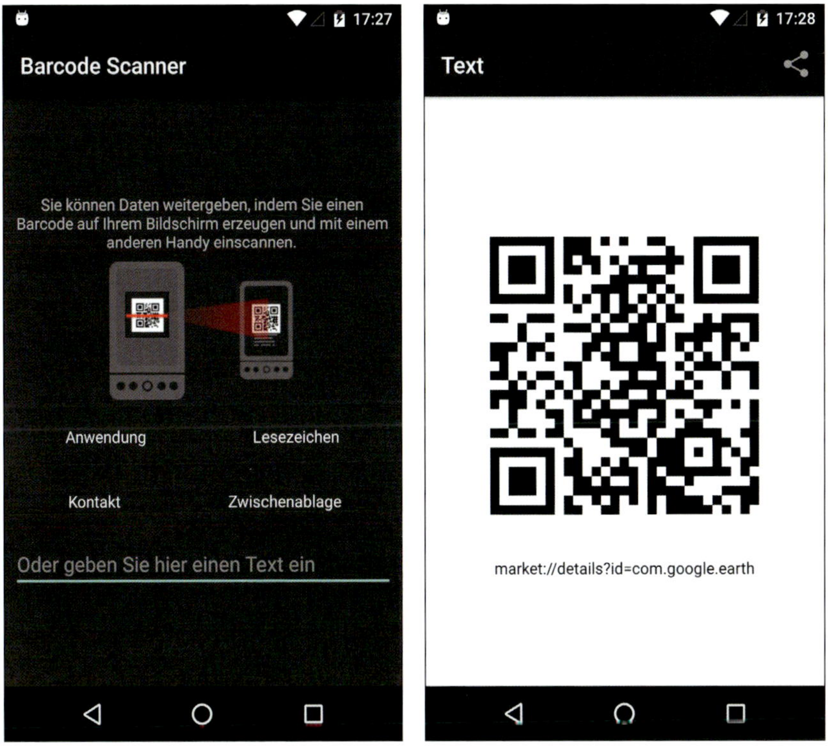

Informationen per QR-Code von einem Handy an ein anderes weitergeben.

Scannen Sie dann mit dem anderen Smartphone ebenfalls mit dem *Barcode Scanner* den angezeigten QR-Code, und der entsprechende Link wird dort aufgerufen. Bei Adressen werden diese ins Adressbuch des Smartphones übernommen.

Auf diese Weise lassen sich auch beliebige Texte per Zwischenablage in den *Barcode Scanner* kopieren, der daraus einen QR-Code erzeugt, um den Text auf ein anderes Smartphone zu übertragen. Das funktioniert unabhängig vom Betriebssystem des empfangenden Smartphones. Nur QR-Codes, die auf Apps im Google Play Store verlinken, sind auf Android-Smartphones beschränkt.

Alternativen zum Google Play Store

Neben dem Google Play Store gibt es noch weitere unabhängige Anbieter von Android-Apps, die auch andere Zahlungsmethoden anbieten, etwa Lastschrift oder Sofortüberweisung.

Ein weiterer Aspekt ist eher technischer Art. Nicht alle Apps werden auf jedem Gerät tatsächlich angezeigt. Dies kann verschiedene Ursachen haben. Einige Smartphones haben keinen Google Play Store und sind auf alternative Downloadquellen für Apps angewiesen. Hobby-Programmierer und Open-Source-Projekte können auch nicht immer für jede Betaversion oder Neuentwicklung die Gebühr bezahlen, die Google für das Einstellen in den Play Store verlangt.

Zahlreiche Entwickler sind aus den genannten Gründen dazu übergegangen, ihre Apps zusätzlich oder gar ausschließlich über ihre eigenen Webseiten oder unabhängige Downloadportale anzubieten.

Apps werden außerhalb des Google Play Store als APK-Dateien zum Download angeboten. Diese können direkt über den Browser oder auch aus einem Dateianhang einer E-Mail auf dem Smartphone installiert werden. Die heruntergeladenen Dateien sind unter *Downloads* oder direkt nach dem Herunterladen über die Benachrichtigungen zu finden.

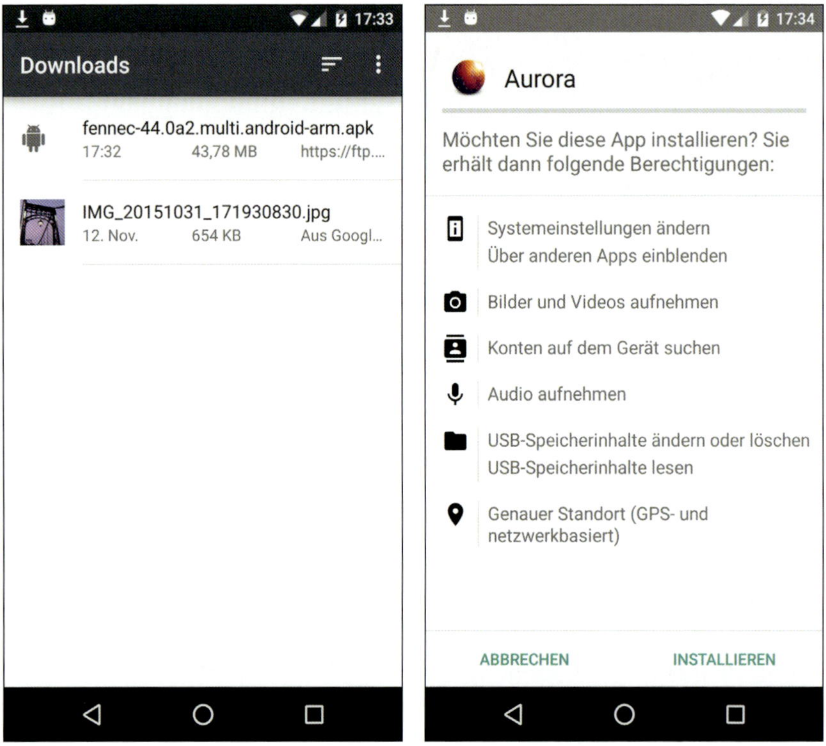

Heruntergeladene Apps installieren.

Je nach Einstellung des Smartphones kann bei der ersten Installation einer APK-Datei ein Hinweis erscheinen, dass Installationen aus unbekannten Quellen nicht zulässig sind. Direkt aus dieser Meldung heraus besteht Zugriff auf die zugehörige Systemeinstellung, mit der man die Installation aus unbekannter Herkunft zulassen kann.

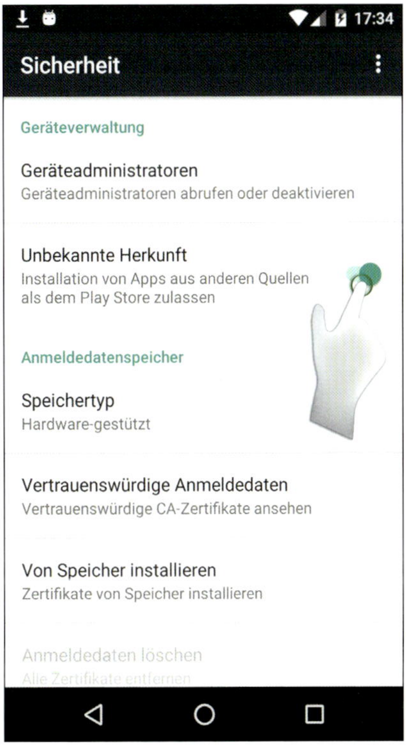

Installation aus unbekannter Herkunft zulassen.

HINTERGRUND: Die Installation einer App aus einer APK-Datei einer anderen vertrauenswürdigen Quelle ist technisch gleichermaßen sicher wie aus dem Google Play Store. Mit den Warnungen innerhalb des Betriebssystems macht Google Marketing für seinen Play Store. Auch dort haben es Entwickler immer wieder geschafft, bösartige Software zu verbreiten.

Letztendlich ist jeder Anwender selbst dafür verantwortlich, welche Apps er auf seinem Smartphone installiert. Diese Verantwortung kann einem kein App-Shop-Betreiber abnehmen, egal ob Google Play oder ein anderer. Apps von unbekannten chinesischen Downloadseiten oder gar über ein Werbebanner zu installieren, ist dagegen leichtsinnig.

Amazon Underground

Amazon bietet unter dem Namen *Amazon Underground* einen neuen eigenen App-Shop für Android-Apps an, der ausschließlich kostenlose Apps enthält. Viele davon sind bei Google Play kostenpflichtig. Dieser App-Shop läuft über eine eigene App, die zunächst auf dem Smartphone installiert werden muss.

Besuchen Sie mit dem Browser auf dem Smartphone die Seite amazon.de/underground. Oder nutzen Sie den QR-Code zum Download des Amazon-Underground-App-Shops. Nach der Installation erscheint eine App, die das gesamte Angebot aller Amazon-Kategorien zeigt. Über das Menü oben links kommen Sie zum Amazon-Underground-App-Shop.

Amazon bietet vor allem Spiele an. Zur Nutzung des Amazon-App-Shops braucht man ein Amazon-Kundenkonto. Dort wird bei der Anmeldung im App-Shop automatisch das 1-Click-Kaufen aktiviert. Im Bereich *Alle Apps & Spiele* des Amazon-Shops finden sich auch kostenpflichtige Apps, die über alle bei Amazon üblichen Bezahlverfahren gekauft werden können, bei *Underground* gibt es nur kostenlose Apps.

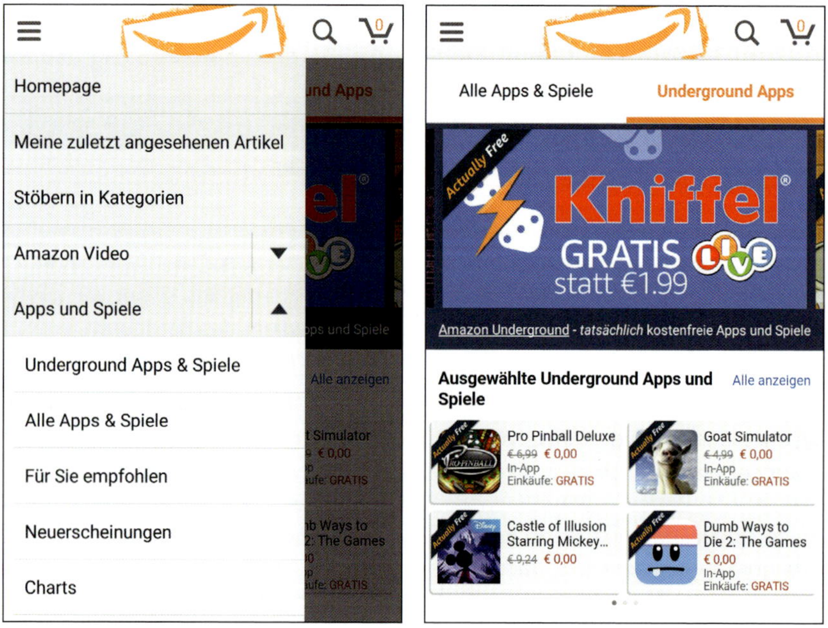

Der Amazon-Underground-App-Shop.

Kapitel 4

Online mit dem Smartphone

Internet unterwegs wird immer wichtiger. Viele Nutzer verbringen inzwischen mehr Zeit mit dem Smartphone im Internet, als damit zu telefonieren. Schnell eine Fahrplanauskunft holen, eine eBay-Auktion verfolgen oder die aktuellsten Nachrichten des Tages lesen.

Tipps zum Chrome-Browser

Google bietet seinen Browser Chrome, der auf dem PC in kürzester Zeit größte Beliebtheit erreichte, auch für Android an. Android 6 Marshmallow nutzt Chrome als Standardbrowser. Der ehemalige Android-Browser ist auf den meisten Geräten nicht mehr installiert.

Chrome bietet wie auf dem PC einen sehr schnellen Seitenaufbau, flüssiges Zoomen und Scrollen sowie Surfen in mehreren Tabs. Tabs und Lesezeichen werden zwischen PC und Smartphone synchronisiert, sodass man zu Hause direkt weitersurfen kann, wenn man unterwegs eine interessante Webseite entdeckt hat. Dazu müssen Sie sich nur beim ersten Start in Chrome mit Ihrem Google-Konto anmelden.

Die Bedienung des Browsers ähnelt dem Chrome-Browser auf dem PC mit ein paar Besonderheiten für den kleinen Touchscreen und die Android-typischen Bedienelemente.

Oben in die Browserzeile gibt man die gewünschte URL ein. Diese Zeile verschwindet automatisch, wenn eine Webseite angezeigt wird, um Platz auf dem Bildschirm freizugeben. Schieben Sie den Bildschirm ganz nach oben, um diese Eingabezeile wieder einzublenden.

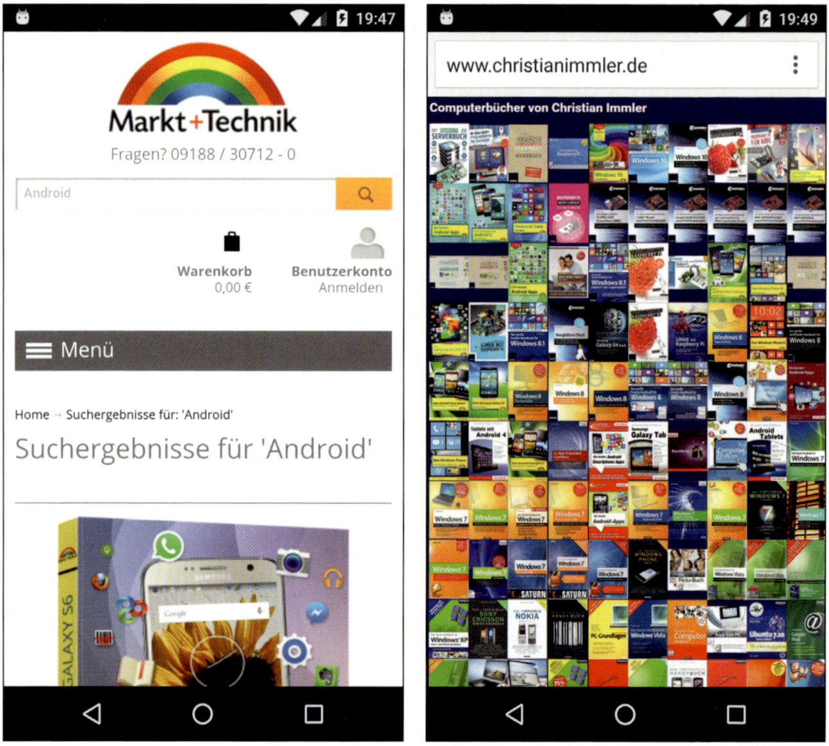

Der Chrome-Browser in Android mit einer mobil optimierten und einer nicht optimierten Webseite.

Webseiten, die nicht speziell für Smartphones optimiert sind, lassen sich im Querformat oft besser darstellen. Halten Sie das Smartphone quer, dreht sich die Darstellung automatisch, sodass in der Breite mehr Platz zur Verfügung steht.

Nicht für Smartphones optimierte Webseite im Querformat im Chrome-Browser.

Intelligente Textauswahl

Die sogenannte intelligente Textauswahl in Android 6 Marshmallow steht nicht nur im Chrome-Browser, sondern auch in diversen anderen unterstützten Apps zur Verfügung. Markieren Sie ein Wort oder einen Textbereich durch Antippen, können Sie diesen direkt in die Zwischenablage kopieren oder über die drei Punkte in der Symbolleiste mit anderen Apps teilen. Ziehen Sie an einem der blauen Griffe, können Sie die Markierung auf einen größeren Textbereich ausdehnen.

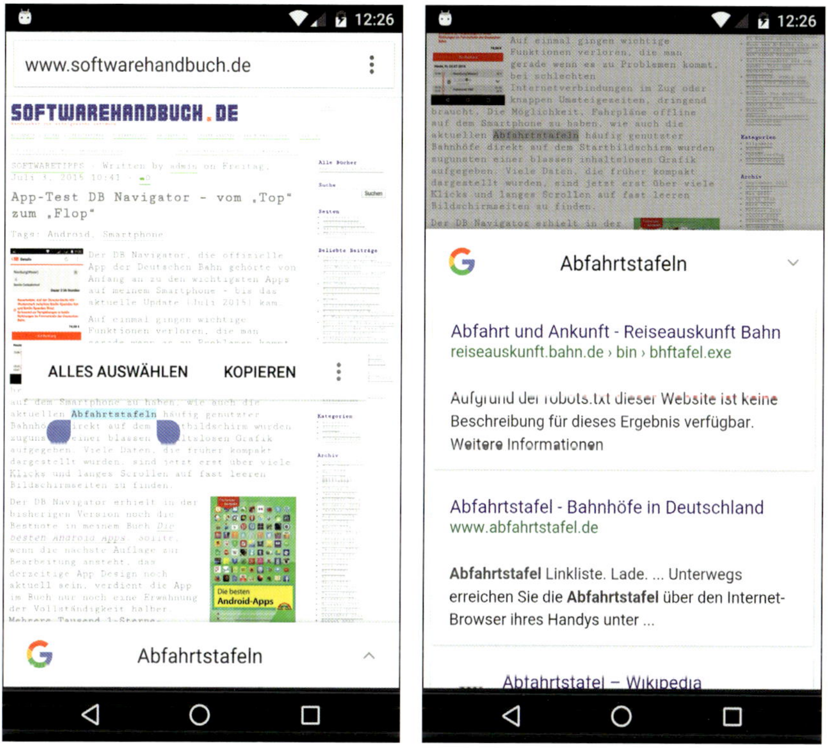

Die neue intelligente Textauswahl im Chrome-Browser.

Tippen Sie unten auf die Google-Leiste, wird der markierte Text bei Google gesucht, ohne die aktuelle App zu verlassen.

Lesezeichen im Chrome-Browser

Lesezeichen helfen, im Browser eine bestimmte Webseite wiederzufinden. Speichern Sie deshalb Internetadressen, die Sie voraussichtlich später noch einmal brauchen, als Lesezeichen ab.

Tippen Sie dazu auf das Menüsymbol oben rechts und dort dann auf das Sternsymbol. Jetzt erscheint ein Formular, in dem der Titel der Webseite und die Adresse bereits eingetragen sind.

Beide Einträge können an dieser Stelle noch geändert werden. Wählen Sie dann einen der vorgegebenen Lesezeichenordner aus oder legen Sie einen neuen an.

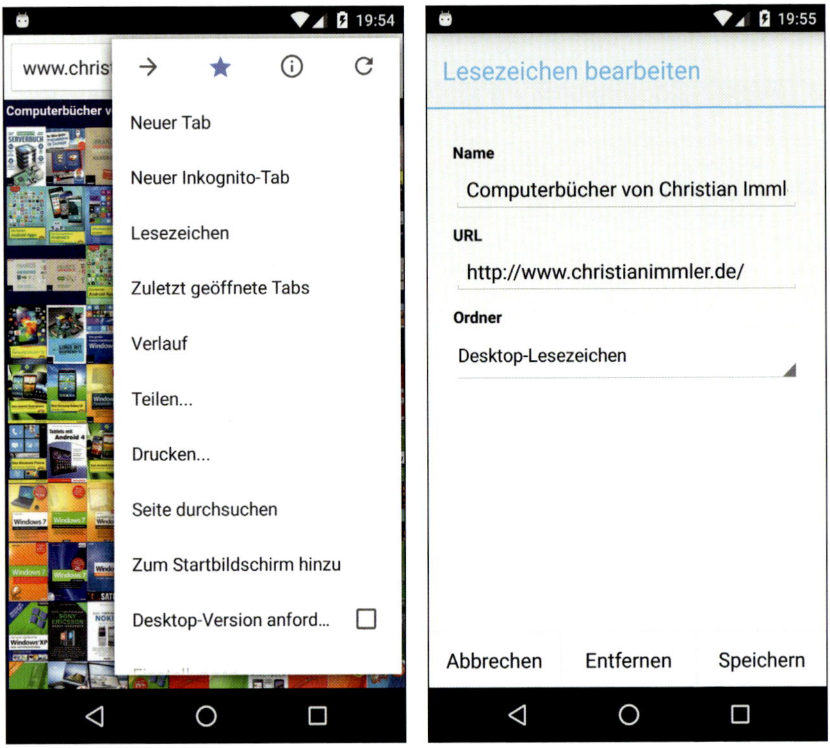

Webseite als Lesezeichen speichern.

Über den Menüpunkt *Lesezeichen* kommt man jederzeit schnell in die Liste aller gespeicherten Lesezeichen. Gerätehersteller und Mobilfunknetzbetreiber legen häufig selbst Lesezeichen im Browser an.

Lesezeichen, die auf dem PC angelegt wurden, werden automatisch mit angezeigt, wenn Sie auf dem PC und dem Smartphone mit dem gleichen Google-Konto in Chrome angemeldet sind.

Das Gleiche gilt auch für die Verlaufsliste und zuletzt geöffnete Tabs auf anderen Geräten, die automatisch auch auf dem Smartphone verfügbar sind. Tippen Sie länger auf ein Lesezeichen, können Sie dieses bearbeiten, löschen oder in einen anderen Ordner verschieben.

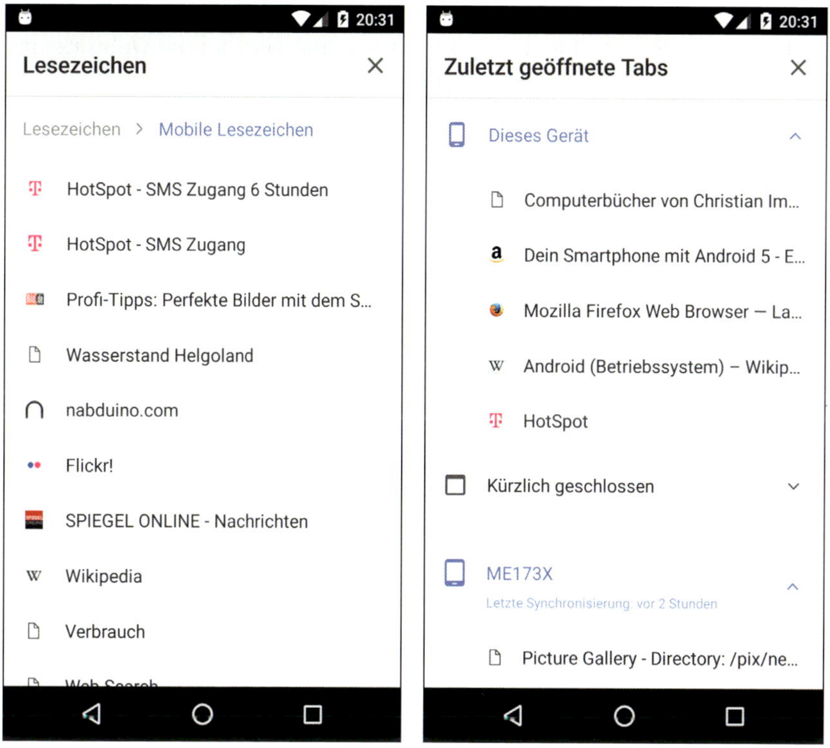

Lesezeichenliste und Liste zuletzt geöffneter Tabs auf anderen Computern, Tablets und Smartphones.

Surfen auf mehreren Tabs

Möchten Sie schnell etwas nachsehen, ohne die gerade geöffnete Webseite zu verlassen, öffnen Sie auf dem PC einen neuen Tab im Browser, in manchen Browsern auch als Registerkarte bezeichnet. Dies funktioniert auf dem Smartphone ebenfalls. Tippen Sie oben rechts auf das Menüsymbol und wählen Sie *Neuer Tab*. Einige Links auf Webseiten öffnen automatisch neue Tabs im Browser.

Android 6 Marshmallow zeigt die geöffneten Browsertabs standardmäßig wie geöffnete Apps an. Sie brauchen nur auf das quadratische Symbol in der Symbolleiste am unteren Bildschirmrand zu tippen. Hier lassen sich geöffnete Browsertabs auch schnell wie Apps schließen.

Möchten Sie lieber die alte Darstellung der Tabs im Browser, tippen Sie in Chrome auf das Menüsymbol und wählen dort *Einstellungen*. Tippen Sie dort auf *Tabs und Apps zusammen anzeigen* und deaktivieren Sie diesen Schalter.

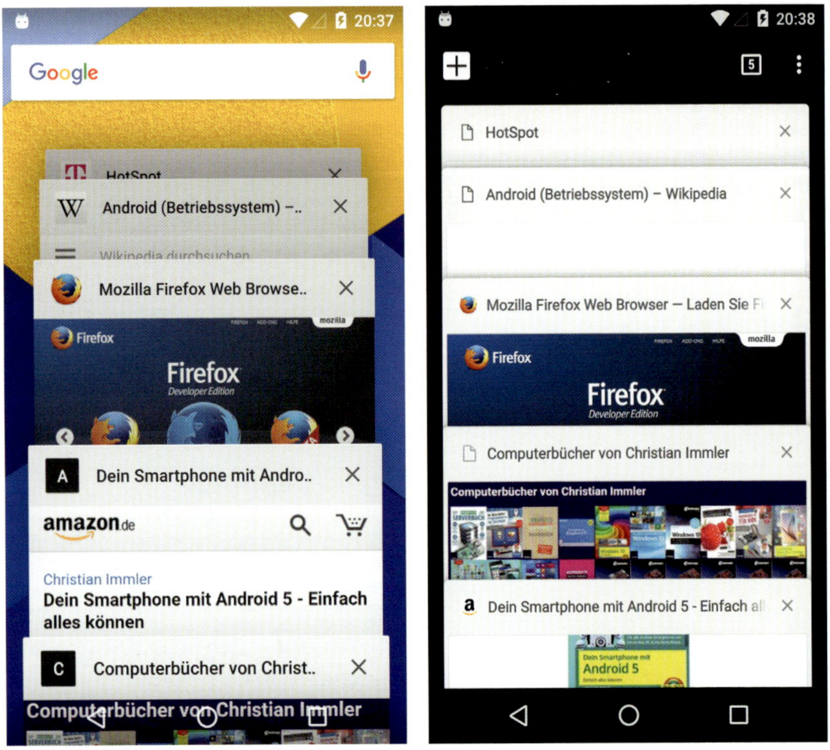

Die Liste der offenen Browserfenster innerhalb der Apps-Liste oder einzeln im Browser.

Jetzt öffnet ein neues Symbol oben rechts neben der Adresszeile des Browsers eine Liste der offenen Browserfenster. Hier können Sie zwischen den Fenstern hin- und herwechseln sowie nicht mehr benötigte Tabs schließen. Oben links können Sie einen neuen Tab anlegen.

Lesezeichen auf dem Startbildschirm

Besonders häufig besuchte Webseiten können Sie auch direkt auf den Startbildschirm des Smartphones legen. Ein Klick auf diese Verknüpfung startet den Chrome-Browser und ruft direkt das Lesezeichen auf.

Öffnen Sie die gewünschte Webseite im Chrome-Browser, tippen Sie auf das Menüsymbol und wählen Sie *Zum Startbildschirm hinzu*. Tragen Sie dann noch den gewünschten Titel ein, der mit der Verknüpfung angezeigt werden soll.

Wenn Sie jetzt zum Startbildschirm zurückgehen, finden Sie dort ein neues Symbol mit der neu gespeicherten Seite. Tippen Sie darauf, wird automatisch der Browser mit dieser Seite gestartet.

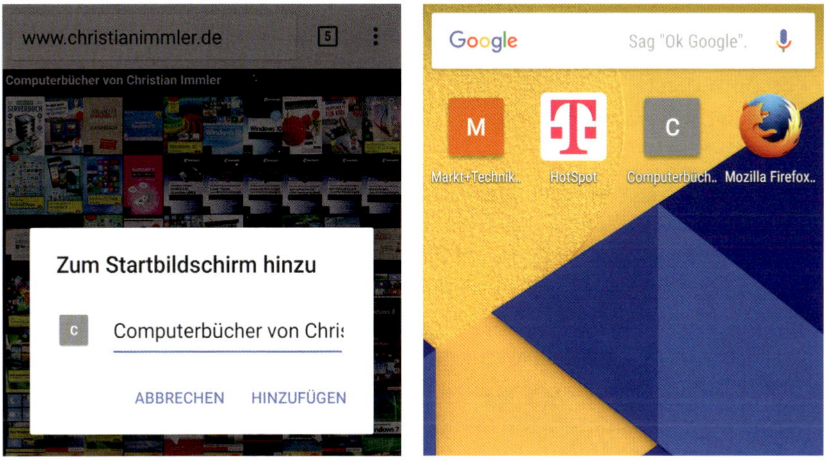

Lesezeichen auf dem Startbildschirm ablegen.

Lesezeichen-Widget

Eine weitere Möglichkeit, Lesezeichen direkt auf dem Startbildschirm abzulegen, ist das Lesezeichen-Widget. Dieses aktualisiert sich selbstständig und zeigt in einem scrollbaren Fenster Vorschaubilder aller im Browser angelegten Lesezeichen an.

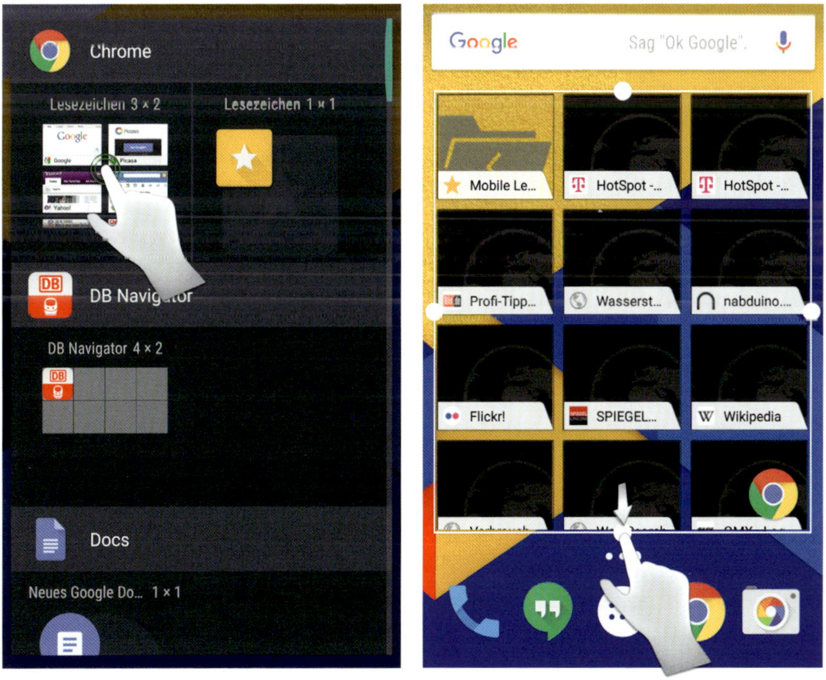

Lesezeichen-Widget für den Startbildschirm.

Halten Sie das Lesezeichen-Widget eine kurze Zeit, können Sie es in der Größe verändern und so mehr oder weniger Lesezeichen gleichzeitig auf dem Startbildschirm darstellen. Ziehen Sie es dazu mit den Anfasserpunkten auf den Kanten in die gewünschte Form.

Tipps zur Seitendarstellung im Chrome-Browser

Der Chrome-Browser zeigt die meisten normalen Webseiten in einer gut lesbaren Schriftgröße an. Gibt es doch einmal Schwierigkeiten mit der Lesbarkeit, kann man auf der Seite zoomen. Dazu können Sie die Multitouch-Technik nutzen. Berühren Sie den Bildschirm mit zwei Fingern gleichzeitig und ziehen Sie beide Finger auseinander. Damit wird die Darstellung vergrößert und umgekehrt beim Zusammenschieben der Finger wieder verkleinert.

Noch einfacher zoomt man durch kurzes Doppeltippen auf den Bildschirm. Die Seite wird dann vergrößert dargestellt. Nochmaliges Doppeltippen schaltet wieder auf die ursprüngliche Darstellung zurück. Allerdings darf sich an der entsprechenden Stelle kein Link befinden.

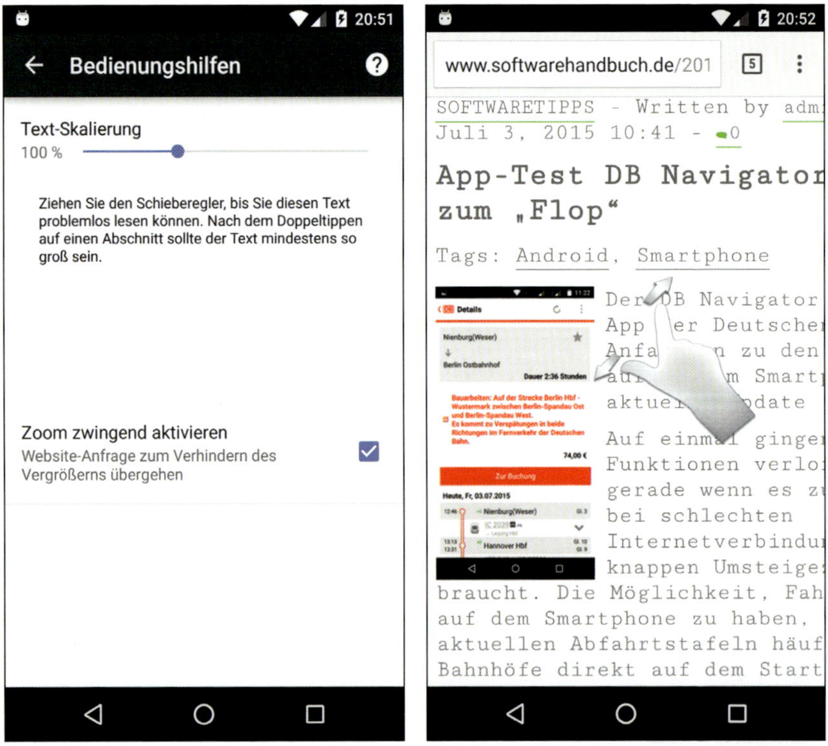

Zoomeinstellungen und gezoomte Seite im Browser.

Im Menü des Browsers unter *Einstellungen/Bedienungshilfen* können Sie dieses Verhalten beeinflussen. Hier können Sie einen Faktor für die Textskalierung bei der Darstellung von Webseiten angeben, wenn Texte auf kleineren Bildschirmen schwer lesbar sein sollten. Allerdings funktioniert dies nur bei Webseiten, bei denen die Schriftgrößen nicht fest im HTML-Code definiert sind.

Manche Webdesigner haben Angst, ihr Design könnte beschädigt werden, sodass sie über ein Skript das Zoomen auf der Seite verhindern wollen. Aktivieren Sie die Option *Zoom zwingend aktivieren*, um diese Anfrage von Webseiten zu umgehen und alle Seiten zoombar zu machen.

Desktop-Darstellung von Webseiten auf dem Smartphone

Viele Webserver entscheiden anhand der Browserkennung, die ein Gerät sendet, welche Version einer Webseite dargestellt werden soll. Immer mehr Webportale bieten ihre Inhalte für Smartphones in einer besonders schlanken, für kleine Bildschirme optimierten Version an.

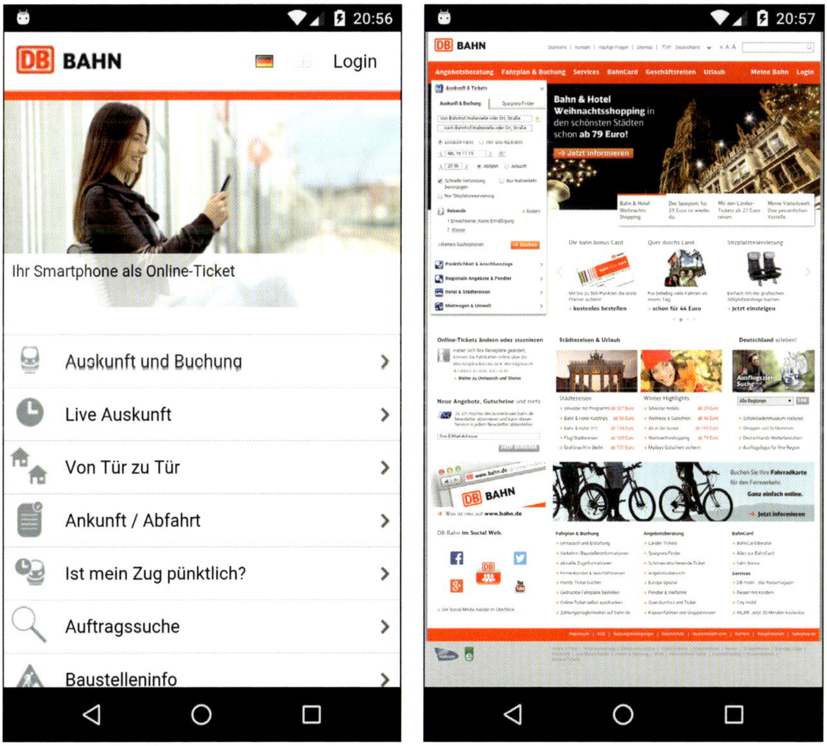

Die Webseite der Bahn ist ein gutes Beispiel für unterschiedliche Inhalte für mobile Nutzer und Desktop-Nutzer. Die Desktop-Version der Seite ist für Smartphones kaum geeignet.

Die mobilen Versionen der Webseiten lassen sich zwar auf dem Smartphone deutlich besser bedienen, enthalten aber oft nicht die kompletten Informationen der Desktop-Version. Möchten Sie die komplette Seite sehen, selbst wenn diese auf dem Smartphone nur eingeschränkt darstellbar ist, tippen Sie im Menü des Browsers auf *Desktop-Version*.

ACHTUNG: Dieses Umschalten funktioniert nicht auf jeder Seite. Das hängt von der Methode ab, die der jeweilige Webserver verwendet, um PCs von Smartphones zu unterscheiden. Bedenken Sie auch, dass die Desktop-Versionen von Webseiten ein deutlich höheres Datenübertragungsvolumen verursachen als die für mobile Geräte optimierten Versionen.

Seitenlinks weitergeben

Wer eine interessante Internetseite gefunden hat, kann diese, ohne sie sich zwischendurch merken zu müssen, an Freunde weiterleiten.

Wählen Sie dazu im Menü des Chrome-Browsers die Option *Teilen*.

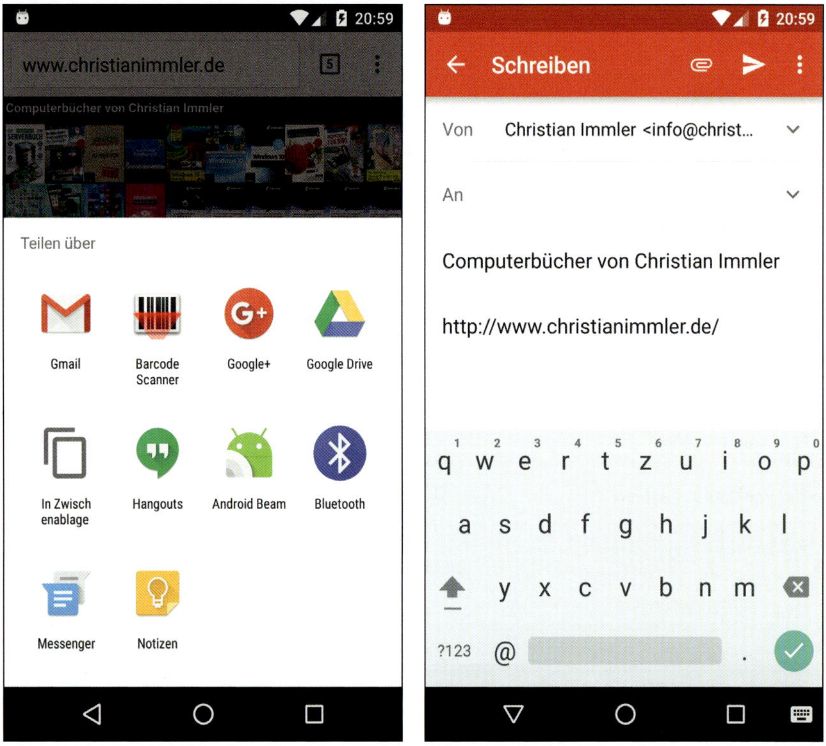

Seite im Browser teilen.

Jetzt öffnet sich die Auswahl aller im System eingetragenen Kommunikationsmethoden, die sich zum Weiterleiten oder Speichern von Internetadressen eignen.

Standardmäßig sind auf den meisten Smartphones bereits diverse Apps dafür installiert. Nach der Installation weiterer Apps tragen sich unter anderem auch Facebook, Google+ und Twitter in diese Liste ein. Wählen Sie hier die gewünschte Anwendung aus und leiten Sie so den Link zur aktuellen Webseite weiter.

Bei E-Mails wird die Betreffzeile automatisch mit dem Seitentitel gefüllt und der eigentliche Link in den Mailtext eingetragen, sodass der Empfänger lediglich darauf zu klicken braucht. Sie müssen nur noch den Empfänger angeben und vielleicht noch einen freundlichen Satz in die E-Mail schreiben, damit die Internetadresse nicht ganz so unvermittelt beim Empfänger ankommt.

Das Symbol *In Zwischenablage* kopiert die Adresse in die Zwischenablage, um sie als Text in eine beliebige andere App einfügen zu können.

Anonym surfen

Der Chrome-Browser auf Smartphones hinterlässt genauso wie ein PC-Browser in der Verlaufsliste, in Cookies und Temporärdateien Spuren des eigenen Tuns im Netz. Diese bieten jedem, der Zugriff auf das Gerät hat, freien Einblick auf alle Seiten, die Sie zuletzt besucht haben.

Möchten Sie nicht, dass ein anderer Benutzer des Smartphones sieht, dass Sie bestimmte Webseiten besucht haben, können Sie für diese Seiten den Inkognitomodus nutzen. Dazu wird immer ein neues Browserfenster gestartet.

Wählen Sie dazu im Menü *Neuer Inkognito-Tab*. Es öffnet sich ein neues Fenster mit einem Hinweis zum Inkognitomodus. Zur deutlichen Unterscheidung haben Inkognito-Tabs oben eine dunkle Titelleiste.

Öffnen Sie einen Link aus einem Inkognito-Tab, der einen neuen Tab öffnet, wird dieser ebenfalls im Inkognitomodus angezeigt. Mit dem Schließen des letzten Inkognito-Tabs wird dieser Modus wieder beendet.

Möchten Sie nachträglich Ihre Spuren verwischen, die sich beim Surfen im »normalen« Modus angesammelt haben, wählen Sie im Menü des Browsers *Einstellungen/Datenschutz*. Tippen Sie dort ganz unten auf *Browserdaten löschen*. Dort können Sie den Cache und Verlauf löschen sowie Cookies, gespeicherte Formulardaten und Passwörter.

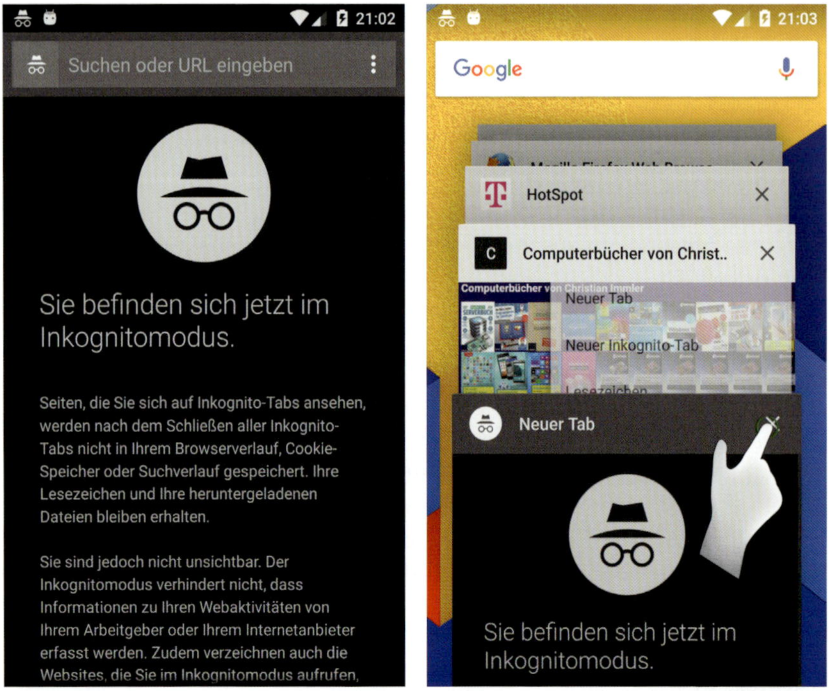

Inkognitomodus im Browser aktivieren und beenden.

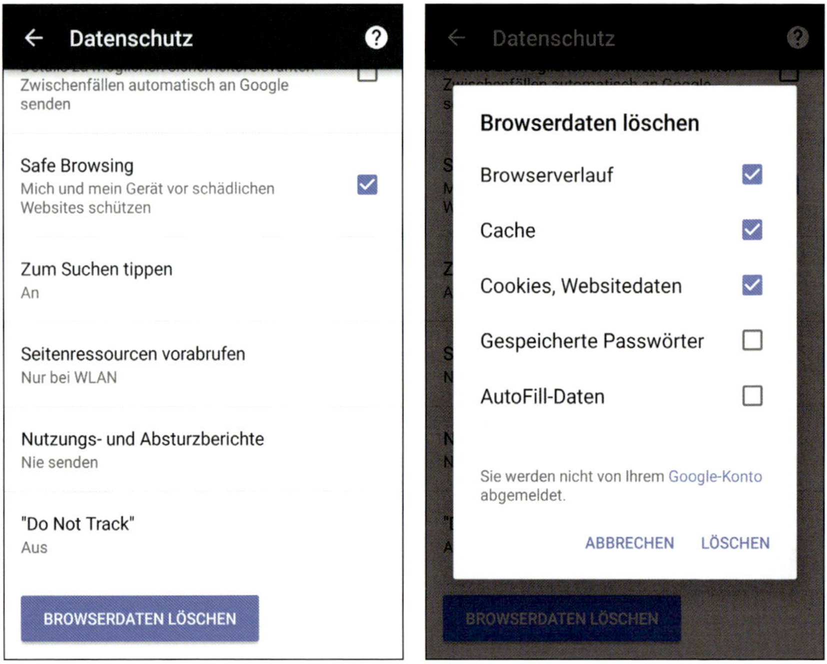

Browserdaten in Chrome löschen.

Verfolgungsschutz »Do Not Track«

Möchten Sie nicht nur auf dem Smartphone keine Spuren hinterlassen, sondern auch für die Anbieter unerkannt bleiben, können Sie mit dem Tracking-Schutz im Chrome-Browser Inhalte bestimmter Drittanbieter blockieren. Der Tracking-Schutz wird in den Einstellungen des Chrome-Browsers unter *Datenschutz/Do Not Track* eingeschaltet.

Viele Webseiten beziehen heute Informationen aus mehreren Quellen, nicht nur vom eigentlichen Seitenbetreiber, sondern auch von Dritten. Vielfach handelt es sich dabei um Werbung oder um Statistikmodule, die das Surfverhalten der Besucher beobachten.

Der Tracking-Schutz (DNT = Do Not Track) weist den jeweiligen Webserver an, Skripte von Drittanbietern auf Webseiten, die das eigene Surfverhalten ausspionieren, zu blockieren. Dabei werden nur »heimliche« Aufrufe blockiert. Klicken Sie eine der betreffenden Webseiten direkt an, können Sie sie ganz normal besuchen. Tracking-Schutz ist also kein Webfilter.

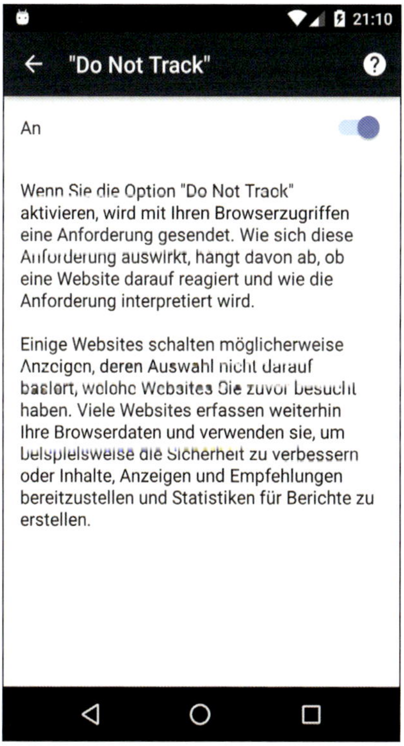

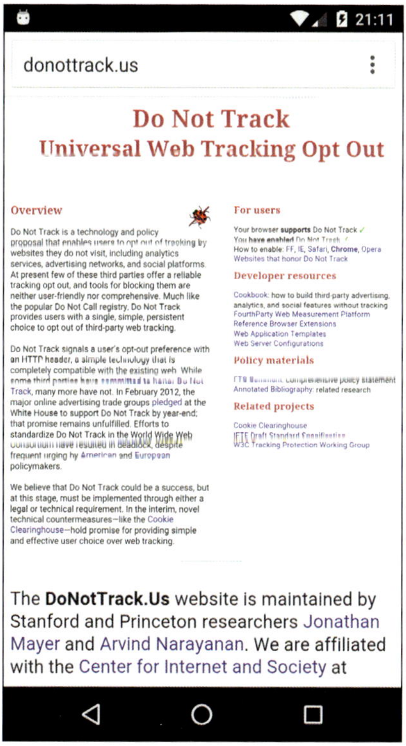

„Do Not Track"-Einstellungen in Chrome und Onlinetest bei donottrack.us.

Die Technik basiert auf der Kooperation der Werbeanbieter, deren Skripte die vom Browser zurückgemeldeten Benutzerwünsche respektieren müssen. Wenn ein Webserver die DNT-Einstellung des Browsers ignoriert, ist der Tracking-Schutz wirkungslos.

Verständlicherweise wollen Sie, wenn Sie den Tracking-Schutz aktiviert haben, auch wissen, ob dieser wirklich funktioniert.

Die Webseite www.donottrack.us bietet einen einfachen Onlinetest an, der prüft, ob ein Browser DNT überhaupt unterstützt und ob diese Funktion eingeschaltet ist. Hier finden Sie auch Hinweise, wie der Tracking-Schutz in unterstützten Browsern aktiviert werden kann.

DNT – ein Politikum im Internet

Das Verfolgen von Benutzeraktivitäten, um personalisierte Inhalte anzuzeigen, ist an sich eine nützliche Technologie, die nur von den Medien immer häufiger in ein schlechtes Licht gerückt wird, da sie von Werbetreibenden gern missbraucht wird.

Als Microsoft mit Windows 8 den Tracking-Schutz standardmäßig aktivierte, nahm die beim W3C (World Wide Web Consortium) für dieses Thema zuständige Arbeitsgruppe öffentlich Stellung: Ein Nutzer solle selbst entscheiden, ob er Tracking wünsche oder nicht. Ein Browser dürfe standardmäßig keinen Do-Not-Track-Header übertragen. Wenn Browser standardmäßig einen DNT-Header senden, werden Werbeanbieter ganz schnell dazu übergehen, dies nicht mehr zu beachten. Webseiten mit offensichtlich illegalen Spionage-Interessen werden den Tracking-Schutz ohnehin ignorieren.

Nach Aussage des W3C steht es Microsoft natürlich frei, den Browser auch weiterhin einen DNT-Header senden zu lassen. Das entspreche aber nicht dem W3C-Standard. Sollte Microsoft dennoch behaupten, W3C-konform zu arbeiten, sei das ein Fall für die Aufsichtsbehörden.

Die Digital Advertising Alliance (DAA), die Interessenvertretung der Werbetreibenden, will DNT generell nur akzeptieren, wenn es nicht voreingestellt ist. Andernfalls könnten sich Anbieter von Werbung entscheiden, die DNT-Header einfach zu ignorieren. Da in Windows 8 trotz aller Kritik der Tracking-Schutz im Internet Explorer voreingestellt blieb, solange Benutzer bei der Einrichtung die Express-Einstellungen verwendeten, haben viele große Werbenetzwerke beschlossen und auch bekanntgegeben, Do-Not-Track-Anfragen nicht mehr zu beachten. Damit wurde diese ursprünglich für Ausnahmefälle gut gemeinte Funktion weitgehend wirkungslos.

Google lässt in Chrome den DNT-Header standardmäßig ausgeschaltet, bis der Benutzer ihn einschaltet.

Websuche mit Google

Um bei Google zu suchen, müssen Sie nicht erst den Browser starten, geben Sie einfach den gesuchten Begriff in das Suchfeld auf dem Startbildschirm ein.

Sie können auch aus einer beliebigen App heraus länger die Home-Taste drücken, dann erscheint Google Now ebenfalls mit einem Suchfeld.

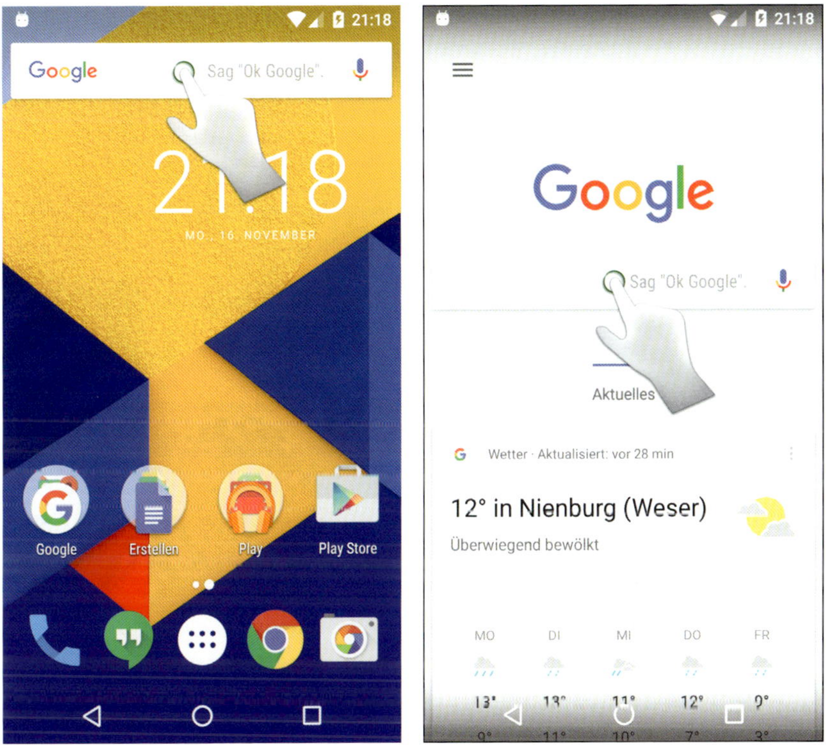

Google Suchfeld auf dem Startbildschirm und in Google Now.

Alternativ zum Suchfeld auf dem Startbildschirm können Sie einen Suchbegriff auch in die Adresszeile des Browsers eintragen. Dieser wird dann über Google gesucht.

Die Google-Suche zeigt bei vielen Suchbegriffen am Anfang Werbung und dann erst News und Bilder an. Scrollen Sie auf dem Bildschirm weiter nach unten, um zu den tatsächlichen Suchergebnissen zu kommen.

Bei der Eingabe im Suchfeld zeigt Google bereits Suchvorschläge. Die Suchergebnisse werden in der Google-App angezeigt. Erst nachdem Sie auf ein Suchergebnis getippt haben, wird der Browser geöffnet.

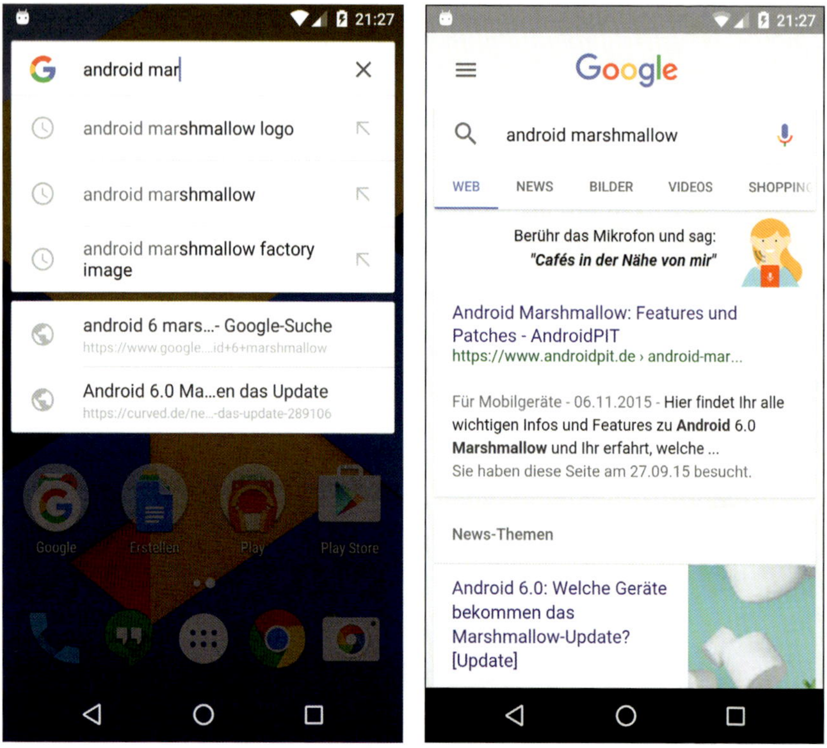

Suche mit Google im Web und auf dem Smartphone.

Regionale Suche

Die mobile Google-Suche bietet neben der Websuche auch eine lokale Suche nach Restaurants, Cafés und anderen Lokalitäten, sofern der eigene Standort erkannt wird. Damit dies funktioniert, müssen Sie beim ersten Aufruf der Google-Suche die Standortabfrage zulassen.

Android-Smartphones können zur Positionsbestimmung neben GPS auch Mobilfunkzellen und bekannte WLAN-Standorte nutzen, sodass die Positionsermittlung auch innerhalb von Gebäuden relativ genau funktioniert.

Google kann zur lokalen Suche einen ungefähren Standort verwenden, der anhand der Daten des Internetproviders ermittelt wird. Wesentlich genauere Ergebnisse gibt es mit der GPS-Position. Dazu muss GPS auf dem Smartphone eingeschaltet und in den *Einstellungen* unter *Standort* der Modus *Hohe Genauigkeit* aktiviert sein.

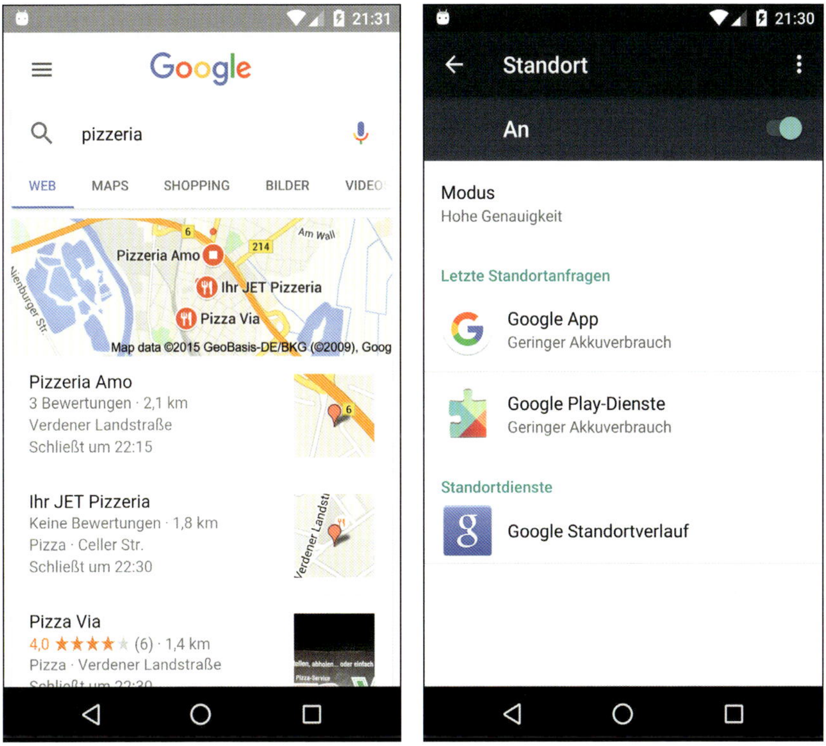

Links: regionale Suchergebnisse, rechts: hohe Genauigkeit für Standortabfrage einschalten.

Googles Sprachsuche

Wenn man bei einem Suchbegriff nicht genau weiß, wie er geschrieben wird, ist es oft einfacher, ihn zu sprechen statt zu schreiben. Google bietet dafür eine eigene Sprachsuche an.

Achtung Datenvolumen

Die Sprachsuche erfolgt nicht direkt auf dem Smartphone, sondern das gesprochene Wort wird als Audiodatei an einen Google-Server übertragen, wo die Auswertung stattfindet. Hier fällt erheblich mehr Datenvolumen an als bei der Eingabe eines Suchbegriffs mit der Bildschirmtastatur.

Das Google-Suchfeld auf dem Startbildschirm zeigt ganz rechts ein Mikrofonsymbol. Tippen Sie darauf und sprechen Sie den Suchbegriff ins Mikrofon. Google setzt das gesprochene Wort in Text um und sucht den Begriff. Dazu wird automatisch die Google-Suche geöffnet. Anstatt auf das Mikrofonsymbol zu tippen, können Sie die Sprachsuche auch aktivieren, indem Sie einfach *Ok Google* sagen.

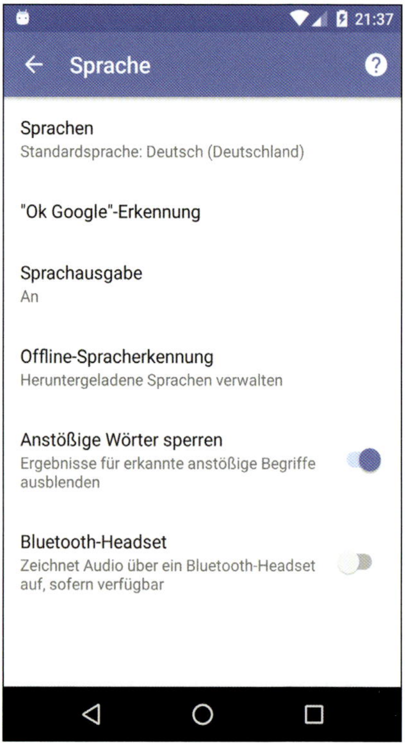

Sprachsuche und Einstellungen.

Die Optionen der Sprachsuche finden Sie in den Einstellungen der Google-App unter *Sprache*. Achten Sie darauf, dass hier *Deutsch* als Sprache eingestellt ist, sonst wird die Sprachsuche alles fehlerhaft erkennen. Zusätzlich können Sie hier anstößige Wörter aus der Suche ausblenden.

Andere Suchmaschine wählen

Sie können die Standardsuchmaschine auf Wunsch auch ändern. Wählen Sie dazu im Menü des Chrome-Browsers *Einstellungen/Suchmaschine*. Hier finden Sie eine Auswahl der bekannten Suchmaschinen wie Bing und Yahoo!. Smartphone-Hersteller und Mobilfunknetzbetreiber haben die Möglichkeit, weitere Suchmaschinen zur Auswahl hinzuzufügen. Diese Einstellung wirkt sich nur auf die Suche direkt in der Adresszeile des Browsers aus. Das Google-Suchfeld auf dem Startbildschirm sucht weiterhin bei Google.

Bing und Yahoo! bieten mobil optimierte Suchseiten für Smartphones, die oft ganz andere Ergebnisse liefern als Google. Seit die Yahoo!-Suche »Powered by Bing« ist, werden dort die gleichen Ergebnisse gefunden wie bei Bing. Nur die Werbeanzeigen und das Seitenlayout unterscheiden sich noch.

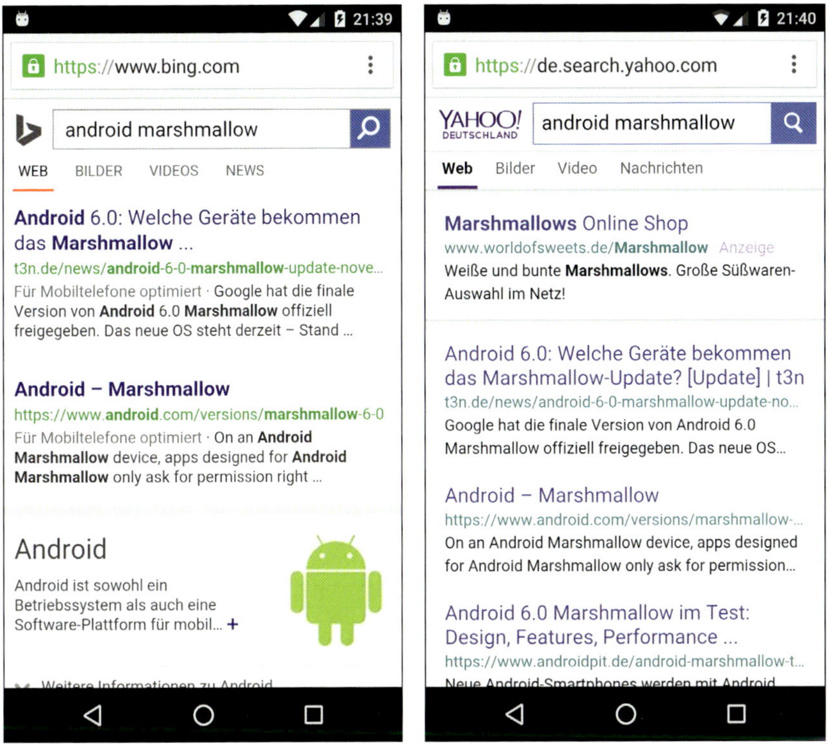

Suche mit Bing und Yahoo!

WLAN optimieren

Zu Hause gehen Sie am besten über Ihren WLAN-Router mit dem Smartphone ins Internet. Dies spart nicht nur wertvolles Datenvolumen Ihrer Mobilfunkflatrate, die Übertragungsraten sind auch deutlich höher. Wie ein WLAN eingerichtet wird, haben Sie bereits bei der Ersteinrichtung des Smartphones gesehen.

In den *Einstellungen* unter *WLAN* finden Sie alle WLANs in der Nähe, über den Menüpunkt *Gespeicherte Netzwerke* auch alle gespeicherten WLANs, mit denen das Smartphone schon einmal verbunden war.

Tippen Sie auf das Menüsymbol unten rechts und wählen Sie die Option *Erweitert*. Hier lässt sich deutlich Akku sparen, wenn Sie das WLAN im Ruhezustand automatisch abschalten lassen. Dann bleibt allerdings die Mobilfunkverbindung aktiv, damit das Handy weiterhin Benachrichtigungen über neue E-Mails und andere Aktivitäten erhalten kann, was das verbrauchte Datenvolumen erhöht, da Daten über das Mobilfunknetz übertragen werden, obwohl ein WLAN in Reichweite wäre.

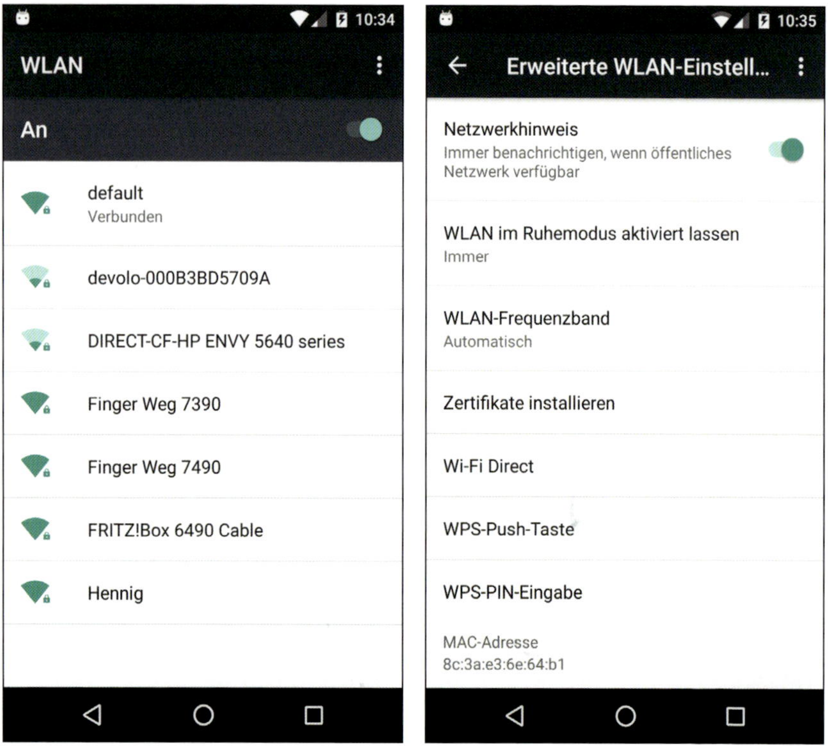

WLAN-Einstellungen in Android 6 Marshmallow.

Akku sparen

Schalten Sie das WLAN unterwegs, außerhalb der Reichweite eines WLANs, am besten ganz aus, um Strom zu sparen. WLAN mit oder ohne Empfang saugt den Akku schnell leer.

Wesentlich einfacher, als jedes Mal die *Einstellungen* aufzurufen, ist es, das WLAN direkt über die Schnelleinstellungen der Benachrichtigungsleiste ein- und auszuschalten. Ziehen Sie die Benachrichtigungsleiste mit zwei Fingern nach unten. Tippen Sie dann auf das WLAN-Symbol. Damit können Sie das WLAN ganz einfach jederzeit ein- und ausschalten.

Schaltet man über das Symbol in den Schnelleinstellungen WLAN ein, sucht sich das Smartphone automatisch unter den gespeicherten WLAN-Verbindungen die zuletzt verwendete oder die mit der besten Signalstärke und verbindet sich damit. Tippen Sie hier auf den Namen unterhalb des WLAN-Symbols, gelangen Sie zur Auswahlliste aller verfügbaren WLANs. Der Link *Weitere Einstellungen* ganz unten führt zum Einstellungen-Bildschirm fürs WLAN.

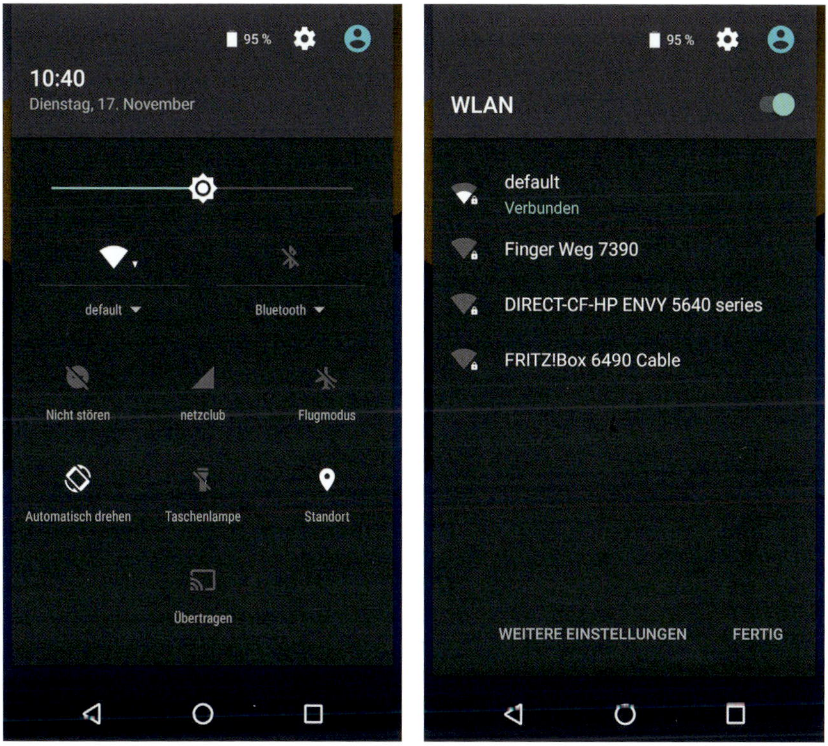

WLAN-Einstellungen in den Schnelleinstellungen.

Wifi Analyzer

Die kostenlose App *Wifi Analyzer* findet WLANs in der Nähe und zeigt deren Kanäle und Signalstärke an.

Läuft man mit dem *Wifi Analyzer* durchs Haus oder auch draußen durch die Straßen, lassen sich die Ausbreitungsbedingungen der verschiedenen WLANs gut ermitteln. Auch beim Aufstellen des eigenen Routers kann diese App eine Hilfe sein.

Wählen Sie den Kanal eines neuen WLAN-Routers immer so, dass möglichst viel Abstand zu den WLANs der Nachbarn gegeben ist. Router auf dicht nebeneinanderliegenden WLAN-Kanälen können Interferenzen verursachen, die den WLAN-Empfang schwächen.

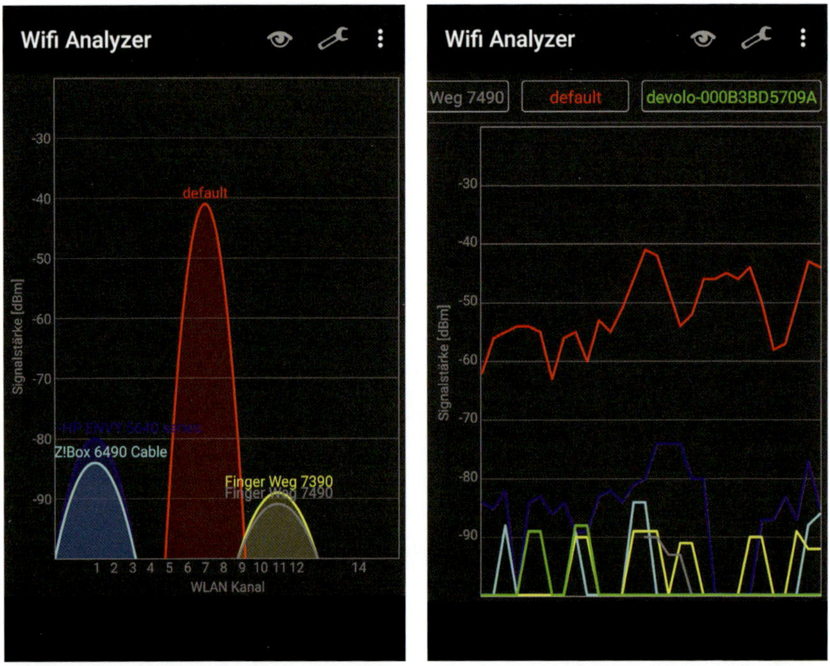

Wifi Analyzer zeigt alle WLANs in Reichweite.

Öffentliche Hotspots nutzen

An immer mehr öffentlichen Plätzen, Bahnhöfen, Hotels oder Cafés kann man per WLAN mit dem Smartphone eine Verbindung ins Internet herstellen, ohne das Datenvolumen der Mobilfunkflatrate aufzubrauchen. In vielen Ländern sind öffentliche WLAN-Hotspots kostenlos nutzbar und auffällig gekennzeichnet.

Android 6 Marshmallow unterstützt bereits die Hotspot-2.0-Technologie zur einfachen und sicheren Anmeldung. Allerdings sind mit Hotspot 2.0 kompatible WLANs zurzeit noch sehr selten.

> **ACHTUNG:** Im europäischen Ausland gibt es fast überall kostenloses WLAN in Restaurants, Hotels und auf öffentlichen Plätzen. Dagegen sind die Roamingkosten für die Mobilfunknutzung extrem hoch. Schalten Sie im Ausland die mobile Datenübertragung aus. Am besten schützen Sie sich vor Roamingkosten, wenn Sie bei Auslandsreisen die SIM-Karte aus dem Smartphone nehmen.

Noch vor ein paar Jahren waren auch in Deutschland fast alle öffentlichen WLANs kostenlos. Mittlerweile hat sich hier ein riesiges Geschäft entwickelt. Mehrere Betreiber, allen voran die Telekom, eröffnen ständig neue WLAN-Hotspots und machen Hoteliers und Wirten, ehemaligen Betreibern kostenloser

WLAN-Zugänge, kostenpflichtige Lösungen mit Gewinnbeteiligung schmackhaft. Auch andere Anbieter stellen öffentliche Hotspots zur Verfügung, aber bei Weitem nicht mit so großer Flächendeckung wie die Telekom.

Die Telekom rüstet in Großstädten und an touristisch interessanten Orten Telefonzellen mit Hotspots aus, über die man mit persönlicher Zugangskennung oder über direkte Bezahlung mit einem eigenen Notebook, Tablet oder Smartphone ins Internet kommt.

An derzeit 105 großen Bahnhöfen Deutschlands bietet die Telekom öffentliche Hotspots an. Dabei sind die ersten 30 Minuten pro Tag kostenlos. Besucher der DB-Lounges können die Hotspots im Bereich der DB-Lounges an vielen Bahnhöfen kostenlos und ohne Anmeldung nutzen. In zahlreichen ICE-Zügen bietet die Bahn ebenfalls Hotspots an. Der Zugang zum Internet ist in der 2. Klasse kostenpflichtig, in der 1. Klasse kostenlos. Aktuelle Fahrplanauskünfte können über das neue ICE-Portal kostenlos genutzt werden.

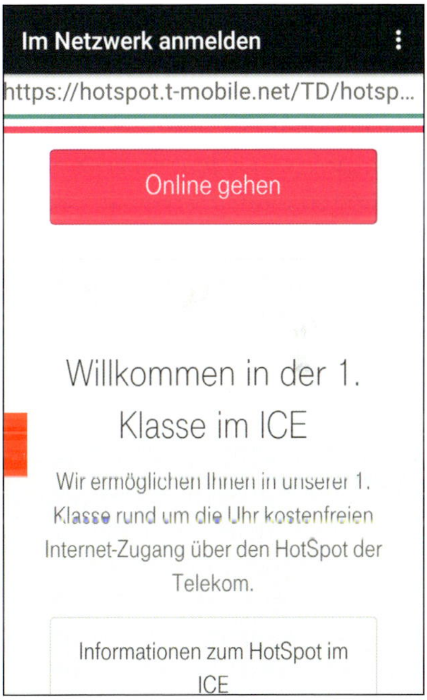

ICE-Portal der Bahn zur Anmeldung im WLAN.

Telekom-HotSpots werden in der Liste verfügbarer WLANs als offene Netzwerke angezeigt. Nach der Verbindung tippen Sie auf das WLAN-Verbindungssymbol. Danach startet ein Fenster *Im Netzwerk anmelden* mit einem Browser. Geben Sie dort die Zugangsdaten ein. Erst danach können Sie andere Apps über dieses WLAN nutzen.

INFO: Um an einem kostenpflichtigen Telekom-HotSpot surfen zu können, brauchen Sie eine Zugangskennung, die entweder über die Telefonrechnung abgerechnet wird oder – ähnlich wie bei Prepaid-Handys – vorab für einen bestimmten Zeitraum gekauft werden kann. Am einfachsten ist der Zugang an den Telekom-HotSpots, wenn man ein Handy mit Laufzeitvertrag der Telekom hat.

Um Zugangsdaten zu bekommen, schickt man eine SMS mit dem Inhalt OPEN an die Nummer 9526 (»WLAN« auf der Buchstabentastatur). Kurz danach bekommt man eine SMS mit Benutzernamen und Passwort, die im Browser eingegeben werden müssen. Diese Daten sind für alle Telekom-HotSpots in Deutschland gültig. Für die Hotspots an Bahnhöfen braucht man kein Telekom-Handy. Hier zeigt die Anmeldeseite im Browser ein Eingabefeld, in das man nur seine Handynummer einzutragen braucht. Man erhält dann einen Zugangscode, der nur noch eingetippt werden muss. Danach kann die WLAN-Verbindung genutzt werden.

Alternative Browser für Android

Wie auf dem PC haben unabhängige Softwarehersteller auch für Android-Smartphones weitere Browser entwickelt, die interessante Funktionen bieten und so zahlreiche Fans für sich gewinnen konnten. Auch auf dem Smartphone ist wie auf dem PC kein Browser objektiv der beste. Die Browserwahl ist immer eine Frage des persönlichen Geschmacks. Wir zeigen hier ein paar beliebte Alternativen zum Chrome-Standardbrowser.

Firefox

Firefox für Android basiert auf der gleichen Technologie wie der beliebte Browser für PCs. Auch auf dem Smartphone überzeugt Firefox durch seine extrem schlanke wie auch funktionelle Oberfläche. Tippt man oben rechts auf die kleine Ziffer, erscheinen links Tabs mit weiteren Seiten.

Die aktuelle Firefox-Version unterstützt alle wichtigen aktuellen Webtechnologien wie Tabs, JavaScript und HTML-Layer und bietet auch weitreichende HTML5-Unterstützung. Natürlich bietet Firefox auch alle Funktionen moderner Android-Browser wie einen privaten Modus, Umschaltung auf die Desktop-Version von Webseiten, Lesezeichen, Chronik und das Teilen von Internetadressen über verschiedene Kommunikationswege.

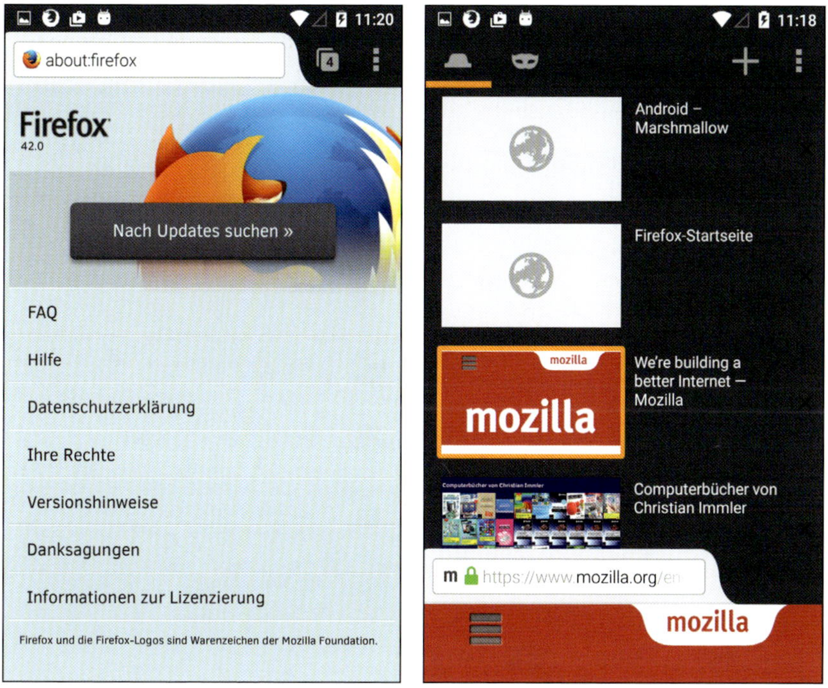

Infoseite und Tabs im mobilen Firefox.

Firefox Sync

Per Firefox Sync lassen sich Lesezeichen, Passwörter und Formulareingaben mit anderen Smartphones oder Firefox auf dem PC synchronisieren, sodass man nicht alles auf dem Smartphone neu eingeben muss. Sie finden die Lesezeichen sowie die Chronik der zuletzt geöffneten Webseiten automatisch auch auf dem Smartphone. Dazu legen Sie auf dem PC ein Firefox-Konto an und melden sich mit demselben Konto auch bei Firefox für Android an.

Die kombinierte Such- und Adressleiste findet schnell einen gesuchten Begriff in der Chronik der besuchten Seiten wie auch über verschiedene Suchmaschinen. Dabei kann man als Benutzer in der Symbolleiste am unteren Bildschirmrand auswählen, wo gesucht werden soll. Weitere Suchanbieter können über Add-ons eingebunden werden.

Die Chronik, die Liste der meistbesuchten Seiten sowie die Lesezeichen erreichen Sie in Firefox durch einfaches Antippen der Adresszeile.

Firefox bietet auf dem Smartphone eine ähnliche Add-on-Technik wie auf dem PC. Über solche nachträglich installierbaren Add-ons lassen sich zusätzliche Funktionen hinzufügen oder das Aussehen von Firefox verändern.

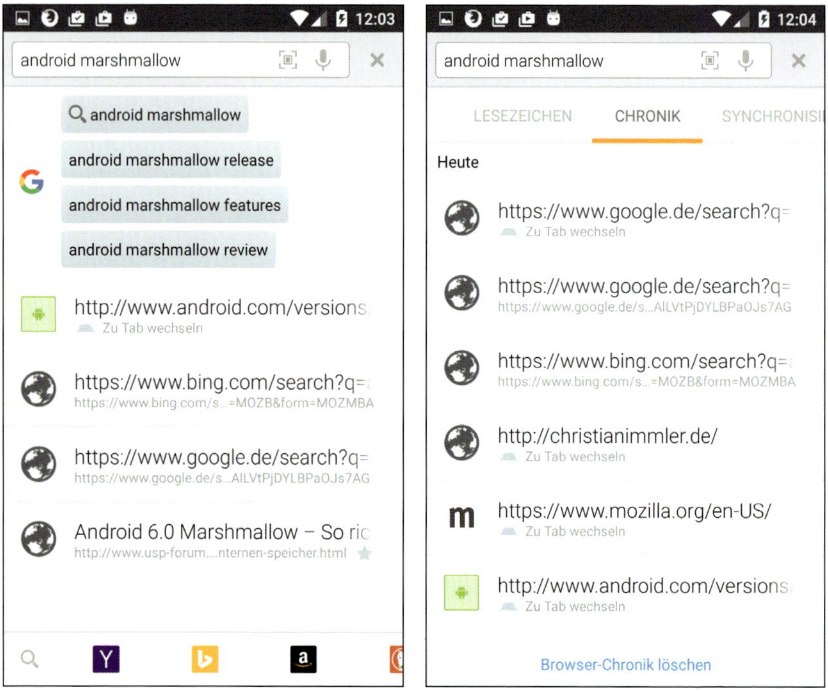

Suche und Chronik in Firefox.

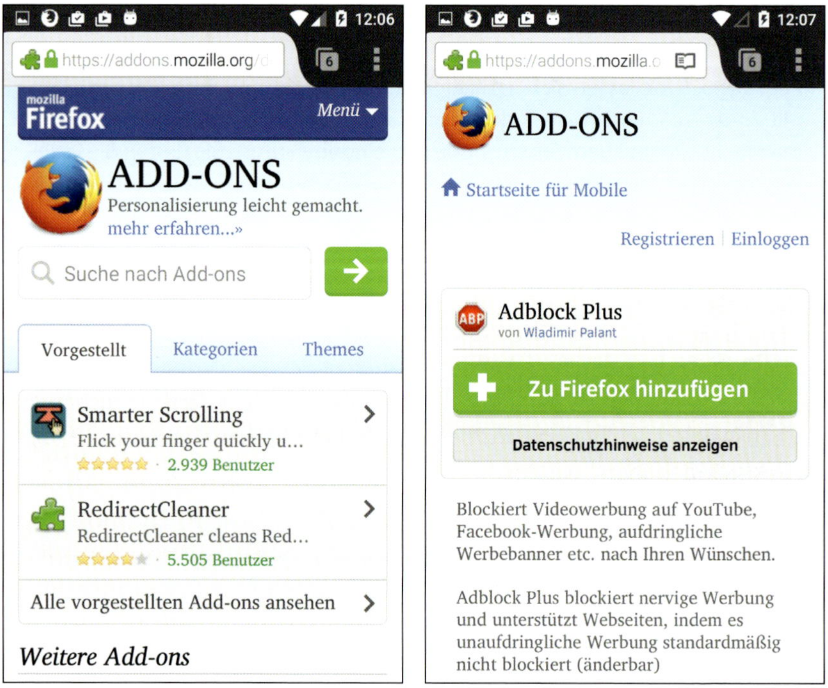

Add-ons in Firefox installieren.

Firefox als Standardbrowser einrichten

Wie auf dem PC ist auch auf dem Smartphone immer ein Browser der Standardbrowser, der automatisch gestartet wird, wenn man in einer anderen App auf einen Link tippt. Wer grundsätzlich lieber Firefox als Chrome nutzt, kann die Standardeinstellung leicht umstellen. Um den Chrome-Browser verschwinden zu lassen, sind zwei Einstellungen zu verändern:

- Symbol in der unteren Leiste des Startbildschirms austauschen.
- Standardbrowser-Einstellung ändern, damit bei der Eingabe eines Suchbegriffs oder beim Antippen eines Weblinks in einer E-Mail automatisch Firefox gestartet wird.

Gehen Sie folgendermaßen vor:

1. Um das Symbol auszutauschen, halten Sie das »alte« Browsersymbol in der Schnellstartleiste am unteren Bildschirmrand länger, bis am oberen Bildschirmrand das Symbol *Entfernen* erscheint. Ziehen Sie das Chrome-Symbol darauf, verschwindet es aus der Schnellstartleiste.

Chrome-Symbol gegen Firefox austauschen.

2. Tippen Sie jetzt auf das Symbol in der Mitte unten auf dem Startbildschirm, um die Liste aller installierten Apps anzuzeigen. Suchen Sie hier das Firefox-

Symbol, halten Sie es einen kurzen Moment und ziehen Sie es an die gewünschte Position in der Schnellstartleiste. Damit wird es automatisch dort verankert.

3. Um die Standardbrowser-Einstellung zu ändern, geben Sie irgendeinen Suchbegriff in das Suchfeld auf dem Startbildschirm ein und tippen dann auf eines der Suchergebnisse. Ist kein Standardbrowser definiert, erscheint das Dialogfeld *Öffnen mit*. Aktivieren Sie hier das Firefox-Symbol und tippen Sie dann auf die Schaltfläche *Immer*. Wenn später das gleiche Dialogfeld wieder erscheint, zum Beispiel beim Antippen eines Links in einer E-Mail, gehen Sie wieder genauso vor.

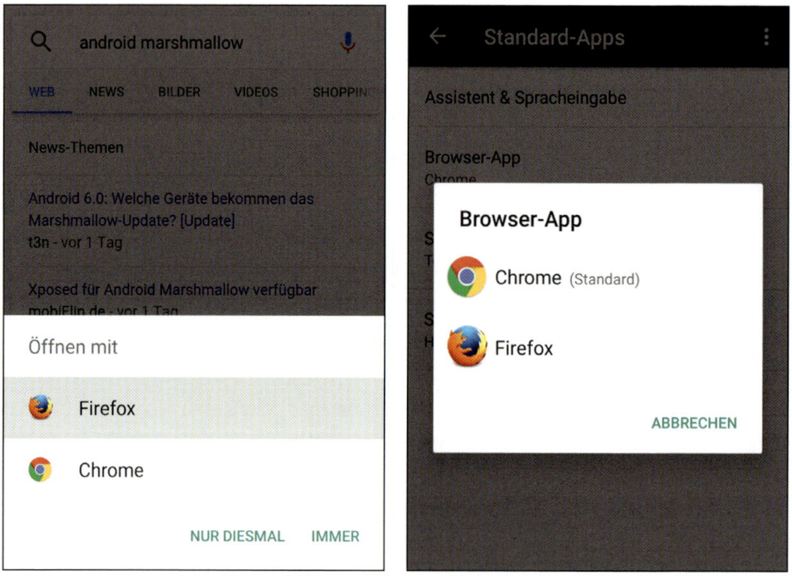

Standardbrowserwahl einrichten und zurücksetzen.

Sollte die Browserauswahl nicht angezeigt werden und sofort der Chrome-Browser starten, ist dieser bereits als Standardbrowser eingerichtet.

1. Um zu Firefox zu wechseln, öffnen Sie die *Einstellungen*. Scrollen Sie nach unten in den Bereich *Apps*.
2. Tippen Sie oben auf das Zahnradsymbol und auf der nächsten Seite auf *Standard-Apps*.
3. Tippen Sie auf *Browser-App*, um den neuen Standardbrowser auszuwählen.
4. Geben Sie jetzt wieder auf dem Startbildschirm einen Suchbegriff ein und tippen Sie auf ein Suchergebnis. Jetzt erscheint das Suchergebnis im neu gewählten Standardbrowser.

Firefox Aurora

Für ganz Neugierige – oder Mutige – veröffentlichen die Mozilla-Entwickler immer schon die übernächste Firefox-Version, die noch nicht einmal Betastatus erreicht hat, unter dem Namen Aurora.

Aurora wird nicht über den Google Play Store angeboten. Neue Versionen werden sehr häufig veröffentlicht, deshalb führt der abgebildete QR-Code nicht direkt zum Download, sondern auf die Downloadseite, von der man jederzeit die aktuellste Aurora-Version herunterladen kann.

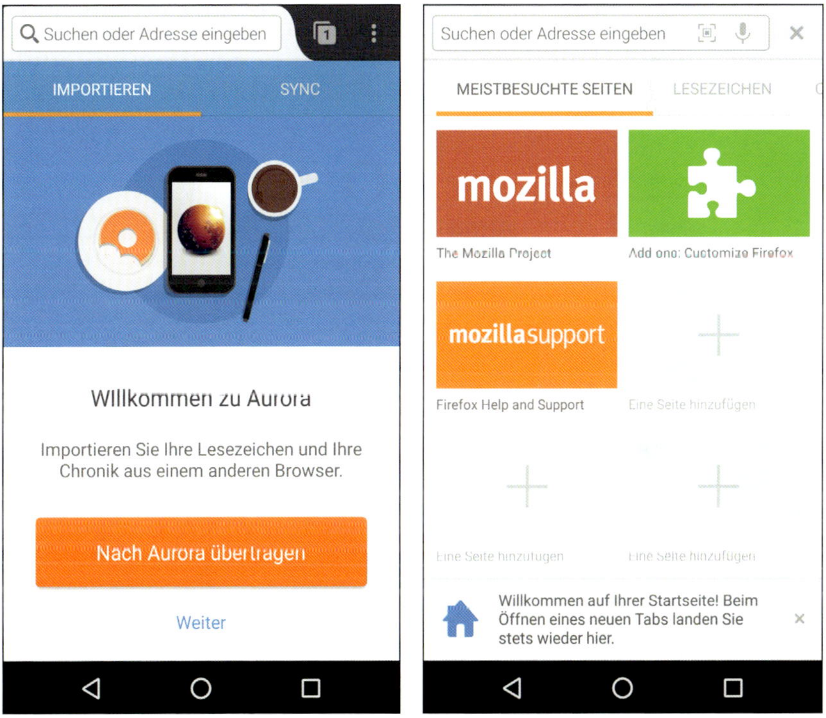

Firefox Aurora – experimentelle Browserversion für Entwickler.

Die Entwickler von Mozilla erbitten Telemetriedaten und Crash-Reports des Browsers, um Fehler frühzeitig zu finden. Da Mozilla ein nicht kommerzielles Projekt ist, gibt es hier auch keine bezahlten Betatester. Wer diese frühe Version des neuen Browsers nutzt, sollte so fair sein, diese Einstellungen zur Datenübertragung nicht abzuschalten. Nutzer mit paranoiden Sorgen um ihre Privatsphäre sollten lieber den fertigen Firefox verwenden.

Opera Browser

Eine weitere interessante Alternative zum Android-Standardbrowser ist die mobile Version des unter Insidern auch auf dem PC bekannten Opera-Browsers.

Opera bietet einen Vollbildmodus und eine komfortable Navigation. Verlinkte Webseiten können in neuen Bildschirmfenstern geöffnet und auf einfache Weise als Lesezeichen gespeichert werden. Ähnlich wie auf dem PC ist ein automatisches Ausfüllen von Formularen und das Vervollständigen von Internetadressen möglich. Eine lokale Startseite vereinfacht die Navigation und zeigt die am häufigsten angewählten Internetseiten an.

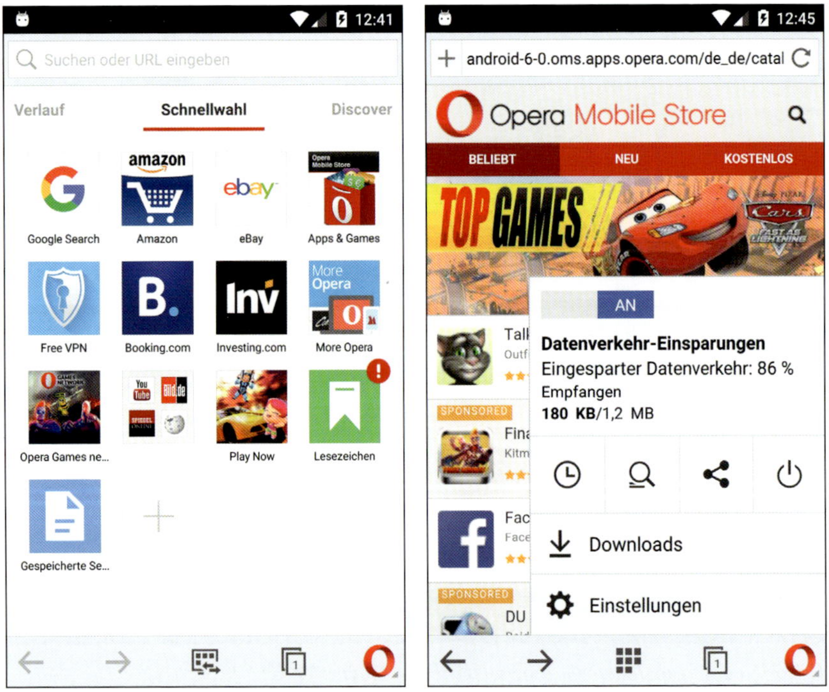

Startseite und Offroad-Modus in Opera.

Der Offroad-Modus in Opera verwendet eine serverseitige Komprimierung aller aufgerufenen Webseiten. Je nach Aufbau der Seite lässt sich das zu übertragende Datenvolumen um bis zu 90 % eindampfen, was der Geschwindigkeit des Seitenaufbaus zugute kommt und auch Datenvolumen spart. Selbst bei schlechter Mobilfunkabdeckung lassen sich so viele Webseiten noch aufrufen.

Opera Store

Opera beinhaltet einen eigenen Mobile Store, aus dem man Apps für Android-Smartphones herunterladen kann.

Webseiten, die keine Rücksicht auf die Bildschirmauflösung des Besuchers nehmen, sind auf Smartphones normalerweise schwer lesbar. Opera kann auf Webseiten, die keine Smartphone-optimierte Darstellung kennen, den Textumbruch neu berechnen, sodass der Text größer dargestellt wird, ohne dass das gesamte Seitenlayout darunter leidet.

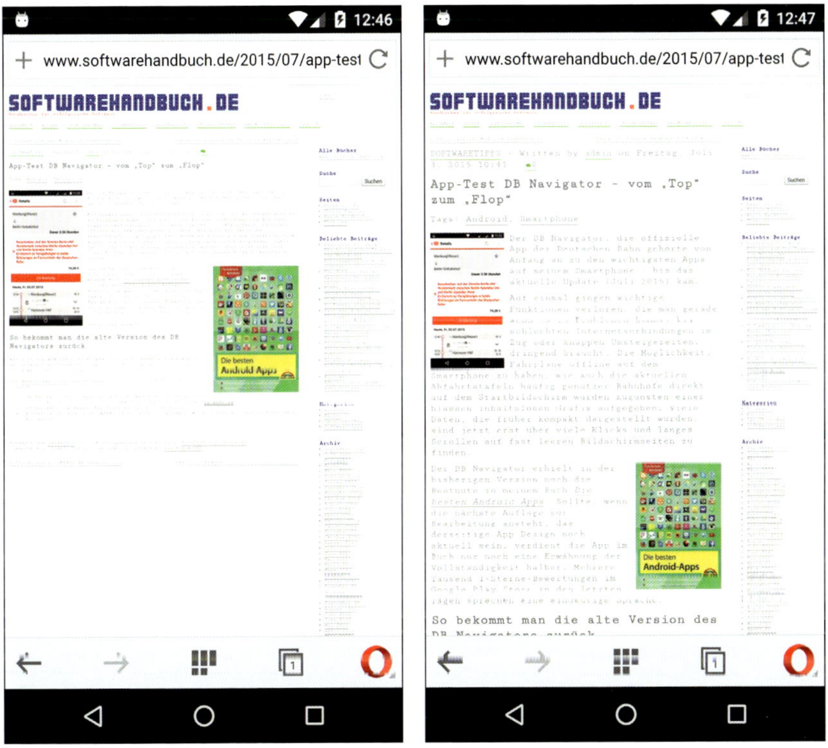

Opera mit Anzeige einer »normalen«, nicht für das Handy optimierten Webseite und mit der gleichen Seite in Smartphone-optimierter Version mit neuem Textumbruch.

TIPP: Opera bietet allen Anwendern eine Online-Lesezeichenverwaltung an. Dazu ist nur ein kostenloses Benutzerkonto erforderlich, das man auch direkt auf dem Smartphone anlegen kann. Die Lesezeichen aus Opera für Android lassen sich automatisch online speichern und mit anderen Geräten sowie dem Opera-Browser auf dem PC synchronisieren. Die Webseite link.opera.com stellt alle eigenen Lesezeichen in jedem beliebigen Browser zur Verfügung.

Dolphin Browser

Der Dolphin Browser zeigt Webseiten auf dem Smartphone so an, wie sie auch auf dem PC zu sehen wären. Komfortable Zoomfunktionen ermöglichen trotzdem eine einfache Navigation. Auf Wunsch kann bei jeder Webseite auf die mobil optimierte Darstellung umgeschaltet werden – vorausgesetzt, die jeweilige Seite bietet diese Variante an.

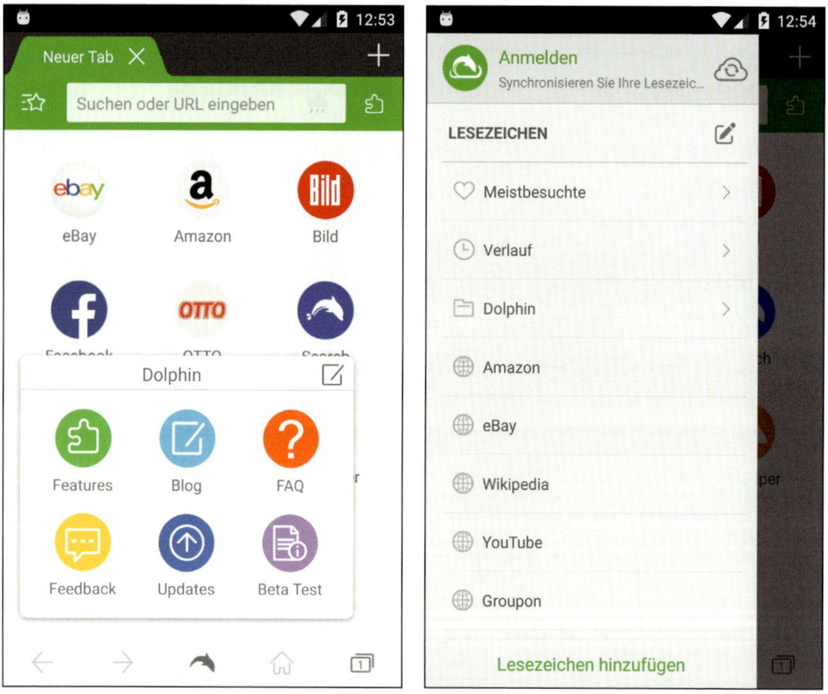

Dolphin Browser mit Lesezeichen und Verlaufsanzeige.

Die Adresszeile unterstützt die Autovervollständigen-Funktion, wie man es von Desktop-Browsern kennt. Auch die Darstellung mehrerer Webseiten in Tabs sowie der private Modus, eine eigene Browserkonfiguration, die keine persönlichen Surfspuren auf dem Gerät hinterlässt, wurden den aktuellen Versionen von PC-Browsern nachempfunden.

Schieben Sie den Bildschirminhalt nach rechts, erscheinen links die Verlaufsanzeige und die Lesezeichen, schieben Sie den Bildschirminhalt nach links, taucht rechts die Systemsteuerung mit wichtigen Schnelleinstellungen auf.

TIPP: Eine ebenso nützliche wie simple Funktion ist das Scrollen mit den Lautstärketasten. Diese werden im Browser so gut wie nie gebraucht, liegen aber bei den meisten Smartphones so praktisch in den Fingern, dass man mit der Hand, ohne den Touchscreen zu brauchen, durch eine Seite blättern kann. Sie finden diese Einstellung unter *Erweitert/Mehr/Aktion der Lautstärketaste*. Außer zum Scrollen kann der Lautstärkeregler auch zum Blättern zwischen den Tabs genutzt werden. Tippen Sie unten in der Mitte auf das Dolphin-Symbol und dann auf das Zahnrad, um den Dialog für die Einstellungen zu öffnen.

Gestensteuerung im Dolphin Browser

Der Dolphin Browser unterstützt Fingergesten. Auf diese Weise lassen sich wichtige Browserfunktionen mit einem Fingerstrich steuern, ohne dass man Buttons und Menüs braucht. Gesten für wichtige Funktionen sind bereits vorinstalliert, weitere kann man sich beispielsweise zum Aufruf wichtiger Webseiten selbst ausdenken. Ziehen Sie das Dolphin-Symbol von unten in Richtung Bildschirmmitte. Der Bildschirm wird heller.

Malen Sie dann mit dem Finger die jeweilige Geste auf den Bildschirm. Tippen Sie in diesem Modus oben rechts auf das Sonnensymbol, zeigt der Dolphin Browser eine Liste aller verfügbaren Gesten und deren Bedeutungen.

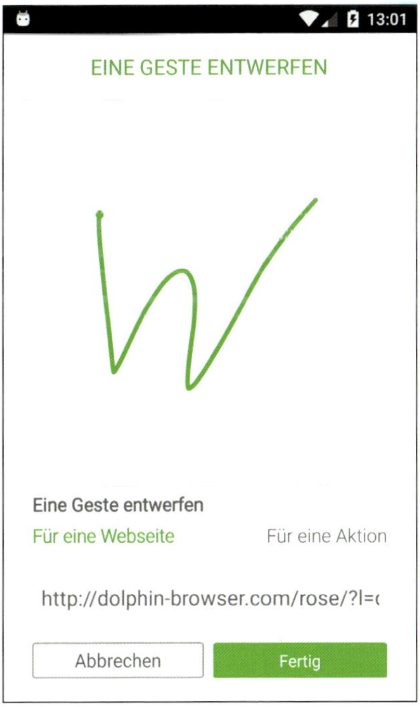

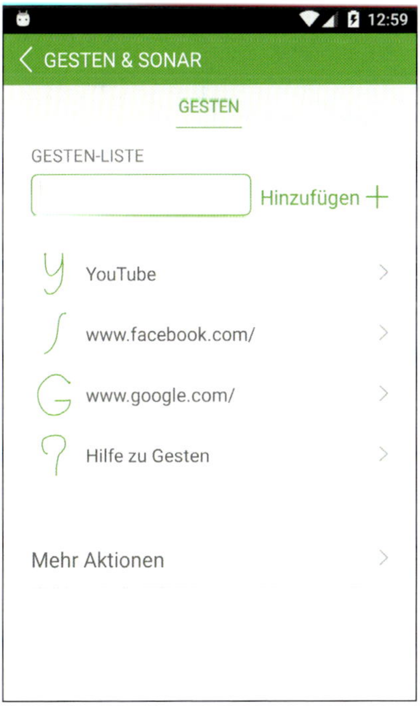

Gesten im Dolphin Browser entwerfen und verwalten.

Wikipedia

Wikipedia ist das beliebteste aller Onlinelexika und wird ständig aktualisiert und erweitert. Wikipedia ist nicht nur auf dem PC interessant, sondern oft auch unterwegs, wenn man schnell etwas wissen möchte. Ein Android-Smartphone eignet sich dabei hervorragend als mobiles Lexikon.

Wikipedia bietet seine Inhalte für verschiedenste Geräte an. Neben der normalen Version zur Darstellung im Webbrowser auf dem PC gibt es auch Versionen, die speziell für die Darstellung auf mobilen Geräten optimiert sind.

de.wikipedia.org

Besucht man die deutsche Webseite der Wikipedia de.wikipedia.org mit dem Chrome-Browser auf dem Smartphone, wird automatisch auf die mobile Variante de.m.wikipedia.org umgeschaltet.

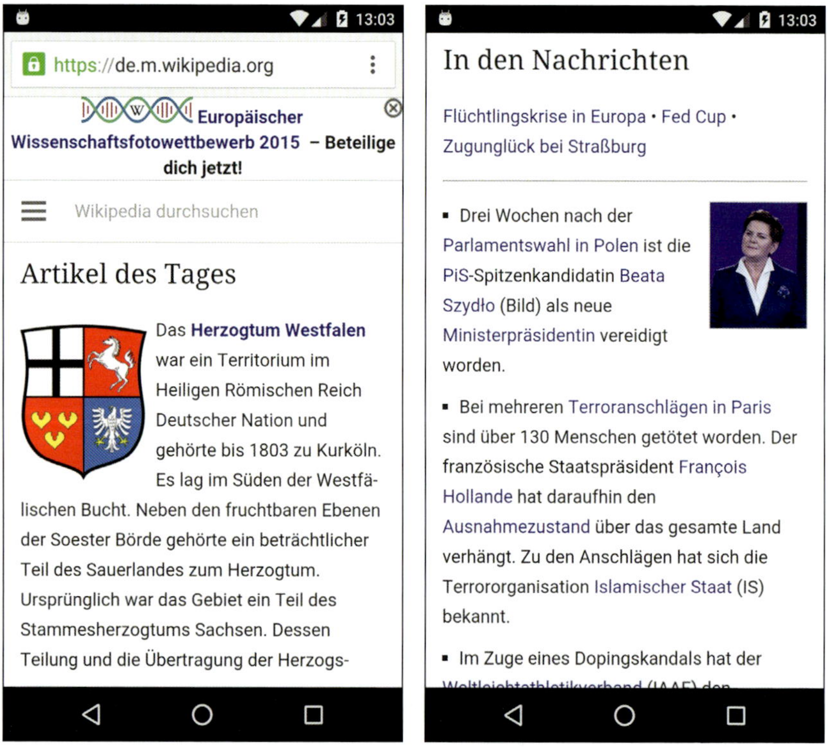

Mobile Wikipedia im Chrome-Browser mit Artikel des Tages und aktuellen Nachrichten.

Die für Mobilgeräte optimierte Version der Wikipedia hat auf Smartphones deutliche Vorteile. Schriftgröße und Zeilenbreite werden automatisch angepasst. Bilder werden dargestellt, ohne sie als Benutzer verkleinern zu müssen.

Um den Seitenaufbau zu beschleunigen, werden die Unterkapitel zunächst nur als Überschrift angezeigt, tippt man darauf, lädt das Unterkapitel nach.

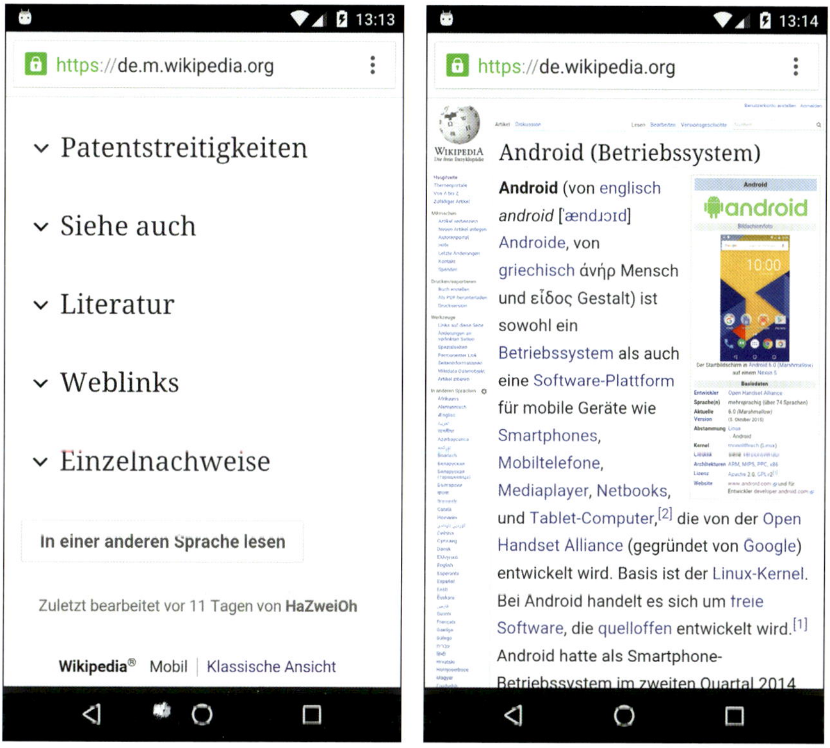

Die mobile Wikipedia-Darstellung mit Unterkapiteln – und das Umschalten auf die klassische Ansicht.

Sollte ein Artikel in der mobilen Version nicht vollständig dargestellt werden, finden Sie ganz unten auf jeder Wikipedia-Seite einen Link zum Umschalten auf die klassische Ansicht, ohne den Browser selbst umschalten zu müssen.

Auf die gleiche Weise kommen Sie von der klassischen Ansicht auch wieder zurück zur mobilen Ansicht.

Wikipedia-Lesezeichen

Auf vielen Smartphones sind im Browser bereits Lesezeichen für Wikipedia vorinstalliert, allerdings häufig für die englische Version. Dies ist nicht technisch begründet, es liegt nur an der Unwissenheit der Gerätehersteller. Nur wenige davon scheinen die deutsche Wikipedia zu kennen. Diese bietet genau die gleichen technischen Funktionen wie die englische, aber deutschsprachige Texte.

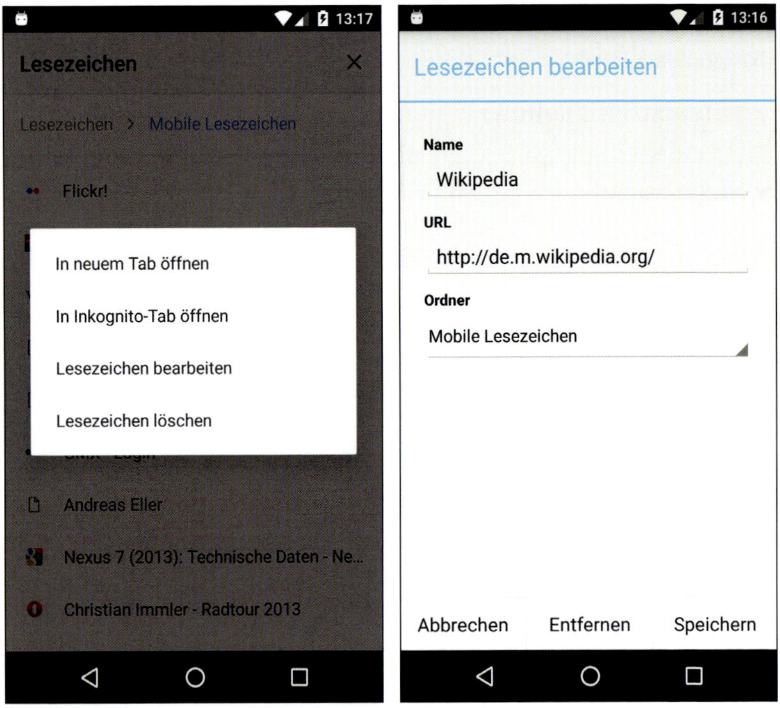

Wikipedia-Lesezeichen im Browser auf Deutsch umstellen.

Tippen Sie im Chrome-Browser länger auf das Wikipedia-Lesezeichen, bis das Menü erscheint, und wählen Sie dort *Lesezeichen bearbeiten*. Ersetzen Sie den Eintrag www.wikipedia.org durch de.m.wikipedia.org.

Die offizielle Wikipedia-App

Die offizielle App der Wikipedia bietet mehr als nur eine schnellere Suche und Darstellung der Wikipedia-Artikel auf dem Smartphone. In der App lassen sich Seiten zum Offlinelesen speichern. Außerdem gibt es eine Verlaufsanzeige der zuletzt gelesenen Wikipedia-Artikel. Die Wikipedia-App lässt sich auf alle von Wikipedia unterstützten Sprachen umschalten.

Die aktuelle Version der neuen Wikipedia-App liefert ähnlich wie die Wikipedia-Webseite bereits beim Suchen Vorschläge passender Wikipedia-Artikel. Eine Wischgeste vom rechten Bildschirmrand blendet ein Inhaltsverzeichnis für den aktuell angezeigten Artikel ein. Die App bietet für Wikipedia-Autoren die Möglichkeit, sich anzumelden und direkt vom Smartphone aus Wikipedia-Artikel zu bearbeiten.

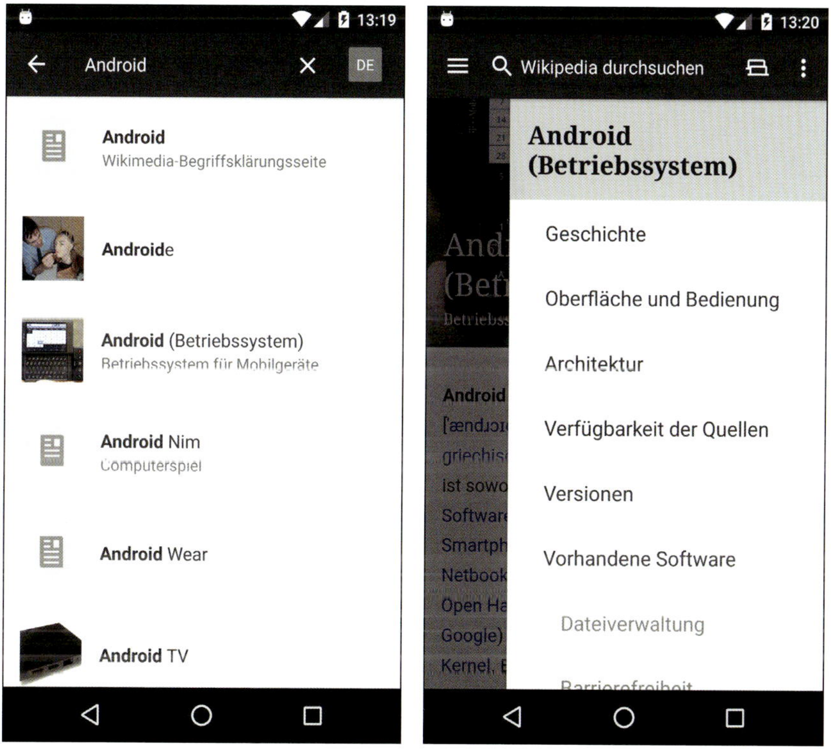

Die offizielle Wikipedia-App.

INFO: Bevor Wikipedia die eigene offizielle App veröffentlichte, gab es schon diverse andere Wikipedia-Apps, die aber häufig Werbung enthalten und einen geringeren Funktionsumfang bieten. Einige von diesen sind immer noch im Google Play Store zu finden. Achten Sie daher darauf, die offizielle Wikipedia-App zu installieren.

QRpedia

QRpedia (qrpedia.org) ist ein Projekt der Wikipedia, das es Anwendern ermöglicht, auf einfache Weise QR-Codes zu Wikipedia-Artikeln zu erzeugen. Diese QR-Codes können ausgedruckt und an Sehenswürdigkeiten oder Ausstellungsexponaten angebracht werden. Besucher kommen so auf einfache Weise zu dem zum jeweiligen Objekt passenden Wikipedia-Artikel.

Die QR-Codes aus QRpedia verweisen nicht direkt auf einen einzelnen Wikipedia-Artikel, sondern zunächst auf eine Seite bei qrwp.org. Dieser Server wertet die Spracheinstellung des jeweiligen Smartphones aus und liefert dann einen Wikipedia-Artikel in der vom Benutzer verwendeten Sprache zurück. Auf diese Weise ist auch bei Objekten von internationalem Interesse nur ein einziger QR-Code nötig. Jeder Besucher bekommt den passenden Wikipedia-Artikel in seiner auf dem Smartphone verwendeten Sprache angezeigt.

Die Webseite von QRpedia mit einem QR-Code zum Wikipedia-Artikel über das Projekt.

Um selbst solche QR-Codes zu erzeugen, kopieren Sie einfach die Adresse eines Wikipedia-Artikels in das Eingabefeld bei qrpedia.org. Sofort wird der passende QR-Code angezeigt.

Kapitel 5

Kommunikation mit dem Smartphone

Die ursprüngliche Aufgabe eines Handys war schon immer die Kommunikation. Neben Telefonieren und SMS sind auf Smartphones diverse moderne Kommunikationsformen hinzugekommen. So ist es heute selbstverständlich, dass man seine E-Mails auf dem Smartphone liest und beantwortet und auch Kontakte in sozialen Netzwerken von unterwegs pflegt.

Google Mail – Gmail

Android und Google sind zwei enge Verwandte, daher wundert es nicht, dass Google-Mail-Konten auf Android-Smartphones besonders gut unterstützt werden. Auf den Geräten ist (fast) immer eine eigene App für Googles Mailservice Gmail vorinstalliert, die ständig mit dem Google-Konto synchronisiert wird, sodass man über neue E-Mails automatisch in Echtzeit benachrichtigt wird.

INFO: Google Mail tritt in den meisten Ländern inzwischen unter dem Markennamen Gmail auf. In Deutschland und Großbritannien durfte dieser Name wegen eines Rechtsstreits mit dem Betreiber eines privaten Postdienstes lange Zeit nicht verwendet werden. Google verwendet mittlerweile einheitlich mail.google.com. Die E-Mail-Adressen @googlemail.com und @gmail.com können gleichwertig verwendet werden. In Polen und China darf Google den Namen Gmail weiterhin nicht verwenden.

Die Gmail-App synchronisiert automatisch mit dem bei der Einrichtung des Smartphones festgelegten Google-Konto. Zusätzlich zu diesem können

Sie über den Menüpunkt *Einstellungen* der Gmail-App später noch weitere Google-Konten hinzufügen.

E-Mails lesen

Kommt eine neue E-Mail an, blinkt automatisch die LED des Smartphones und es ertönt ein Benachrichtigungston. In der Benachrichtigungsleiste erscheint das Gmail-Symbol.

Ziehen Sie die Benachrichtigungsleiste nach unten, werden Absender, Betreff, Zeit und die ersten Textzeilen der E-Mail angezeigt.

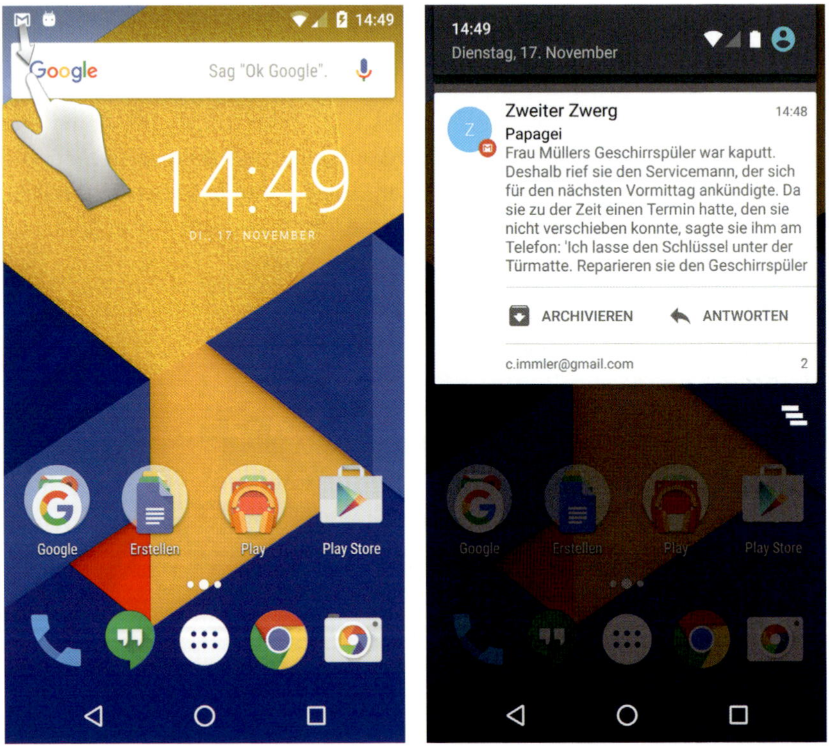

Benachrichtigung über neue E-Mail.

Tippen Sie auf diese Benachrichtigung, um die Gmail-App zu starten. Tippen Sie hier auf eine E-Mail, wird diese in voller Länge angezeigt. Mit dem Pfeilsymbol oben links kommen Sie aus der Ansicht einer E-Mail zurück in den Posteingang.

Ist vom Absender ein Kontaktfoto bei Google+ oder im eigenen Google-Konto hinterlegt, wird automatisch ein Bild des Absenders anstelle des Anfangsbuchstabens in der E-Mail angezeigt.

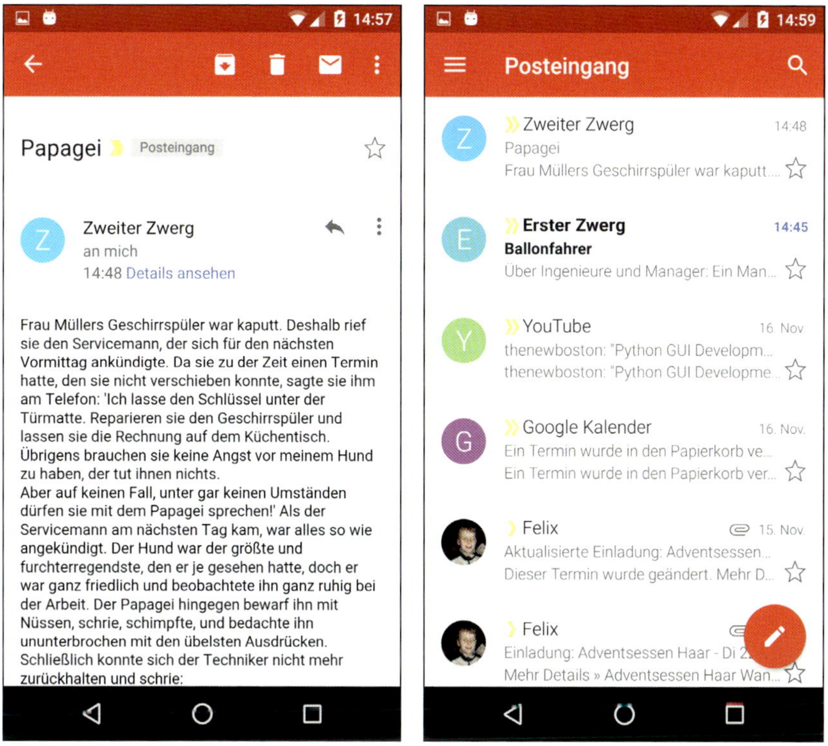

Neue E-Mails in Gmail.

E-Mails beantworten

Um eine E-Mail zu beantworten, tippen Sie auf das Symbol *Antworten* unterhalb der Mail oder auf das Pfeilsymbol oben rechts. Es öffnet sich ein Antwortformular. Der Cursor wird automatisch an der richtigen Stelle positioniert, sodass man direkt mit dem Schreiben der Antwort beginnen kann.

Mit dem Schalter *Text zitieren* legen Sie fest, ob die Originalmail als Zitat in die Antwort eingefügt werden soll. Mithilfe der Schaltfläche *Inline antworten* können Sie Ihre Antworten direkt an den passenden Stellen in der Originalmail einfügen.

Tippen Sie auf *Antworten*, können Sie zwischen der Antwort an den Absender, der Antwort an alle oder dem Weiterleiten wählen.

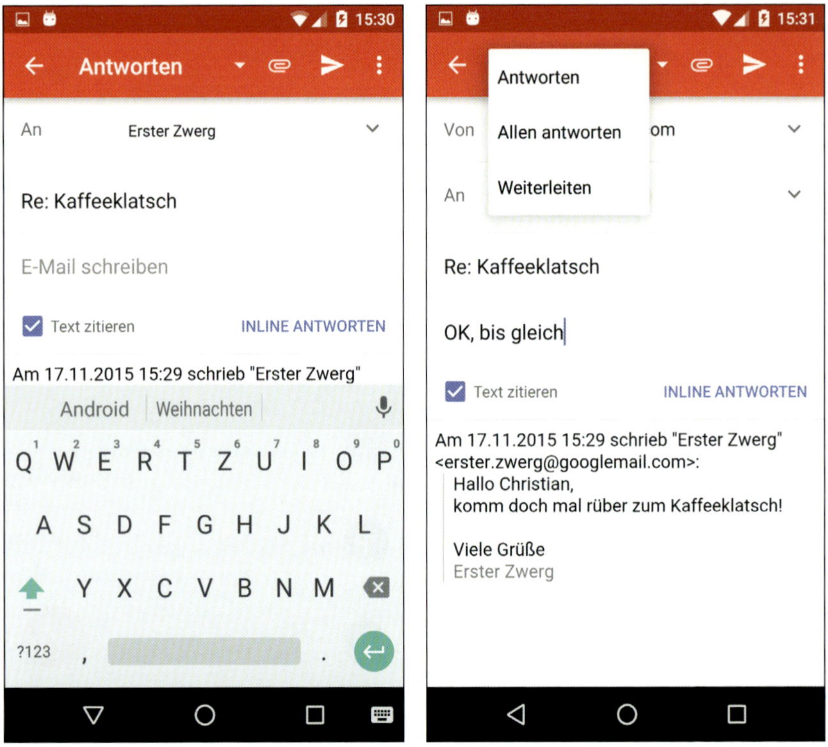

E-Mail in Gmail beantworten.

Haben Sie die Antwort geschrieben, tippen Sie oben rechts auf das Symbol mit dem Pfeil, um die E-Mail abzuschicken.

E-Mails schreiben

Eine neue Mail zu schreiben, funktioniert prinzipiell genauso, wie eine Mail zu beantworten. Tippen Sie dazu in der Gmail-App unten rechts auf das Stiftsymbol.

> **WICHTIG:** Tragen Sie in die Betreffzeile etwas Sinnvolles ein, damit der Empfänger sofort weiß, worum es in der Mail geht. Die Betreffzeile ist auch ein wichtiges Kriterium für Spamfiltersoftware. Schreiben Sie hier vollständige deutsche Wörter und nicht nur »Hey« oder Ähnliches, wenn Sie möchten, dass Ihre Mail auch ankommt.

Beim Eintippen des Empfängers werden automatisch Personen aus der Kontaktliste vorgeschlagen, die Sie durch einfaches Antippen auswählen können.

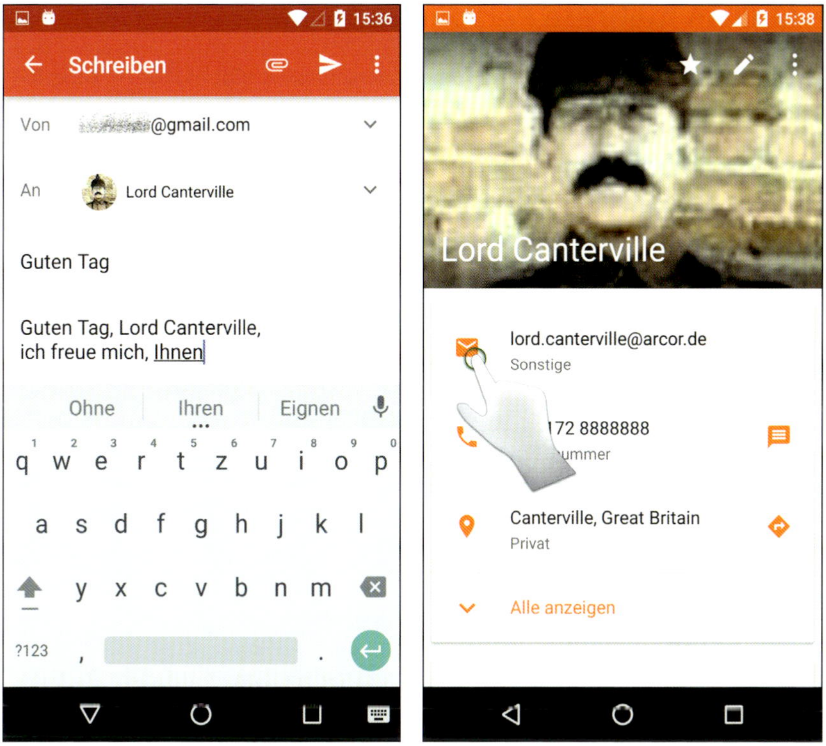

E-Mail aus Gmail oder aus der Kontaktliste schreiben.

Üblicherweise schreiben Sie eine E-Mail nicht einfach, um eine E-Mail zu schreiben, sondern um einer bestimmten Person etwas mitzuteilen. Da liegt es nahe, direkt aus der Kontakte-App zu starten.

1. Rufen Sie die App *Kontakte* auf und suchen Sie die betreffende Person.
2. Tippen Sie auf den gewünschten Personeneintrag, erscheinen die Kontaktdetails. Wählen Sie hier die E-Mail-Adresse aus.
3. Sind mehrere E-Mail-Apps installiert, wählen Sie Gmail oder eine andere E-Mail-App. Möchten Sie immer Gmail nutzen, tippen Sie anschließend auf *Immer*, und Gmail wird als Standard zum Schreiben von E-Mails festgelegt.
4. Danach oder auch, wenn nur Gmail installiert ist, öffnet sich automatisch die Gmail-App, und der Cursor springt gleich in die Betreffzeile. Der E-Mail-Empfänger ist automatisch eingetragen, als Absender wird das E-Mail-Konto gewählt, aus dessen Adressbuch der Kontakteintrag stammt.

E-Mail an mehrere Personen schreiben

Wenn Sie E-Mails an mehrere Empfänger verschicken, gibt es diverse Möglichkeiten, die Adressen anzugeben:

Adressierung	Beschreibung
An:	Diese Empfänger werden direkt adressiert, sie stehen in der Zeile *An:* im Mailtext, die Adressen sind für alle Empfänger zu lesen.
Cc:	**C**arbon **C**opy: Die in dieser Zeile aufgeführten Empfänger erhalten einen »Durchschlag« der E-Mail zur Kenntnisnahme. In diesem Fall sind die Empfänger der Carbon Copy für alle anderen Empfänger der Mail zu erkennen.
Bcc:	**B**lind **C**arbon **C**opy: Eine Blindkopie verhindert, dass die Empfänger dieser Kopie beim Originalempfänger oder auch bei den Empfängern regulärer Carbon Copys erkannt werden können.

Wenn Sie eine E-Mail in Gmail schreiben, ist standardmäßig nur das Feld *An:* zu sehen. Die Felder für *Cc:* und *Bcc:* können Sie hinzufügen, indem Sie auf den kleinen Pfeil rechts im Feld *An:* tippen.

Nicht jede E-Mail muss aufs Handy

Wenn Sie viele E-Mails bekommen, richten Sie bei Gmail auf dem PC Filterregeln ein, die den E-Mails Labels zuweisen.

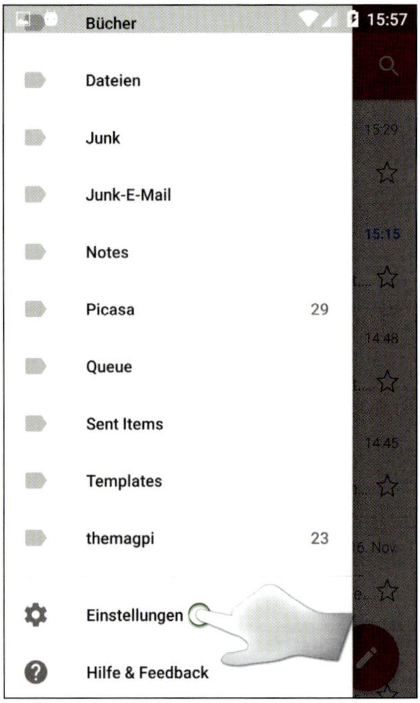

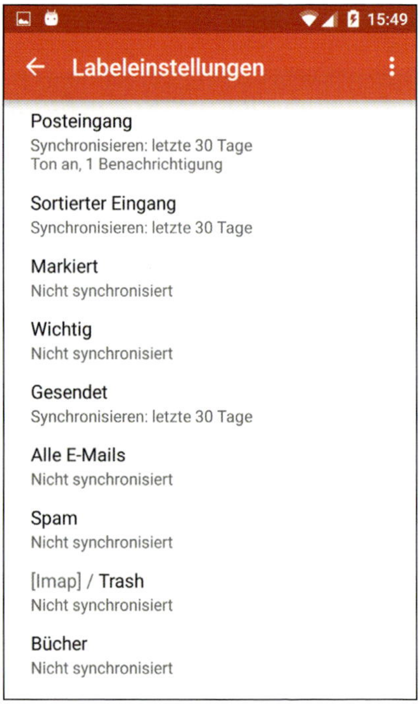

Labels zur Synchronisation auswählen.

Jetzt können Sie in den Einstellungen der Gmail-App festlegen, welche Labels die App synchronisieren soll, also welche E-Mails auf das Smartphone zugestellt werden sollen und welche nicht. Bei jedem Label legen Sie in den Einstellungen der Gmail-App fest, ob alle E-Mails, nur die der letzten 30 Tage oder gar keine synchronisiert werden sollen.

Die Einstellungen erreichen Sie über das Symbol oben links in der Ecke oder mit einer Wischgeste vom linken Bildschirmrand. Wählen Sie in den Einstellungen das Google-Konto und anschließend *Labels verwalten*. Bei synchronisierten Labels können Sie auch die Art der Benachrichtigung sowie den Klingelton für neue E-Mails festlegen.

Fotos per E-Mail senden

Ähnlich wie vom PC lassen sich auch vom Android-Smartphone Dateien per E-Mail verschicken. Schreiben Sie dazu zunächst wie gewohnt in der Gmail-App die Mail und tippen Sie dann auf das Symbol mit der Büroklammer. Wählen Sie hier *Datei anhängen*.

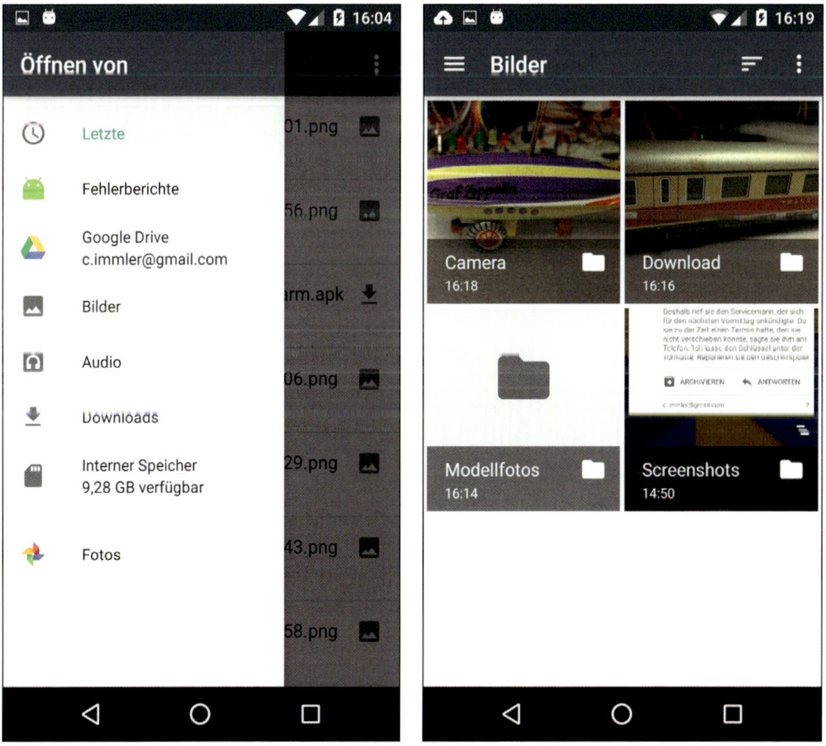

Datei als Anhang auf dem Smartphone oder aus Google Drive auswählen.

Dann können Sie ein auf dem Smartphone gespeichertes Foto auswählen. Um ein auf dem Smartphone oder der Speicherkarte gesichertes Foto an die E-Mail anzuhängen, tippen Sie auf *Bilder*. Hier finden Sie alle Ihre Fotos. Installierte Dateimanager und verschiedene andere Apps klinken sich hier ebenfalls mit ein. Auch darüber können Sie E-Mail-Anhänge auswählen.

Hier haben Sie auch die Möglichkeit, Dateien aus dem Cloud-Speicher Google Drive direkt als E-Mail-Anhang auszuwählen, ohne die Datei erst auf das Smartphone herunterladen zu müssen.

Anstatt die Gmail-App zu starten und dann das Bild zu wählen, können Sie auch direkt aus der Fotos-App ein Bild verschicken. Tippen Sie in der Bildanzeige unten auf das Symbol *Teilen* und wählen Sie dann die Gmail-App aus.

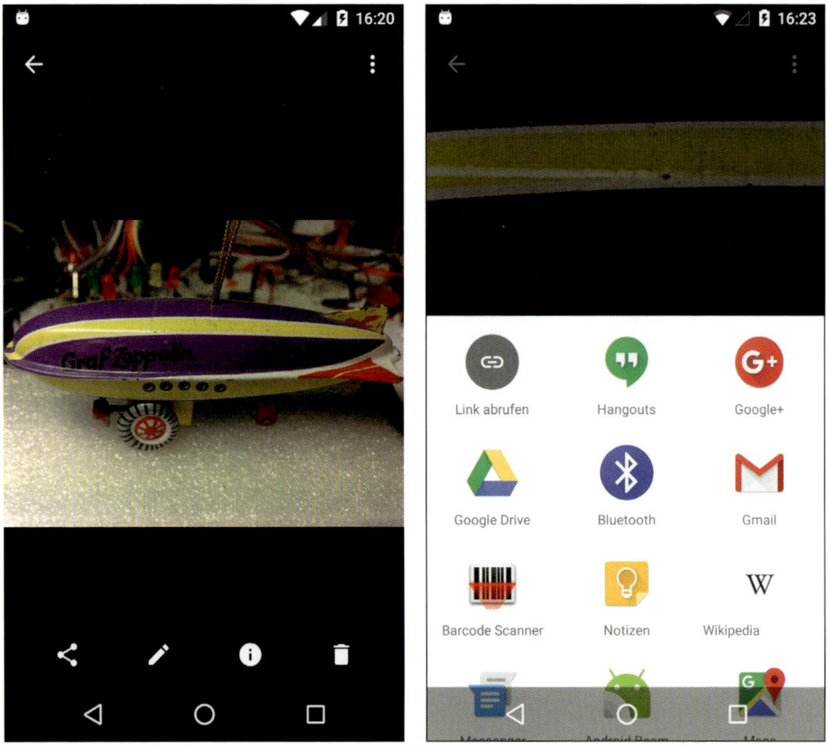

Foto aus der Fotos-App versenden.

Automatisch öffnet sich eine neue E-Mail, in der Sie jetzt noch den Empfänger, Betreff und einen Text einfügen müssen. Das Foto ist bereits angehängt.

Andere E-Mail-Konten einrichten und nutzen

Die Gmail-App in Android 6 Marshmallow unterstützt neben Gmail auch E-Mail-Konten anderer Anbieter, sodass nicht mehr wie früher mehrere E-Mail-Apps nötig sind.

Bei den meisten E-Mail-Anbietern können Sie mit E-Mail-Adresse und Passwort das Mailkonto auf dem Smartphone automatisch einrichten, da die Serverdaten in der App bekannt sind. Bei E-Mails auf eigenen privaten Domains ist die automatische Einrichtung in den meisten Fällen nicht möglich.

1. Wählen Sie in den Einstellungen der Gmail-App *Konto hinzufügen* und dann *Persönlich (IMAP/POP)*.
2. Jetzt erscheint automatisch der Einrichtungsassistent. Geben Sie hier Ihre Mailadresse und auf der nächsten Seite das Passwort an.

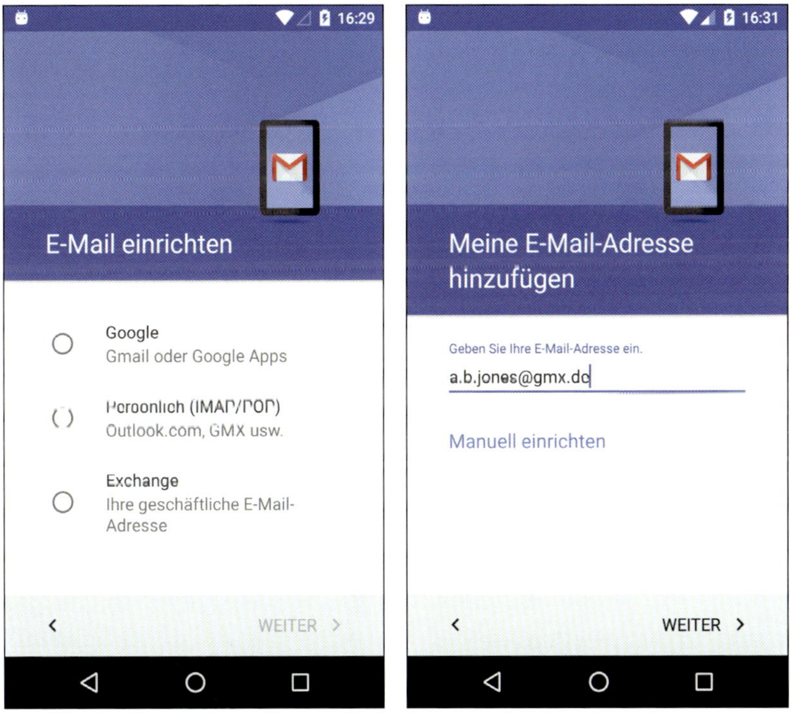

E-Mail-Konto bei einem anderen Anbieter in der Gmail-App eintragen.

3. Wenn Sie auf *Weiter* klicken, richtet die App das E-Mail-Konto automatisch ein, wenn die Serverdaten des E-Mail-Anbieters bekannt sind.

4. Wählen Sie jetzt noch, wie oft die App auf dem Mailserver nach neuen Nachrichten sehen soll. Hier können Sie auch festlegen, ob beim Eingang neuer E-Mails eine Benachrichtigung erscheinen soll. In den Kontoeinstellungen können Sie später auch noch einen Klingelton für diese Benachrichtigungen auswählen.

5. Im letzten Schritt geben Sie dem neu eingerichteten E-Mail-Konto noch einen eindeutigen Namen. Wird kein Name vergeben, bekommt das Konto in der Liste die E-Mail-Adresse als Namen.

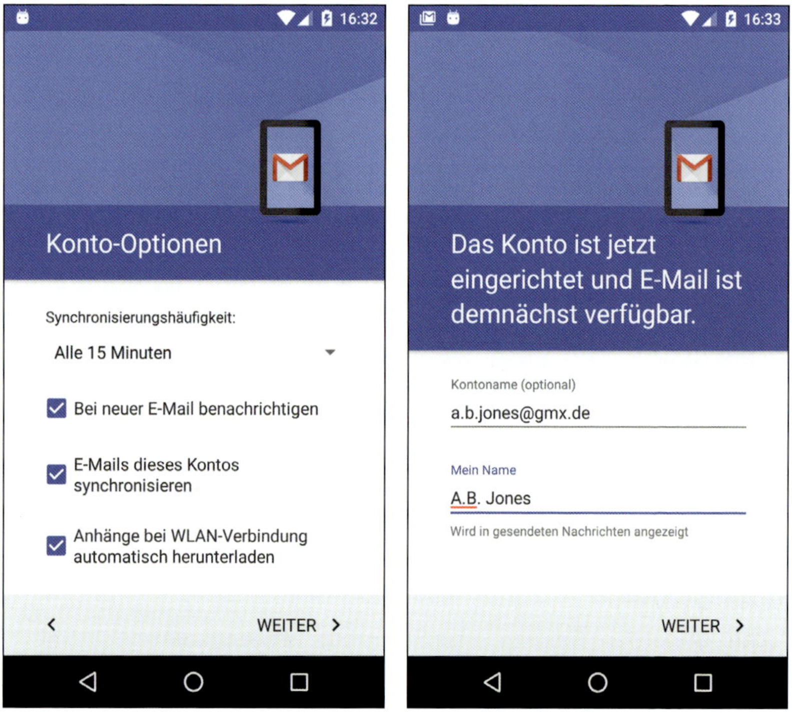

Automatische Einrichtung des E-Mail-Kontos abschließen.

6. Mit *Weiter* ist das Mailkonto eingerichtet. Jetzt wird eine Verbindung zum Server hergestellt und die E-Mails werden abgerufen.

Tipps zur Gmail-App

Die Gmail-App bietet neben der Unterstützung für Mailkonten anderer Anbieter auch noch ein paar nette Kleinigkeiten, die den Umgang mit E-Mails vereinfachen.

Eine Wischbewegung vom linken Bildschirmrand blendet ein Seitenmenü ein, in dem Sie über die runden Symbole oben schnell zwischen den eingerichteten Mailkonten wechseln können. Kleine Zahlen zeigen, wie viele ungelesene E-Mails in den Mailkonten liegen.

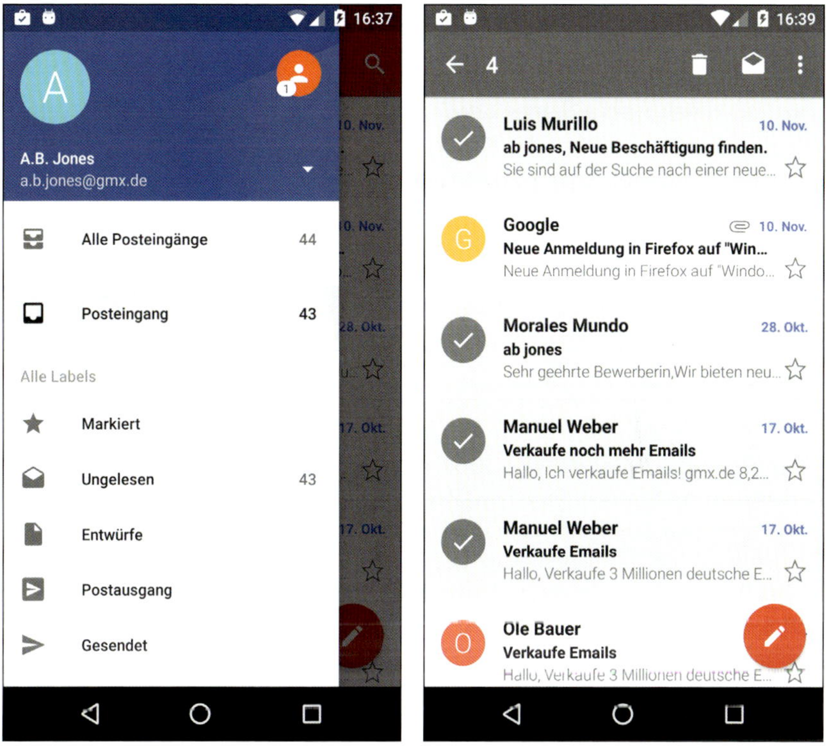

Seitenmenü und Auswahl mehrerer E-Mails.

Mehrere E-Mails auf einmal zu löschen oder als gelesen zu markieren, ist einfacher geworden. Tippen Sie auf die runden Absendersymbole in der Liste der Mails, um diese zu markieren. Anschließend können Sie die markierten E-Mails mit den Symbolen oben rechts alle auf einmal löschen, als gelesen bzw. ungelesen markieren oder über das Menü mit Sternchen als wichtig markieren.

Haben Sie mehrere E-Mails gelöscht, erscheint kurze Zeit danach eine Leiste am unteren Bildschirmrand, in der sich versehentliches Löschen noch schnell rückgängig machen lässt.

Warten Sie auf eine E-Mail und wollen nicht abwarten, bis die App automatisch synchronisiert, wischen Sie einfach auf dem Bildschirm von oben nach unten. Damit wird eine manuelle Synchronisation mit dem Mailserver durchgeführt.

E-Mail-Konto manuell einrichten

Nicht alle E-Mail-Konten können automatisch konfiguriert werden, da die Serverdaten nicht immer bekannt sind. Besonders bei E-Mail-Adressen auf eigenen Domains müssen Sie das Mailkonto manuell einrichten.

Dazu brauchen Sie die Namen der Posteingangs- und Postausgangsserver sowie den Benutzernamen, das Passwort und teilweise auch Informationen zu Ports und Authentifizierungsverfahren.

1. Bei einigen kostenlosen Mailanbietern muss der POP-/SMTP-Zugang zunächst über die Weboberfläche freigeschaltet werden. Bei manchen Anbietern funktioniert der E-Mail-Versand per SMTP nur, wenn Sie auch über diese Anbieter im Internet sind.

Das gleiche E-Mail-Konto auf Smartphone und PC nutzen

Wenn Sie eine E-Mail-Adresse auf PC und Smartphone nutzen, verwenden Sie diese am besten über einen IMAP-Server. Dann haben Sie alle Änderungen immer gleich auf beiden Geräten. Gesendete E-Mails, Vorlagen und Entwürfe sollten in den jeweiligen IMAP-Ordnern gespeichert werden, dann stehen sie ebenfalls auf beiden Geräten zur Verfügung. Die meisten großen E-Mail-Anbieter unterstützen mittlerweile sowohl POP3 als auch IMAP.

Sollte Ihr Mailserver kein IMAP unterstützen, haben Sie alle Mails beim automatischen Abruf vom POP3-Server sowohl auf dem PC als auch auf dem Smartphone. Hier sollten Sie sich gut überlegen, wo Sie E-Mails archivieren und wo Sie sie nur lesen wollen. In den meisten Fällen bewährt es sich, auf dem PC alle Mails aufzubewahren. Stellen Sie also dort das POP3-Konto so ein, dass Mails nach dem Löschen auch auf dem Server gelöscht werden. Diese Einstellung sollten Sie auf dem Smartphone nicht vornehmen. So können Sie dort durch das Löschen gelesener E-Mails den Überblick behalten und haben auf dem PC trotzdem alle Mails. Nach dem Herunterladen auf den PC sollten die E-Mails aber weiterhin auf dem Server belassen werden, damit Sie sie auf dem Smartphone auch zur Verfügung haben.

Nutzen Sie auf dem PC in Thunderbird oder Outlook ein E-Mail-Konto per POP3, können Sie dieses nicht einfach auf IMAP umstellen. Das POP3-Konto muss im E-Mail-Programm zunächst entfernt und dann als IMAP-Konto neu installiert werden. E-Mails, die sich noch auf dem Server befinden, bleiben dabei erhalten und stehen später wieder zur Verfügung. Lokal auf dem PC abgelegte E-Mails müssen Sie vorher sichern.

2. Um ein Mailkonto manuell einzurichten, geben Sie zunächst auch E-Mail-Adresse und Passwort ein, tippen dann aber nicht auf *Weiter*, sondern auf *Manuell einrichten*. Danach müssen Sie zwischen IMAP oder POP3 wählen.

3. Auf dem nächsten Bildschirm geben Sie das Passwort an, und danach tragen Sie die Serverdaten, Ports und den Benutzernamen ein. Hier können Sie auch noch das Authentifizierungsverfahren einstellen. Die Gmail-App liefert automatisch Vorschläge, damit Sie nicht alle Daten manuell eintragen müssen.

4. Das Gleiche machen Sie dann noch für den Postausgangsserver. Danach erfolgt ein automatischer Verbindungstest mit dem Mailserver.

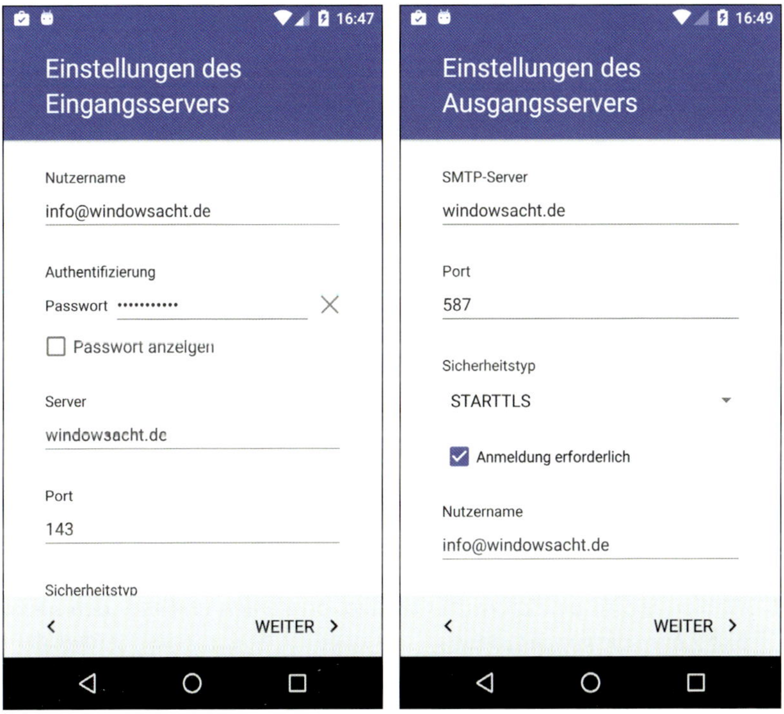

Einstellungen für Eingangs- und Ausgangsserver manuell eintragen.

5. Danach müssen Sie noch wie bei der automatischen Einrichtung das Intervall für die Synchronisierung sowie den Anzeigenamen festlegen. Anschließend werden die E-Mails heruntergeladen und können gelesen sowie beantwortet werden.

Serverdaten bekannter E-Mail-Anbieter

Jeder E-Mail-Anbieter gibt seinen Mailservern eigene Namen, auch die Schemata, nach denen sich die Benutzernamen zusammensetzen, sind überall unterschiedlich. In den Einstellungen für ausgehende E-Mails müssen Sie bei allen großen Anbietern die Option *Anmeldung erforderlich* aktivieren. Nutzername und Passwort sind die gleichen wie bei den Einstellungen für eingehende Verbindungen. Als Sicherheitstyp müssen Sie inzwischen bei den meisten Anbietern SSL angeben.

Server- und Benutzernamen bekannter Anbieter			
Anbieter	**Posteingang**	**Postausgang**	**Benutzername**
GMX	pop.gmx.net	mail.gmx.net	E-Mail-Adresse
WEB.DE	pop3.web.de	smtp.web.de	Name vor dem @-Zeichen
freenet	mx.freenet.de	mx.freenet.de	E-Mail-Adresse
Arcor	pop3.arcor.de	mail.arcor.de	E-Mail-Adresse
T-Online	popmail.t-online.de	securesmtp.t-online.de	Name vor dem @-Zeichen

Eine wesentlich umfangreichere und regelmäßig aktualisierte Liste mit Namen von POP3-/SMTP-Mailservern finden Sie unter windowsacht.de/e-mail-servernamen.

E-Mail-Konto löschen

Um ein E-Mail-Konto vom Smartphone zu löschen, rufen Sie die *Einstellungen* auf. Dabei wird das Konto nur auf dem Smartphone entfernt, als E-Mail-Konto auf dem Server bleibt es erhalten und kann weiter von anderen Geräten genutzt werden.

1. Wählen Sie im Bereich *Nutzer* die Option *Konten* und auf dem nächsten Bildschirm die Gmail-App.
2. Auf dem nächsten Bildschirm werden alle zusätzlich eingerichteten E-Mail-Konten aufgelistet. Das Haupt-Google-Konto auf dem Smartphone kann auf diesem Weg nicht entfernt werden.
3. Tippen Sie auf das zu entfernende Konto und auf dem nächsten Bildschirm auf das Menüsymbol oben rechts. Wählen Sie hier *Konto entfernen*.
4. Nach einer Sicherheitsabfrage wird das E-Mail-Konto vom Smartphone entfernt.

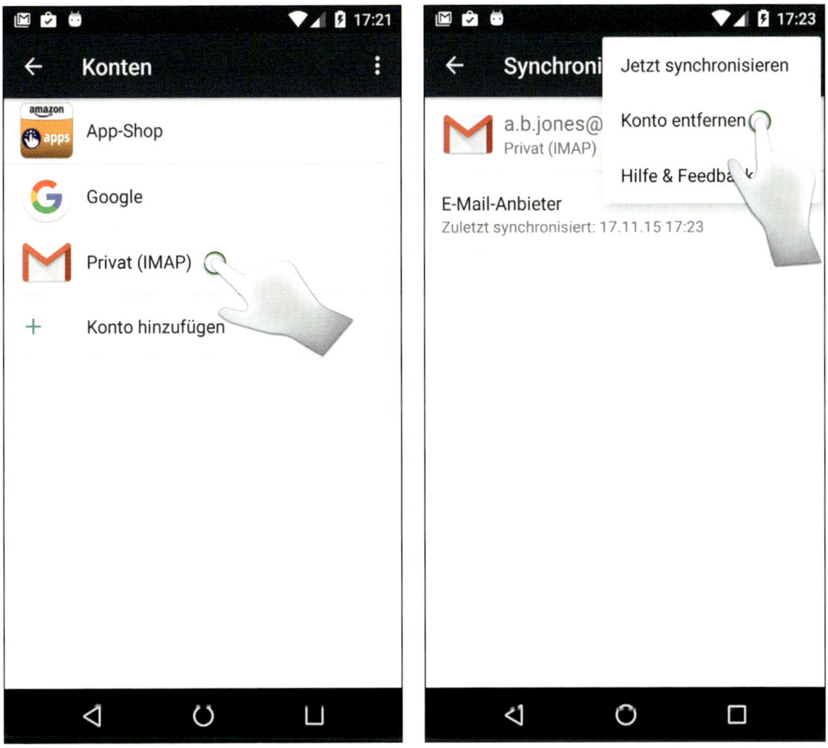

E-Mail-Konto vom Smartphone entfernen.

Die andere E-Mail-App von Android

Android-Smartphones benötigten früher neben Gmail noch eine weitere App, um auch andere POP3- und IMAP-Mailkonten zu nutzen.

Diese App ist in Android 6 Marshmallow nicht mehr nötig und wird nur noch auf einigen Smartphones weiterhin mitgeliefert.

Alte E-Mail-Konten werden beim Update auf Android 6 Marshmallow in diese App übertragen, soweit sie noch vorhanden ist.

Sie können auch selbst Mailkonten in der App einrichten. Die Einrichtung und Bedienung der E-Mail-App wurden weitgehend an die Gmail-App angeglichen.

E-Mail-Apps der bekannten Freemailer

Wer nur eine E-Mail-Adresse bei einem der großen Freemailer auf dem Smartphone nutzt, die nicht mit einem Google-Konto verbunden ist, fährt oft mit einer speziellen App des Mailanbieters am besten. Diese Apps sind exakt auf den jeweiligen Anbieter zugeschnitten und bieten oft auch Zusatzfunktionen. So können zum Beispiel bei GMX und WEB.DE Anhänge aus E-Mails direkt im persönlichen Onlinespeicher abgelegt werden, sodass sie auf dem PC gleich zur Verfügung stehen und auch für Freunde freigegeben werden können.

Apps der bekannten Freemailer.

Die meisten dieser Apps funktionieren nur mit E-Mail-Adressen der jeweiligen Anbieter. Nur GMX und WEB.DE unterstützen auch Konten von Outlook.com und Yahoo!. Wer mehrere E-Mail-Adressen auf dem Smartphone nutzt, braucht also in den meisten Fällen auch mehrere Apps, die sich teilweise gegenseitig störend beeinflussen. In diesem Fall empfiehlt es sich, die Gmail-App auf dem Smartphone zu nutzen und dort mehrere POP3- oder IMAP-Konten anzulegen.

Soziale Kontakte mit dem Smartphone

Die Kommunikation über soziale Netzwerke ist für viele Anwender inzwischen wichtiger als die klassische E-Mail oder SMS. Besonders auf Smartphones, die im Gegensatz zu PCs immer mehr in der Freizeit genutzt werden, spielen soziale Netzwerke eine große Rolle.

Facebook

Das beliebteste aller sozialen Netze ist Facebook. Bei Facebook trifft man seine Freunde, erfährt das Neueste von ihnen. Man tauscht sich aus, zeigt sich Fotos und lädt sich zu Partys ein.

INFO: Zurzeit hat Facebook weltweit etwa 1,55 Milliarden aktive Nutzer, die sich mindestens einmal im Monat einloggen – davon rund 22 Millionen in Deutschland. Der Anteil der Nutzer, die den Dienst täglich nutzen, liegt mit 64,5 % deutlich über dem Durchschnitt anderer Onlinedienste. Facebook hat mehr als doppelt so viele Mitglieder wie die gesamte EU Einwohner und wäre damit nach China und Indien der drittgrößte Staat der Erde. In Europa gingen im vergangenen Jahr 11,7 % der gesamten Onlinezeit auf das Konto von Facebook. Weltweit besuchen über 890 Millionen aktive Nutzer Facebook auf einem mobilen Endgerät, also einem Handy oder Tablet. 727 Millionen nutzen Facebook sogar ausschließlich auf mobilen Geräten, etwa 200 Millionen mehr als noch ein Jahr zuvor. Jeden Tag werden mehr als 200 Millionen Fotos auf Facebook hochgeladen, das sind über sechs Milliarden Bilder pro Monat.

Der bequemste Zugang zu Facebook ist die von Facebook selbst gelieferte App für Android. Diese ist auf einigen Smartphones bereits vorinstalliert, gehört aber nicht zur Standardausstattung von Android. Alternativ kann man Facebook auf dem Smartphone auch über die mobile Seite m.facebook.com nutzen. Dort gibt es auch einen Link zur Installation der Facebook-App.

Mobile Facebook-Seite und Facebook-App im Google Play Store.

Die Facebook-App benötigt wie auch die mobile Facebook-Seite eine einmalige Anmeldung mit den persönlichen Facebook-Nutzerdaten. Die App speichert die Benutzerdaten automatisch, sodass Facebook in Zukunft jederzeit zur Verfügung steht. Auf der mobilen Webseite kann der Browser die Daten speichern.

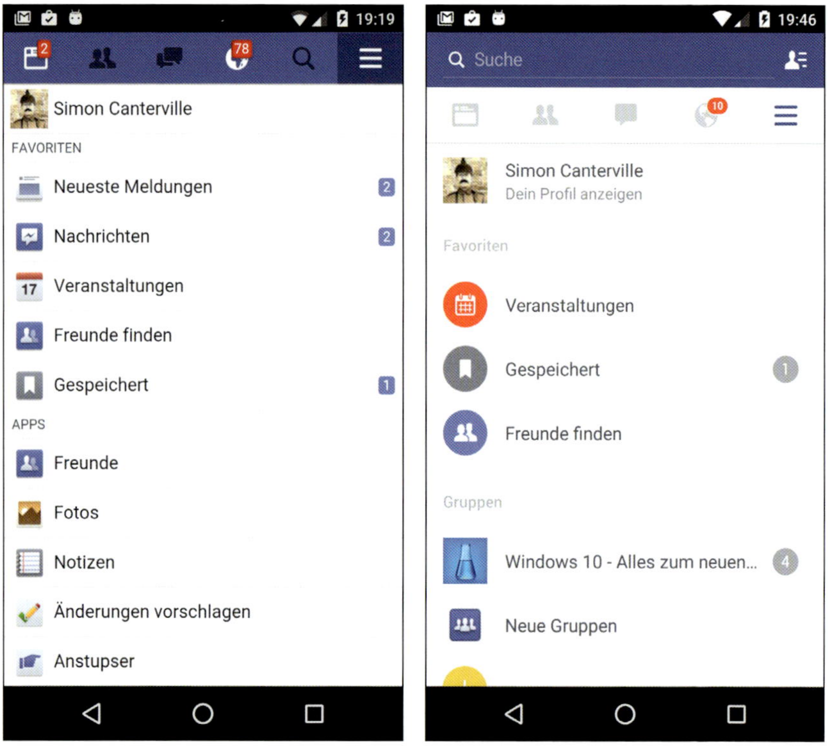

Mobile Facebook-Seite (links) und Facebook-App (rechts) sind in Funktionalität und Design weitgehend gleich.

Die Facebook-App zeigt auf dem Smartphone Neuigkeiten, Freunde, Fotos, das Postfach und das eigene Profil an. Natürlich kann man auch auf Nachrichten antworten oder selbst Statusmitteilungen veröffentlichen.

Das Menü wird in der App über das Menüsymbol rechts oben eingeblendet. Alle wichtigen Funktionen innerhalb der Neuigkeiten sind wie auf der Facebook-Webseite automatisch mit einem Link hinterlegt. So brauchen Sie nur auf den Namen einer Person zu klicken und kommen sofort auf deren Pinnwand, um Nachrichten zu schreiben oder Infos und Fotos dieses Freundes zu sehen.

Über das Eingabefeld *Was gibt es Neues bei dir?* können Sie jederzeit eine persönliche Statusmeldung eintippen und direkt absenden. Um schnell ein Foto hochzuladen, tippen Sie unten in der Statusmeldung auf das Fotosymbol.

Hier haben Sie die übliche Auswahl unter den auf dem Smartphone gespeicherten Bildern.

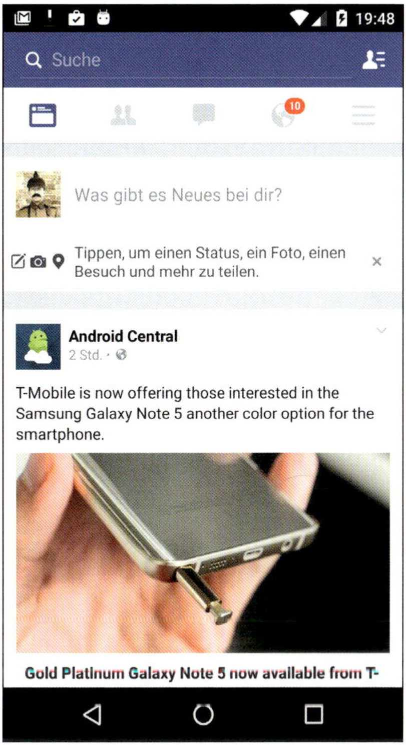

Eigenes Profil und Pinnwand in der Facebook-App für Android.

Einchecken mit Facebook

Mit dem Standortsymbol in der Statusmeldung können Sie an einem bestimmten Ort »einchecken« und damit Ihren Freunden bekanntgeben, wo Sie sich gerade befinden. Facebook sucht hier nach bekannten Orten in der unmittelbaren Umgebung – Gastronomie, Läden, Bahnhöfe, Schulen, öffentliche Einrichtungen – und bietet eine entsprechende Liste zur Auswahl an.

Dabei wird die Positionsbestimmung des Smartphones über GPS, WLAN oder Mobilfunkzellen genutzt. Um diese Funktion anwenden zu können, müssen Sie der Facebook-App beim ersten Mal über den eingeblendeten Link den Standortzugriff gewähren.

Anschließend können Sie noch Freunde aus Ihrer Freundesliste wählen, die auch mit dabei sind. Sie werden über diese Markierung sofort informiert. Der Standort wird anderen Freunden angezeigt, um sich leicht zu verabreden.

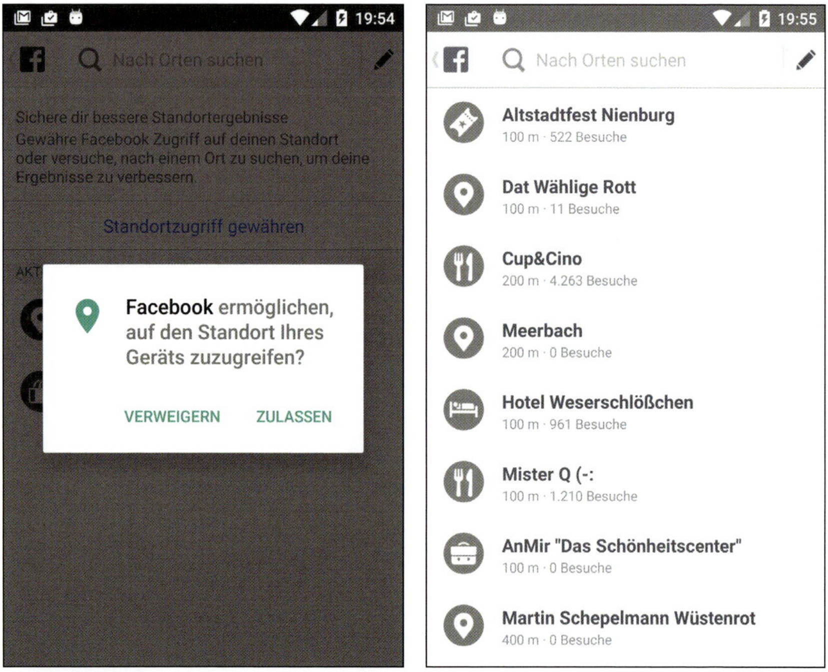

Standortzugriff gewähren und Orte in der Nähe auswählen.

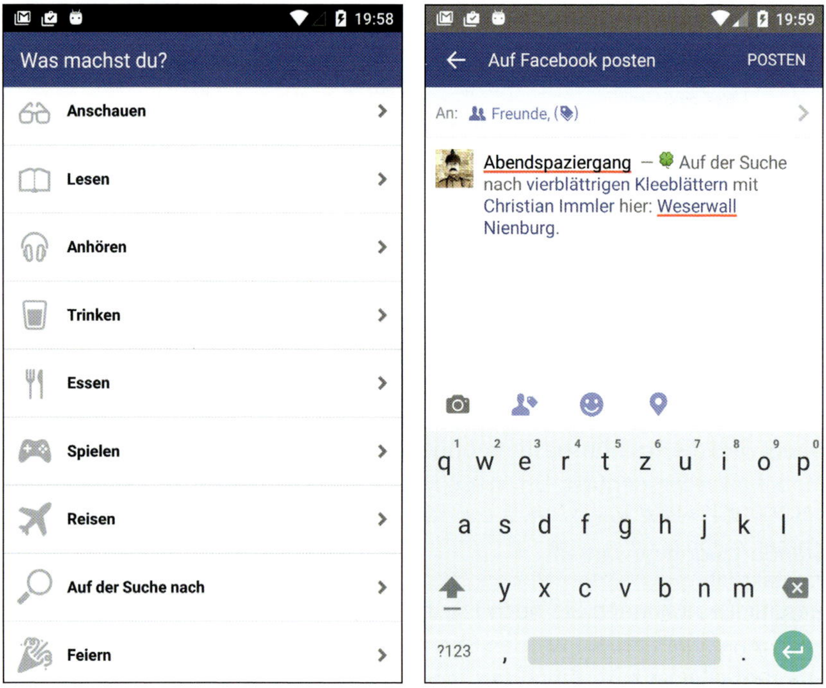

Tätigkeit auswählen und einchecken.

In der Facebook-App geben Sie nicht nur an, wo Sie sind, sondern auch, was Sie dort tun. Dabei braucht man keinen Text einzugeben, sondern kann über das Symbol mit dem Smiley unter einer Vielzahl von Tätigkeiten mit Bildsymbolen auswählen.

Beim Einchecken können Sie wie bei jeder Facebook-Statusmeldung oben noch angeben, ob sie öffentlich sein soll oder nur für Freunde sichtbar.

Beim Posten der Meldung zeigt Facebook Beiträge und Fotos von Freunden, die an gleicher Stelle gepostet wurden, auch wenn das schon eine Zeit lang her ist.

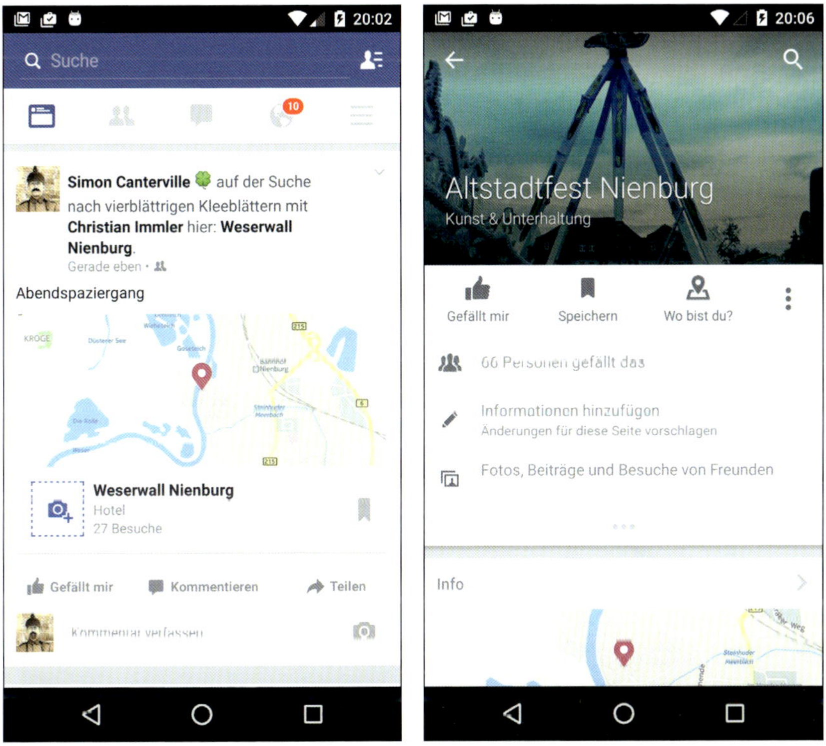

Geposteter Beitrag und Ort auf Facebook.

Facebook-Daten synchronisieren

Facebook ist inzwischen weit mehr als eine Spielerei für Jugendliche, sondern immer mehr auch eine wichtige Informationsquelle. Nachrichten und auch Kontaktdaten von Freunden werden immer häufiger über Facebook ausgetauscht. Um hier auf dem Laufenden zu sein, muss man nicht immer die Facebook-App oder die mobile Seite von Facebook aufrufen. Facebook-Daten lassen sich direkt in Android-System-Apps synchronisieren. Allerdings dauert die erste Synchronisation mit Facebook deutlich länger als mit dem Google-Konto.

Bei der Installation der Facebook-App wird automatisch festgelegt, dass Bilder, Statusmeldungen und Kontaktinformationen aus Facebook den Kontakten im Adressbuch hinzugefügt werden. Auf diese Weise bekommt man schnell fehlende Adressen, Telefonnummern, E-Mail-Adressen, Geburtsdaten oder auch Fotos von Freunden ins Adressbuch, ohne sie eintippen zu müssen. Zieht jemand um, bekommt eine neue Handynummer, E-Mail-Adresse oder Webseite, werden diese Daten automatisch im Smartphone-Adressbuch geändert, wenn der jeweilige Facebook-Freund als Kontakt im Adressbuch hinterlegt oder mit einem dort vorhandenen Kontakt verknüpft ist.

Facebook-Kontakte im Adressbuch können nicht bearbeitet werden. Die Daten werden nur angezeigt.

Wichtige Einstellungen in der Facebook-App

Innerhalb der Facebook-App sollten Sie noch ein paar wichtige Einstellungen vornehmen. Die Einstellungen finden Sie über das Menüsymbol rechts oben. Scrollen Sie dann ganz nach unten zu *App-Einstellungen*.

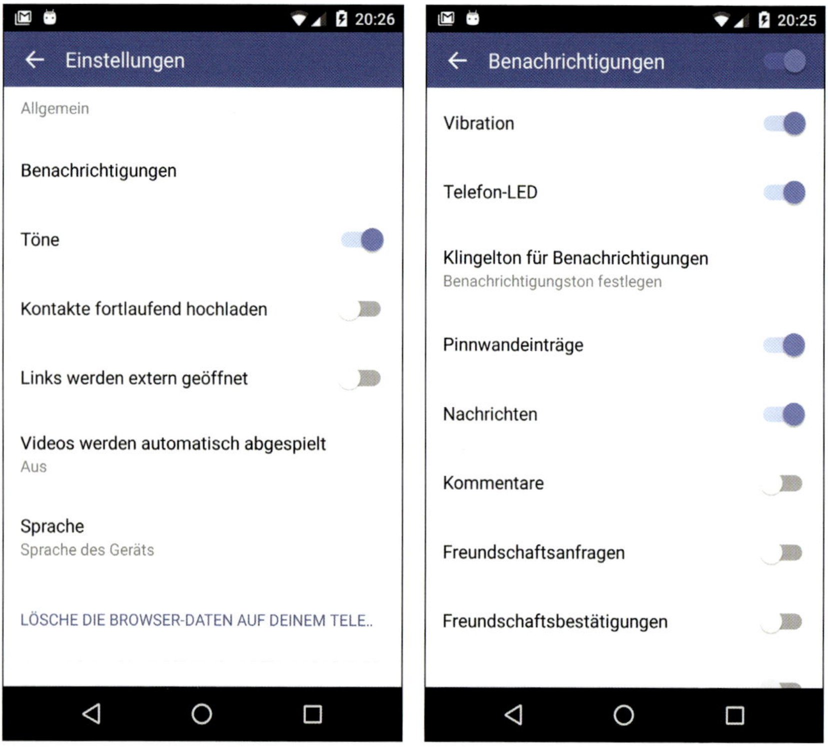

Wichtige Einstellungen in der Facebook-App.

Schalten Sie hier zuallererst die Funktion *Videos werden automatisch abgespielt* aus, da sie zu einem enormen Datenverbrauch im Mobilfunknetz führen kann. Standardmäßig spielt Facebook seit einiger Zeit Videos, vor allem auch Werbevideos, in der mobilen App automatisch ab. Ist diese Einstellung ausgeschaltet, erscheint bei Videos zunächst nur ein Platzhalter. Erst beim Antippen wird das Video tatsächlich heruntergeladen und abgespielt.

Weiterhin sollten Sie unter *Benachrichtigungen* alle weniger wichtigen Benachrichtigungen ausschalten, da das Smartphone sonst bei jeder Kleinigkeit auf Facebook klingelt und blinkt und Sie wichtige von unwichtigen Meldungen nicht mehr unterscheiden können.

Twitter

Twitter ist ein immer beliebter werdender Kurznachrichtendienst, der zunehmend auch von Firmen und Infoportalen genutzt wird und auf dem besten Weg ist, die klassischen E-Mail-Newsletter zu ersetzen. Twitter eroberte in gerade einmal fünf Jahren in rasanter Geschwindigkeit das Internet. Twitter hat derzeit 307 Millionen aktive Nutzer, davon etwa 3,6 Millionen in Deutschland. 55 % davon nutzen mobile Endgeräte. Insgesamt angemeldet sind über 1,4 Milliarden Nutzer weltweit. Jeder Twitter-Nutzer kann Kurznachrichten öffentlich oder nur an bestimmte Personen schreiben.

Mobile Twitter-Seite und Twitter-App im Google Play Store.

INFO: Die Nachrichten, die mit nur 140 Zeichen kürzer als eine SMS sein müssen, gehen schneller um die Welt als jede Tickermeldung einer Agentur. So erfuhr man per Twitter als Erstes über die Wahl des Bundespräsidenten, über den Tod Osama Bin Ladens oder über die geglückte Notlandung eines Flugzeugs im Hudson River. Twitter ist längst kein Spielzeug für Internetfreaks mehr, selbst Barack Obama, das britische Königshaus und der Papst twittern – und das nicht nur vom PC, sondern immer mehr auch unterwegs vom Handy. Auch die Deutsche Bahn nutzt Twitter, um über kurzfristige Änderungen etwa aufgrund von Baustellen zu informieren. Der Duden hat bereits vor einigen Jahren das Verb *twittern* für das Schreiben von Kurznachrichten auf Twitter aufgenommen.

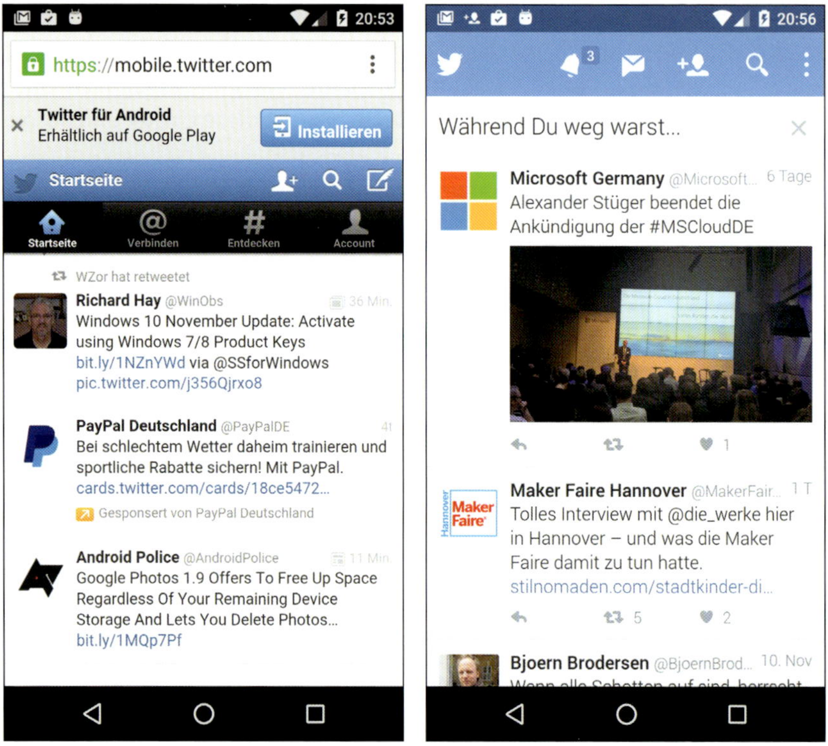

Die mobile Webseite von Twitter und die Twitter-App für Android.

Auf der mobilen Webseite von Twitter mobile.twitter.com konnte man früher wie auf der Desktop-Webseite www.twitter.com auch ohne Anmeldung nach Themen suchen, über die sich die Welt gerade unterhält. Diese Möglichkeit ist seit einiger Zeit abgeschaltet. Twitter funktioniert nur noch mit kostenloser Anmeldung.

Das dafür notwendige eigene Benutzerkonto kann man direkt auf dem Smartphone kostenlos anlegen. Erst das ermöglicht es, selbst Nachrichten zu twittern und auch bestimmten Personen zu »folgen«, also deren Tweets direkt, ohne danach zu suchen, zu sehen.

Die Twitter-App

Die Twitter-App für Android macht die Twitter-Nutzung noch komfortabler. Von unterwegs kann man twittern, Direktnachrichten, Fotos, Videos und Links an Freunde oder auch an alle schicken.

Beim ersten Start der Twitter-App loggen Sie sich mit Ihren Benutzerdaten ein. Wer noch kein Twitter-Konto hat, kann dieses auch in der App anlegen.

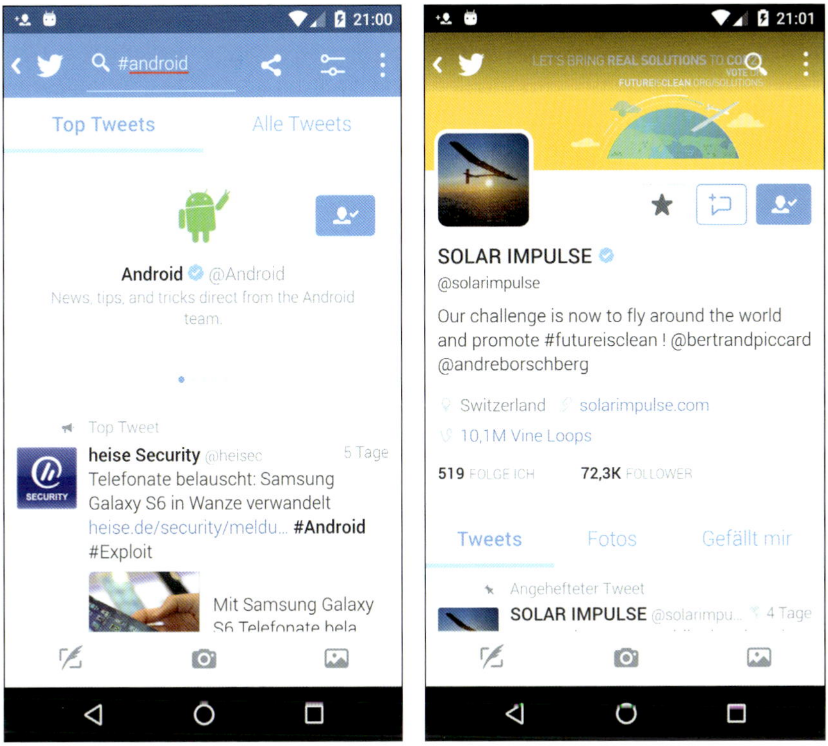

Suche nach Hashtags und Twitter-Profil eines ausgewählten Nutzers.

Die Twitter-App bietet deutlich mehr Funktionen als die mobile Webseite von Twitter. Hier können Sie auch Listen, Trends und Erwähnungen sehen. Im eigenen Profil können Sie sich auch die letzten eigenen Tweets sowie die Follower, also die Personen, die Ihre Tweets lesen, anzeigen lassen. Weiterhin kann man in der Twitter-Anwendung den Twitter-eigenen Foto-Upload-Dienst nutzen. Man kann Listen und Trends sehen, Tweets, Themen und Hashtags suchen sowie Tweets von Personen in der eigenen näheren Umgebung finden.

Über die Einstellungen der Twitter-App können Sie festlegen, dass eine Benachrichtigung auf dem Startbildschirm erscheint, wenn Sie eine Antwort oder eine Erwähnung per Twitter bekommen.

ACHTUNG: Theoretisch können Sie sich sogar bei jedem Tweet benachrichtigen lassen. Dies ist standardmäßig aber abgeschaltet. Bei aktiven Twitterern kommen Tweets von anderen Nutzern im Minutentakt an. Hier würde ständig die Benachrichtigung blinken, sodass man wichtige E-Mails oder Termine in der Benachrichtigungsflut gar nicht mehr wahrnehmen würde. Schalten Sie in den *Einstellungen* unter *Allgemein* die *Soundeffekte* aus, sonst ertönt bei jedem Tweet ein Geräusch.

Dabei haben Sie die Wahl, ob das für alle Antworten und Erwähnungen gilt oder nur für solche von Benutzern, denen Sie selbst folgen. Stellen Sie außerdem noch ein, wie oft Tweets im Hintergrund automatisch aktualisiert werden sollen. Manuell aktualisieren können Sie jederzeit.

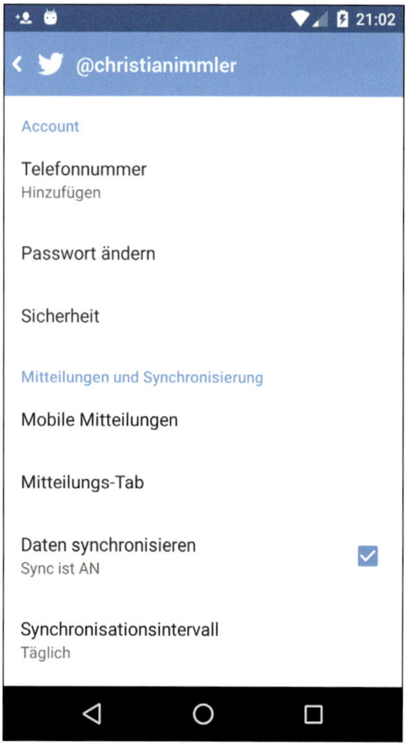

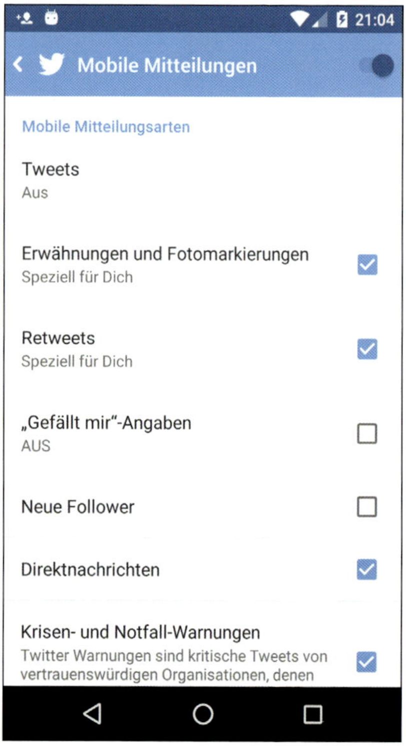

Twitter-Einstellungen und Mitteilungseinstellungen.

Links aus dem Chrome-Browser twittern

Twitter integriert sich automatisch in den Browser. Um einen interessanten Link auf Twitter zu veröffentlichen, brauchen Sie im Chrome-Browser nur auf das Menüsymbol zu tippen und dann *Teilen* zu wählen. In der Liste der verfügbaren Sendemethoden finden Sie unter anderem auch zwei Symbole der Twitter-App, wenn diese installiert ist – eines für Direktnachrichten an eine bestimmte Person und eines für öffentliche Tweets.

Vor dem endgültigen Twittern können Sie noch einen Kommentar oder ein Foto hinzufügen. Zusätzlich können Sie aktuelle Standortdaten übertragen, was bei Regionalnachrichten nützlich sein kann. Benutzer können die Anzeige ihrer Tweets nach der Nähe zum eigenen Standort filtern, um gezielt Tweets aus der Umgebung zu sehen.

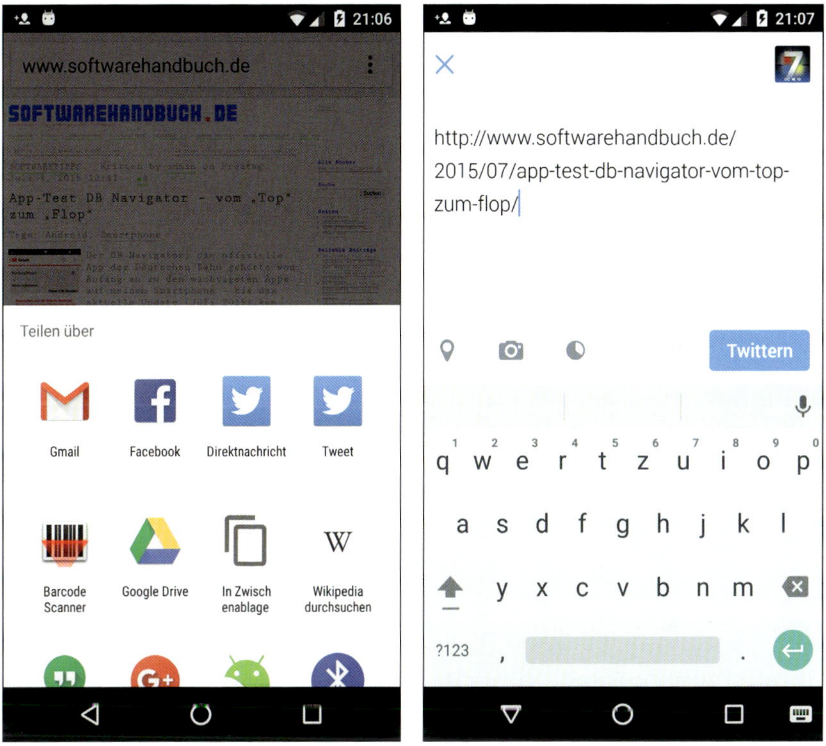

Seitenlinks aus dem Chrome-Browser twittern.

Google+

Viele haben es versucht, aber nur einer hat es geschafft, eine ernsthafte Konkurrenz zu Facebook aufzubauen. Google startete im Juni 2011 mit Google+ sein eigenes soziales Netzwerk, das in kürzester Zeit sehr gut angenommen wurde.

Bereits eine Woche nach der offiziellen Verfügbarkeit für alle wurden zehn Millionen Mitglieder gemeldet. Im Oktober 2013 wurden die letzten Zahlen veröffentlicht. Damals waren es bereits über 540 Millionen Nutzer. Diese Zahl stieg besonders durch die verbesserte Integration von Google+ in Android noch weiter an.

Dabei sollte Google+ nie ein soziales Netzwerk im Stil von Facebook werden, sondern stellt eher Themen und Interessengebiete in den Vordergrund. Hier tauscht man sich leichter mit Fremden in thematischen Communitys aus, wohingegen Facebook mehr der privaten Kommunikation mit Freunden dient.

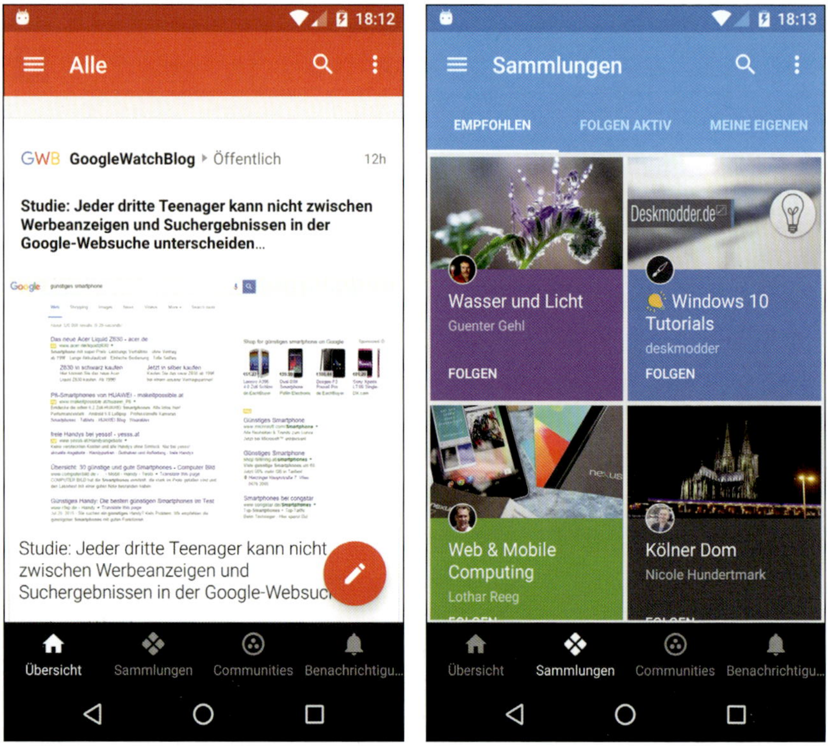

Die Google+-App ähnelte früher stark der Facebook-App, wird aber mit jedem Update eigenständiger.

Die wichtigsten Vorteile von Google+ gegenüber ähnlichen Angeboten sind die gute Integration in andere Google-Dienste und die Möglichkeit, Freundeskreise festzulegen, sodass nicht immer alle Kontakte alle Informationen bekommen. So kann man besser zwischen privaten Freunden, Familie und Arbeitskollegen unterscheiden. Facebook übernahm diese Idee später auch.

Mobile Google+-Seite und Google+-App im Google Play Store.

Nachrichten können öffentlich gepostet werden, und man kann Personen explizit blockieren, wenn diese einen selbst in einen Freundeskreis aufnehmen wollen. Auch Personen, die nicht bei Google+ angemeldet sind, können in eigene Freundeskreise aufgenommen werden. Die Kommunikation erfolgt dann per E-Mail.

Google+ kann im Browser über plus.google.com oder mithilfe einer eigenen App genutzt werden, die unter Android 6 Marshmallow üblicherweise bereits vorinstalliert ist. Diese App zeigt Nachrichten von Freunden über die Push-Funktion nahezu in Echtzeit an und benachrichtigt auf Wunsch bei neuen Nachrichten, auch wenn die App nur im Hintergrund läuft. Auch hier sollten Sie genau festlegen, wie Sie benachrichtigt werden möchten, da bei aktiven Nutzern sehr viele Nachrichten auflaufen können.

Beim ersten Start kann man automatisch die Google+-Kontakte dem Adressbuch auf dem Smartphone hinzufügen. Ähnlich wie bei Facebook und Twitter lassen sich Links auf Webseiten direkt aus dem Browser auch auf Google+ veröffentlichen.

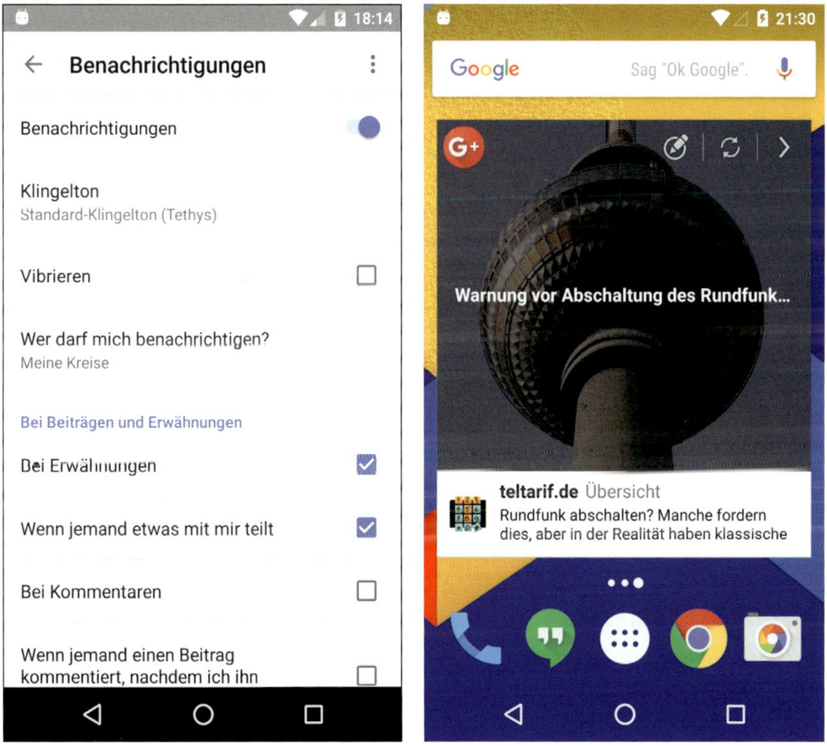

Benachrichtigungseinstellungen für Google+ und Google+-Widget auf dem Startbildschirm.

Das Google+-Widget zeigt auf dem Startbildschirm aktuelle Meldungen. Dabei können Sie wählen, ob angesagte öffentliche Meldungen, Meldungen von Freunden, der Familie oder aus den eigenen Kreisen zu sehen sein sollen.

Google+-Kontakte

Kontaktdaten von Personen aus Ihren Kreisen bei Google+ werden automatisch in das Adressbuch auf dem Smartphone übernommen. Auf diese Weise lässt sich das Adressbuch einfach aktuell halten.

Dazu muss in den Einstellungen der Google+-App unter *Kontoeinstellungen/Kontakte* die Option *Kontakte aktuell halten* aktiviert sein. Eine neue Berechtigungsabfrage aus Android 6 Marshmallow erscheint.

Hier muss der Google+-App Zugriff auf die Kontakte gewährt werden, damit die Übernahme ins Adressbuch funktioniert.

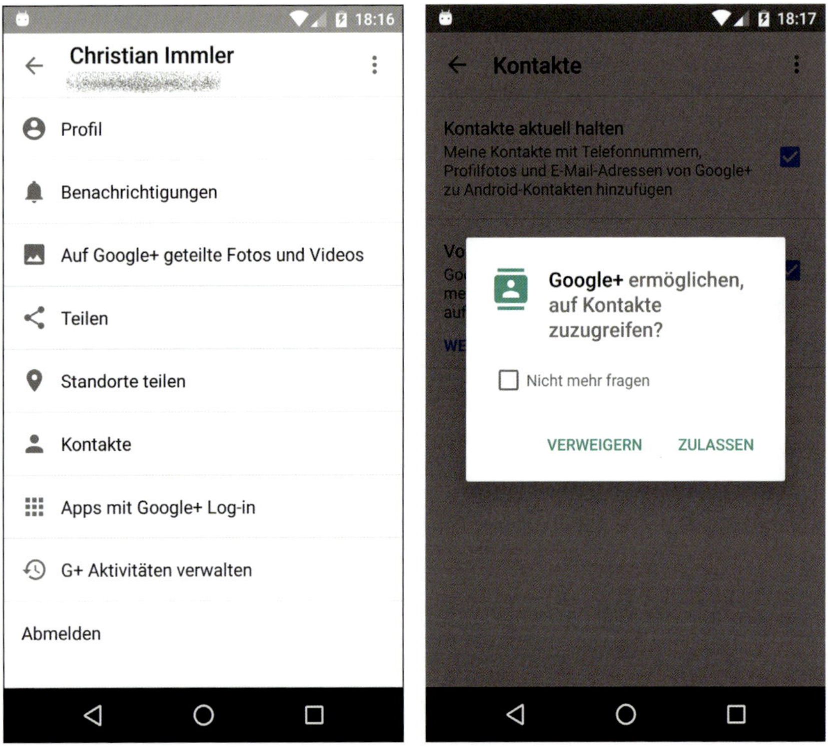

Google+-Kontaktdaten automatisch ins Adressbuch übernehmen.

Bei den Kontakten aus den eigenen Google+-Kreisen erscheint in der Kontakte-App ein zusätzliches Feld *Google+ Profil ansehen*. Tippen Sie darauf, wird automatisch die Google+-App geöffnet und das Profil angezeigt.

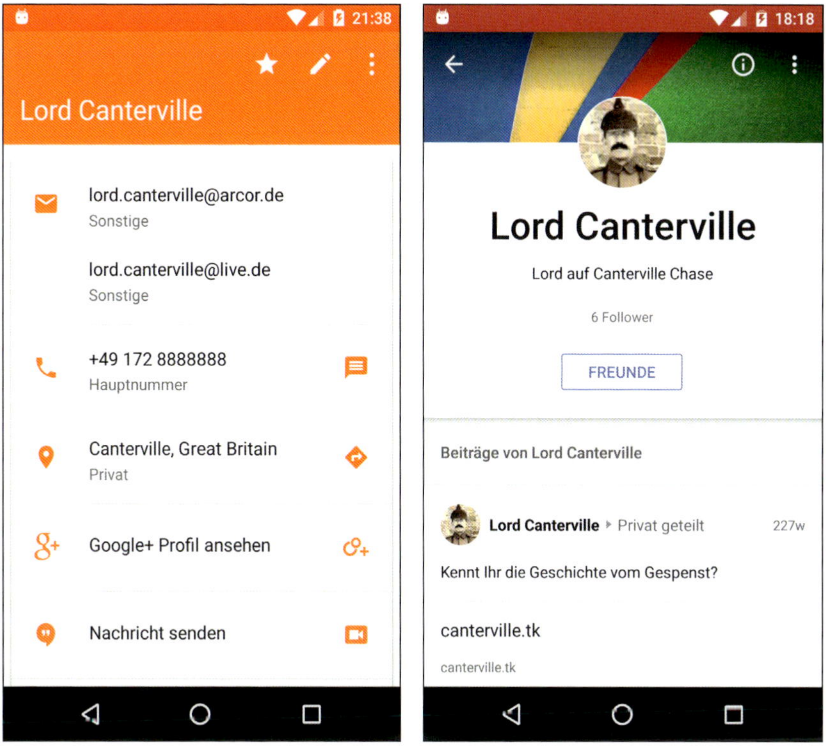

Google+-Profil einer Person aus der Kontakte-App aufrufen.

SMS

SMS verlieren zwar bedingt durch mobile Messenger und E-Mails zunehmend an Bedeutung, was nicht zuletzt an den vergleichsweise hohen Kosten liegt. Sie sind aber immer noch eine beliebte Kommunikationsform, vor allem zwischen Benutzern einfacher Handys, die keinen Internetzugang haben. Neue SMS-Dienste wie zum Beispiel mobileTAN für Onlinebanking oder das Bezahlen von Parkgebühren machen die SMS auch auf Smartphones noch interessant. Außerdem werden SMS teilweise heute noch von Mobilfunkprovidern verwendet, um Konfigurationsdaten auf Handys zu übertragen.

> INFO: In Deutschland wurden im Jahr 2012 pro Tag noch etwa 162 Millionen SMS verschickt sowie über 400 Millionen in der Silvesternacht, was vielerorts zu Zusammenbrüchen der Netze führte. Im Jahr 2013 waren es dank WhatsApp und anderer Messenger nur noch 101 Millionen pro Tag, 2014 nur noch 74 Millionen.

Natürlich kann man auch mit Android-Smartphones SMS senden und empfangen. Kommt eine SMS an, ertönt ein Benachrichtigungston, die LED blinkt und in der Benachrichtigungsleiste erscheint neben den Anzeigen neuer E-Mails und Facebook-Nachrichten ein weiteres Symbol.

Hangouts

Seit Android 6 Marshmallow enthält Android standardmäßig keine eigene SMS-App mehr. Einige Gerätehersteller liefern noch eigene Lösungen mit. Hangouts, die Chat-App von Google, ist auf allen aktuellen Android-Smartphones vorinstalliert und übernimmt gleichzeitig auch den SMS-Empfang und -Versand.

Eine SMS zu schreiben, ist ganz einfach. Starten Sie die App und wählen Sie das SMS-Konto aus. Hier werden alle eingegangenen SMS aufgelistet. Tippen Sie jetzt auf das grüne Plussymbol, um eine neue SMS zu schreiben.

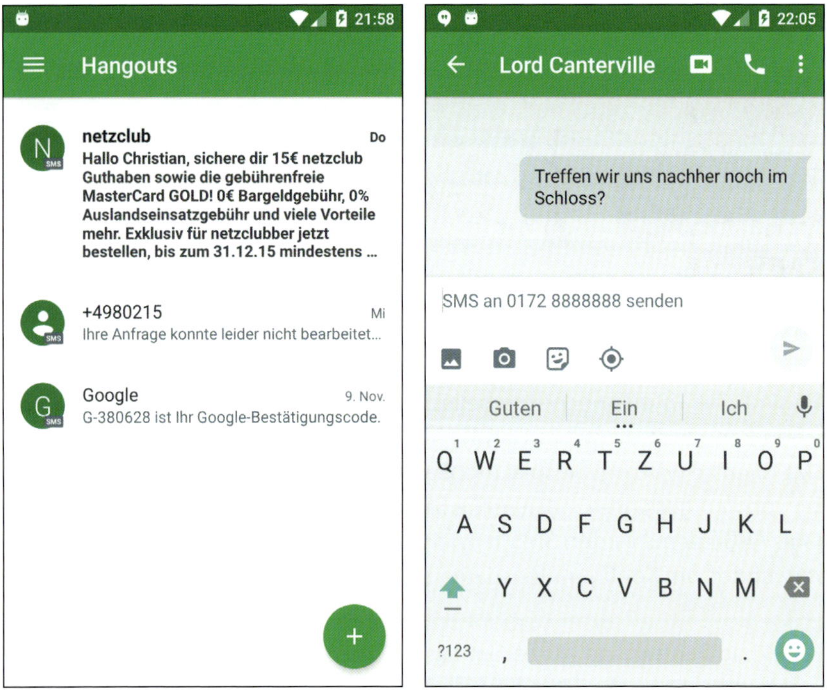

SMS über Hangouts.

Tragen Sie dann oben die Nummer des Empfängers ein und schreiben Sie auf dem nächsten Bildschirm den Text. Ist dieser länger als 160 Zeichen, wird die

SMS automatisch als mehrere SMS verschickt, wobei auch die Verkettung einige Zeichen kostet. In eine doppelte SMS passen also nicht ganz 320 Zeichen.

In den meisten Fällen ist es leichter, den SMS-Empfänger in der Kontakte-App auszuwählen und dann neben der Telefonnummer auf das Nachrichtensymbol zu tippen. Das startet die Hangouts-App, die Nummer des Empfängers wird direkt übernommen.

Zusätzlich können Sie über Hangouts mit allen Personen aus Ihrem Adressbuch, die ein Google-Konto nutzen, chatten – egal ob auf dem Smartphone oder auf dem PC im Browser über Gmail. Hangouts unterstützt den Versand von Fotos, Videos und Google-Maps-Standorten. Auch Videogespräche über die Internetverbindung des Smartphones sind direkt aus Hangouts möglich. Schalten Sie zum Chatten zuerst im Menü von Hangouts vom SMS-Konto auf das Google-Konto um.

Wie viele Chat-Apps bietet Hangouts auch Gruppenchats an. Chatten Sie mit einer Person, können Sie über den Menüpunkt *Personen hinzufügen* einfach weitere Personen zum Chat einladen.

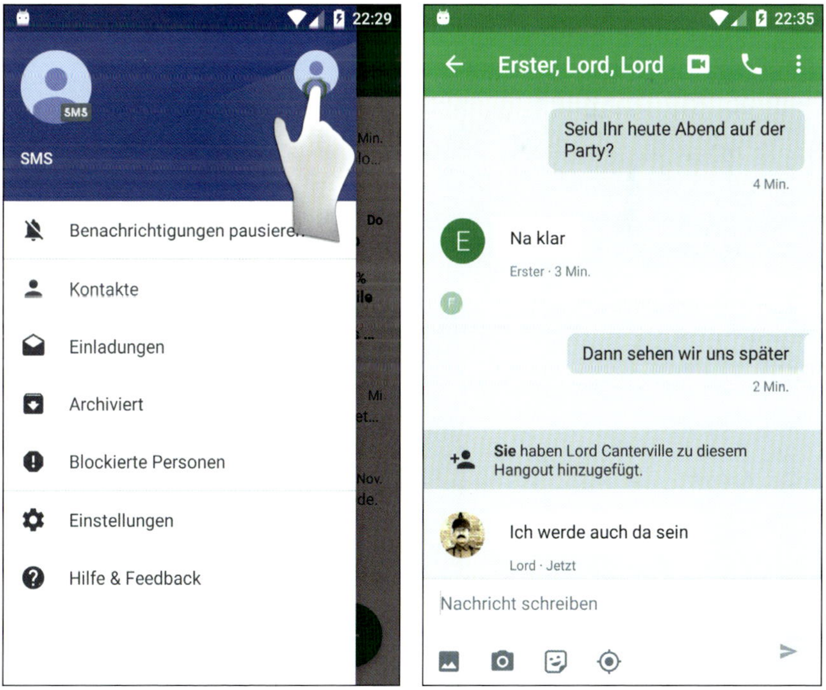

Links: Umschalten auf Google-Konto, rechts: Gruppenchat mit Hangouts.

MMS und die Stagefright-Sicherheitslücke

Die MMS, ursprünglich als sehr teurer Nachfolger der SMS geplant, kam selbst in besten Zeiten kaum über 0,5 Millionen pro Tag. Die MMS wurde im Laufe der Zeit fast vollständig durch mobile E-Mail und Messenger ersetzt und ist mittlerweile aus den Statistiken komplett verschwunden. Nur noch aus historischen Kompatibilitätsgründen unterstützen Hangouts und die alte SMS-App weiterhin MMS.

Der sogenannte Stagefright-Exploit ist die größte Sicherheitslücke, die im Laufe der Android-Geschichte aufgetaucht ist und im Sommer 2015 etwa 95 % aller Android-Smartphones betraf. Diese Sicherheitslücke nutzt das Multimedia-Framework, das zum Empfang von MMS-Nachrichten verwendet wird. Android 6 Marshmallow soll nach offiziellen Angaben von Stagefright nicht betroffen sein. Um aber ähnlichen Gefahren vorzubeugen, sollten Sie auch hier den automatischen MMS-Download abschalten. Da fast niemand mehr MMS für seriöse Zwecke nutzt, wird den meisten Benutzern auch nichts fehlen, wenn diese Funktion ausgeschaltet ist.

Tippen Sie in Hangouts oben links auf das Menü und wählen Sie *Einstellungen*. Tippen Sie auf dem nächsten Bildschirm auf *SMS* und scrollen Sie ganz nach unten. Schalten Sie dort den Schalter *Automatischer MMS-Download* aus.

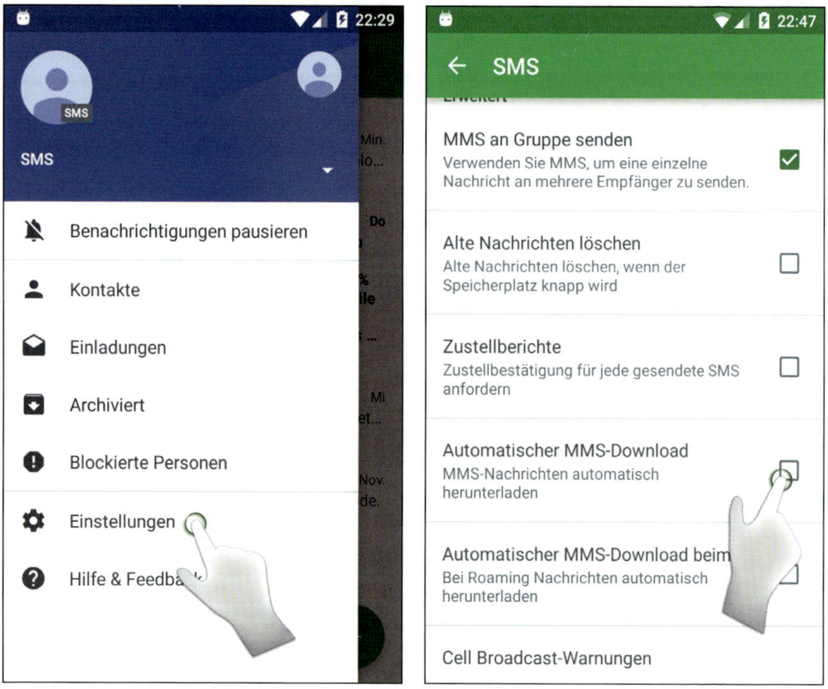

Automatischen MMS-Download in Hangouts abschalten.

Messenger zum Chatten

Messenger sind für die private, spontane Kommunikation inzwischen wichtiger als E-Mail. Per Chat kann man sich schnell mit Freunden verabreden oder kurze Informationen in Echtzeit austauschen. Selbstverständlich gehört auch eine Chat-App auf ein Android-Smartphone – Hangouts ist bereits vorinstalliert, aber im deutschsprachigen Raum noch wenig verbreitet.

WhatsApp – Chat als SMS-Ersatz

Die Nummer eins der kostenlosen Apps im Google Play Store ist immer wieder der Messenger WhatsApp. WhatsApp ist auf dem besten Weg, die SMS zu ersetzen, und überzeugt durch das Konzept sowie die einfache Installation und Nutzung. WhatsApp ist das Vorbild für diverse ähnliche Messenger-Systeme.

Zurzeit werden über WhatsApp etwa 42 Milliarden Nachrichten pro Tag verschickt. WhatsApp hat ca. eine Milliarde Nutzer und gilt als der am schnellsten wachsende Internetdienst der Geschichte. WhatsApp ist nach Facebook erst die zweite App, die nicht von Google stammt und die Marke von einer Milliarde Downloads überschritten hat. Da viele der Nutzer inzwischen ihr zweites Android-Smartphone haben, ist die Downloadzahl deutlich höher als die Zahl aktiver Nutzer. Etwa 43 % aller Android-Nutzer in Deutschland verwenden WhatsApp zum Chatten, was die Netzbetreiber als deutlichen Rückgang der SMS-Zahlen zu spüren bekommen.

WhatsApp nutzt die Internetverbindung des Handys und nicht den SMS-Dienst. So fallen keine SMS-Kosten an. Die Nutzung ist im Rahmen einer Internetflatrate kostenlos, außerdem kann WLAN zum Versand und Empfang der Nachrichten verwendet werden, was bei SMS nicht möglich ist.

WhatsApp ist ein Messenger, der speziell für Handys entwickelt und nicht vom PC aufs Smartphone portiert wurde. Bei der Installation kann die App automatisch das Adressbuch auf dem Smartphone durchsuchen und alle Kontakte finden, die bereits WhatsApp nutzen. Damit wird die Verwendung so einfach wie SMS, nur kostenlos und nicht auf 160 Zeichen begrenzt.

WhatsApp integriert sich automatisch in das Adressbuch auf dem Smartphone, sodass man beim Schreiben einer SMS automatisch gefragt wird, ob man wirklich eine klassische SMS verschicken möchte oder eine Nachricht per

WhatsApp. Mit WhatsApp lassen sich auch Bilder und Internetlinks verschicken.

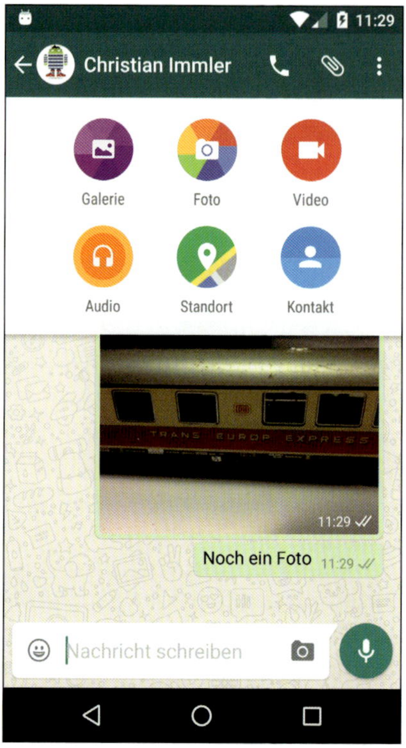

Chatten per WhatsApp.

TIPP: Um sich leicht zu verabreden, kann WhatsApp die aktuelle Position verschicken. Der Empfänger bekommt einen Google-Maps-Link, in dem die Position des Absenders eingetragen ist. Damit dies wirklich zuverlässig funktioniert, sollte natürlich das GPS auf dem Handy eingeschaltet sein und die Standortdienste müssen aktiviert sein.

Seit einiger Zeit bietet WhatsApp die Möglichkeit, über die Internetverbindung zu telefonieren. Damit sind zum Beispiel kostenlose Gespräche ins Ausland möglich, wenn beide Gesprächspartner eine Datenflatrate in ihrem Land haben oder ein WLAN nutzen.

WhatsApp-Gespräche verbrauchen nur Datenvolumen, aber keine Gesprächsminuten des Mobilfunkvertrags und schon gar keine überhöhten Tarife für Auslandsgespräche.

Facebook Messenger

Facebook hat mit seinen Nutzerzahlen alle anderen sozialen Netzwerke längst überholt. Da wundert es nicht, dass auch die in Facebook eingebaute Chatfunktion den klassischen Chatsystemen immer mehr den Rang abläuft.

Facebook bietet eine eigene Messenger-App an. Diese kann auch im Hintergrund laufen und den Benutzer bei eingehenden Chatnachrichten per LED oder Signalton benachrichtigen. Die klassische Facebook-App für Android bietet seit einiger Zeit keine Chatfunktion mehr an. Beim Versuch, einen Chat zu starten, wird direkt auf den Facebook Messenger verwiesen.

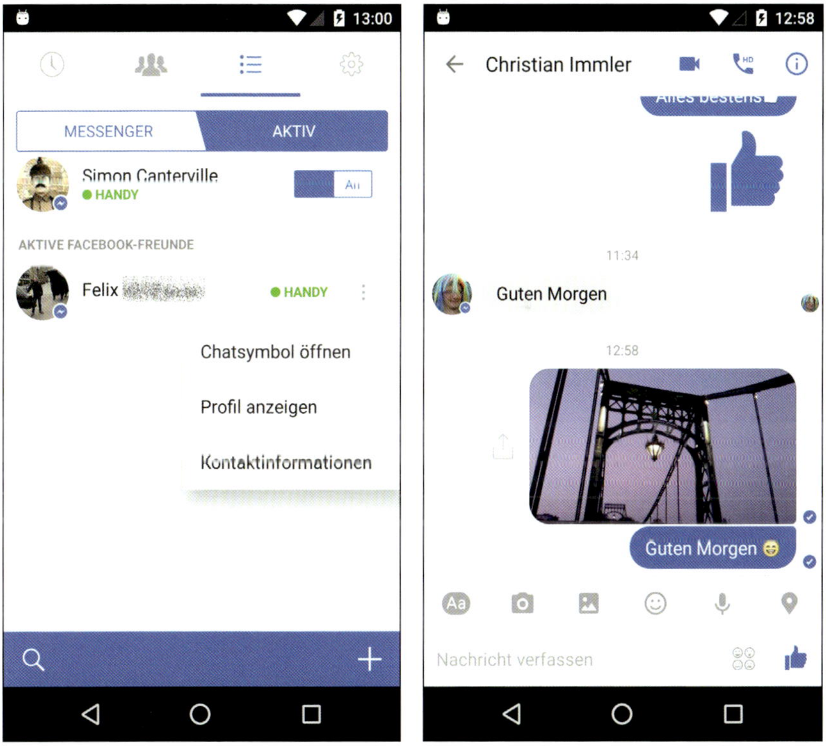

Der Facebook Messenger für Android.

Der Facebook Messenger ermöglicht auch Gruppenunterhaltungen sowie den Versand von Fotos oder Ortsangaben an Facebook-Freunde. Der Messenger sollte ursprünglich die schnelle Facebook-Kommunikation ermöglichen, ohne erst die »große« App zu starten. Allerdings stellt auch der Messenger hohe Ansprüche an die Qualität der Internetverbindung. WhatsApp funktioniert dagegen auch noch bei schwacher Netzabdeckung.

Der Facebook Messenger legte sich in früheren Android-Versionen über laufende Apps, wenn eine neue Chatnachricht eintraf. Das sogenannte Chatsymbol zeigt das Profilbild des Chatpartners als rundes Symbol an, das über andere Android-Apps geblendet wird und frei auf dem Bildschirm verschoben werden kann. So kommt man schnell aus einer anderen App wieder in den Chat und wird benachrichtigt, wenn eine neue Nachricht ankommt. Ziehen Sie dieses Chatsymbol an den unteren Bildschirmrand, verschwindet es vom Bildschirm.

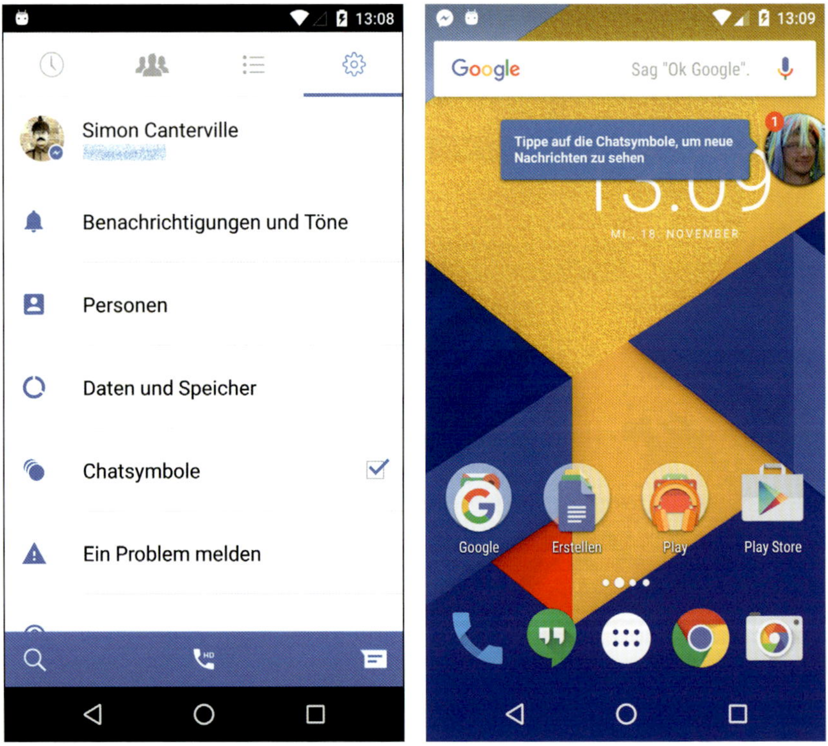

Das Profilbild des Chatpartners als Chatsymbol auf dem Bildschirm.

Das neue Berechtigungssystem von Android 6 Marshmallow verhindert, dass sich Apps automatisch über andere legen, ohne dass der Benutzer diesem Verhalten explizit zugestimmt hat. Die Chatsymbole sind daher jetzt standardmäßig deaktiviert, können aber in den *Einstellungen* wieder aktiviert werden.

1. Tippen Sie im Messenger oben rechts auf das Zahnradsymbol und dann auf *Chatsymbole*.

2. Beim ersten Mal erscheint eine Hinweisseite, dass eine Android-Systemeinstellung vorgenommen werden muss. Tippen Sie hier auf *Einstellungen*, erscheint ein Systemdialog, in dem Sie dem Messenger die Berechtigung gewähren müssen, sich über andere Apps zu legen.

3. Wurde diese Berechtigung einmal gewährt, können Sie die Chatsymbole innerhalb der Messenger-Einstellungen jederzeit ein- und ausschalten.

Skype

Vom Festnetz ins Ausland telefonieren ist teuer, vom Handy ist es noch teurer. Skype ist auf dem PC schon lange für kostenlose Telefonie im Internet bekannt. Der Dienst funktioniert wie ein Messenger. Man registriert sich einmal mit seinem Namen auf der Skype-Webseite und kann dann alle Freunde, die ebenfalls Skype verwenden, in eine Kontaktliste eintragen und deren Onlinestatus anzeigen lassen. Seit Skype von Microsoft übernommen wurde, kann man sich ganz einfach mit dem Microsoft-Konto anmelden, mit dem man bei Windows 8.1 oder Windows 10 am PC angemeldet ist, und benötigt kein eigenes Benutzerkonto mehr. Nach der Installation müssen unter Android 6 Marshmallow fünf verschiedene Berechtigungen gewährt werden, damit Sie mit Skype telefonieren und Daten verschicken können.

Durch Antippen eines Namens in der Skype-Kontaktliste stellt man eine Gesprächsverbindung her. Mit Skype können Sie nicht nur mit anderen Skype-Nutzern kostenlos telefonieren, sondern auch zu sehr günstigen Preisen in das normale Telefonnetz der meisten Länder der Welt anrufen. Dazu kauft man ähnlich wie bei einer Prepaid-Karte online ein SkypeOut-Guthaben und wählt dann in der App die Telefonnummer. Skype listet die Gebühren für Gespräche in verschiedene Länder unter www.skype.com/de/rates auf.

Skype verwendet nicht das Mobilfunk-Telefonnetz, sondern eine Internetverbindung. Die App funktioniert am besten über WLAN, aber auch über UMTS oder LTE. Hier braucht man allerdings eine umfangreiche Datenflatrate, da bei VoIP-Gesprächen erhebliches Datenvolumen anfallen kann. Manche Mobilfunkbetreiber schließen VoIP-Gespräche in ihrer Datenflatrate explizit aus.

TIPP: Für eine gute Gesprächsqualität sollte man sich mit dem Smartphone nicht zu hektisch bewegen und äußere Störquellen meiden.

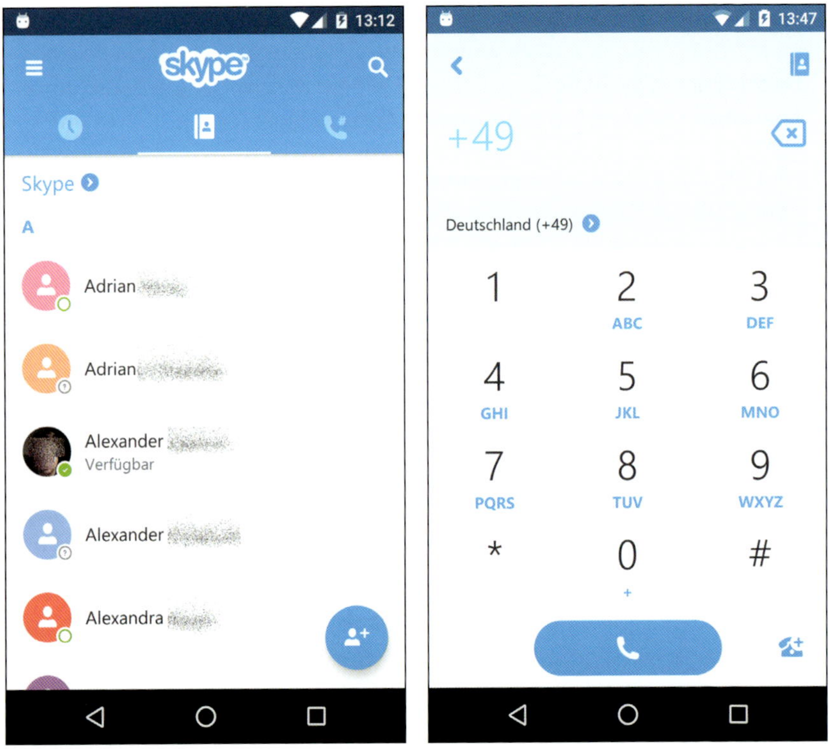

Kontaktliste und Telefon in Skype.

Wie bei einem klassischen Messenger lassen sich auch Textnachrichten, Bilder und Dateien übertragen. Seit dem Update 6.11 können eingegangene Videonachrichten gespeichert werden, um sie später auch offline anzusehen.

Datenaustausch über Cloud-Speicherdienste

Cloud-Speicherdienste sind die ideale Lösung, um Dateien aller Art komfortabel zwischen Smartphone und PC oder auch mehreren PCs auszutauschen. Musste man Smartphones früher noch mühsam per USB-Kabel mit dem PC verbinden, um Daten auszutauschen, funktioniert dies heute über das Internet vollautomatisch, wenn die Daten in den entsprechenden Verzeichnissen liegen.

Die bekanntesten derartigen Dienste – Google Drive, Dropbox und OneDrive von Microsoft – bieten alle neben PC-Anwendungen auch Android-Apps an. Die Anbieter unterscheiden sich nur in kleinen Details. Wer also bereits einen dieser Dienste auf dem PC nutzt, sollte die passende App auf dem Smartphone installieren.

> **Direct Share**
>
> Direct Share ist eine von Google groß beworbene neue Technik in Android 6 Marshmallow, um Dateien, Fotos oder Webseiten ganz einfach an eine bestimmte Person oder ein bestimmtes Gerät weiterzuleiten. Diese Technik wird allerdings erst von wenigen Android-Apps unterstützt, weshalb der Weg über einen Cloud-Speicherdienst in den meist immer noch der einfachste ist.

Google Drive

Google bietet mit Google Drive (drive.google.com) allen Benutzern bis zu 15 GByte kostenlosen Onlinespeicherplatz, der für beliebige Dateien genutzt werden kann. Die Google-Drive-App ist auf Android-6-Marshmallow-Smartphones üblicherweise vorinstalliert und dient dort auch gleichzeitig als Dateimanager, um in anderen Apps Daten zum Teilen oder Öffnen auszuwählen.

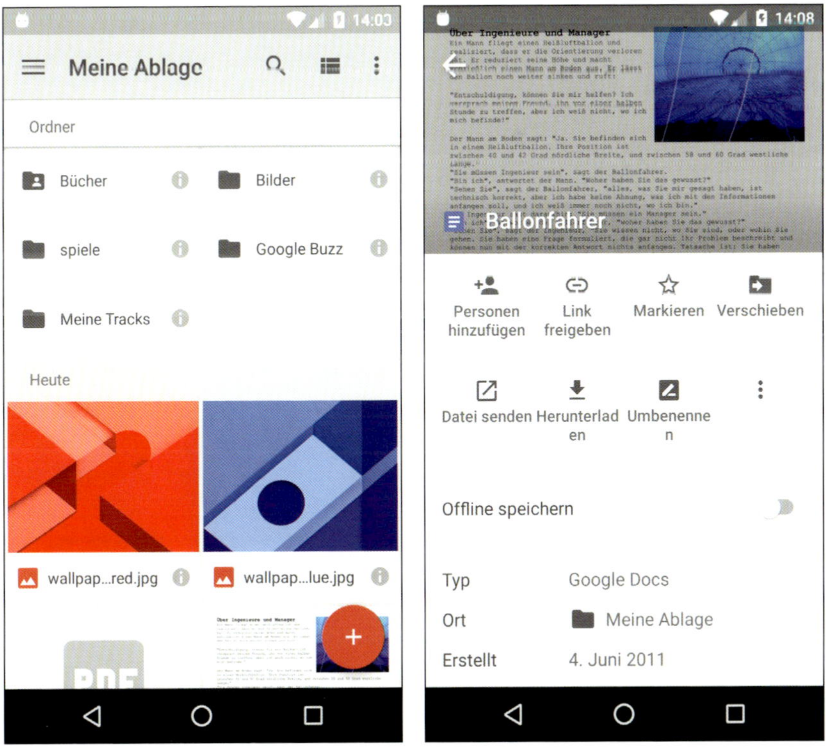

Die Google-Drive-App.

Die Google-Drive-App enthält für viele gängige Dateiformate integrierte Betrachter, um diese Dateien auf dem Smartphone darstellen zu können, ohne spezielle Apps installieren zu müssen. Fotos aus Google Drive werden automatisch in der Fotos-App angezeigt.

Google Drive ist von allen vergleichbaren Cloud-Speicheranbietern am besten in das Android-Betriebssystem integriert. Dateien lassen sich für andere Personen einfach freigeben und versenden. Umgekehrt bieten sehr viele Android-Apps die Möglichkeit, Dateien auf Google Drive abzulegen und zu teilen.

Bei jeder Datei kann auf dem Smartphone eingestellt werden, ob sie zur Offlinenutzung auf das Gerät heruntergeladen werden soll. Bei jeder Veränderung der Datei wird die Offlinekopie mit der Cloud synchronisiert.

Laden Sie auf dem PC bei www.google.com/drive/download Google Drive für Windows herunter. Damit können Sie auf einfache Weise ein Verzeichnis der lokalen Festplatte automatisch im Hintergrund mit Google Drive synchronisieren und auf diese Weise leicht beliebige Dateien zwischen Smartphone und PC austauschen.

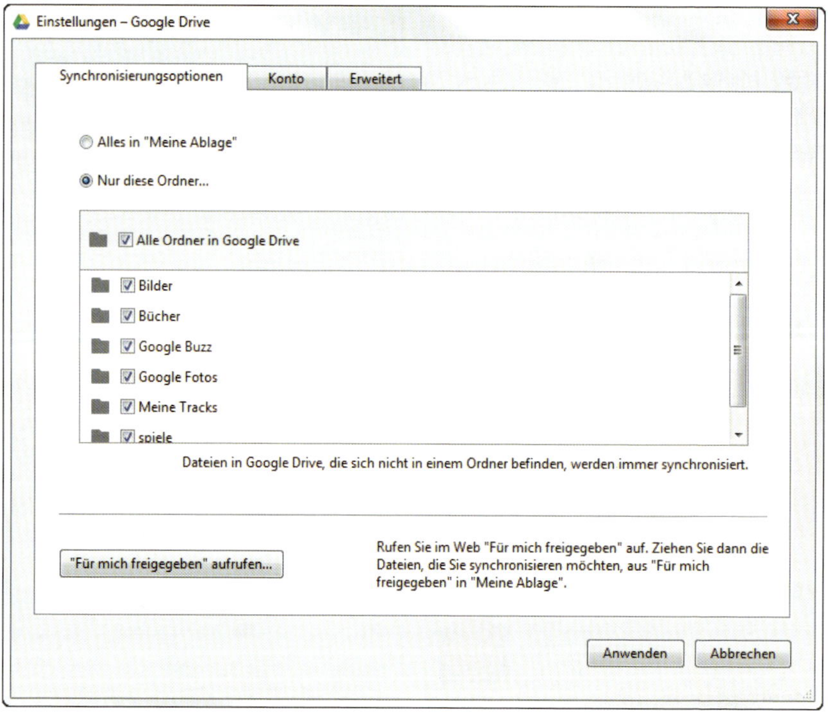

Einstellungen in Google Drive für Windows.

Dokumente aus Google Drive an Termine anhängen

Bei vielen Terminen braucht man irgendwelche Dokumente, Fotos oder andere Dateien. Die Kalender-App bietet in Android 6 Marshmallow die Möglichkeit, Dateien aus Google Drive direkt mit einem Termin zu verknüpfen.

1. Öffnen Sie den Termin im Kalender und tippen Sie auf das Stiftsymbol, um ihn zu bearbeiten.
2. Wischen Sie im Bearbeitungsbildschirm nach ganz unten und tippen Sie auf *Anhang hinzufügen*.
3. Wählen Sie jetzt auf Google Drive die gewünschte Datei aus.
4. Speichern Sie danach den bearbeiteten Termin. Die Datei wird als Verknüpfung im Termin angezeigt und kann direkt aus dem Kalender heraus geöffnet werden.
5. Sind zu dem Termin Gäste eingeladen, erscheint noch eine Frage, ob der Anhang für die Gäste automatisch freigegeben werden soll.

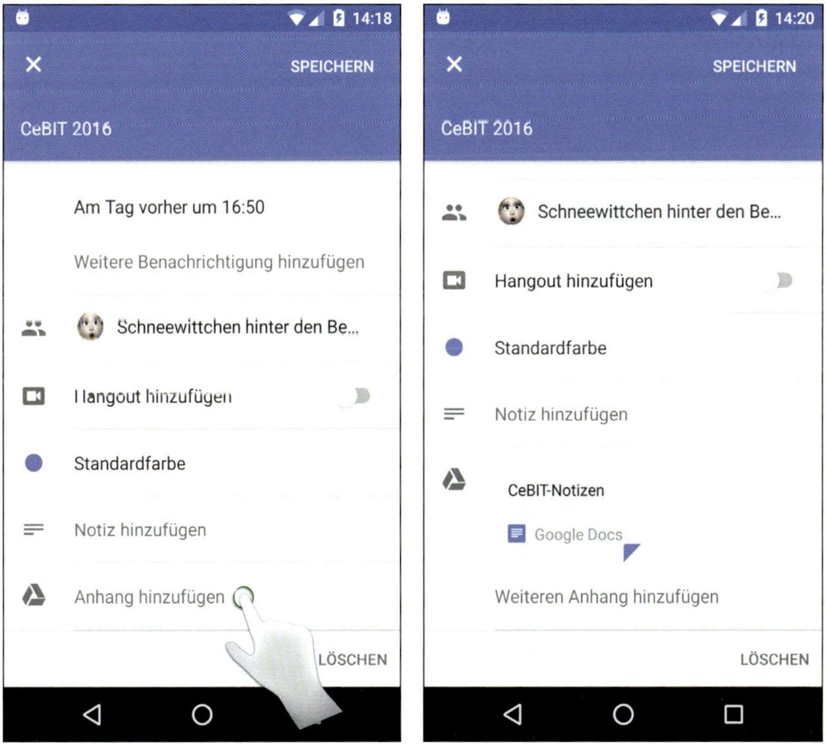

Google-Drive-Anhang im Kalender.

Auf diese Weise hinzugefügte Anhänge sind auch in der Browserversion des Google-Kalenders auf dem PC nutzbar.

OneDrive

Auch Microsoft bietet mit OneDrive (onedrive.com oder 1drv.ms) eine Cloud-Speicherlösung an. Diese ist in Windows 8.1 und Windows 10 bereits fest integriert und gewinnt dadurch zurzeit gerade große Beliebtheit. Mit der entsprechenden Android-App kann man auch vom Smartphone auf seine Dateien zugreifen und sie mit Freunden teilen. Für Nutzer von Windows 7 gibt es bei onedrive.live.com/about/de-de/download eine PC-Anwendung, die ähnlich wie Google Drive und Dropbox ein Verzeichnis der lokalen Festplatte im Hintergrund mit dem Cloud-Speicher synchronisiert.

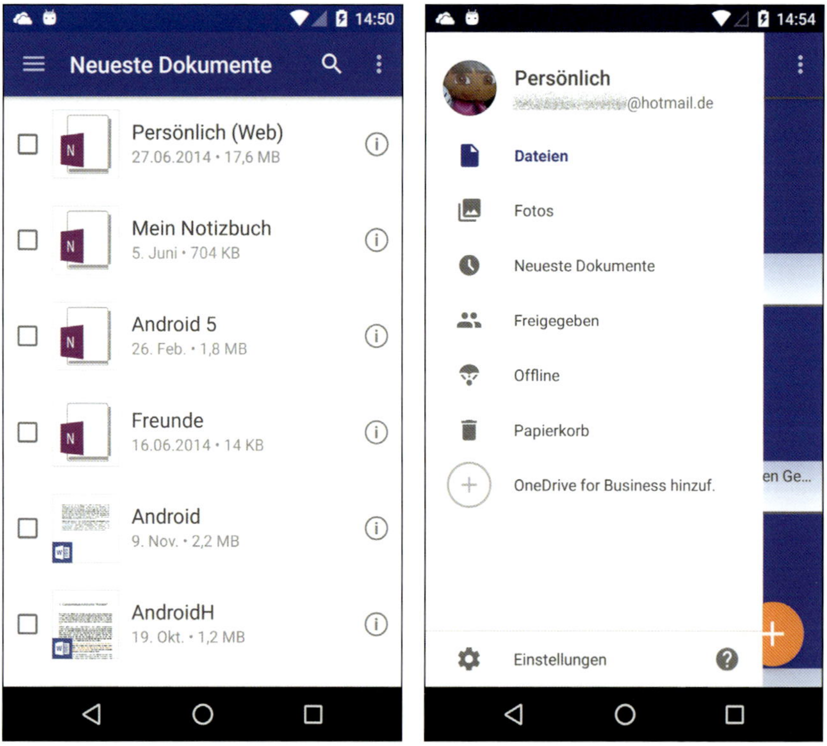

Microsofts OneDrive auf einem Android-Smartphone.

Zur Anmeldung wird ein Microsoft-Konto benötigt. Dies kann mit einer Windows-8.1- oder Windows-10-Installation angelegt worden sein oder Sie melden sich bei onedrive.com oder auch direkt in der App kostenlos neu an. Wer eine E-Mail-Adresse bei Hotmail, MSN oder outlook.com oder ein Benutzerkonto des ehemaligen Windows Live Messengers hat, kann diese Daten auch für OneDrive nutzen.

INFO: Microsoft hat im Januar 2014 wegen eines Namensstreits mit dem Fernsehsender British Sky Broadcasting (BSkyB) seinen Cloud-Speicherdienst SkyDrive in OneDrive umbenannt. Mit der Anmeldung bekommt man 15 GByte kostenlosen Onlinespeicher. Wer schon länger den Vorgänger SkyDrive nutzt, hat sogar 25 GByte zur Verfügung. Nutzer von Office 365 bekommen 1 TByte Speicherplatz.

Bei der Anmeldung über diesen Empfehlungslink erhalten Leser dieses Buches 0,5 GByte zusätzlichen Speicherplatz bei OneDrive: 1drv.ms/1lkdeA1.

Dropbox

Dropbox ist der bekannteste kostenlose Cloud-Speicherdienst, bei dem man eigene Daten auf einem Server ablegen und so von verschiedenen Geräten, PCs oder Smartphones darauf zugreifen kann.

Die Dropbox-App bietet Zugriff auf alle eigenen Dropbox-Ordner sowie auf die von Freunden freigegebenen. Dateien, die als Favoriten markiert sind, werden automatisch zur Offlineverwendung auf das Smartphone heruntergeladen.

Bei der Einrichtung der Dropbox-App können Sie festlegen, dass neue Fotos vom Smartphone automatisch in das Verzeichnis *Camera Uploads* Ihrer persönlichen Dropbox hochgeladen werden sollen. Wählen Sie, um Datenvolumen Ihres Internettarifs zu sparen, die Option *Nur über WLAN*.

TIPP: Dropbox stellt jedem Nutzer 2 GByte kostenlosen Speicherplatz zur Verfügung. Melden Sie sich bei Dropbox über den Link db.tt/vxUArMd an, bekommen Sie zusätzliche 500 MByte Willkommensbonus.

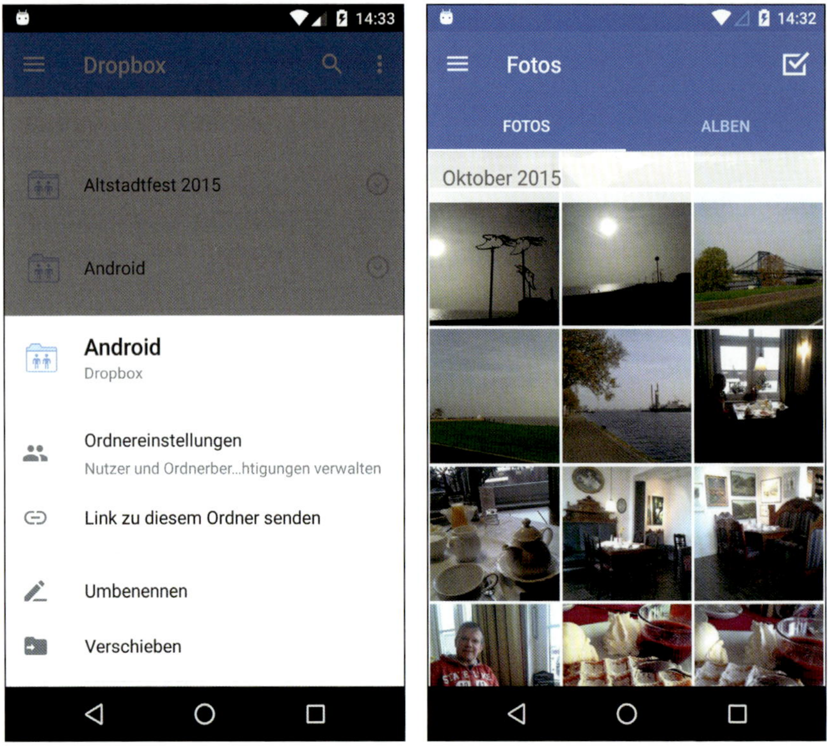

Dropbox-Ordner und Fotos auf dem Smartphone.

KAPITEL 6

Unterwegs mit dem Android-Smartphone

Wer unterwegs ist, braucht eine Landkarte oder einen Stadtplan des Urlaubsortes. Landkarten auf dem Smartphone haben gegenüber ihren auf großformatiges Papier gedruckten Vorgängern einige Vorteile. Sie können deutlich aktueller sein als Pläne aus Papier, die auch in Urlaubsregionen höchstens einmal im Jahr erneuert werden, und der eigene Standort lässt sich per GPS direkt auf der Karte anzeigen. Hinzu kommt eine präzise Suchfunktion, die selbst kleine Orte oder einzelne Straßen in Sekundenschnelle findet.

Google Now

Google Now zeigt Orte in der Nähe sowie bei Reisen auch aktuelle Verkehrsinformationen oder Fahrpläne an, wenn das Smartphone eine Bewegung in Richtung eines bekannten Ortes erkennt.

Google Now ist auf dem Startbildschirm mit einer Wischgeste von links oder über längeres Antippen des Home-Symbols erreichbar. Im Seitenmenü können Sie Google Now an Ihre persönlichen Interessen anpassen und so genau festlegen, welche Informationen angezeigt werden sollen.

Google Maps

Google Maps hat sich zur wichtigsten Quelle für Landkarten und geografische Informationen im Internet entwickelt. Genauso einfach, wie die Suchmaschine Google irgendetwas im Internet findet, findet Google Maps die genaue Position in der realen Welt. Auf fast allen Android-Smartphones ist eine App für Google Maps vorinstalliert, die noch mehr Funktionen bietet als die browserbasierte Version von Google Maps.

Eine Wischgeste von links Richtung Bildschirmmitte blendet ein Seitenmenü ein, über das man öffentliche Verkehrsmittel, Radwege und andere Informationen in der Karte anzeigen lassen kann.

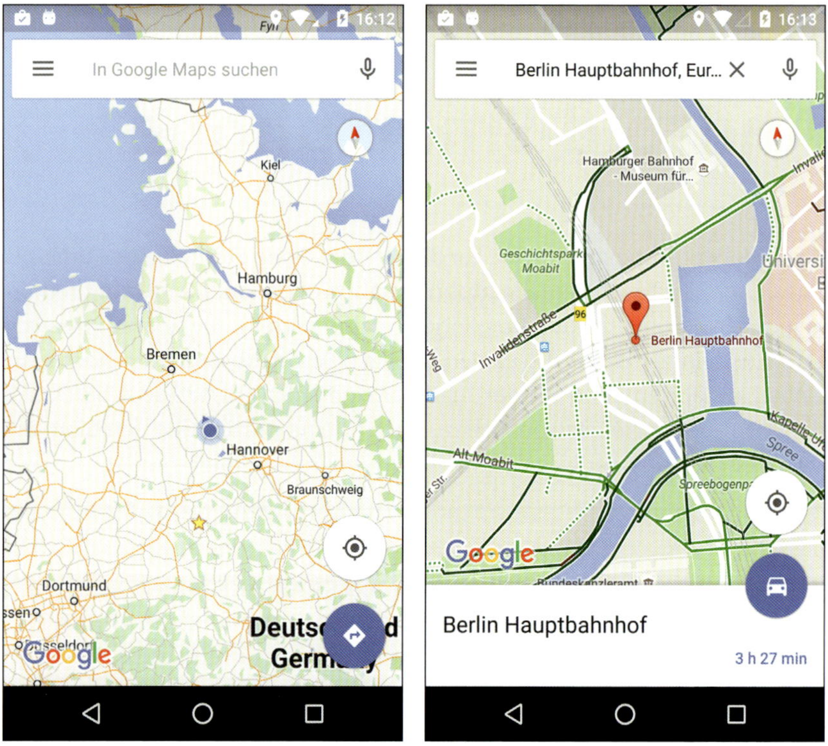

Google Maps auf einem Android-Smartphone, rechts: mit Radwegen.

Google Maps kann den eigenen Standort innerhalb von Gebäuden deutlich exakter bestimmen als andere Kartenanbieter.

Google kennt nicht erst seit der Street-View-Diskussion die Standorte von Millionen WLANs sehr genau. Anhand der Koordinaten des WLANs, in dem ein Gerät angemeldet ist, lässt sich dessen Standort gut ermitteln.

Wenn GPS oder WLAN auf dem Smartphone ausgeschaltet sind, erscheint beim Start von Google Maps eine entsprechende Meldung. Das Standortsymbol unten rechts zeigt den Kartenausschnitt um den eigenen Standort.

Mit zwei Fingern lässt sich die Kartenansicht, die normalerweise nach Norden ausgerichtet ist, drehen. Tippen Sie auf das Kompass-Symbol, wird die Karte wieder genordet.

Google Maps findet über das Suchfeld nicht nur Orte, sondern auch Straßennamen, Läden, Hotels und Restaurants. Dabei wird immer zuerst in der unmittelbaren Umgebung gesucht.

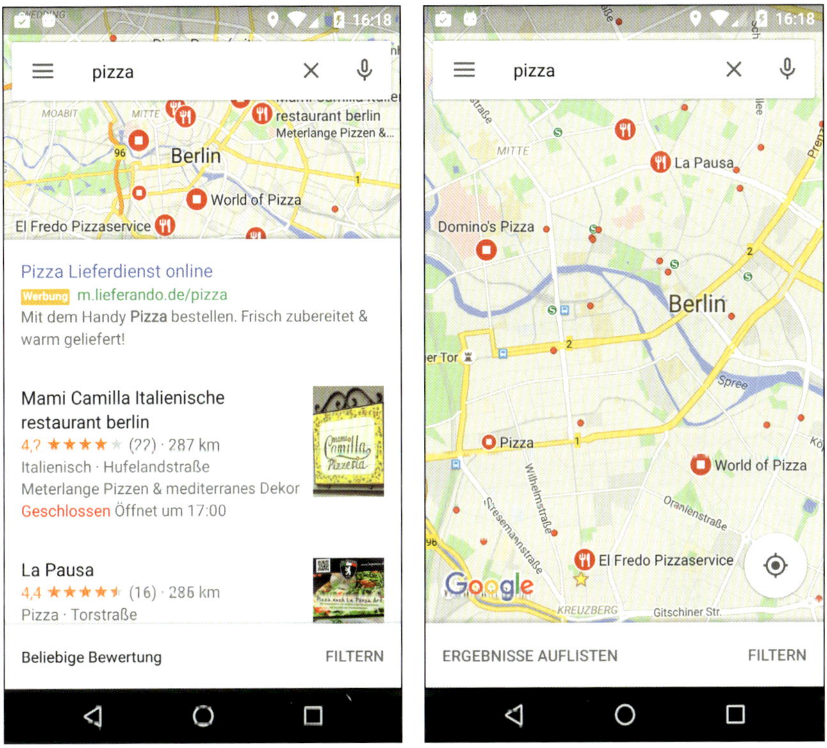

Suche nach Pizzerien, Hotels oder anderen regionalen Suchbegriffen.

Mit der Android-Version von Google Maps lassen sich neben interaktiv verschiebbaren und zoombaren Karten auch die bekannten Satellitenbilder von Google unterwegs verwenden. Über die Seitenleiste schaltet man zwischen den verschiedenen Darstellungen um.

ACHTUNG: Bedenken Sie, dass die Satellitenbilder ein deutlich höheres Datenvolumen verursachen als die simple Vektorgrafik.

Tippen Sie unten auf das Suchergebnis, erscheinen weitere Informationen. Dies funktioniert bei Sehenswürdigkeiten und auch bei zahlreichen Hotels und Gastronomiebetrieben.

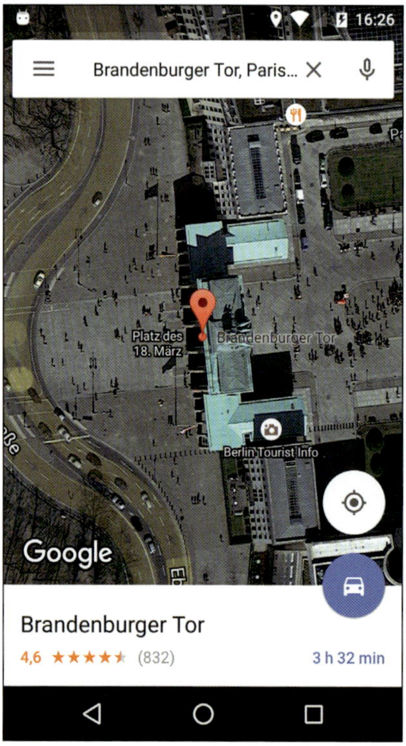

Satellitenbilder und Sehenswürdigkeiten in der Umgebung.

Google Maps offline nutzen

Bewegen Sie sich in Gegenden mit schlechter Mobilfunkversorgung oder im Ausland, ist die Onlinenutzung von Google Maps nicht möglich oder mit hohen Roamingkosten verbunden. Laden Sie deshalb die für eine Reise benötigten Kartenbereiche zu Hause per WLAN herunter, um sie dann vor Ort offline nutzen zu können.

1. Suchen Sie den gewünschten Ort und tippen Sie dann auf das Suchergebnis unterhalb der Kartenanzeige.
2. Die nächste Seite zeigt Informationen zum Ort und meistens auch einige Fotos. Tippen Sie hier auf *Herunterladen*.
3. Jetzt können Sie den herunterzuladenden Kartenbereich noch verschieben. Tippen Sie dann auf *Herunterladen*. Beachten Sie, dass ein Kartenausschnitt für eine Offlinekarte höchstens 120.000 km^2 groß sein kann.
4. Geben Sie dem Kartenausschnitt einen Namen, unter dem er dann später im Menü in der Liste der Offlinekarten zu finden sein wird.

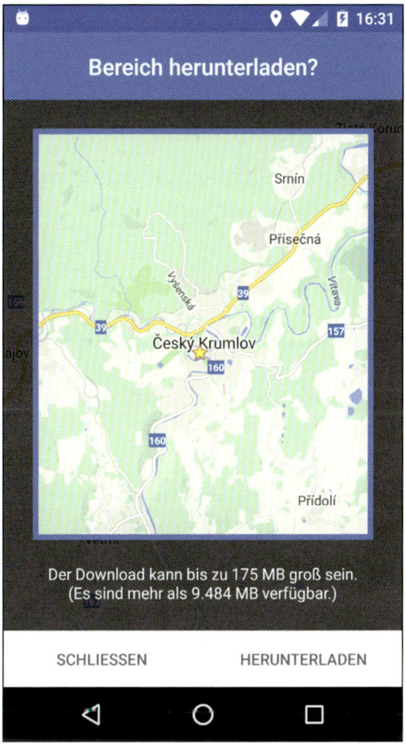

Karten zur Offlinenutzung herunterladen.

Da Kartenmaterial regelmäßig aktualisiert wird, haben die Offlinekarten nur eine begrenzte Gültigkeitsdauer von 30 Tagen. Mit dem Zahnradsymbol in der Liste der Offlinekarten kommen Sie zu den *Einstellungen*.

Hier können Sie festlegen, ob die Offlinekarten bei Ablauf automatisch aktualisiert werden. Dabei sollten Sie die Standardeinstellung beibehalten, dass die Karten wegen der großen Datenmenge nur über WLAN aktualisiert werden.

Routenplanung mit Google Maps

Google Maps enthält einen vollwertigen Routenplaner. Hier kann man wahlweise optimale Strecken für Autofahrer oder Fußgänger errechnen lassen. Dabei wird neben der Entfernung auch die voraussichtliche Zeit für den Weg ermittelt. Die Routenplanung für öffentliche Verkehrsmittel funktioniert inzwischen in Deutschland ebenfalls sehr zuverlässig.

Suchen Sie in Google Maps den Zielort und tippen Sie auf das blaue Symbol unten rechts. Danach starten Sie die Berechnung der Route vom aktuellen

Standort. Wählen Sie oben das gewünschte Verkehrsmittel aus. Hier können Sie auch noch einen anderen Startpunkt oder Routenoptionen einstellen.

Während der Fahrt zeigt Google Maps wie ein klassisches Navigationssystem Fahrtangaben mit Pfeilen an und spricht auch dazu. Tippen Sie unten auf die Zeitangabe, erhalten Sie eine Wegbeschreibung.

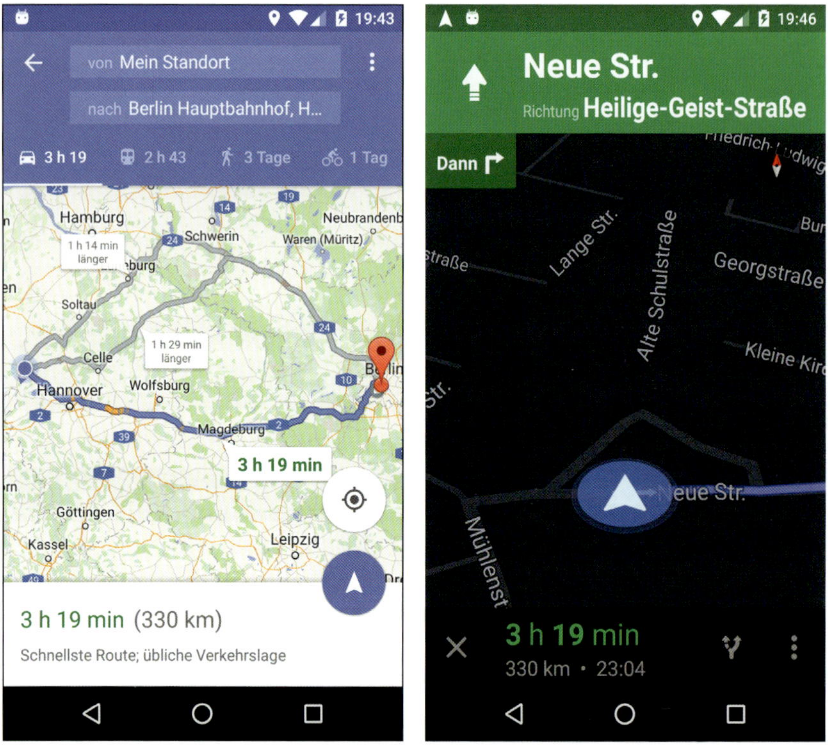

Routenplanung und Navigation in Google Maps.

Auf Autobahnen zeigt ein Farbcode die aktuelle Verkehrslage an. Dabei steht Grün für problemlos, Gelb für dichten Verkehr und Rot für Stau bzw. Staugefahr. Die Daten werden automatisch anhand der Fahrzeuge ermittelt, die sich auf der Strecke befinden und die Google-Maps-Navigation nutzen. Wird die Verkehrslage nicht angezeigt, schalten Sie sie über das Menüsymbol unten rechts in der Navigationsansicht ein.

Planen Sie eine Route mit öffentlichen Verkehrsmitteln, gehen Sie genauso vor und tippen dann im blauen Feld oberhalb der Karte auf das Bahnsymbol bei den Zeitangaben. Jetzt werden die nächsten Verbindungen angezeigt. Die aktuellen Fahrpläne kommen direkt aus den Auskunftssystemen der Deutschen Bahn sowie anderer regionaler Verkehrsbetriebe.

Tippen Sie auf eine Verbindung, erhalten Sie Details zu den Zügen sowie Umsteigebahnhöfe und -Zeiten. Mit dem Einstellungssymbol links wählen Sie andere Abfahrts- oder Ankunftszeiten.

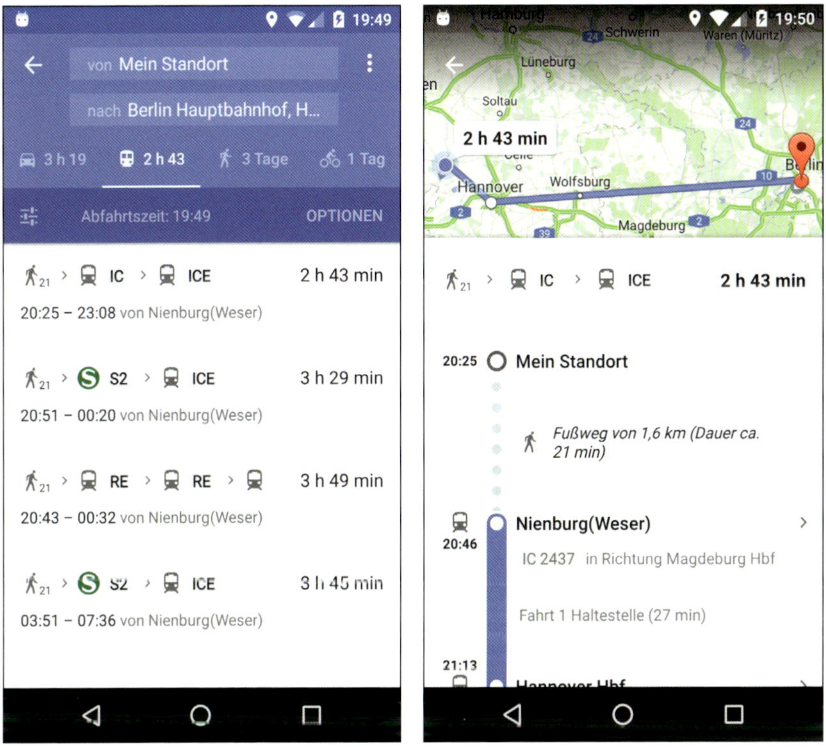

Fahrplanauskunft in Google Maps.

ACHTUNG: Wenn Sie Offlinekarten nutzen, wird nur die Navigation für Autofahrer angeboten. Eine Routenplanung mit öffentlichen Verkehrsmitteln sowie Wegbeschreibungen für Radfahrer und Fußgänger stehen offline nicht zur Verfügung.

Google Street View

Google Street View war früher in Google Maps integriert und wird jetzt als eigene App angeboten, die auch in Gegenden, für die Google noch keine Street-View-Panoramen anbietet, Fotos und Panoramabilder von Nutzern zeigt.

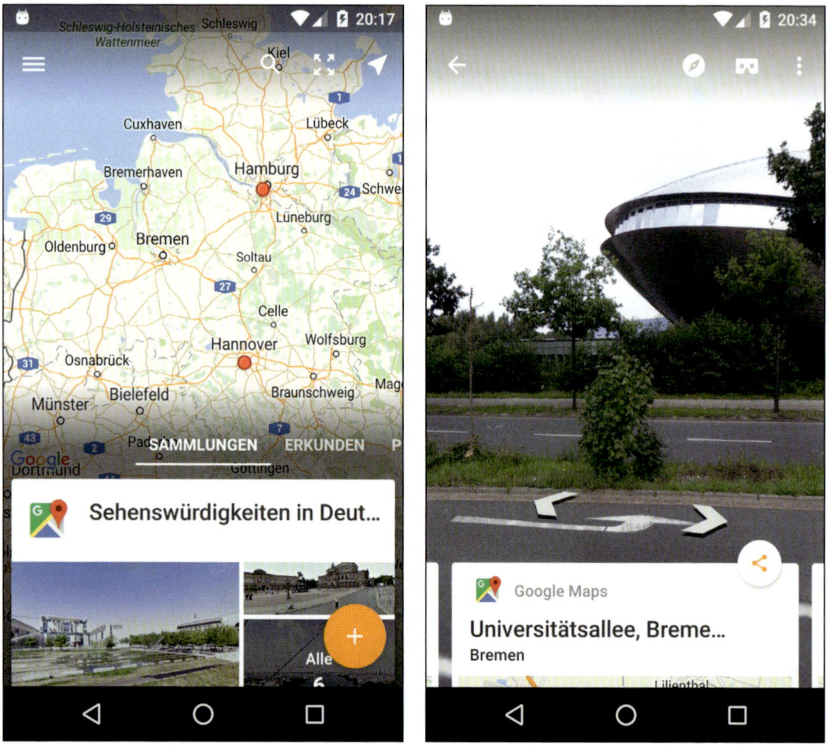

Googles Street-View-App.

INFO: In der Street-View-App können Sie eigene Panoramafotos veröffentlichen. Weitere Informationen dazu finden Sie in Kapitel 7 zum Thema Fotos und Multimedia.

Google Earth

Auf dem Google-Vorzeigeprodukt Android darf natürlich der faszinierende interaktive Weltatlas Google Earth nicht fehlen. Mit einem Fingerstrich kann man um die ganze Welt reisen und über die Suchfunktion Orte, Plätze und sogar ausgewählte Geschäfte und Hotels finden.

Da Google Earth erwartungsgemäß sehr hohe Anforderungen an die Hardware stellt, läuft die App auf einfacheren Smartphones leider nicht. Die dreidimensionalen Gebäudemodelle sind nur auf High-End-Smartphones mit 3D-Grafikprozessor zu sehen.

Google Earth verwendet eine komfortable Multitouch-Navigation über Fingergesten mit einem oder zwei Fingern:

- Streichen Sie mit einem Finger über den Bildschirm, um den Globus zu drehen.
- Durch das Auseinander- und Zusammenziehen von zwei Fingern und gleichzeitiges Drehen können Sie die Karte heranzoomen bzw. wieder herauszoomen und Ihren Blickpunkt ändern.
- Ziehen Sie zwei Finger über den Bildschirm, um die Ansicht zu neigen.
- Durch Doppeltippen mit einem Finger wird die Karte herangezoomt.
- Durch Doppeltippen mit zwei Fingern können Sie herauszoomen.

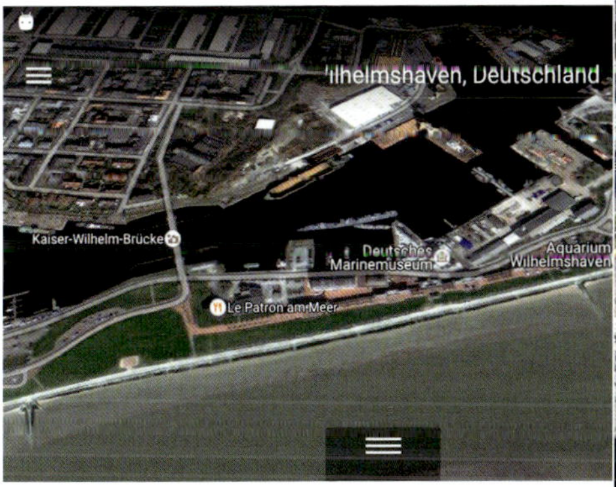

Google Earth auf dem Smartphone.

Zusätzlich zum Satellitenbild lassen sich weitere Ebenen einblenden, die wichtige Orte, Straßen, Fotos aus dem Bilderdienst Panoramio oder auch Wikipedia-Informationen anzeigen. Wikipedia wird innerhalb der App angezeigt und nicht im Webbrowser, sodass Google Earth nicht verlassen werden muss. Mit der Zurück-Taste kommt man sofort wieder zurück.

Google Street View kann innerhalb der Google-Earth-App ebenfalls verwendet werden. Ziehen Sie dazu das gelbe Männchen an die gewünschte Position in den Straßen einer Stadt. Die Straßen, für die Street-View-Ansichten verfügbar sind, werden dann auf der Karte farbig hervorgehoben.

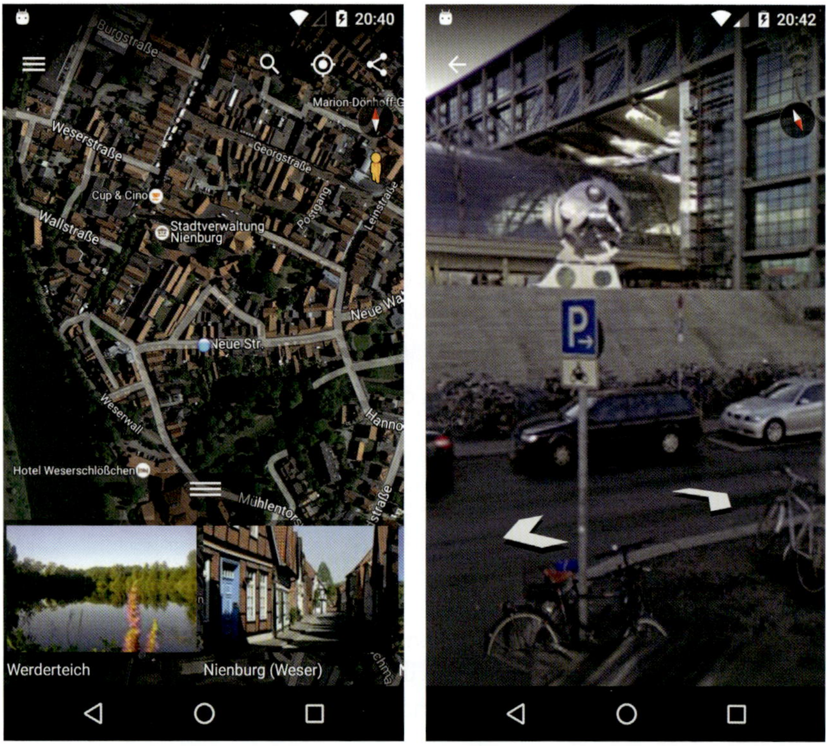

Fotos, Videos und Street View in Google Earth.

Sky Map

Google findet nicht nur auf der Erde alles, sondern bis vor Kurzem auch im Weltraum. Mittlerweile hat Google das Astronomie-Projekt Sky Map an eine unabhängige Entwicklergruppe (goo.gl/XWjRg) abgegeben, was es aber nicht weniger interessant macht.

Sky Map macht aus dem Smartphone ein interaktives Planetarium und zeigt den aktuellen Nachthimmel. Man braucht das Smartphone nur in die richtige Richtung zu halten und Sky Map zeigt die Namen aller Sterne und Planeten, die in dieser Richtung zu sehen sind, oder auch nicht – denn Sky Map funktioniert natürlich auch bei Tageslicht.

Umgekehrt können Sie auch einen Planeten oder Stern mit Sky Map am Nachthimmel suchen lassen. Nachdem Sie den Namen in das Suchfeld eingetippt haben, blendet Sky Map einen roten Kreis und Pfeil ein. Drehen Sie sich selbst so lange mit dem Smartphone in die Richtung des Pfeils, bis der gesuchte Himmelskörper innerhalb des Kreises erscheint.

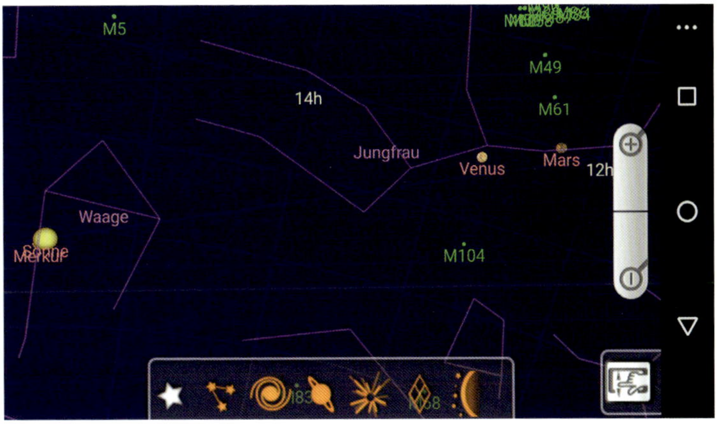

Sky Map zeigt Sterne, Planeten und andere Himmelskörper lagegenau an.

Sky Map kann nicht nur den aktuellen Himmel zeigen, man kann sich auch auf eine interaktive Zeitreise begeben und wie in einem Planetarium die Himmelsbewegungen im Zeitraffer verfolgen.

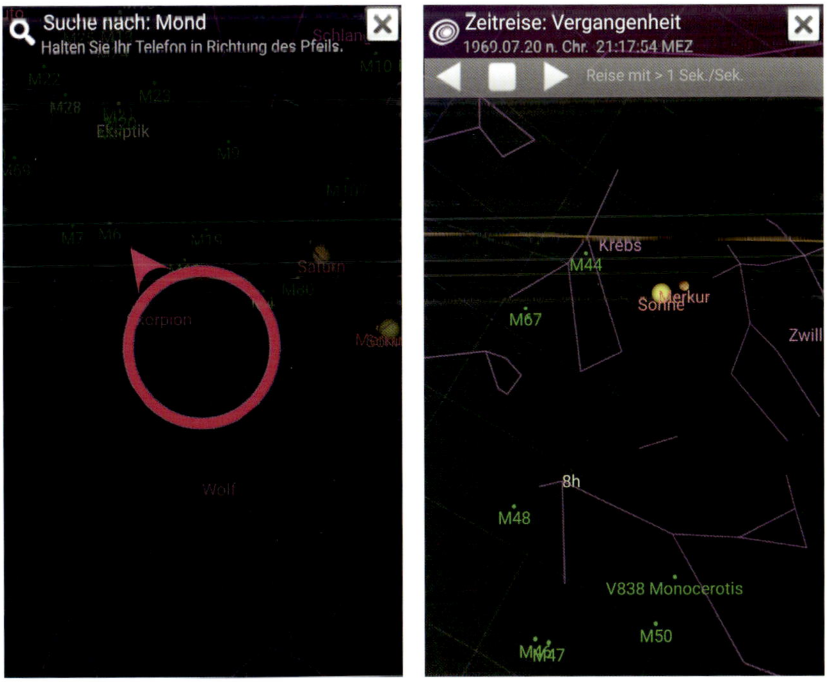

Suche und Zeitreise in Sky Map.

Fahrplanauskunft

Onlinefahrpläne gehörten schon zu Zeiten der ersten WAP-Handys zu den beliebtesten und meistgenutzten mobilen Anwendungen. Das hat sich bis heute nicht geändert. Ein aktueller Fahrplan ist für jeden, der unterwegs ist, unverzichtbar.

DB Navigator

Der *DB Navigator*, die App der Deutschen Bahn, bietet eine Online-Fahrplanauskunft mit Echtzeitdaten zur aktuellen Verkehrslage. Hier findet man schnell die Information, ob ein Zug pünktlich ist und Anschlüsse passen. Anhand der eigenen Position kann die nächste Haltestelle in der Umgebung gefunden werden.

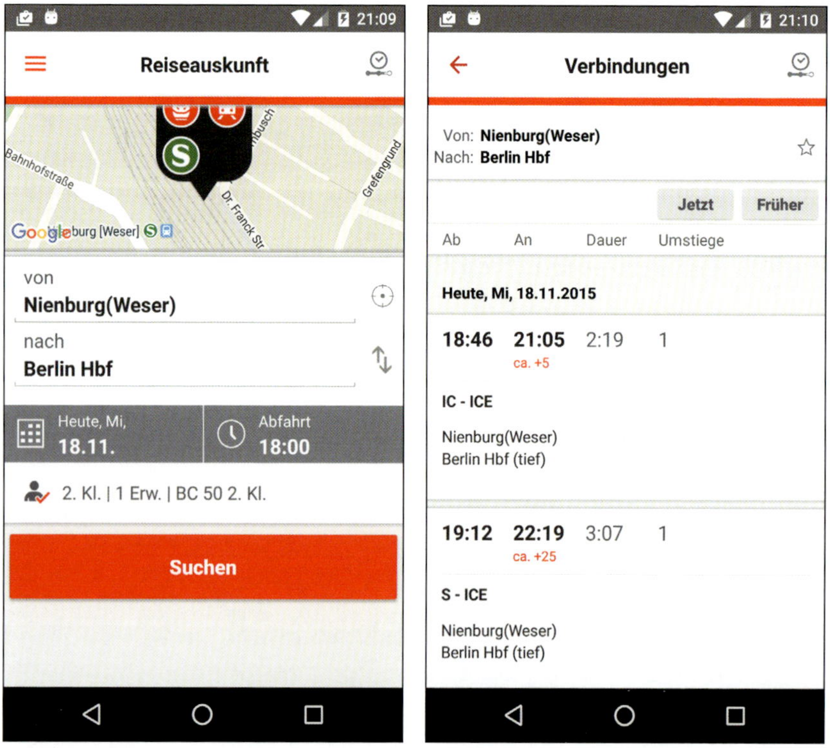

Aktueller Fahrplan mit dem DB Navigator.

TIPP: Beim ersten Start sollten Sie der App Zugriff auf Kontakte und Kalender geben. Dann können geplante Fahrten direkt als Termin in den Kalender eingetragen werden, und Sie können Adressen aus dem Adressbuch als Ziel einer Reise angeben, ohne die nächste Haltestelle kennen zu müssen.

Melden Sie sich außerdem mit Ihrem DB-Kundenkonto bei der App an, dann brauchen Sie Ihre Onlinetickets nicht mehr unbedingt auszudrucken, sondern können sie direkt auf dem Smartphone speichern oder auch aus der App heraus Fahrkarten kaufen. Bei einer Kontrolle im Zug brauchen Sie nur noch den QR-Code auf dem Smartphone-Bildschirm vorzuzeigen.

Man braucht keine Fahrplantabellen zu wälzen, sondern gibt nur Start und Ziel ein und die App sucht alle möglichen Verbindungen innerhalb eines bestimmten Zeitraums. Am Zielort zeigt die App einen Stadtplan sowie Haltestellen in der Nähe.

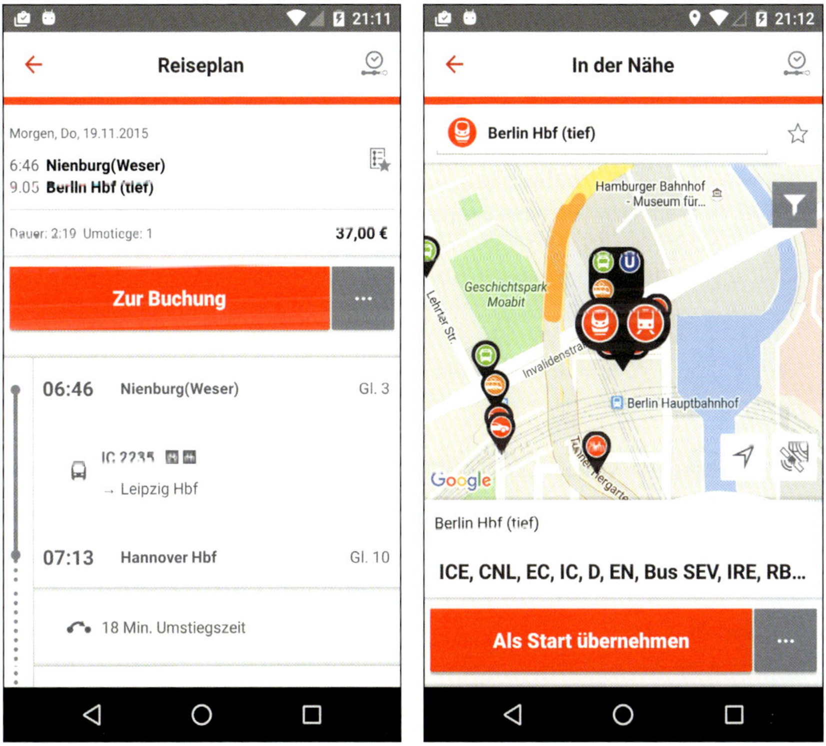

Fahrplandetails und Umgebungsplan eines Bahnhofs im DB Navigator.

Der bessere DB Navigator

Mit dem Update im Juli 2015 verlor der *DB Navigator* einiges an Qualität. Auf einmal gingen wichtige Funktionen verloren, die man vor allem, wenn es zu Problemen kommt, bei schlechten Internetverbindungen im Zug oder knappen Umsteigezeiten, dringend braucht. Die Möglichkeit, Fahrpläne offline auf dem Smartphone zu haben oder die aktuellen Abfahrtstafeln häufig genutzter Bahnhöfe direkt auf dem Startbildschirm, wurden zugunsten einer blassen inhaltslosen Grafik aufgegeben. Viele Daten, die früher kompakt dargestellt wurden, sind jetzt erst nach vielen Klicks und langem Scrollen auf fast leeren Bildschirmseiten zu finden – ausgesprochen lästig, wenn man mit einer Hand am Smartphone durch einen Bahnhof einem verspäteten Zug nachrennt. Auch die Bahnhofspläne mit Übersicht der Gleise, Läden und Gastronomie fehlen in der neuen Version.

Besonders ärgerlich: Die übersichtlichen Informationen zu Verspätungen, die während der Fahrt wichtig sind, wurden aus der App gestrichen. Früher konnte man auf einen Blick sehen, welche Anschlusszüge erreicht werden und welche Alternativen es gibt, wenn es mal zu spät wird. Mehrere Tausend 1-Sterne-Bewertungen im Google Play Store bereits in den ersten Tagen nach Veröffentlichung des Updates sprechen eine eindeutige Sprache.

Mit einem Trick kommt man aber noch an die ältere, bessere Version des *DB Navigator*, die weiterhin alle aktuellen Fahrplandaten anzeigt. Der weiter vorne im Buch beschriebene Amazon-App-Shop liefert diese Version noch (Stand: März 2016). Nach der Installation wird die App bei den eigenen Apps im Google Play Store angezeigt, obwohl sie nicht von dort installiert wurde. Schalten Sie hier gleich das automatische Update aus, sonst haben Sie möglicherweise schon Sekunden später wieder die neue Version auf Ihrem Smartphone. Weitere Informationen finden Sie auf wp.me/p1mbVt-e4.

Fahrpläne in Großstädten

Die Verkehrsverbünde in deutschen Großstädten bieten ihre Fahrplanauskünfte und teilweise noch weitere Informationen auf für Smartphones optimierten Webseiten an. Für die vier größten Metropolregionen finden Sie hier Links und QR-Codes:

Rhein-Ruhr mobil.vrr.de – Berlin mobil.bvg.de – Hamburg m.hvv.de – München m.mvv-muenchen.de.

Auf der Basis der App *DB Navigator* bieten verschiedene Verkehrsverbünde in Deutschland ähnliche Apps an, die alle regionalen Verkehrsmittel und teilweise noch besondere Zusatzfunktionen enthalten.

S-Bahn Berlin

S-Bahn München

Verkehrsverbund Berlin-Brandenburg

Verkehrsverbund Bremen/ Niedersachsen

S-Bahn Stuttgart

Apps der Verkehrsverbünde.

Öffi

Öffi ist ein Routenplaner für Verkehrsnetze in zahlreichen deutschen Großstädten. Die App zeigt die Streckennetze der U- und S-Bahnen in den Ballungsräumen an und findet per Suchfunktion oder GPS jede Haltestelle in der Umgebung. Die notwendigen Daten werden online aus den aktuellen Datenbanken der jeweiligen Verkehrsverbünde übernommen. Die interessanteste Funktion ist das Routing zwischen zwei beliebigen Haltestellen. Die App findet die kürzeste Verbindung oder die, bei der man am wenigsten umsteigen muss, und zeigt diese auf dem Stadtplan an.

In einer Zeitbalkenansicht sieht man alle Fahrmöglichkeiten in nächster Zeit sehr übersichtlich dargestellt. Bei Verspätungen werden in Echtzeit aktuelle Abfahrtszeiten angezeigt. Dazu liefert *Öffi* zoombare Liniennetzpläne von zahlreichen Verkehrsverbünden in Deutschland und auch anderen europäischen Ländern.

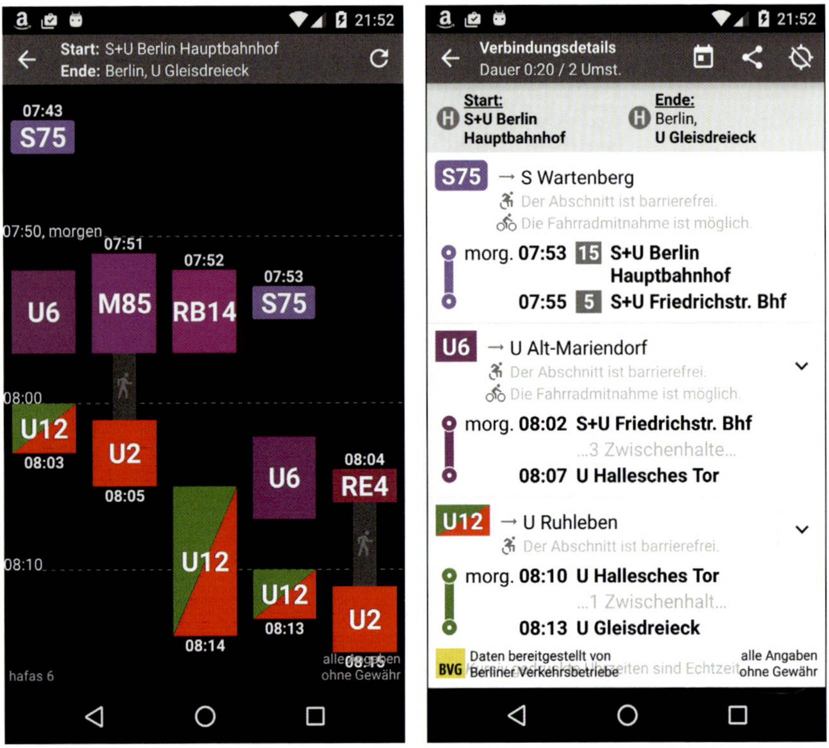

Öffi bietet viel mehr als die offiziellen Apps der U- und S-Bahnen in Deutschland.

Flugsuche mit Skyscanner

Einen günstigen Flug zu finden, ist wesentlich komplizierter als eine Bahnverbindung, da bei Flügen diverse Anbieter miteinander konkurrieren. Verschiedene Internetportale haben sich auf die Flugsuche und Buchung spezialisiert. Eine bekannte derartige Webseite, Skyscanner, bietet eine eigene Android-App an, mit der man komfortabel preisgünstige Flüge findet.

Nachdem man Start- und Zielort sowie die gewünschten Flugtage angegeben hat, sucht Skyscanner Flüge und zeigt diese nach Preisen sortiert an. Zu jedem Flug findet man neben dem Preis auch Flugnummer und genaue Zeiten, auch bei Umsteigeverbindungen. Natürlich kann man auch direkt aus der App heraus die Flüge buchen. Dazu verlinkt Skyscanner auf die jeweiligen Buchungsseiten der Fluggesellschaften und Reiseanbieter.

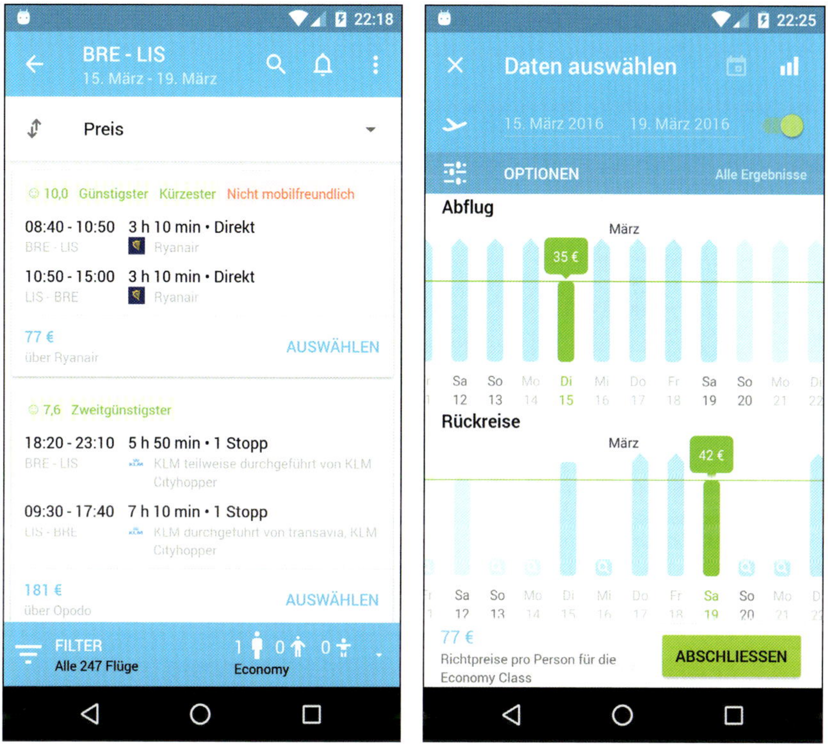

Skyscanner sucht preisgünstige Flüge auf dem Smartphone.

Eine Grafik liefert auf einen Blick die Preisentwicklung für die nächsten Tage. Diese ist etwas versteckt bei der Datumsauswahl zu finden und nicht aus den Suchergebnissen zu erreichen.

Wettervorhersage

Das aktuelle Wetter ist immer ein Gesprächsthema. Ändern kann man es zwar nicht, aber zumindest das Beste daraus machen. Internetseiten mit Wettervorhersagen gibt es wie Sand am Meer, und jeder hat darunter schon seine Lieblingsseite gefunden. Nur sind die meisten Wetterseiten mit viel Multimedia-Aufwand und jeder Menge Werbung gestaltet, sodass man es schwer hat, die wirklichen Wetterdaten zu finden, falls die Seiten auf dem kleinen Smartphone-Bildschirm überhaupt dargestellt werden.

Wesentlich komfortabler ist eine der kostenlosen Wetter-Apps, die die Wettervorhersage für den Heimatort oder das Urlaubsziel direkt aufs Handy bringen. Viele Handyhersteller liefern bereits Wetter-Apps als Widgets auf dem Startbildschirm mit. Diese zeigen das Wetter für den aktuellen Standort oder zusätzlich auch für beliebige frei wählbare Orte an.

Der Google Play Store bietet jede Menge Wetter-Anwendungen zum Download. Probieren Sie einfach ein paar davon aus und entscheiden Sie sich für Ihren persönlichen Favoriten.

Wetter bei Google Now

Google Now zeigt das Wetter für den aktuellen Standort an. Tippen Sie in Google Now auf die Wetteranzeige, erscheint eine detaillierte Vorhersage für die nächsten fünf Tage.

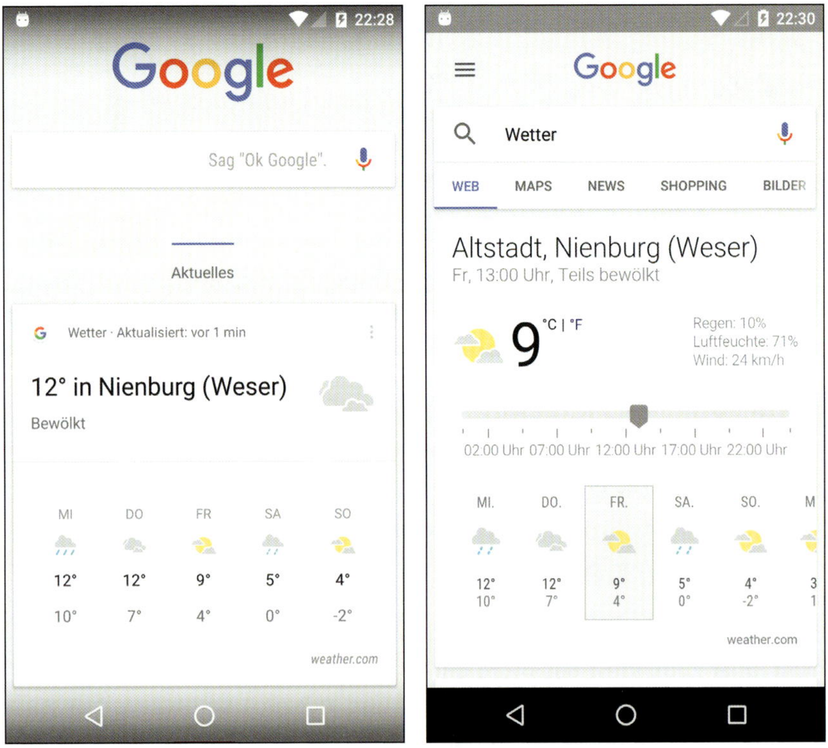

Das aktuelle Wetter in Google Now und eine Vorhersage bei Google.

wetter.com

Die App des bekannten Online-Wetterdienstes www.wetter.com zeigt auf dem Smartphone eine Wettervorhersage für den aktuellen Standort oder einen beliebigen anderen Ort in Deutschland.

Neben dem aktuellen Wetter gibt es eine Vorhersage für die nächsten sieben Tage, einen Wetterbericht in Textform, das Regenradar für ganz Deutschland sowie amtliche Wetterwarnungen.

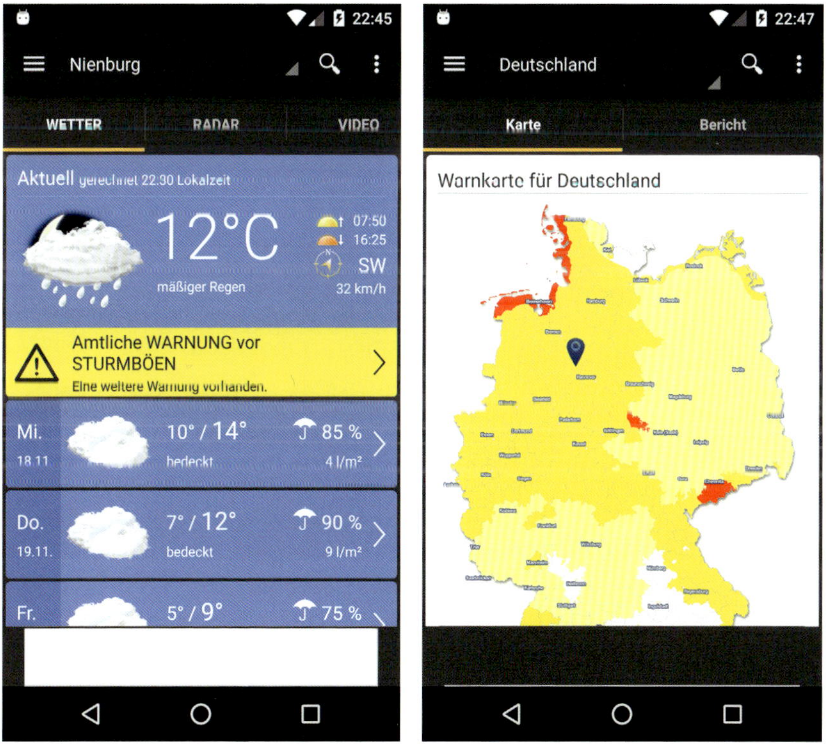

Die App von wetter.com auf dem Smartphone.

WeatherPro

WeatherPro liefert (im Vergleich mit den meisten kostenlosen Anwendungen) wesentlich ausführlichere und wirklich erstaunlich zuverlässige Wettervorhersagen für die nächsten sieben Tage.

Dazu wählt man die gewünschten Orte oder lässt einfach das Wetter für den aktuellen automatisch ermittelten Standort anzeigen.

Wettervorhersage für die nächsten Tage und im Drei-Stunden-Intervall.

Wie bei den meisten Wetter-Apps können Sie mehrere Orte als Favoriten speichern. Das Wetter für den ersten Favoriten erscheint direkt auf der Startseite, wenn Sie die Anwendung starten.

WeatherPro wird von Europas größtem privatem Wetterservice, MeteoGroup, entwickelt und liefert deutlich mehr Daten als andere Wetter-Anwendungen. Temperatur, Niederschlagswahrscheinlichkeit und -menge, Sonnenscheindauer sowie andere Parameter werden grafisch für die kommenden Tage angezeigt. An jedem Tag werden auch ortsgenau die Zeiten für Sonnenauf- und -untergang angezeigt.

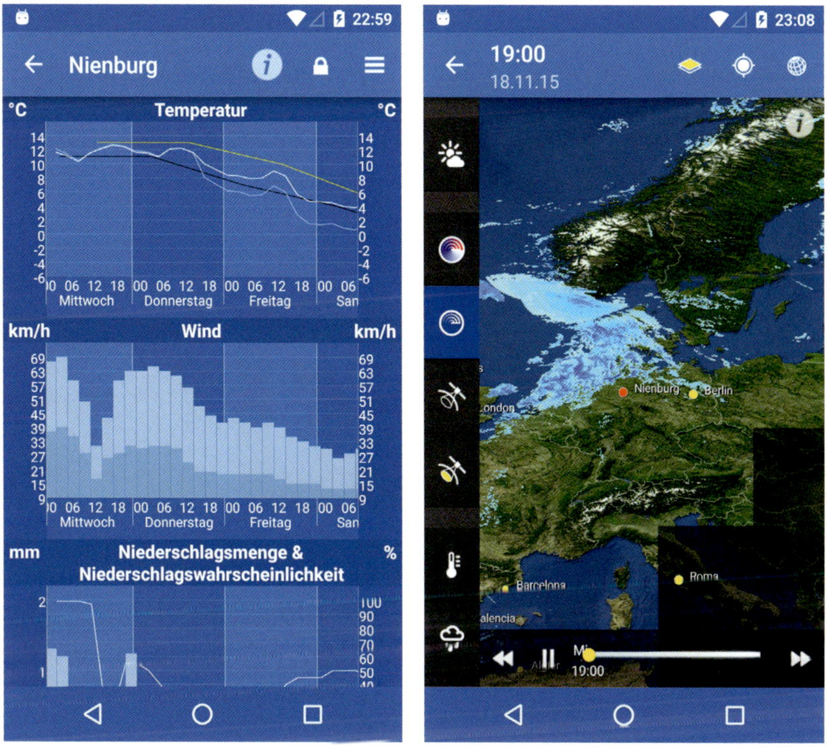

Wetterkurven und Wetterradar.

Verschiedene Widgets für den Startbildschirm zeigen das aktuelle Wetter sowie die Vorhersage für die nächsten Tage an. Auf Smartphones mit eingebautem Temperatursensor wird dieser ausgelesen und die aktuelle Umgebungstemperatur mit den Wetterdaten angezeigt.

Persönliche Meinung

Persönlich bevorzuge ich, wie die meisten Anwender, kostenlose Apps auf dem Smartphone. Wenn diese allerdings ihren Zweck nicht erfüllen, wie zum Beispiel bei einer Wetter-App unzuverlässige Daten liefern, bin ich auch bereit, etwas zu bezahlen. WeatherPro überzeugt durch die Qualität der Vorhersagen, und genau dafür braucht man eine Wetter-App. WeatherPro ist die einzige kostenpflichtige App, die ich in diesem Buch empfehle. Was nützen viele verschiedene Wetter-Apps, wenn keine davon auch nur annähernd zuverlässige Vorhersagen liefert.

Telefonnummern, Hotels, Geldautomaten finden

Wer früher unterwegs eine Telefonnummer oder ein Hotel suchte, musste in eine Telefonzelle gehen und dort im Telefonbuch nachschlagen. Das war damals schon umständlich – heute sogar noch mehr, werden doch die Telefonzellen immer seltener, und in denen der neuen Generation liegen auch keine Telefonbücher mehr aus. Wesentlich bequemer ist die Suche mit einer passenden App auf dem Smartphone.

Das Telefonbuch

Das Telefonbuch der Telekom war früher in keinem Haushalt wegzudenken. Zu Zeiten der Wählscheibenfernsprecher hatte jeder einen solchen Wälzer am Telefon liegen und der enthielt nur die Nummern der eigenen Stadt und näheren Umgebung.

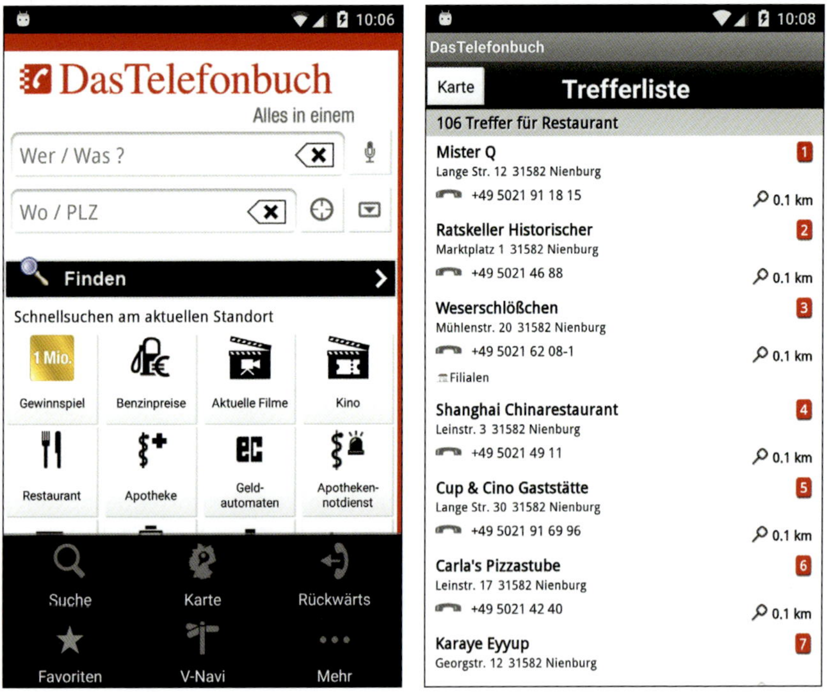

Das Telefonbuch für Android.

Heute hat man über die Telefonbuch-App Zugriff auf sämtliche Telefonnummern aus ganz Deutschland – und das tagesaktuell und nicht nur einmal im Jahr erneuert. Eine gefundene Rufnummer kann man direkt anrufen, die Adresse auf einer Karte anzeigen lassen oder auch ins Adressbuch des Smartphones übernehmen.

Restaurants, Hotels, Apotheken, Taxis, Geldautomaten und verschiedene weitere Informationen lassen sich abhängig vom eigenen Standort in unmittelbarer Umgebung im Telefonbuch finden. Außerdem ist eine Rückwärtssuche anhand einer Telefonnummer möglich, sodass man leicht feststellen kann, wer gerade angerufen hat.

Lokale Google-Suche

Google My Business ist ein Firmen-, Kneipen- und Restaurantverzeichnis, das von Google mit Daten verschiedener Anbieter gefüllt wird. Hier findet man unter anderem auch diverse Nutzerbewertungen, die allerdings wie überall mit Vorsicht zu genießen sind. Die lokale Google-Suche zeigt neben Kneipen und Restaurants auch Hotels, Geldautomaten, Veranstaltungen und viele andere interessante Orte.

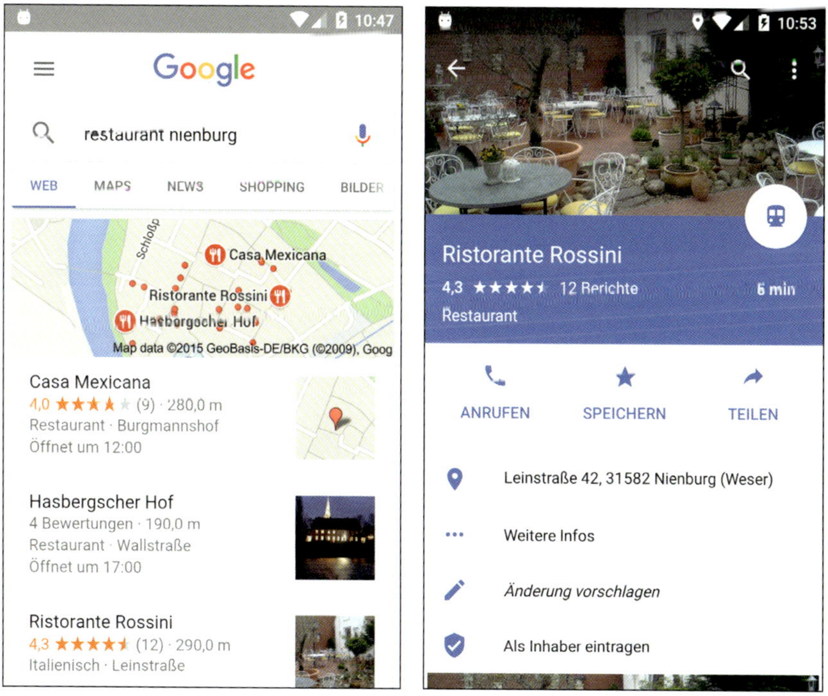

Lokale Google-Suche.

Die lokale Google-Suche braucht nicht eigens als App installiert zu werden. Der Dienst ist direkt in die Google-Suche und auch in Google Maps auf dem Smartphone integriert und bietet verschiedene Kategorien an. Die Ergebnisse werden direkt als Liste oder auf einer Landkarte dargestellt. Dabei werden die eigenen Standortinformationen genutzt, um Suchergebnisse in der Umgebung zu liefern.

Kapitel 7

Fotos und Multimedia

Ein Smartphone eignet sich bestens als digitaler Bilderrahmen. Dank heutiger Speichergrößen von mehreren GByte kann man Tausende von Fotos bequem mit sich herumtragen.

Die vorinstallierte Fotos-App zeigt alle Bilder aus den eigenen Google-Fotoalben wie auch die, die sich auf der Speicherkarte befinden. Diese können vom PC übertragen, aus dem Internet heruntergeladen oder mit der Kamera fotografiert worden sein. Wählen Sie im Seitenmenü *Auf dem Gerät*, um nur die auf dem Smartphone bzw. der Speicherkarte abgelegten Fotos zu sehen.

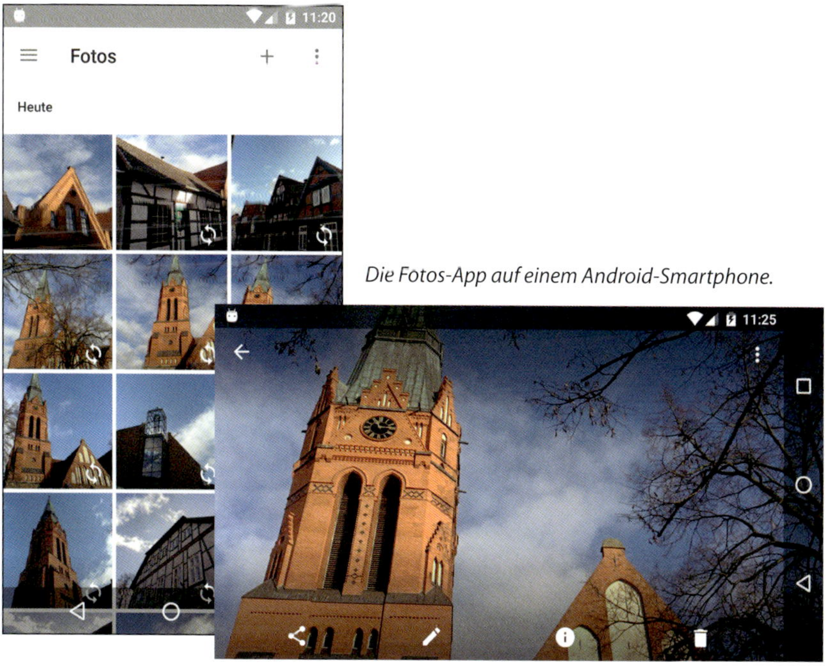

Die Fotos-App auf einem Android-Smartphone.

Tippt man auf eines der Vorschaubilder, wird das Foto groß dargestellt. Mit einer Zweifingergeste lässt sich zoomen. Durch einfaches horizontales Wischen mit dem Finger über den Bildschirm blättern Sie zu den nächsten oder vorherigen Bildern. Im Menü rechts oben können Sie eine automatische Diashow starten.

Smartphone-Fotos automatisch sichern

In den Einstellungen der Fotos-App lässt sich festlegen, dass alle mit dem Smartphone aufgenommenen Fotos automatisch bei Google in einem privaten Album gesichert werden, auf das nur Sie selbst Zugriff haben. Auf diese Weise haben Sie jederzeit vom PC aus über photos.google.com Zugriff auf Ihre Fotos, ohne sie manuell übertragen zu müssen.

Google versucht, Speicherplatz an Benutzer zu verkaufen, und sichert deshalb, solange diese Einstellung nicht geändert wird, alle Fotos in Originalgröße. Dabei sind 15 GByte kostenlos verfügbar. Stellen Sie also in den Einstellungen der Fotos-App unter *Sichern und synchronisieren* die *Uploadgröße* von *Originalgröße* auf *Hohe Qualität* um. Bei einer Auflösung von bis zu 16 Megapixeln ist das Speichern unbegrenzt kostenlos. Diese Bilder werden nicht auf den kostenlosen Speicherplatz bei Google Drive angerechnet.

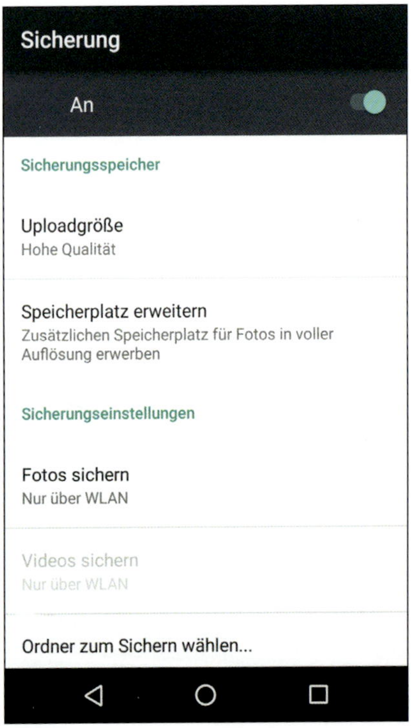

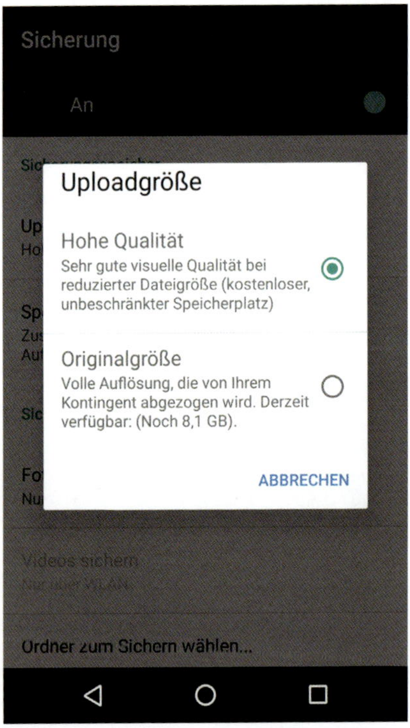

Fotogröße für die automatische Sicherung reduzieren.

Um Datenvolumen im Mobilfunk zu sparen, enthält die Fotos-App eine Einstellung, Fotos nur bei aktiver WLAN-Verbindung hochzuladen. Wer mit einem ständig zu schwachen Handyakku zu kämpfen hat, kann die automatische Sicherung so einstellen, dass sie nur läuft, wenn das Smartphone am Stromnetz hängt. Videos sollte man am besten gar nicht automatisch sichern, da hier das kostenlose Datenvolumen sehr schnell erreicht wird. Ebenso sollte beim Roaming wegen der hohen Kosten die automatische Sicherung abgeschaltet werden.

Fotos schneller finden

Googles Fotos-App bietet eine neuartige Suchfunktion, um Fotos nach bestimmten Stichwörtern zu finden, ohne sie vorher – wie früher üblich – manuell taggen zu müssen.

Tippen Sie auf das Lupensymbol auf dem Startbildschirm der Fotos-App. Jetzt werden einige Fotokategorien mit Orten und Dingen automatisch vorgeschlagen. Sie können auch im Suchfeld oben Suchbegriffe eingeben. Die App versucht, anhand von Ortsangaben oder typischen Motiven passende Fotos zu finden, was in den meisten Fällen auch sehr gut funktioniert.

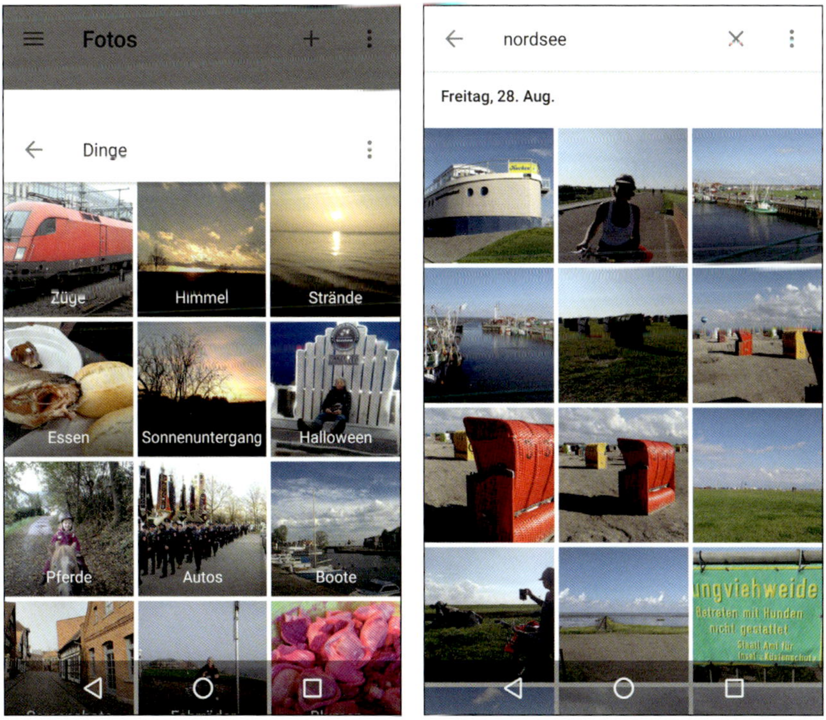

Fotos kategorisieren und suchen.

Fotografieren mit dem Smartphone

Aktuelle Smartphones haben Kameras eingebaut, deren Auflösung und Bildqualität mittlerweile höher sind als die von Digitalkameras der Mittelklasse. Eine ausreichend große Speicherkarte eingebaut, kann das Smartphone in vielen Fällen die klassische Digitalkamera ersetzen. Der Bildschirm, der als Sucher dient, ist deutlich größer als bei klassischen Kameras, allerdings fehlt den Smartphones noch der optische Zoom, der viel mehr Details liefert als der simple Digitalzoom, den die meisten Smartphones heute in ihren Kamera-Apps bieten.

ACHTUNG: Achten Sie darauf, dass die Kameralinse auf der Rückseite des Smartphones nicht verkratzt, wenn Sie das Gerät in die Tasche stecken und sich dort zum Beispiel auch noch ein Schlüsselbund befindet.

Die Kamera wird über eine vorinstallierte Kamera-App auf dem Smartphone gestartet. Android-6-Smartphones haben üblicherweise keine eigene Kamerataste. Auf einem ausgeschalteten Smartphone kann man die Kamera direkt vom Sperrbildschirm starten, indem man das Kamerasymbol aus der rechten unteren Bildschirmecke in Richtung Bildschirmmitte zieht.

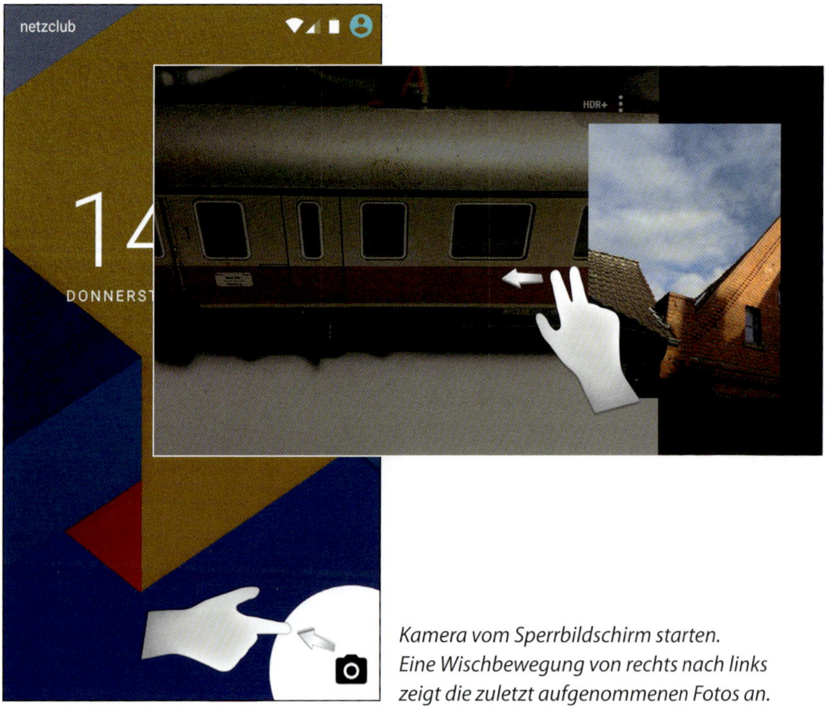

Kamera vom Sperrbildschirm starten. Eine Wischbewegung von rechts nach links zeigt die zuletzt aufgenommenen Fotos an.

Android-Kamera-App

In den ersten Android-Versionen war die Standard-Kamera-App recht simpel, sodass die meisten Gerätehersteller eigene Apps zur Ansteuerung der Kameras in ihren Smartphones vorinstallierten. Auch heute gibt es noch verschiedene Kamera-Apps bei unterschiedlichen Smartphone-Herstellern. Haben Sie auf dem Smartphone noch eine Kamera-App des Geräteherstellers, die möglicherweise nur eingeschränkte Funktionen bietet, können Sie über den QR-Code aus dem Google Play Store die originale Android-Kamera-App herunterladen.

Die Bedienungselemente der Kamera-Apps sind so angeordnet, dass sie sich, wenn man das Smartphone in beiden Händen hält, bequem mit den Daumen steuern lassen.

Die große Schaltfläche rechts ist der Auslöser. Tippen Sie darauf, wird ein Bild aufgenommen. Auf dem Bildschirm zeigt ein rundes Symbol die Aktivität des Autofokus. Platzieren Sie dieses Symbol an der Stelle im Bild, auf die fokussiert weden soll.

Tippen Sie auf das Symbol mit den drei Punkten oben rechts auf dem Kamerabildschirm, erscheint eine Symbolleiste mit weiteren Funktionen.

Die Symbolleiste mit Kamerafunktionen.

Frontkamera

Sich selbst mit dem Handy zu fotografieren, war früher mit viel Zufall und akrobatischem Geschick verbunden. Auf den meisten Smartphones können Sie über ein Symbol die Frontkamera, die ursprünglich für Videochats gedacht ist, auch zum Fotografieren nutzen. So sehen Sie sich selbst auf dem Bildschirm und können wesentlich einfacher Selbstporträts – heute oft als Selfies bezeichnet – aufnehmen.

Fotoleuchte

Bei Dunkelheit kann das zu fotografierende Objekt mit der Blitz-LED auf der Rückseite des Smartphones beleuchtet werden. Im automatischen Modus wird die LED abhängig von der Umgebungshelligkeit bei dunklen Szenen eingeschaltet. Diese sehr helle LED verbraucht viel Akkustrom und sorgt oft auch für Farbverfälschungen, sie sollte daher sparsam eingesetzt werden.

HDR-Foto

Die Abkürzung HDR steht für **H**igh **D**ynamic **R**ange (zu Deutsch »hoher Dynamikumfang«) und bezeichnet eine Technik in der Fotografie, die früher teuren Spezialkameras vorbehalten war.

Bei schwierigen Belichtungsverhältnissen wie zum Beispiel gleißendem Tageslicht oder dunklem Kerzenschein erscheinen Teilbereiche eines Fotos immer zu hell oder zu dunkel. Die HDR-Fotografie bedient sich hier eines Tricks, um auch in dunklen Bereichen eines Fotos noch Details darzustellen.

Die Kamera nimmt im HDR-Modus automatisch drei Bilder mit unterschiedlichen Belichtungseinstellungen auf und errechnet daraus ein neues Bild mit deutlich höherem Dynamikumfang.

Sie brauchen sich um nichts weiter zu kümmern, als die Kamera möglichst ruhig zu halten, damit die drei Aufnahmen auch wirklich exakt das gleiche Bild zeigen.

Links: normale Aufnahme, rechts: HDR-Aufnahme.

Bedingt durch die HDR-Technik stehen in diesem Modus einige der anderen Kameraeffekte nicht zur Verfügung. So kann zum Beispiel die Fotoleuchte im HDR-Modus nicht verwendet werden.

Hilfslinien

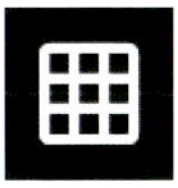

Hauchdünne Hilfslinien helfen dabei, die Kamera gerade zu halten, damit der Horizont wirklich horizontal aufs Bild kommt. Besonders bei Aufnahmen am Strand, wo ein exakt waagerechter Horizont zu sehen ist, wirkt ein schiefer Horizont sehr unprofessionell.

Selbstauslöser

Mit einem zeitgesteuerten Selbstauslöser können Sie Gruppenfotos aufnehmen, auf denen Sie selbst mit drauf sind. Allerdings müssen Sie dazu das Smartphone auf einer festen Unterlage fixieren, damit sich der Bildausschnitt nicht verändert.

Selbstauslöser sind auch bei schwachem Licht und sehr langen Belichtungszeiten hilfreich. In diesem Fall verhindern sie ein Verwackeln durch die Berührung des Auslösers. Auch hier muss das Smartphone natürlich gut befestigt sein, um vor Verwacklern zu schützen.

Tippen Sie mehrfach auf das Selbstauslöser-Symbol, um zwischen unterschiedlichen Verzögerungszeiten zu wählen.

Weitere Fotofunktionen in Android 6 Marshmallow

Die Kamera-Apps bieten neben der ganz normalen Einzelbildaufnahme je nach Smartphone-Modell und Kameraqualität noch weitere spezielle Aufnahmemodi für Sonderfälle an. In Googles Kamera-App wie auch in vielen anderen Kamera-Apps wählen Sie diese Aufnahmemodi über Symbole, die mit einer Wischgeste von links nach rechts eingeblendet werden.

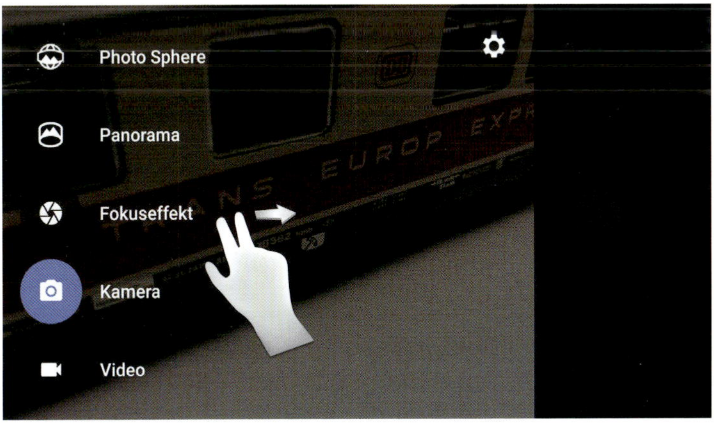

Symbolleiste für spezielle Kameraeffekte.

Der aktuell ausgewählte Kameramodus ist mit einem farbigen Kreis hervorgehoben. *Kamera* steht für ganz normales Fotografieren.

Panorama

Mit dieser interessanten Funktion fotografieren Sie eindrucksvolle Landschaftspanoramen. Drücken Sie den Auslöser und drehen Sie sich langsam um Ihre eigene Achse. Halten Sie dabei das Smartphone möglichst ruhig. Fixieren Sie nacheinander die angezeigten Punkte. An diesen Stellen werden Einzelbilder aufgenommen, die dann nahtlos zu einem einzigen Panoramabild zusammengesetzt werden.

Panorama mit der Kamera-App aufnehmen.

Mit dem Menüsymbol oben rechts wählen Sie zwischen dem klassischen horizontalen Landschaftspanorama und anderen Panoramaformen.

Diese Panoramafotos lassen sich mit jedem Bildbetrachter darstellen.

Nicht immer hält die Aufnahme genau nach einer Drehung von 360° an. So kann es passieren, dass Objekte, die an einem Bildrand stehen, wie hier die Person, am anderen Bildrand ein zweites Mal auftauchen. Achten Sie auch darauf, dass keine sich schnell bewegenden Objekte während der Aufnahme in das Bild geraten.

Fokuseffekt

Mit dem Fokuseffekt lassen sich kleine Objekte in der Nähe fotografieren und vor einem verschwommenen Hintergrund hervorheben. Bewegen Sie nach dem Auslösen die Kamera langsam nach oben über das Objekt, um es zu fokussieren. Dieser Effekt ist besonders geeignet für Produktfotos und funktioniert nur mit Objekten, die in der Mitte des Blickfeldes liegen, bis zu 2 m von der Kamera entfernt sind und sich nicht bewegen.

Bild mit Fokuseffekt.

Die Verarbeitung dieser Fotos nach dem Auslösen kann einige Sekunden dauern, was sich besonders bemerkbar macht, wenn Sie mehrere Bilder kurz hintereinander fotografieren.

Video

Im Videomodus nehmen Sie Videos statt Fotos auf. Oben links läuft eine Anzeige mit der aktuellen Länge des Videos. Tippen Sie ein zweites Mal auf den Auslöser, um die Aufnahme zu stoppen.

Im Videomodus stehen keine Effekte zur Verfügung. Über das Menüsymbol können Sie das Fotolicht sowie die Hilfslinien auf dem Bildschirm einschalten oder auch die Frontkamera für Videos nutzen.

Wichtige Kameraeinstellungen

Über das Zahnradsymbol kommen Sie zu den Kameraeinstellungen. Hier können Sie unter anderem die Bildauflösung und Bildqualität wählen. Nur Fotos, die Sie später ausdrucken wollen, brauchen die höchste Auflösung. Für Bilder, die online per E-Mail oder Chat geteilt, auf Google Fotos oder auf Facebook hochgeladen werden, empfiehlt sich eine geringere Auflösung.

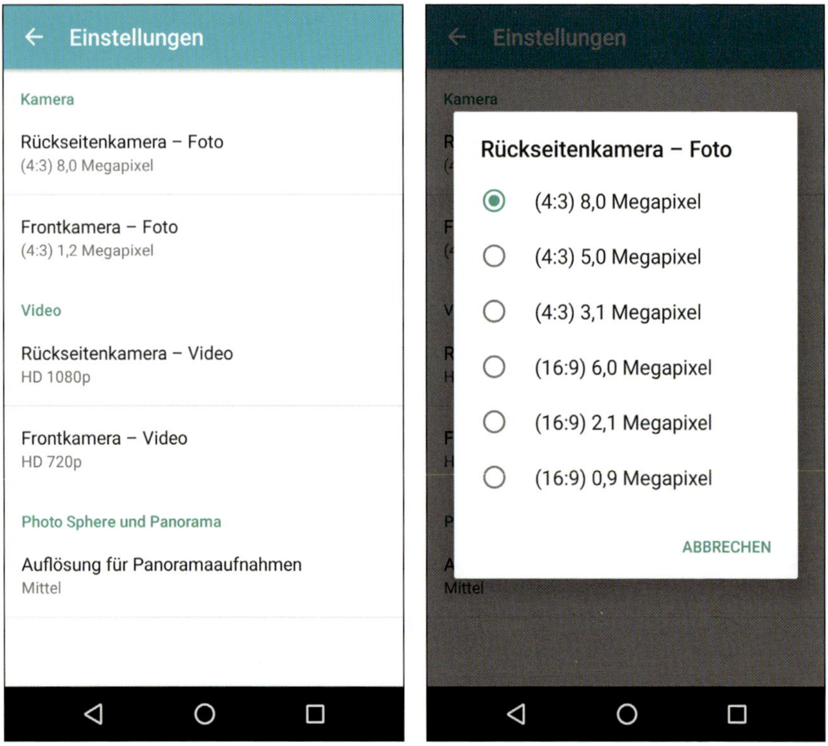

Einstellungen für die Auflösung der Kamera.

Die Kamera-App kann den eigenen Standort auswerten und mit dem Bild speichern, sodass Sie in Fotoalben, z. B. bei Google oder Flickr, genau auf einer Karte anzeigen lassen können, wo das Foto aufgenommen wurde. Diese Funktion wird als Geotagging bezeichnet und über den Schalter *Standort speichern* in den *Einstellungen* aktiviert.

Panoramafotos für Google Street View aufnehmen

Die Kameraoption *Photo Sphere* erzeugt ein Kugelpanorama, in dem man sich ähnlich wie bei Google Street View interaktiv umsehen kann.

Richten Sie zunächst die Kamera auf den späteren Bildmittelpunkt aus, bis der blaue Punkt in der Bildmitte genau innerhalb des Kreises liegt. Drehen Sie sich dann um Ihren eigenen Standpunkt, neigen Sie die Kamera nach oben und unten und bringen Sie so nacheinander alle im Sucherfeld erscheinenden

Punkte in die jeweiligen Kreise. Verändern Sie dabei Ihren Standort nicht, gehen Sie keinen Schritt, sondern drehen Sie sich nur um sich selbst.

Photo Sphere mit dem Smartphone aufnehmen.

Nachdem rundherum in allen Richtungen alle Punkte erfasst wurden, wird aus den Einzelbildern automatisch ein Kugelpanorama zusammengesetzt. Dieses können Sie mit der Fotos-App interaktiv betrachten. Veröffentlichen Sie das Panorama auf Google Fotos, können andere es im Browser auf dem PC ebenfalls interaktiv betrachten.

Panoramafotos in der Street-View-App

Die Google-Street-View-App bietet die Möglichkeit, 360°-Panoramaaufnahmen mit dem Smartphone oder auch einer Profi-Panoramakamera aufzunehmen und direkt in Google Maps zu veröffentlichen.

Vor der ersten Aufnahme müssen Sie der Street-View-App die Berechtigungen gewähren, die Kamera zu nutzen sowie auf Fotos und Standortdaten zuzugreifen. Ohne diese Berechtigungen kann die Panoramafunktion natürlich nicht funktionieren.

1. Wischen Sie in der Street-View-App ganz nach rechts in den Bereich *Privat* und tippen Sie hier auf *Kamera öffnen*.

2. Die App zeigt das Kamerabild und einen orangefarbenen Punkt. Richten Sie die Kamera auf diesen Punkt, um mit der Aufnahme zu beginnen.

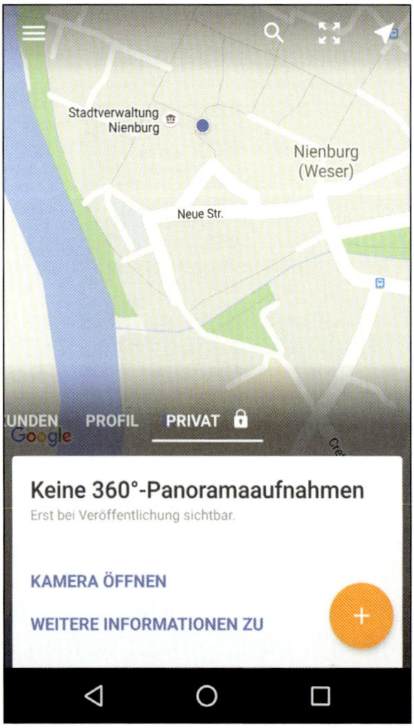

Panoramaaufnahme in der Street-View-App starten.

3. Nachdem die Kamera den Punkt erfasst hat, erscheinen weitere Punkte in der Nähe. Erfassen Sie nacheinander alle diese Punkte und achten Sie dabei darauf, sich selbst nicht von der Stelle zu bewegen. Verlassen Sie Ihren Standpunkt nicht, sondern drehen Sie sich nur um Ihre eigene Achse. Halten Sie dabei das Smartphone möglichst dicht vor die Augen, damit dieses keine große Kreisbewegung ausführt, sondern nur eine annähernde Drehung.

4. Bewegen Sie sich langsam und gleichmäßig von Punkt zu Punkt. Ein orangefarbener Indikator rund um das Quadratsymbol unten in der Mitte zeigt den Fortschritt. Erst wenn der Kreis geschlossen und grün ist, wurden alle Punkte erfasst und die Aufnahme wird abgeschlossen.

5. Wundern Sie sich nicht, wenn das Bild zunächst wie eine grobe Collage aussieht. Erst am Ende berechnet die App das endgültige Panorama.

6. Zum Schluss geben Sie noch einen Ort ein oder verwenden einen der Vorschläge aus der Liste.

7. Danach kann das Panorama hochgeladen werden. Wegen der großen Datenmenge sollten Sie das Panorama per WLAN hochladen. Es bleibt auf dem Smartphone gespeichert und muss also nicht sofort am Fotostandort in Google Maps hochgeladen werden.

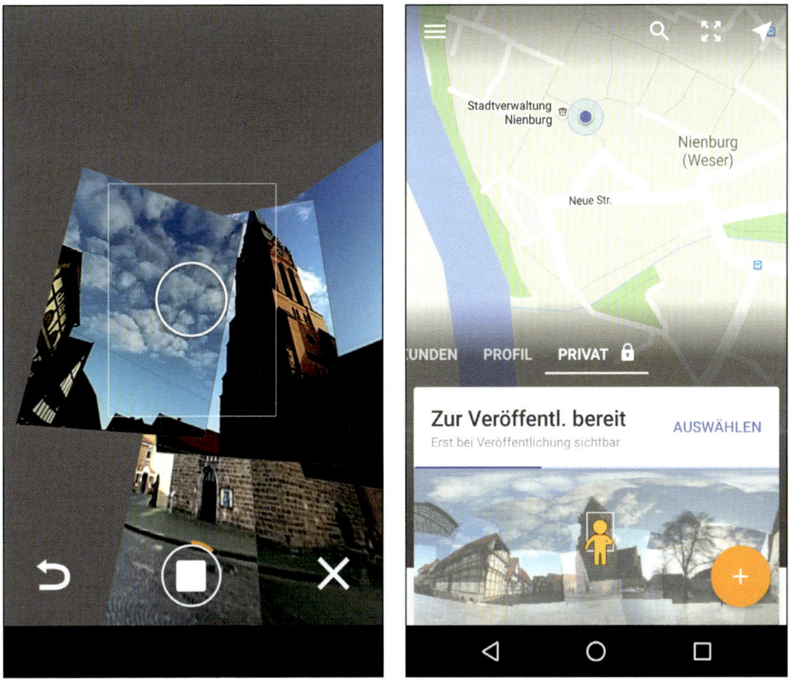

Das Panorama wird aus mehreren Einzelbildern zusammengesetzt.

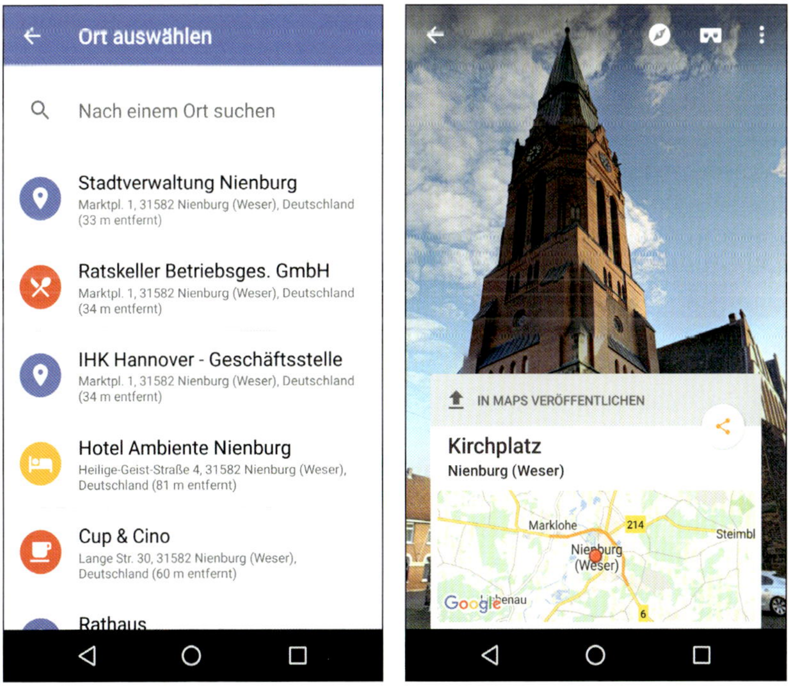

Ort auswählen und Panorama veröffentlichen.

Google Cardboard

Google Cardboard ist ein einfaches System, das mithilfe einer faltbaren Kartonschablone aus jedem aktuellen Smartphone eine VR-Brille macht, mit der sich Videos, Spiele, Photo-Sphere-Panoramen, Google Street View und auch Google Earth dreidimensional erleben lassen.

Die Cardboard-VR-Brille (Foto: Google).

Das Design des Google Cardboard wird als Open-Source-Material bei g.co/cardboard zum Download angeboten, sodass jeder – auch kommerziell – solche Betrachter bauen kann und nur noch ein Smartphone hineinzustecken braucht. In Deutschland bietet das Versandhaus Pearl einen Bausatz für eine solche VR-Brille an: www.pearl.de/a-ZX1521-1051.shtml. Der Onlineshop www.imcardboard.com liefert weltweit Bausätze für Cardboard-Brillen.

Die Cardboard-App stellt zwei Bilder nebeneinander auf dem Smartphone dar, für das linke und für das rechte Auge. Das Gehirn macht daraus dann ein dreidimensionales Bild.

Die Cardboard-App bietet eine einfache Methode, die verwendete VR-Brille zu konfigurieren. Die meisten Cardboard-kompatiblen VR-Brillen haben einen QR-Code, der nur mit der Cardboard-App gescannt zu werden braucht. Damit werden Bildschirmgröße, Größe der VR-Brille, Linsenabstand und andere Geometrie-Parameter optimal aufeinander abgestimmt.

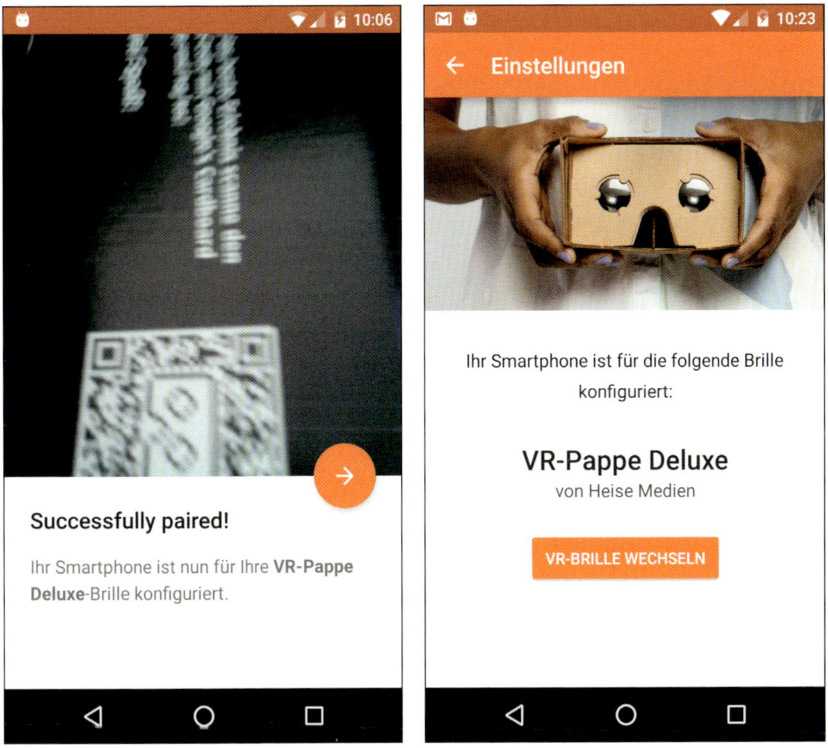

Cardboard automatisch konfigurieren.

Nach der Einrichtung stecken Sie das Smartphone in das Cardboard und halten sich dieses vor die Augen. Die App zeigt eine interaktive Oberfläche, auf der Sie Spiele, Fotos und andere Demos für Cardboard finden.

Die Google-Cardboard-Demo-App.

Fotos online zeigen und teilen

Wer seine Fotos online speichert, kann jederzeit und von überall darauf zugreifen. Außerdem sind Onlinefotoalben eine komfortable Lösung, um Fotos Freunden zu zeigen. So braucht man aus dem Urlaub nicht jede Menge Fotos einzeln per E-Mail zu verschicken. Ein Link auf die eigenen Fotos bei Google, OneDrive oder Flickr reicht aus.

Android-Smartphones bieten komfortable Funktionen, um Fotos von der Handykamera in die bekannten Onlinefotoalben hochzuladen und umgekehrt die eigenen Alben oder die freigegebenen Alben von Freunden auch auf dem Smartphone zu betrachten.

Google und Picasa

Google Fotos (photos.google.com) bietet jedem Nutzer die Möglichkeit, seine Fotos online privat zu verwalten und auf Wunsch einzelne Bilder oder ganze Alben mit anderen zu teilen.

Picasa, der frühere Onlinefotodienst von Google, wurde inzwischen voll in Google Fotos integriert. Picasa-Webalben lassen sich in Google Fotos sowie auch in der Fotos-App betrachten, die die klassische Galerie in Android 6 Marshmallow ersetzt.

Bei Google Fotos können Sie Bilder von Freunden kommentieren oder auch direkt als Beiträge auf Ihrem Google+-Profil veröffentlichen.

Die alte Picasa-Webseite picasaweb.google.com funktioniert weiterhin für Fans der alten Darstellung, zeigt aber die gleichen Fotos an wie Google Fotos.

Auf diese Weise können auch ältere Freigabelinks, die früher einmal an Freunde verschickt wurden, weiterhin genutzt werden.

ACHTUNG: Die persönlichen Webalben werden automatisch in der Fotos-App des Smartphones angezeigt, auch Fotos, die mit anderen Kameras fotografiert wurden. Dies gilt auch für Alben, die nur persönlich freigegeben sind und der Öffentlichkeit verborgen bleiben – auf dem Smartphone sind die Bilder alle zu sehen. Denken Sie daran, wenn Sie Ihr Smartphone aus der Hand geben.

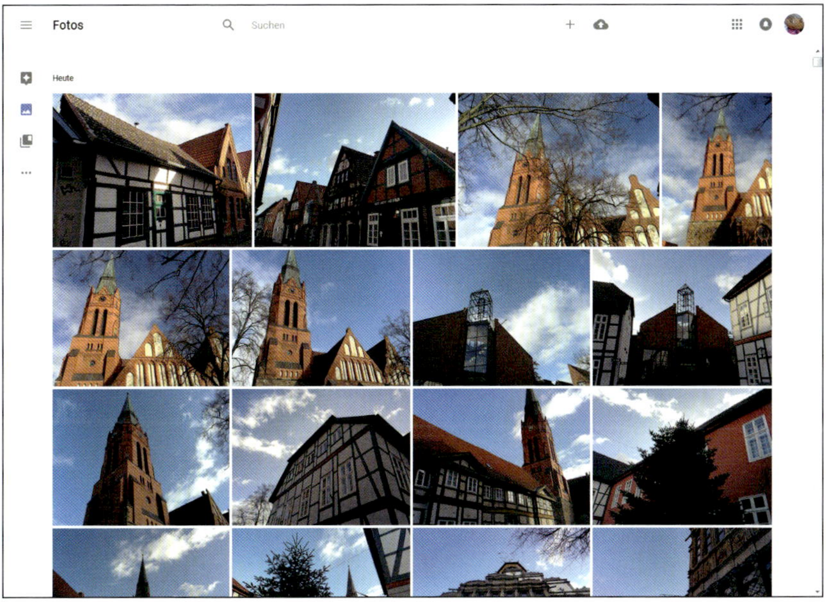

Private Fotos bei Google Fotos im Browser auf dem PC.

Fotos aus Google-Fotos-Webalben in der Google-Fotos-App auf dem Smartphone.

Fotos mit Freunden per E-Mail oder Google+ teilen

Die Fotos-App und auch die meisten anderen Android-Apps, die Fotos anzeigen, haben eine Funktion zum Senden von Fotos über verschiedene Kommunikationswege integriert. Tippen Sie dazu in der Anzeige eines Bildes auf das Teilen-Symbol unten links.

Wählen Sie *Link abrufen*, wird ein Link zum Foto erzeugt, der auf beliebigen Wegen weitergegeben werden kann. Der Empfänger kann den Link in jedem Browser auf Smartphones, PCs oder anderen Geräten öffnen und so das Bild sehen. Im Gegensatz dazu wird das Bild beim Teilen über Gmail nicht als Link, sondern wirklich als – möglicherweise sehr großer – Dateianhang an die E-Mail gehängt.

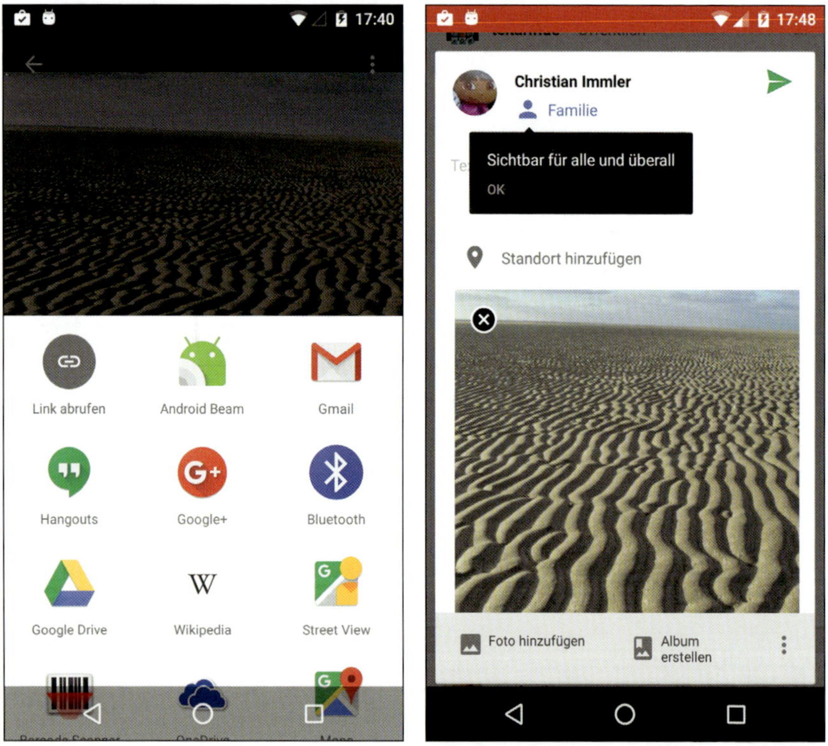

Foto aus der Fotos-App über Google+ teilen.

Beim Teilen über Google+ wählen Sie einzelne Personen oder Kreise, die das Bild sehen dürfen. Hier können Sie mit dem Hochladen auch direkt ein Album anlegen, was aber nicht mehr unbedingt nötig ist. Bildunterschriften sind bei Google+ optional. Wer möchte, kann vor dem Hochladen noch etwas zu den Bildern schreiben. Wenn Sie ein neues Album anlegen, können Sie dabei einstellen, ob es öffentlich sichtbar sein soll oder nicht.

Fotos, die bereits automatisch hochgeladen wurden, können auf die gleiche Weise aus der Fotos-App heraus geteilt oder in ein anderes Album kopiert werden, ohne dass sie erneut hochgeladen werden müssen.

Aus der Fotoübersicht der Google-Fotos-App können nicht nur einzelne, sondern auch mehrere Fotos freigegeben werden, ohne dass man gleich ein ganzes Album freigeben muss.

1. Tippen Sie länger auf ein Foto, wird es markiert und bei allen anderen Fotos erscheinen Markierungskästchen.
2. Wählen Sie jetzt die zusätzlichen Fotos aus und tippen Sie zum Schluss unten auf das *Teilen*-Symbol.
3. Wählen Sie hier *Link abrufen*, wird ein Link erzeugt, der genau die gewählten Fotos freigibt. Geben Sie diesen Link per E-Mail, Messenger oder auf anderen Wegen an Ihre Freunde weiter. Diese können dann im Browser die ausgewählten Fotos sehen.

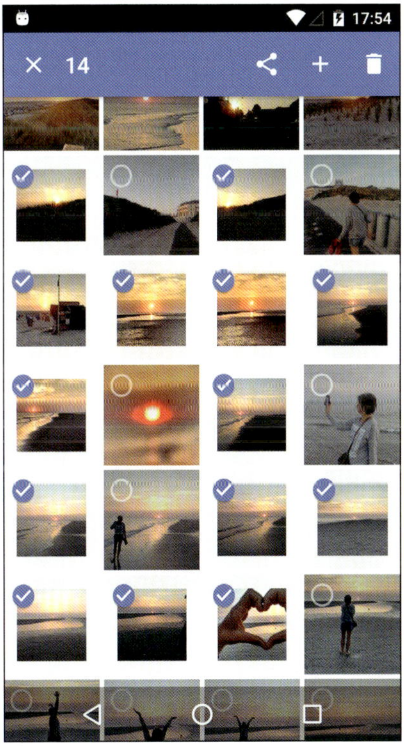

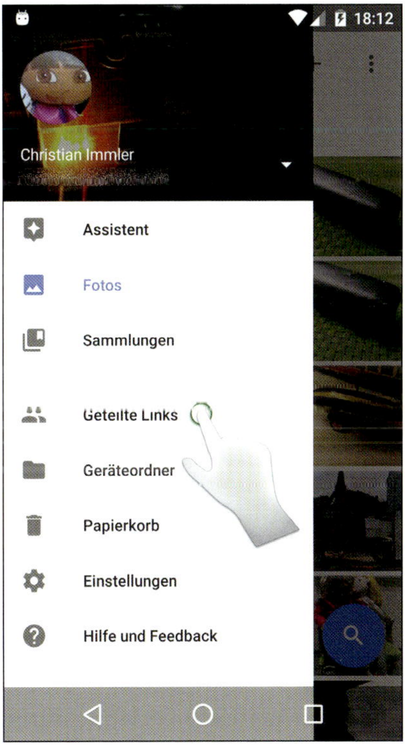

Mehrere automatisch hochgeladene Fotos auswählen und teilen. Einmal geteilte Links lassen sich später jederzeit wieder aufrufen oder auch löschen.

Fotoalben anlegen

Zur besseren eigenen Übersicht – oder auch zum Teilen – können Sie bei Google Fotos Ihre Bilder in Alben ordnen.

1. Wählen Sie dazu mehrere Fotos aus und tippen Sie auf das Plussymbol oben.
2. Tippen Sie dann auf *Album* und geben Sie dem Album einen aussagekräftigen Namen. An dieser Stelle können Sie direkt per Drag-and-drop die Reihenfolge der Fotos im Album ändern, was aber auch später noch möglich ist.
3. Über das *Teilen*-Symbol oben rufen Sie einen Link für das Album ab, um diesen an Freunde weiterzugeben.
4. Auf die gleiche Weise können Sie später auch weitere Fotos zum Album hinzufügen.

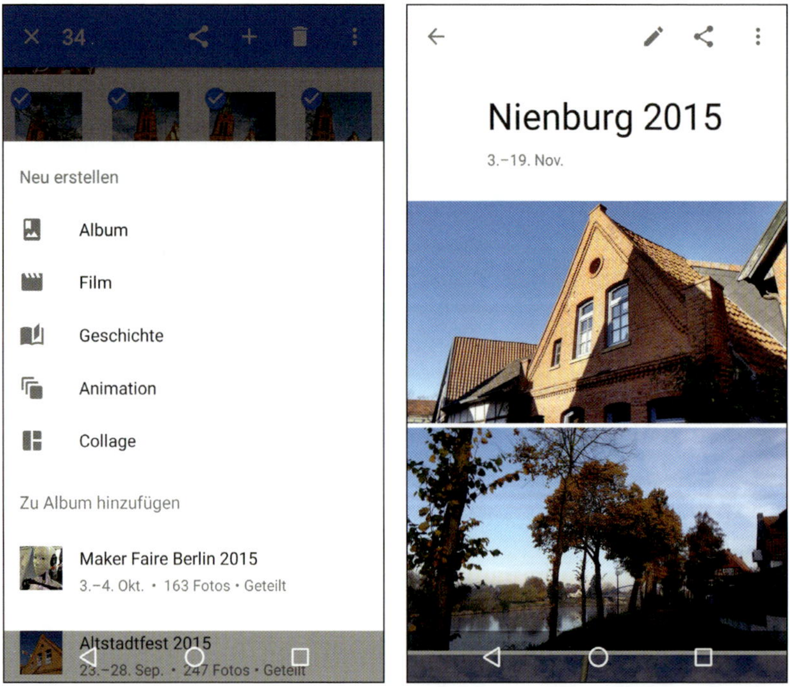

Fotos in Alben ordnen.

Die Alben werden im Hauptmenü der Fotos-App unter *Sammlungen* angezeigt. Hier finden Sie auch Alben, die von Google Fotos automatisch erstellt werden. Selbstverständlich können Sie jedes Album nachträglich bearbeiten, Fotos ergänzen oder aus dem Album entfernen, ohne dass sie gleich bei Google Fotos gelöscht werden.

Animierte Geschichten erstellen

Neben klassischen Fotoalben bietet die Fotos-App die Möglichkeit, sogenannte Geschichten zu erstellen. Dabei handelt es sich um Diashows, die interaktiv betrachtet werden können und automatisch mit Landkartenabbildungen versehen werden, die die wichtigsten Orte der Geschichte zeigen. Zusätzlich werden Textfelder eingefügt, in denen man selbst kurze Texte zu ausgewählten Fotos speichern kann. Von Zeit zu Zeit erstellt Google Fotos automatisch solche Geschichten aus zusammenhängenden Fotoserien.

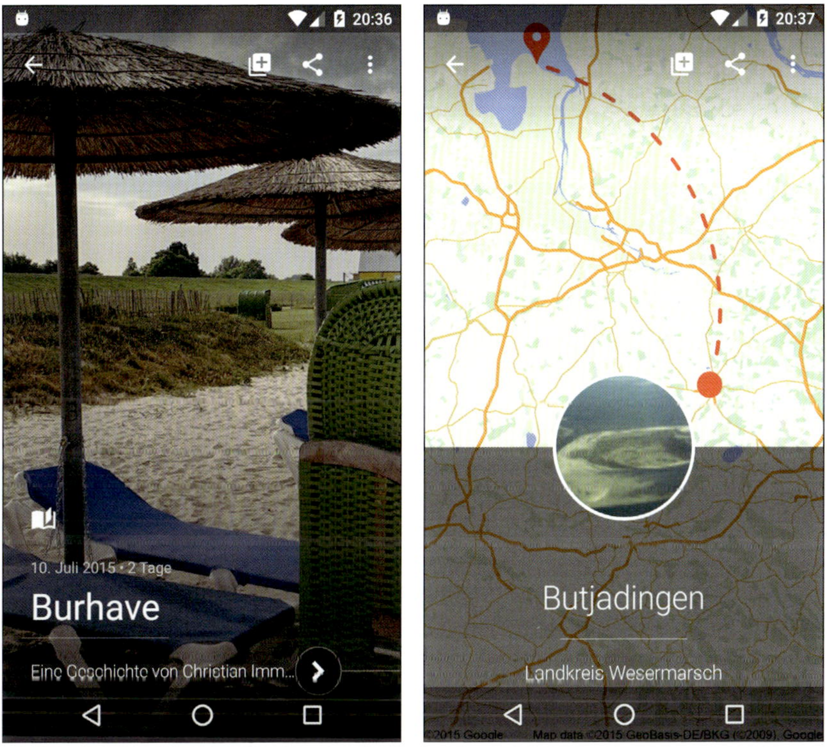

Automatisch erstellte Geschichte in der Fotos-App.

Das Erstellen einer solchen Geschichte läuft ähnlich wie bei einem Album ab. Markieren Sie die gewünschten Fotos, tippen Sie oben auf das Plussymbol und wählen Sie *Geschichte*. Auf die Erstellung der Geschichte hat man selbst kaum Einfluss. Sie können aber nachträglich Beschreibungen in die Textfelder einfügen sowie einzelne Fotos aus der Geschichte entfernen oder neue hinzufügen und das Titelbild frei wählen.

Die Geschichten tauchen in Google Fotos bei den Sammlungen auf und können wie diese geteilt und natürlich auch im Browser auf dem PC betrachtet werden.

Flickr

Flickr (www.flickr.com) ist eine der bekanntesten Onlineplattformen für Fotos. Hier können Sie selbst Onlinefotoalben anlegen und Ihren Freunden Bilder präsentieren. Flickr bietet viele Funktionen eines sozialen Netzwerks, man kann Fotos kommentieren, Gruppen mit Freunden gründen und sich gegenseitig über neue Fotos auf dem Laufenden halten. Flickr hat nach eigenen Angaben 77 Millionen registrierte Nutzer, und etwa 5.000 neue Fotos werden pro Minute hochgeladen. Flickr gehört zu Yahoo!, um eigene Fotos hochzuladen, benötigen Sie eine kostenlose Yahoo!-ID.

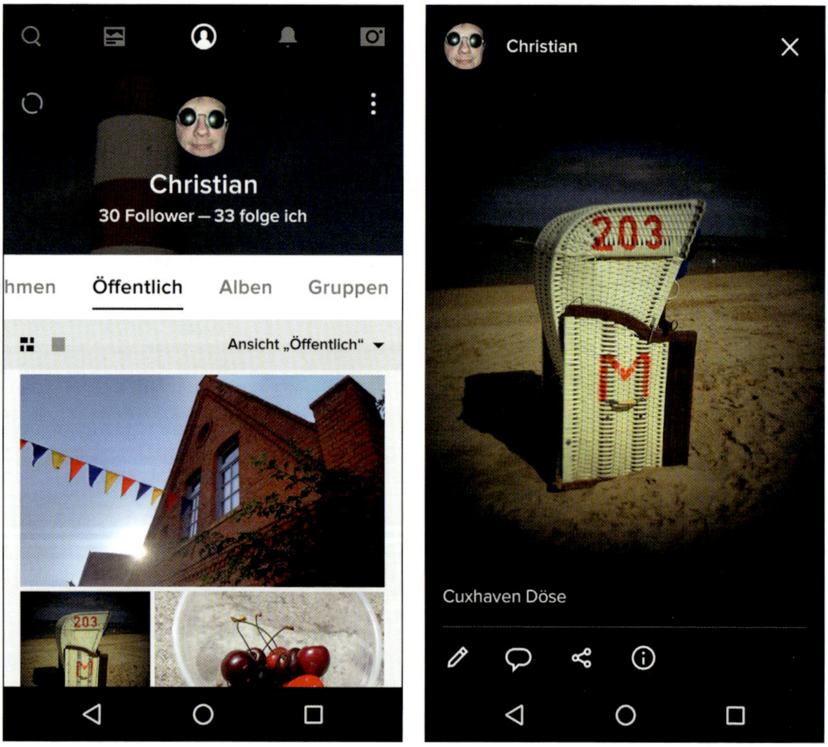

Fotostream in der Flickr-App.

Flickr liefert eine eigene App für Android-Smartphones, mit der man jederzeit Zugriff auf seine Fotoalben bei Flickr und die von Freunden hat. Natürlich kann man auch direkt vom Smartphone neue Fotos bei Flickr hochladen. Beim Aufruf der mobilen Flickr-Seite m.flickr.com mit einem Android-Smartphone erscheint automatisch eine Frage, ob man nicht lieber die App verwenden möchte.

Nach der Anmeldung mit der persönlichen Yahoo-ID zeigt die Flickr-App den eigenen Fotostream, eigene Fotoalben sowie die letzten Aktualisierungen der Freunde auf einen Blick an. Die Navigation in der App ist intuitiv und weitgehend an das vertraute Design der Flickr-Webseite angelehnt.

Fotografieren mit der Flickr-App

Mit der Flickr-App kann man auch direkt fotografieren. Man braucht nicht die Standard-Kamera-App aufzurufen. Einfach oben rechts in der Flickr-App auf das Kamerasymbol tippen und es startet eine eigene Kamerafunktion, mit der Sie die neuen Fotos auch direkt benennen können, da bei Flickr jedes Bild einen Namen braucht. Auf der Seite *Details* können Sie noch einen Bildkommentar hinzufügen.

Filter in der Kamerafunktion der Flickr-App.

Besonders interessant sind die Filter im rechten Bildschirmbereich, mit denen man den Fotos eine persönliche Note oder auch ein besonders kitschiges Aussehen verpassen kann.

Tippen Sie links auf das Symbol mit dem Pinsel, können Sie Belichtung, Weißabgleich, Helligkeit, Kontrast und andere Bildeigenschaften vor dem Hochladen noch anpassen.

Im nächsten Schritt laden Sie das Foto bei Flickr hoch. Es erscheint dann automatisch in Ihrem persönlichen Fotostream. Je nachdem, welche Privatsphäre-Einstellungen Sie festgelegt haben, können nur Sie, Ihre Freunde oder jeder das Foto sehen. Um mehr Übersicht bei Ihren Fotos zu haben, ordnen Sie das Bild gleich in ein Album ein.

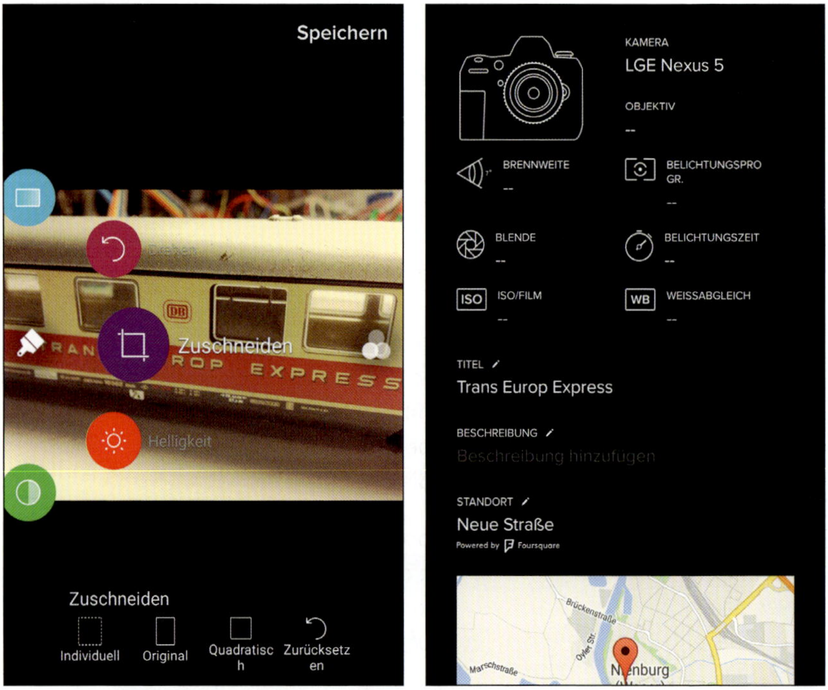

Bearbeitungsfunktionen und Informationen zum Foto in der Flickr-App.

Die Flickr-App bietet zu jedem Foto eine Seite für Kommentare sowie eine Detailseite mit ausführlichen technischen Informationen zum Bild an. Tippen Sie direkt auf ein Bild, wird dieses als Vollbild angezeigt.

Außer aus der Flickr-App können Sie auch über die bekannte *Teilen*-Funktion der meisten Android-Apps Fotos auf Flickr veröffentlichen, wenn die Flickr-App installiert ist.

Die Bearbeitungsfunktionen der Flickr-App können auch für bereits hochgeladene Fotos genutzt werden. Tippen Sie in der Vollbildansicht eines Fotos auf das Stiftsymbol, wird das Foto auf das Smartphone heruntergeladen und kann dort zugeschnitten, bearbeitet oder mit Filtern versehen werden.

Auto-Uploadr

Ähnlich wie Google Fotos, Dropbox und OneDrive bietet auch Flickr einen sogenannten Auto-Uploadr an, der alle neuen Fotos vom Smartphone direkt in ein privates Flickr-Album hochlädt, von wo aus Sie sie später veröffentlichen, bearbeiten oder mit Freunden teilen können. Der Auto-Uploadr kann in den Einstellungen der Flickr-App aktiviert werden. Auch hier kann man das Hochladen auf WLAN-Verbindungen beschränken.

Facebook

Auch Facebook bietet seinen Nutzern Onlinefotoalben an, die unterwegs vom Smartphone aus genutzt werden können, und macht damit den klassischen Onlinefotoalben wie Google Fotos und Flickr Konkurrenz. Allerdings sind die Möglichkeiten bei Facebook deutlich begrenzter.

Wenn die Facebook-App auf dem Smartphone installiert ist, können Sie darüber Fotos auf Facebook hochladen. Noch einfacher wählen Sie in der Fotos-App die *Teilen*-Funktion. Facebook ist hier automatisch eingetragen. Sie brauchen es nur noch auszuwählen, danach startet die Facebook-App mit einem Formular, in dem Sie noch einen Text für den neuen Beitrag eintragen können. Zusätzlich können Sie den Ort angeben, wo dieses Foto ausgewählt wurde, sowie Facebook-Freunde markieren, die mit dabei waren.

Die neueste Version der Facebook-App verfügt über einfache Bearbeitungsfunktionen für Fotos. Hier können Sie das Foto zuschneiden, einen Farbfilter anwenden oder auch Texte, Sticker oder handgekritzelte Linien auf das Foto malen, bevor Sie es mit einem Klick auf *Posten* bei Facebook veröffentlichen.

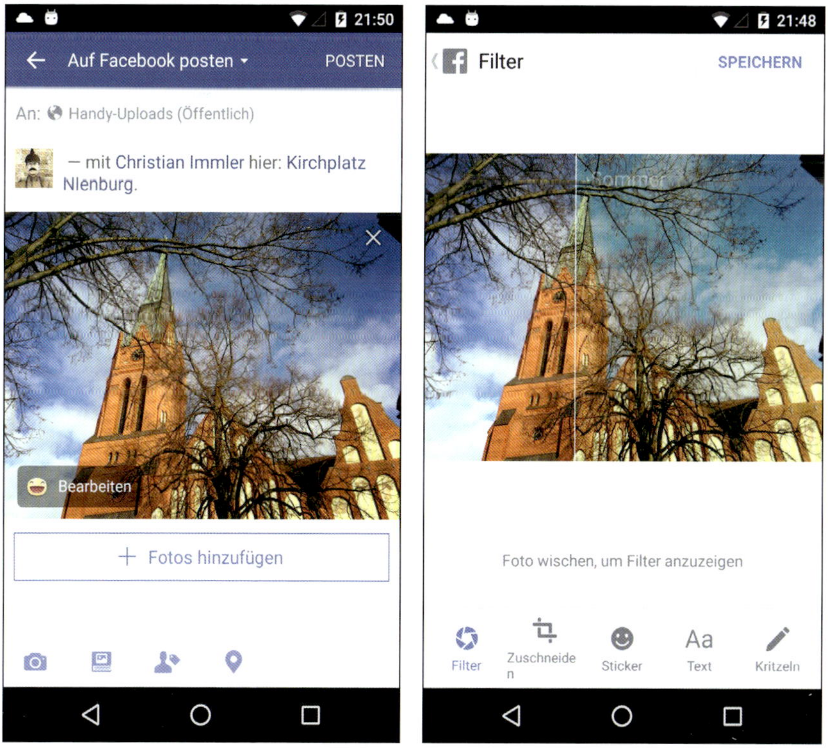

Foto auf Facebook veröffentlichen, rechts: die neuen Bearbeitungsfunktionen.

TIPP: Wenn Sie der Flickr-App Zugriff auf Facebook gewähren, können Sie Fotos direkt aus dieser App gleichzeitig auf Flickr und Facebook veröffentlichen, ohne das Bild zweimal hochladen zu müssen, was nicht nur Aufwand, sondern auch Datenvolumen spart.

Instagram

Fotos vom Smartphone in ein soziales Netzwerk hochzuladen, ist nichts Neues mehr. Mit Instagram (www.instagram.com) gibt man dem Bild Stil und veröffentlicht gleich die passende Stimmung mit dazu. Dafür sind jede Menge Farbfilter, Rahmen und Effekte bereits in der App vorgegeben. Weiterhin enthält Instagram eine eigene verbesserte Kamerafunktion, mit der man direkt fotografieren oder auch nachträglich Effekte auf bereits auf dem Smartphone oder in der Cloud gespeicherte Fotos legen kann. Gerade die Vielzahl und grafische Qualität dieser Effekte und Filter unterscheiden Instagram von ähnlichen Apps und Netzwerken.

Foto auf dem Smartphone auswählen und mit Filtern aufbessern.

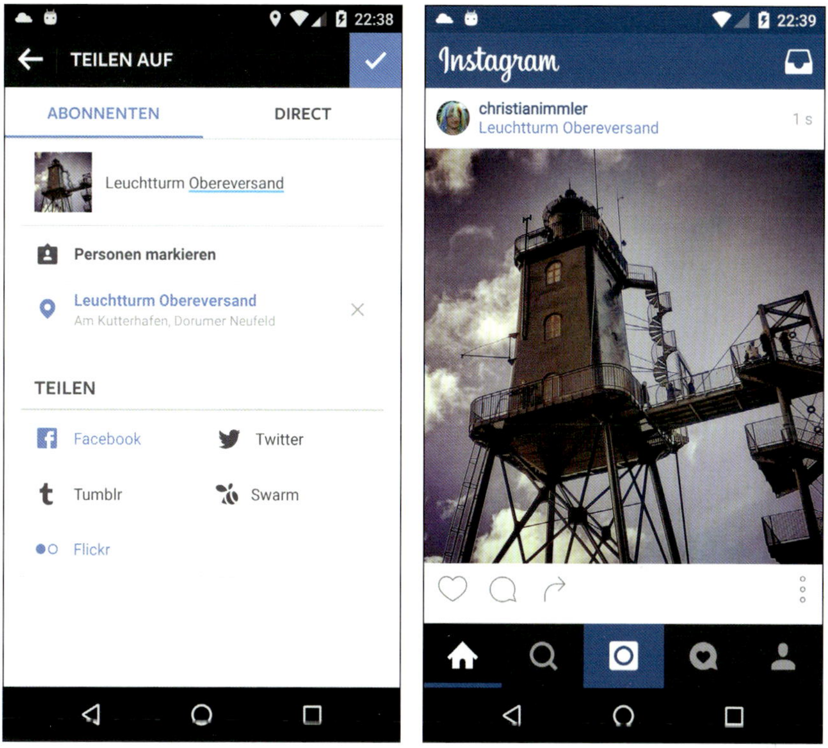

Foto mit Namen und Ortsmarke versehen und auf Instagram und anderen sozialen Netzwerken posten.

Instagram enthält eigene Funktionen eines sozialen Netzwerks. Hier kann man direkt dem Fotostream von Freunden folgen, die auf diese Weise ihr Leben erzählen.

Beim Veröffentlichen auf Instagram kann man seine Fotos auch direkt in anderen sozialen Netzwerken teilen, die mit dem eigenen Instagram-Konto verknüpft sind.

EyeEm

EyeEm ist eine noch sehr junge weltweite Foto-Community, in der besonders künstlerische Fotos und aktuelle Trends veröffentlicht werden. Die EyeEm-App bietet diverse interessante Effekte für Fotos. Hier veröffentlicht kaum jemand ein Foto einfach so, wie es fotografiert wurde. Beim Veröffentlichen können Hashtags mit Stichwörtern zum Foto vergeben werden. Tippt man im Kommentarfeld das #-Zeichen ein, werden automatisch passende Hashtags beim Tippen vorgeschlagen.

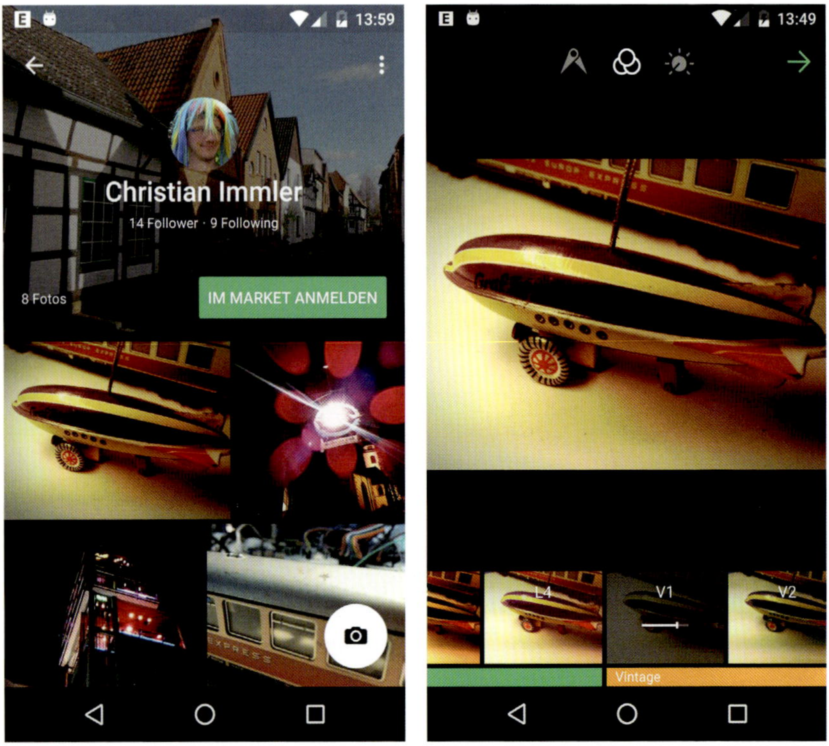

Künstlerische und coole Fotos mit Hashtags und Geotags in der EyeEm-App.

EyeEm veranstaltet immer wieder sogenannte Missionen. Hier werden die Nutzer aufgefordert, Fotos zu bestimmten Themen oder von bestimmten Orten zu veröffentlichen. Weiterhin bietet EyeEm die Möglichkeit, besonders gute Fotos sogar an große Fotoagenturen zu verkaufen. Fotos aus Instagram können automatisch nach EyeEm importiert werden.

Dropbox

Die in Kapitel 5 bereits beschriebene Dropbox-App kann Fotos vom Smartphone automatisch in Originalauflösung hochladen, um vom PC darauf zuzugreifen. Standardmäßig sind alle Fotos nur privat. Sie können aber Links zu einzelnen Bildern oder ganzen Alben über verschiedene Kommunikationswege weitergeben. Dabei wird nicht das Bild selbst, sondern nur ein kurzer Link darauf verschickt.

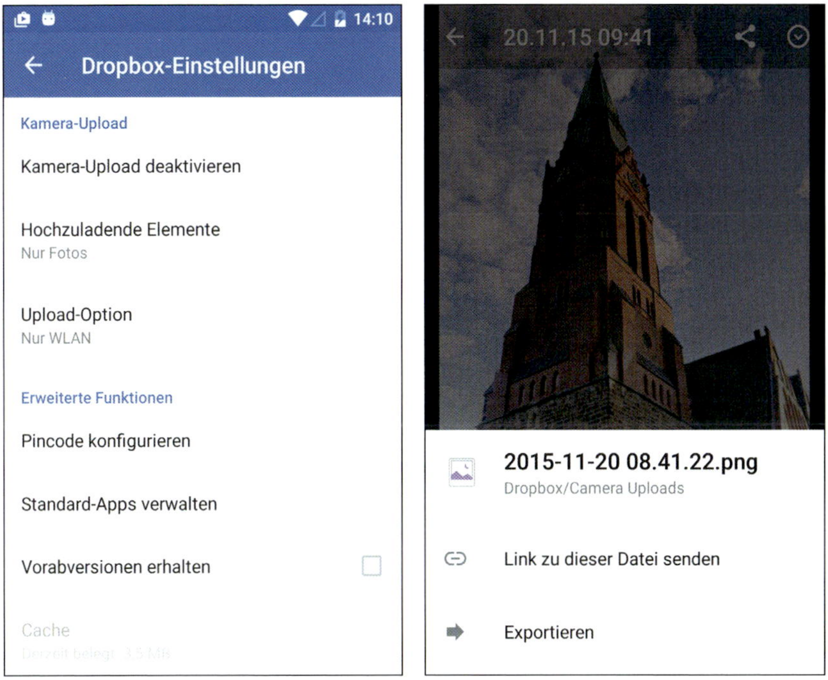

Fotos per Dropbox synchronisieren und Links teilen.

OneDrive

Auch bei OneDrive von Microsoft gibt es eine automatische Kamerasicherung für Fotos von Android-Smartphones. Bei der Aktivierung bekommt man 3 GByte zusätzlichen freien Speicherplatz auf OneDrive. Sie finden diese Option in den Einstellungen der OneDrive-App unter *Kamerasicherung*. Dabei können Sie wählen, ob die Fotos nur über WLAN oder auch über das Mobilfunknetz automatisch gesichert werden sollen oder dass sogar nur dann Fotos automatisch hochgeladen werden, wenn das Smartphone am Ladegerät angeschlossen ist. Wegen der neuen Berechtigungen in Android 6 Marshmallow muss zusätzlich zur Einstellung in der OneDrive-App noch eine Systemberechtigung zum Hochladen gewährt werden. Ein Banner auf der *Kamera-Upload*-Seite der OneDrive-App weist darauf hin und führt beim Antippen direkt zur betreffenden Systemeinstellung.

OneDrive bietet umfangreiche Möglichkeiten, Ordner und Alben anzulegen sowie Fotos für Freunde oder öffentlich freizugeben. Dabei kann entweder ein Bild oder ein Link verschickt werden. Auch später noch kann zu jedem Foto angezeigt werden, wer dafür eine Freigabe erhalten hat.

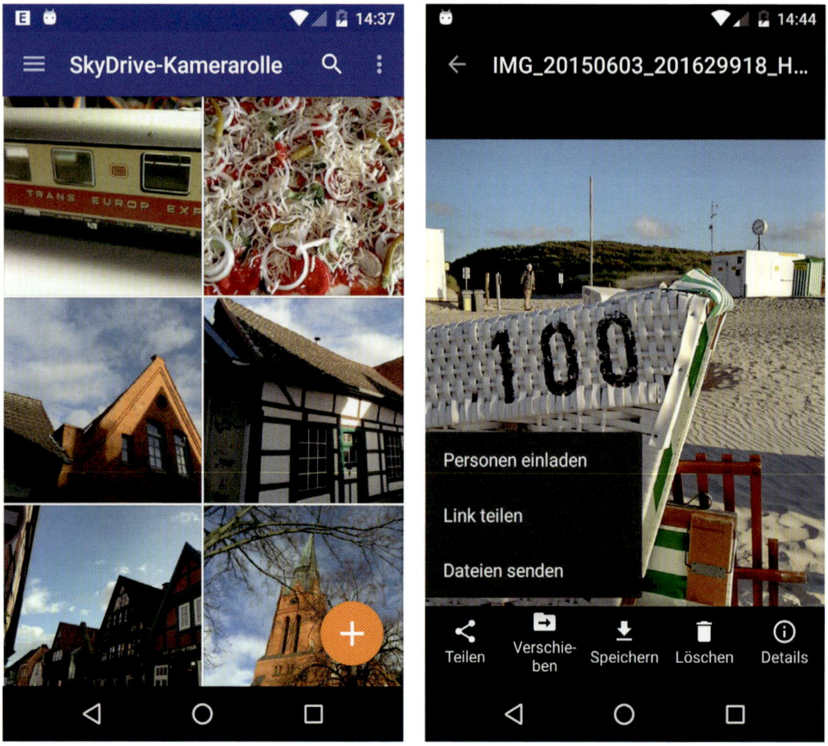

Fotos per OneDrive synchronisieren und Links teilen.

Fotos bearbeiten

Einige Kamera-Apps von Smartphone-Herstellern enthalten zusätzliche Bearbeitungsfunktionen, um Fotos nachträglich mit Effekten zu versehen, aber auch Google bietet mit seiner Kamera-App und der Fotos-App diverse Möglichkeiten, Fotos nachzubearbeiten.

Bildbearbeitung in der Fotos-App

Tippen Sie in der Fotos-App auf ein Bild, wird dieses im Vollbildmodus angezeigt und Sie können es auch direkt bearbeiten. Wischen Sie in der Google-Kamera-App das Kamerabild nach links, erscheinen die zuletzt fotografierten Bilder. Auch so kommen Sie in die Bildanzeige der Fotos-App. Hier werden über das Stiftsymbol unten ein paar Filter sowie einfache Bearbeitungswerkzeuge angeboten.

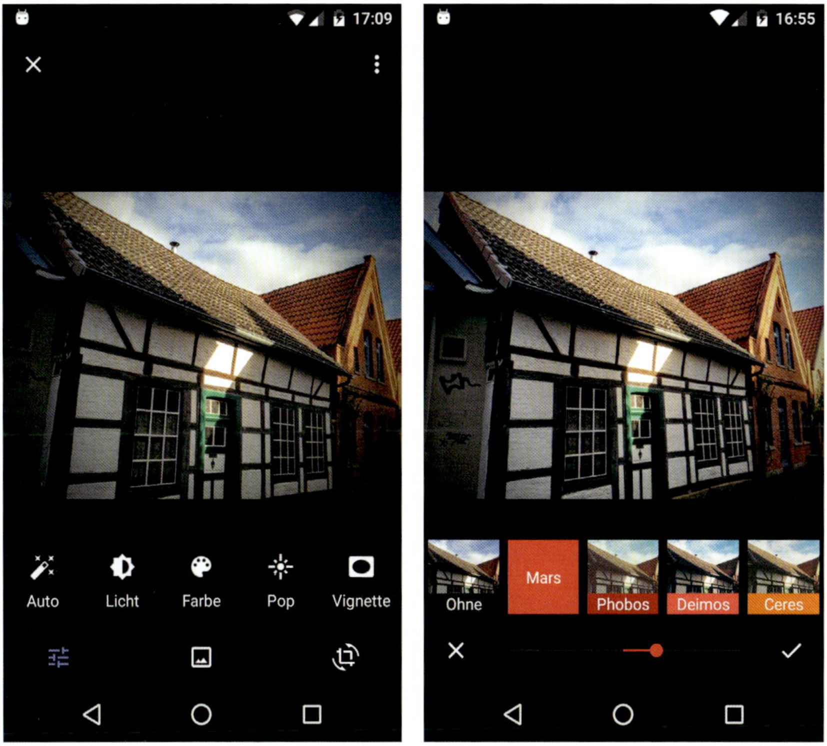

Korrekturwerkzeuge und Filter in der Fotos-App.

Bei den Werkzeugen zur Bildkorrektur wie auch den Filtern lässt sich die Stärke des Effektes mit Schiebereglern interaktiv einstellen. Die Filter sind hier nicht nach technischen Details, sondern nach Planeten und deren Monden benannt, um sie sich leichter merken zu können. Als Hilfestellung haben die Filter noch eine farbliche Kennzeichnung, die einen Hinweis gibt, in welche Richtung der Filter das Bild verändert.

Alle Filter und Werkzeuge werden erst über die Schaltfläche *Speichern* wirklich auf das Bild angewendet. Über das Menü oben rechts können Sie auch eine Kopie speichern, um das Originalfoto zu behalten.

Mit dem Symbol ganz rechts lassen sich schiefe Bilder gerade ausrichten. Als Hilfestellung wird ein Gitternetz über dem Bild eingeblendet, das natürlich nicht mit gespeichert wird.

Fotos, die mit der Kameraeinstellung *Fokuseffekt* aufgenommen wurden, lassen sich nachträglich nachfokussieren. Bei diesen Bildern werden die Fokusdaten im Bild gespeichert, um später noch darauf zugreifen zu können.

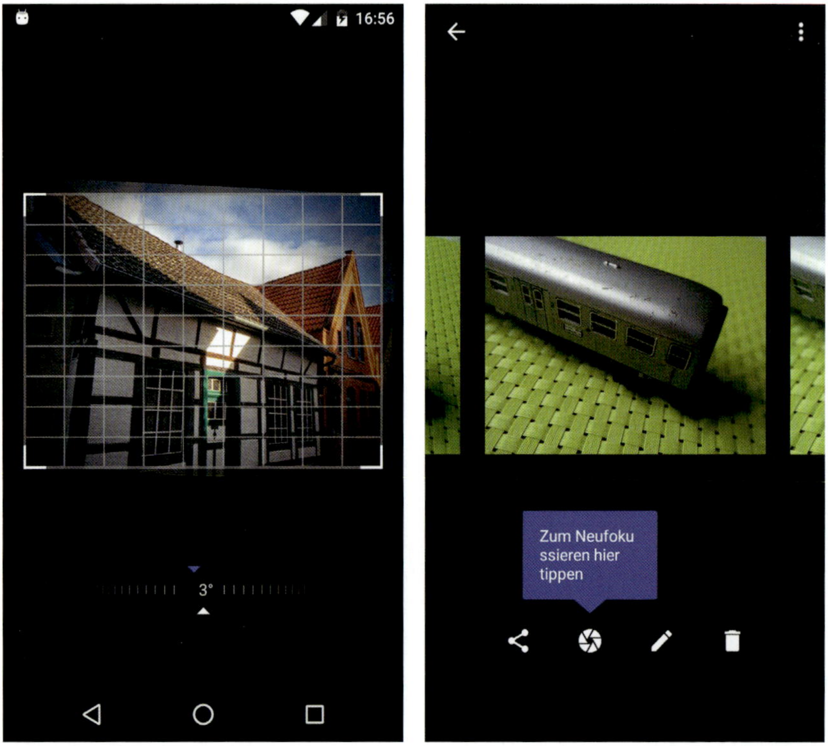

Bilder ausrichten und nachfokussieren.

Snapseed

Google liefert mit *Snapseed* eine komfortable App zur Bildbearbeitung und Korrektur mit äußerst intuitiver Bedienung. Bilder lassen sich ausrichten, drehen, zuschneiden sowie mit vielerlei Effekten und Korrekturen versehen. *Snapseed* kann auf dem Smartphone gespeicherte Fotos bearbeiten sowie auf solche aus Google-Fotos-Alben oder von Google Drive, OneDrive, Dropbox und anderer Cloud-Speicher zugreifen, deren Apps auf dem Smartphone installiert sind. Veränderte Bilder werden im Ordner *Snapseed* auf dem Smartphone gespeichert und können von dort aus geteilt oder auf Google Fotos hochgeladen werden. Aus vielen Apps heraus lassen sich Fotos direkt nach *Snapseed* teilen, um sie dort weiterzubearbeiten.

Tippen Sie unten rechts im Foto auf das Stiftsymbol, wird eine Palette mit Werkzeugen und Filtern eingeblendet. Unter den Werkzeugen finden Sie unter anderem Funktionen, um einen Bildausschnitt zu wählen. Diesen Bildausschnitt können Sie mit den dargestellten Griffen auf die gewünschte Größe ziehen. Dabei werden verschiedene Vorgaben für das Seitenverhältnis angeboten. Das Werkzeug zur Feinabstimmung bietet Einstellungen wie Helligkeit, Kontrast und Sättigung, zwischen denen man mit einer senkrechten Wischbewegung hin- und herwechselt. Eine horizontale Wischbewegung justiert anschließend die Stärke der jeweiligen Einstellung.

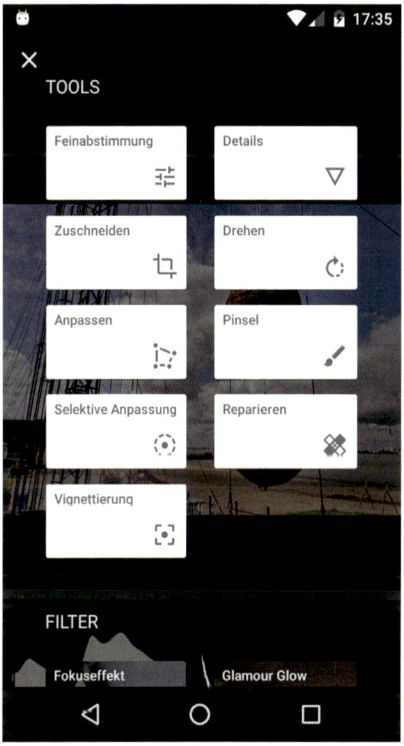

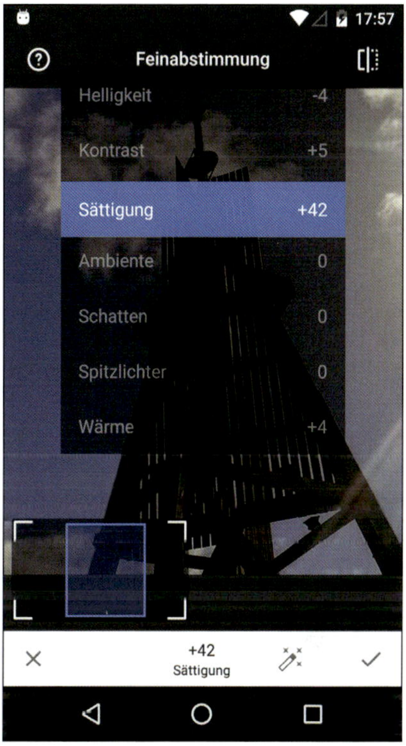

Links: Werkzeugpalette, rechts: Werkzeug zur Feinabstimmung in Aktion.

Alle Änderungen werden erst durch Antippen des Symbols mit dem Häkchen unten rechts auf das Bild angewendet. Über das Kreuz unten links kommen Sie jederzeit zurück, ohne dass das Bild verändert wird.

Das Vergleichssymbol oben rechts zeigt das Originalbild im Vergleich zum veränderten Bild.

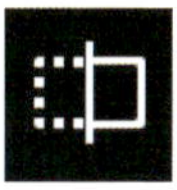

Bei den Filtern finden Sie einige der typischen Effekte, die man von vielen Bildbearbeitungsprogrammen kennt, aber auch interessante Filter, die nicht jede Bildbearbeitung in dieser Form kennt. Hier können Sie das ganze Bild klassisch alt, in Pop-Art oder anderen Darstellungsweisen erscheinen lassen.

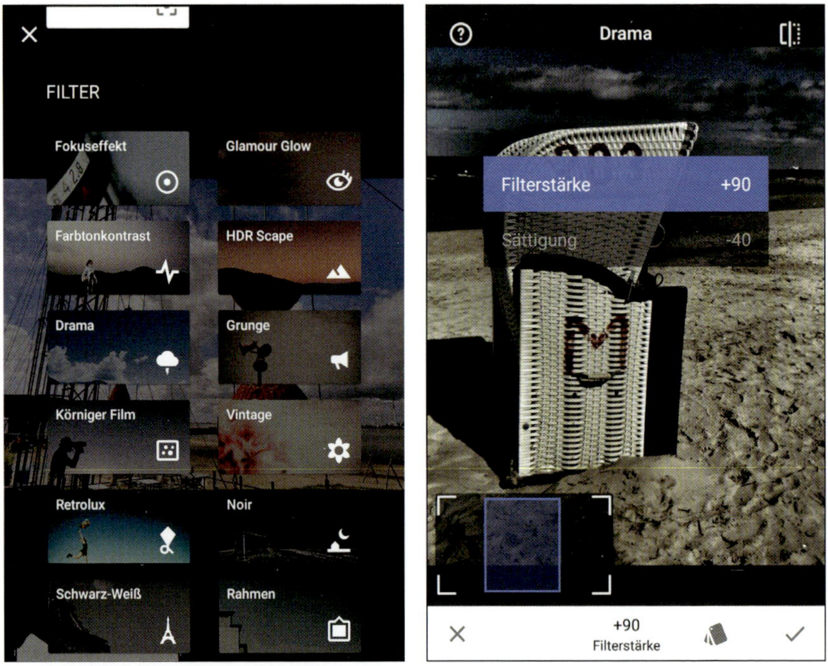

Bildeffekte und Korrekturen mit Snapseed.

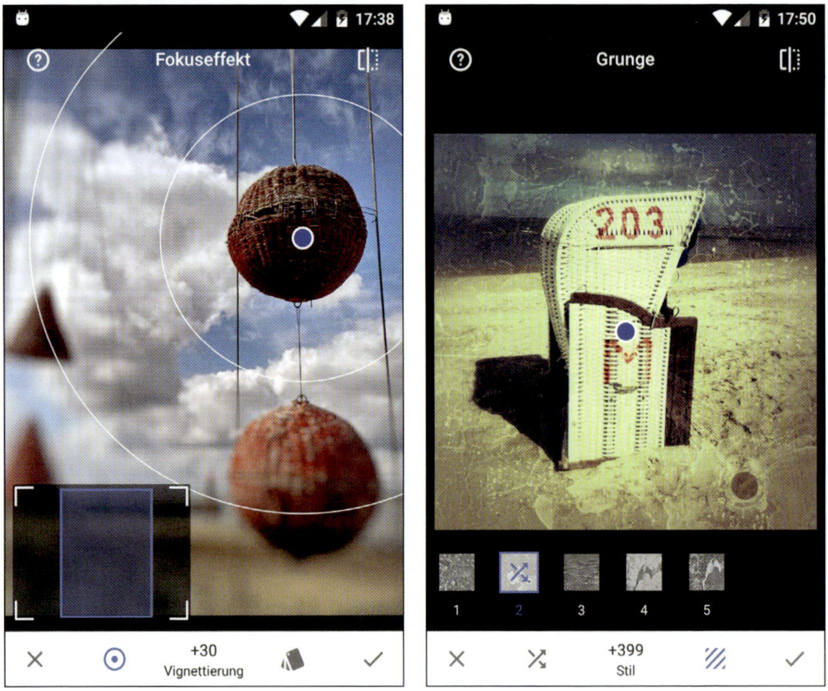

Spezialfilter mit vielfältigen Einstellungen.

Die meisten Filter bieten unterschiedliche Parameter, die sich mit einer vertikalen Wischbewegung auswählen lassen. Eine horizontale Wischbewegung ändert dann die Stärke des jeweiligen Effektes.

Einige Filter bieten noch weitere Einstellungen. So können Sie beim Fokuseffekt, der einen bestimmten Teil des Bildes zur Hervorhebung scharf belässt, während der Rest mehr oder weniger verschwimmt, nicht nur die Stärke, sondern auch die Form des Effektes einstellen. Durch interaktives Ziehen und Drehen verändern Sie den Effektbereich. Das Kartensymbol in der unteren Symbolleiste bietet neben einem kreisförmigen Fokusbereich auch verschiedene andere Formen an.

Der *Grunge*-Filter erzeugt den Eindruck von alten, leicht beschädigten Fotos. Hier können Sie unterschiedliche Effektmuster wählen und diese über eine horizontale Wischbewegung interaktiv anpassen.

Musik auf dem Smartphone

Digitale Musik unterwegs zu hören, gehört zum Alltag. Portable MP3-Player haben längst Walkman und tragbare CD-Spieler abgelöst. Inzwischen geht das Interesse an klassischen MP3-Playern auch schon wieder zurück. Fast jeder hört seine Musik nur noch auf dem Handy über Kopfhörer, deren Musikqualität mit dem, was man aus Walkman-Zeiten kannte, nicht mehr zu vergleichen ist.

Google Play Music

Google Play Music ist eine Musikplayer-App, die in Android 6 Marshmallow den ehemaligen Musikplayer ersetzt. Google Play Music spielt lokal auf dem Smartphone gespeicherte Musik ab sowie auch Musik aus dem Cloud-Speicher. Der Google Play Music Store ist integriert. Gekaufte Musiktitel werden direkt im Player angezeigt und abgespielt.

Achtung Kostenfalle

Tippen Sie beim ersten Start der Google-Play-Music-App auf *Nein danke* und nicht auf *Jetzt starten*, da Sie sonst den Google-Musik-Dienst abonnieren, der zwar 30 Tage lang kostenlos ist, aber wer denkt schon daran, so etwas rechtzeitig wieder abzumelden.

Google Play bietet seit einiger Zeit auch in Deutschland einen Downloadshop für Musik an. Zusammen mit diesem Angebot startete auch ein Cloud-Dienst, auf dem jeder Nutzer kostenlos bis zu 50.000 eigene Songs speichern und dann auf jedem Gerät über sein persönliches Google-Konto anhören kann. Beim ersten Start der App erscheint eine Werbung für einen kostenpflichtigen Dienst. Diese können Sie überspringen, die App funktioniert auch in der kostenlosen Version. Lediglich das Streaming-Angebot von Google ist kostenpflichtig.

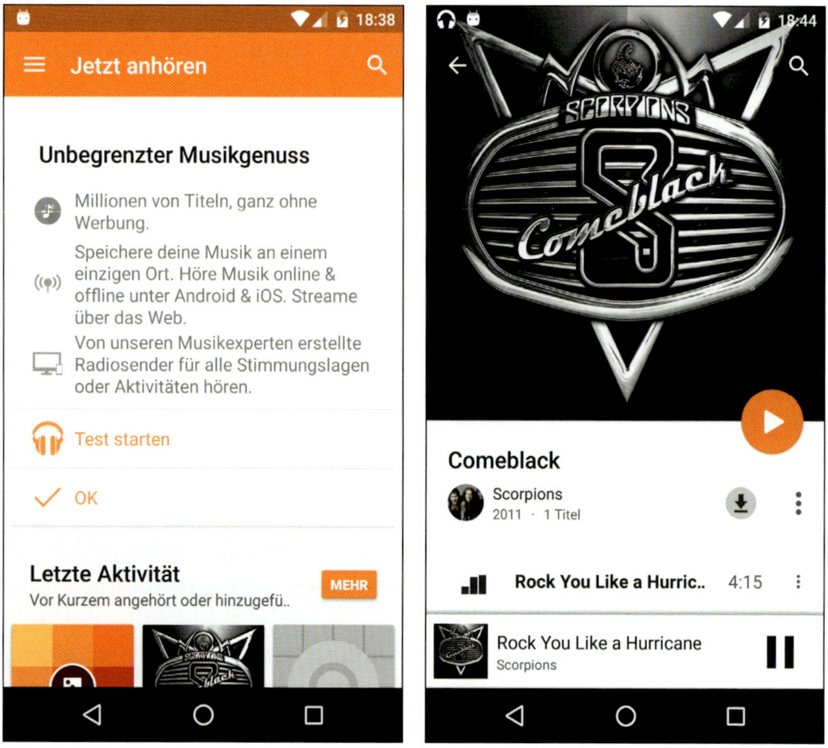

Google Play Music auf dem Smartphone.

Die Bedienung ähnelt den bekannten Musikplayern auf anderen Plattformen: In jeder Ansicht ist ganz unten der gerade laufende Titel zu sehen. Mit den Bedienelementen lassen Sie die Musik pausieren oder springen zum nächsten Titel der aktuellen Wiedergabeliste. Sie können beliebige Titel zu einer Wiedergabeliste zusammenfassen, indem Sie auf das Symbol mit den drei Punkten rechts in einem Musiktitel tippen. Mit dem Lupensymbol oben rechts finden Sie jeden Titel Ihrer Musiksammlung.

Während die Musik läuft, können Sie andere Apps nutzen. Drücken Sie einfach die Home-Taste. Der Musikplayer verschwindet in den Hintergrund, die Musik läuft weiter. In der Benachrichtigungsleiste ist ein Symbol für den Musikplayer zu sehen. Ziehen Sie die Benachrichtigungsleiste nach unten, erscheint der gerade abgespielte Titel. Ein Klick darauf bringt Sie wieder zum Musikplayer zurück.

Falsche Albumbilder

Wundern Sie sich nicht, wenn der Musikplayer falsche Albumbilder bei lokal gespeicherter Musik anzeigt. Dies ist leider ein gängiges Problem aller Musikplayer-Apps, wenn Musik auf verschiedenen Plattformen verwendet wird. In der MP3-Datei eingebettete Grafiken werden korrekt angezeigt. Einige Systeme verwenden aber zusätzliche Albumbilder im JPEG-Format. Wenn sich solche Bilder auf der Speicherkarte befinden, werden sie von den Musikplayern unterschiedlich und oft falsch zugeordnet.

Um unterwegs Datenvolumen zu sparen, sollten Sie in der Seitenleiste die Option *Nur heruntergeladen* aktivieren. Damit verhindern Sie, dass über Playlisten oder die zufällige Wiedergabe Musik aus dem Cloud-Speicher heruntergeladen wird. Die Seitenleiste blenden Sie ein, indem Sie auf das Menüsymbol oben links in der Ecke tippen.

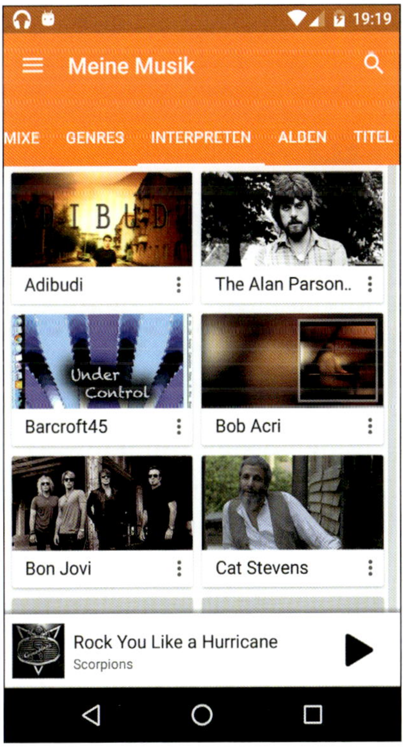

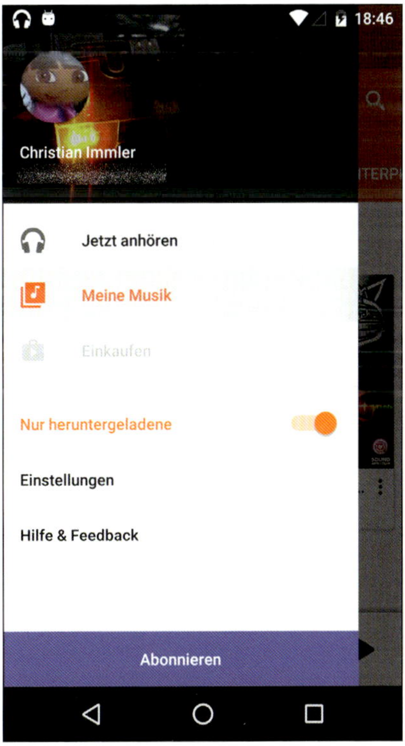

Der Google Music Player in Aktion, rechts: nur heruntergeladene Musik abspielen.

Mit der Funktion *Schnellmixe* lassen sich automatisch nach Interpreten sortierte Playlisten erzeugen und abspielen.

Das Widget *Play – Meine Bibliothek* zeigt zuletzt abgespielte Alben direkt auf dem Startbildschirm. Beim Anlegen dieses Widgets wählen Sie, ob Musik, Apps oder E-Books aus der persönlichen Bibliothek angezeigt werden sollen. Im Widget können Sie direkt zu einem dieser Alben springen. Ziehen Sie das Widget an den Seiten, wird es größer und zeigt automatisch mehr Alben und Titel an.

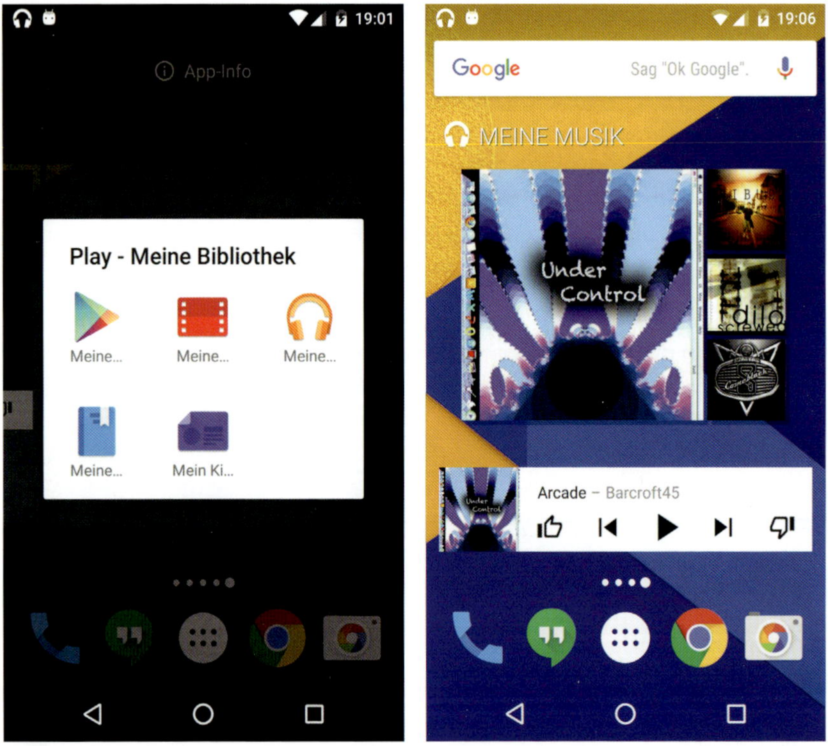

Das Widget zu Google Play Music auf dem Startbildschirm.

Im Gegensatz dazu zeigt das Widget *Google Play Music* nur den aktuellen oder zuletzt gespielten Titel, bietet dafür aber die Steuerelemente des Medienplayers.

Neue Musik aus dem Google Play Store kaufen

Der Google Play Store bietet Musik zum Kauf direkt auf dem Smartphone an. Sie erreichen dieses Musikangebot sowohl über die Google-Play-App als auch direkt aus der Seitenleiste des Google Music Players.

Lassen Sie sich auf der Startseite inspirieren oder suchen Sie gezielt nach Musiktiteln oder Alben. Die meisten Titel werden einzeln verkauft. In viele Titel kann man online hineinhören, ohne sie gleich kaufen zu müssen. Beim Kauf mehrerer Titel ist das ganze Album oft günstiger. Gekaufte Musik steht automatisch auf allen Geräten zur Verfügung, die über das gleiche Google-Konto angemeldet sind.

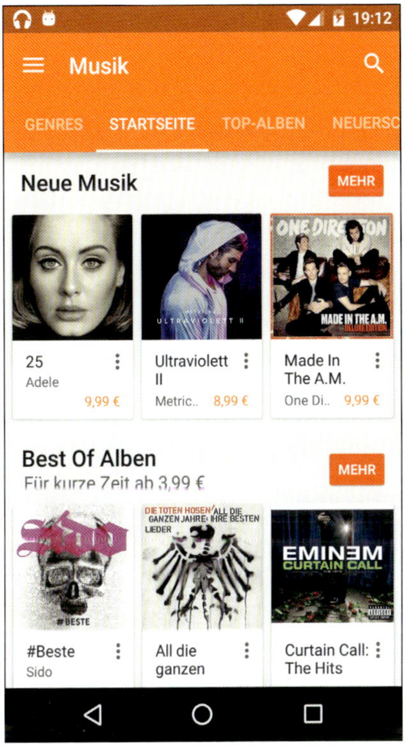

Musik im Google Play Store kaufen.

Einige wenige Alben werden auch kostenlos angeboten. Allerdings ist zum Download wie auch bei kostenlosen E-Books ein Google-Wallet-Konto mit gültigen Kreditkartendaten oder ein Prepaid-Guthaben notwendig.

DRM in Google Play Music

Musik, Filme und E-Books aus dem Google Play Store sind durch ein DRM (**D**igital **R**ights **M**anagement) geschützt. Das bedeutet, die Medien sind nur auf bestimmten Geräten nutzbar und können nicht auf andere Geräte übertragen werden. In den meisten Fällen heißt das, man kann gekaufte Inhalte auf allen Geräten nutzen, die über das eigene Google-Konto angemeldet sind, aber nicht an andere Nutzer weitergeben.

Lautsprecher und Kopfhörer per Miniklinke anschließen

Wer auf seinem Smartphone genüsslich Musik hören oder Filme ansehen möchte, wird bald merken, dass die Lautsprecher trotz des auf neuen Geräten verwendeten Surround-Sounds alles andere als optimal sind.

Smartphones haben eine 3,5-mm-Klinkenbuchse zum Anschluss von Kopfhörern, um in Ruhe, ohne zum Beispiel im Zug seine Mitmenschen zu belästigen, Musik zu hören. Beim Einstecken eines Kopfhörers werden die internen Lautsprecher automatisch abgeschaltet.

Zu Hause oder beim Musikhören mit mehreren Leuten schließen Sie an diese Buchse besser Lautsprecher an, die noch mehr Klang bieten. Dabei sollten Sie Aktivlautsprecher mit eingebautem Verstärker und eigener Stromversorgung verwenden. Die Leistung des Audioausgangs am Smartphone reicht sonst nur für eine schwache Lautstärke.

Um den Klang noch weiter zu verbessern, verfügt die Google-Play-Music-App über einen eigenen Equalizer, der sich hinter dem Menüpunkt *Einstellungen* versteckt.

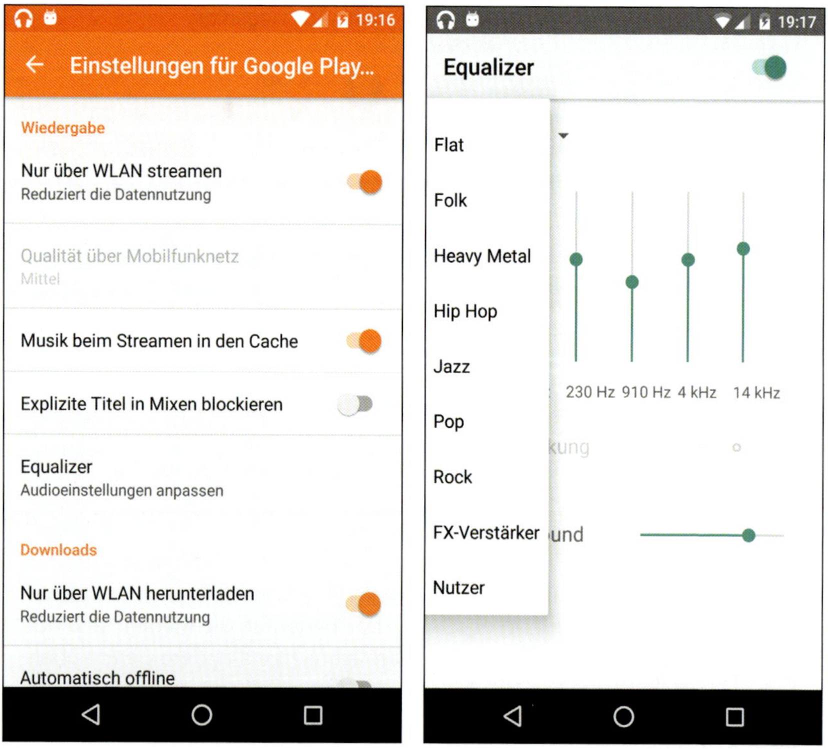

Der Equalizer in Google Play Music.

Musik in der Cloud speichern und auf dem Smartphone erleben

Der Cloud-Dienst Google Play Music bietet jedem Nutzer kostenlosen Speicherplatz für 50.000 Songs. Laden Sie auf dem PC über play.google.com/music Ihre Musikbibliothek hoch, um mit allen Geräten darauf zugreifen zu können. Hier können Sie auch direkt im Browser Ihre gekauften oder selbst gespeicherten Musiktitel anhören.

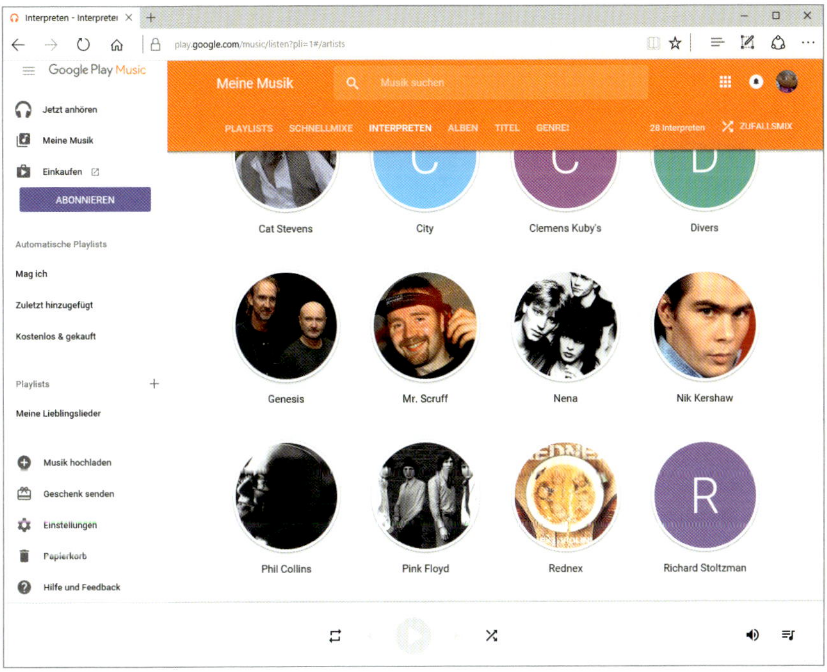

Google Play Music im Browser auf dem PC.

Laden Sie über die Schaltfläche *Musik hochladen* den Google Music Manager herunter. Das Programm läuft im Hintergrund und ist als Symbol im Infobereich der Taskleiste zu finden. Fügen Sie hier die Ordner hinzu, aus denen Sie Musik in Ihr Google-Konto hochladen möchten. Dabei können Sie festlegen, dass neue Titel in diesen Ordnern ebenfalls automatisch hochgeladen werden. Nach dem Hochladen können die Musiktitel auf allen Geräten, die mit dem eigenen Google-Konto angemeldet sind, angehört werden.

Achtung Datenvolumen

In den Einstellungen der Google-Play-Music-App können Sie festlegen, dass Musik aus dem Cloud-Speicher nur über WLAN-Verbindungen gestreamt oder heruntergeladen wird.

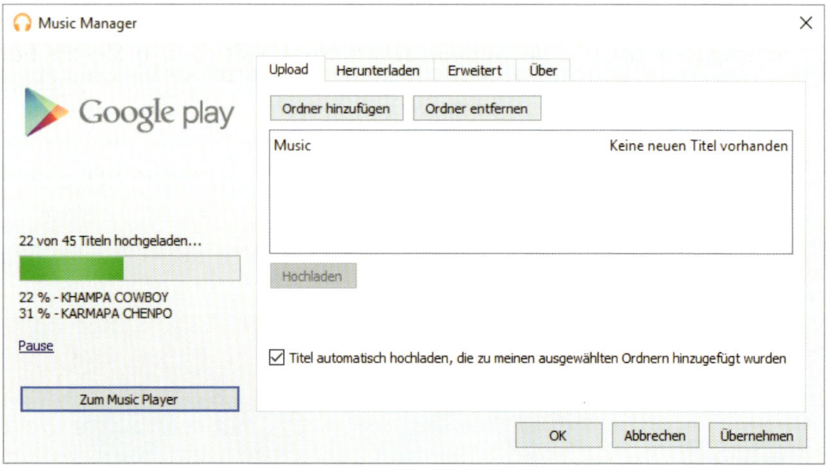

Der Google Music Manager auf dem PC.

Musikbibliothek mit dem Windows Media Player auf dem PC synchronisieren

Früher musste man Musik noch manuell als einzelne Dateien vom PC auf tragbare MP3-Player kopieren – heute bietet der Windows Media Player in Windows eine Option, dies viel einfacher zu erledigen, ohne einzelne Dateinamen zu kennen und sich um Verzeichnisstrukturen kümmern zu müssen.

Für die Synchronisierung mit dem Windows Media Player werden neben zahlreichen MP3-Playern mit USB-Anschluss auch Smartphones mit Android-Betriebssystem sowie Speicherkarten in Kartenlesern unterstützt. Auf diese Weise können auch Smartphones, die eigentlich nicht mit dem Windows Media Player kompatibel sind, genutzt werden, indem man sie als externes Laufwerk am PC betreibt oder die Speicherkarte ausbaut und in den PC steckt.

Manuelle Synchronisierung im Windows Media Player

1. Beim Anschließen des Smartphones an einen Windows-8.1- oder Windows-10-PC erscheint dieses als Laufwerk im Explorer unter *Dieser PC*. Je nach Einstellung erscheint auch das Dialogfeld *Automatische Wiedergabe*. Starten Sie jetzt den Windows Media Player.

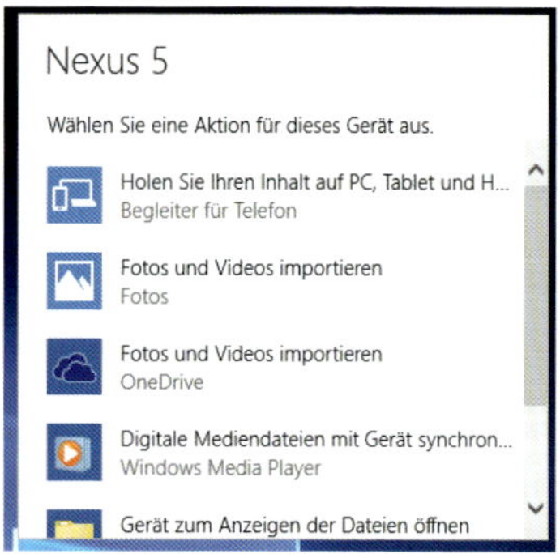

Dialogfeld beim Anschluss eines Smartphones an einen Windows-10-PC.

2. Sollte die Verbindung nicht zustande kommen, ist meistens auf dem Smartphone die USB-Verbindung falsch eingestellt. Ziehen Sie die Benachrichtigungsleiste herunter und tippen Sie auf die Zeile der USB-Verbindung. Hier muss die Option *Mediengerät (MTP)* ausgewählt sein.

3. Wenn der Windows Media Player läuft, erscheint das Smartphone beim Anschließen rechts unter *Synchronisieren*. Das Gerät erhält automatisch einen Namen, unter dem der Windows Media Player es jedes Mal wiederfindet, wenn es angeschlossen wird.

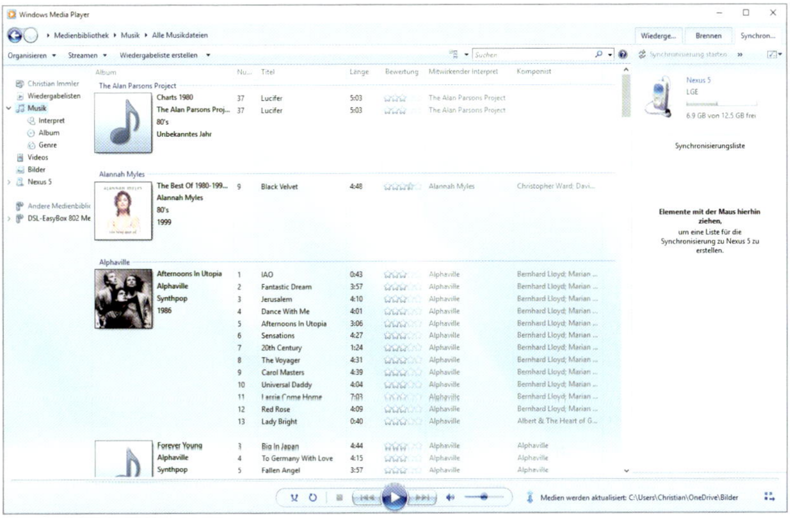

Android-Smartphone mit dem Windows Media Player verbunden.

4. Im Synchronisationsfenster können Sie dann eine Synchronisationsliste aus den gewünschten Titeln zusammenstellen, indem Sie die Titel mit der Maus in den rechten Teil des Fensters unterhalb der Geräteabbildung ziehen.

5. Nachdem Sie alle Titel zur Synchronisierung ausgewählt haben, können Sie die Übertragung mit einem Klick auf *Synchronisierung starten* in Gang setzen. Je nach Datenmenge und Dateiformat kann dies einige Zeit dauern.

6. Auf diese Weise können Sie auch jederzeit neue Titel auf das Smartphone übertragen.

Automatische Synchronisierung im Windows Media Player

Noch leichter geht es mit der automatischen Synchronisierung, die Musiktitel nach bestimmten Kriterien automatisch, ohne einzelne Titel auswählen zu müssen, auf das Smartphone überträgt.

1. Klicken Sie auf der Registerkarte *Synchronisieren* oben rechts auf den Button *Synchronisierungsoptionen* und wählen Sie im Menü *Synchronisierung einrichten*. Beim ersten Mal müssen Sie den Gerätenamen zur Einrichtung bestätigen. Wählen Sie danach denselben Menüpunkt nochmals aus.

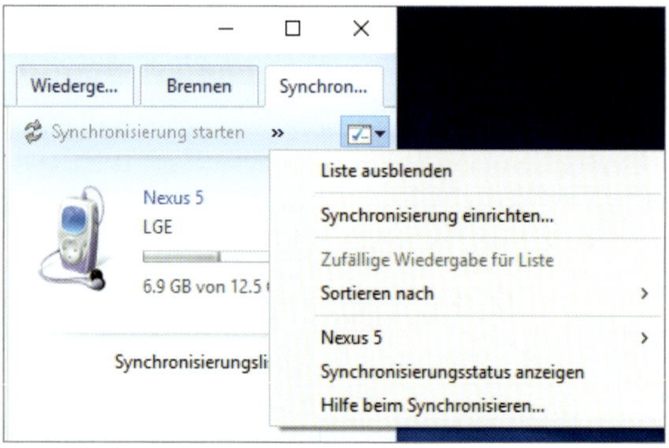

Automatische Synchronisierung mit dem Windows Media Player einrichten.

2. Schalten Sie hier die Option *Gerät automatisch synchronisieren* ein. Im Modus *Automatische Synchronisierung* müssen Sie noch auswählen, welche Wiedergabelisten synchronisiert werden sollen. Standardmäßig sind hier auch Wiedergabelisten für Bilder und Videos ausgewählt. Entfernen Sie diese alle, wie auch die Musikwiedergabelisten, die Sie nicht synchronisieren möchten.

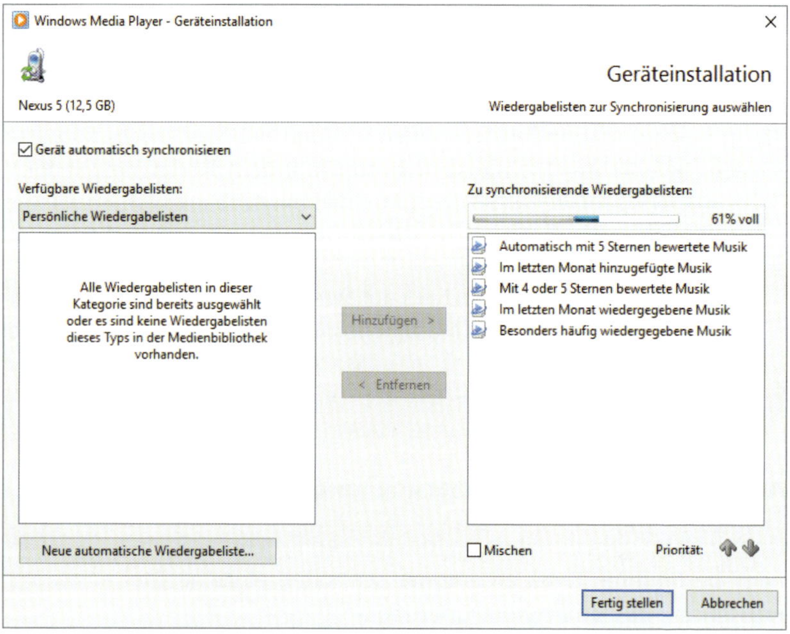

Wiedergabelisten zur Synchronisierung auswählen.

3. Wenn Sie mehrere mobile Geräte zusammen mit dem Windows Media Player verwenden, wählen Sie zunächst im Synchronisierungsbereich mit Tippen auf *Nächstes Gerät* das gewünschte Gerät aus.

4. Sollte das angeschlossene Gerät bereits sehr voll mit Daten sein, werden Sie gefragt, ob Sie diese Daten auf dem Gerät lassen oder vor der Synchronisierung entfernen wollen.

5. Über die Schaltfläche *Neue automatische Wiedergabeliste* können Sie nach bestimmten Kriterien, ohne einzelne Titel zu nennen, neue Listen zur Synchronisierung anlegen. So lassen sich zum Beispiel die am besten bewerteten Titel, die innerhalb der letzten 30 Tage angehört wurden, automatisch aufs Smartphone übertragen.

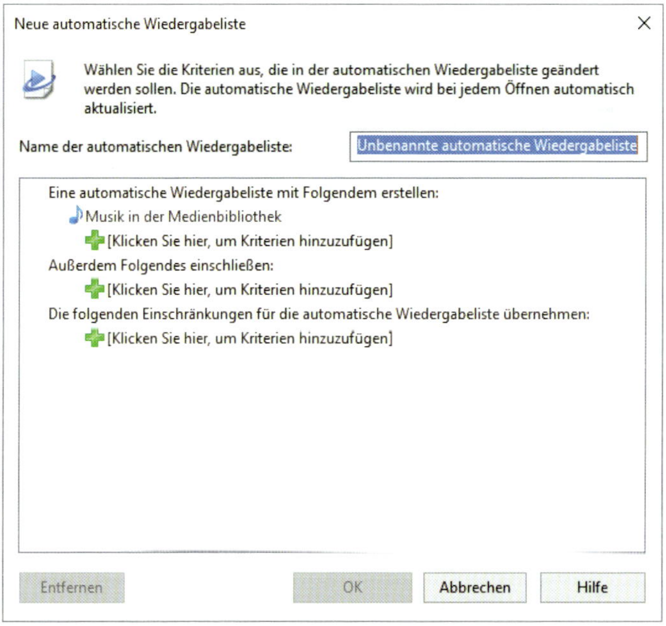

Neue automatische Wiedergabeliste zur Synchronisierung anlegen.

6. Jedes Mal, wenn das Smartphone später wieder angeschlossen wird, werden die Wiedergabelisten verglichen. Neue Musiktitel in zur Synchronisierung markierten Wiedergabelisten werden automatisch übertragen.

7. Über den Menüpunkt *Einstellungen auswählen* im Untermenü des jeweiligen Gerätes im *Synchronisieren*-Menü können Sie mit einem Klick auf *Eigenschaften* unter anderem festlegen, ob die Synchronisierung beim Anschließen des Gerätes automatisch starten soll.

8. Hier stellen Sie auch ein, wie viel Speicherplatz für die Verwendung durch andere Apps auf dem Gerät frei bleiben muss. Dies ist bei Android-Smartphones wichtiger als bei einfachen Handys oder MP3-Playern, weil auch andere Anwendungen die Speicherkarte nutzen.

Webradio

Viele Radiostationen haben auf ihren Webseiten auch einen Internetradiostream. Dazu kommen immer mehr – besonders kleinere – Spartensender, die ihr Programm ausschließlich über das Internet und gar nicht mehr über klassische Rundfunksender senden. Inzwischen haben fast alle Radiosender für Smartphones optimierte Webseiten, auf denen der Livestream zu hören ist.

ACHTUNG: Beim Webradiohören gilt wie auch bei YouTube: Nutzen Sie es nur, wenn Sie über WLAN mit dem Internet verbunden sind. Bei den typischen 128 Kbps der meisten Webradios kommt man auf etwa 56 MByte Datenvolumen pro Stunde Webradio. Eine einfache UMTS-Datenflatrate mit 200 MByte/Monat, wie sie in vielen Smartphone-Tarifen mit dabei ist, wäre also nach nicht einmal vier Stunden verbraucht.

TuneIn Radio

Mit einer Webradio-App wie *TuneIn Radio* ist es noch einfacher, Internetradiosender zu finden und anzuhören als über die einzelnen Webseiten der jeweiligen Anbieter.

TuneIn Radio kennt über 100.000 Radiostationen, darunter mehrere Hundert aus Deutschland.

Um Sender zu finden, kann man nicht nur nach Namen suchen, sondern auch regional oder nach dem Musikstil. Über das Internet bezieht die App regelmäßig Updates der Radiolisten.

Bei der Fülle der angebotenen Sender empfiehlt es sich, Favoriten anzulegen. In der persönlichen Favoritenliste braucht man nur noch auf eine Radiostation zu tippen, die Musik wird dann umgehend gestreamt und abgespielt.

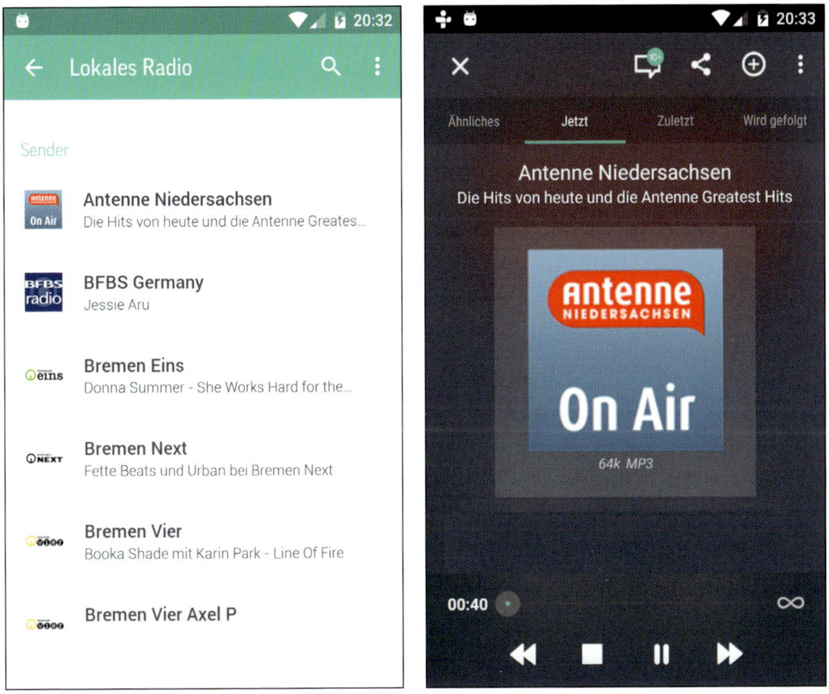

TuneIn Radio bietet unter einer einheitlichen Oberfläche gut sortierte Listen mit Webradiosendern.

Welches Lied läuft gerade?

Jeder kennt das: Im Radio läuft ein schöner Musiktitel, aber man weiß nicht, wie er heißt und wer ihn singt, weil man die Ansage davor verpasst oder einfach nicht zugehört hat. Hier hilft ein Widget auf dem Smartphone, den Titel wiederzufinden.

Ziehen Sie das Widget *Sound Search für Google Play* auf den Startbildschirm. Tippen Sie darauf, wenn Sie ein Lied hören, das Sie identifizieren möchten. Google hört ein paar Sekunden zu, zeichnet die Musik auf und überträgt sie an einen Server, der die Aufnahme auswertet und mit sehr hoher Treffsicherheit den passenden Titel findet – vorausgesetzt, dieser ist im Google Play Store als Musik zu kaufen.

Neben dem Songtitel findet *Sound Search* oft noch weitere Informationen wie Albumtitel, Veröffentlichungsdatum und Interpreten. Bei einigen Titeln werden kurze Hörproben angeboten. Tippen Sie auf *Kaufen*, müssen Sie noch nicht gleich kaufen – es wird zunächst die Google-Play-Music-App gestartet, wo Sie weitere Informationen zum Interpreten finden und dann natürlich die Möglichkeit haben, den Titel oder das ganze Album zu kaufen.

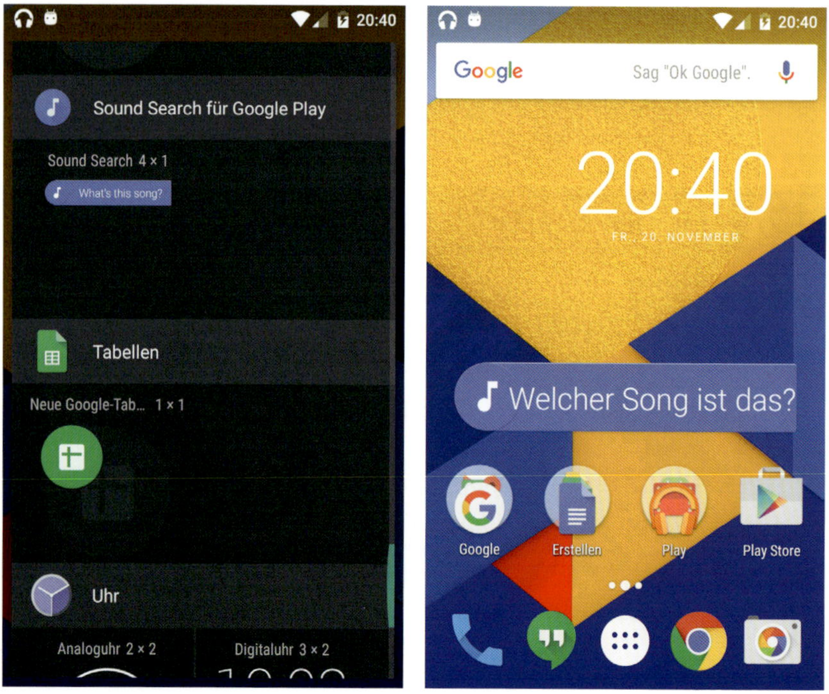

Das Widget: Welcher Song ist das?

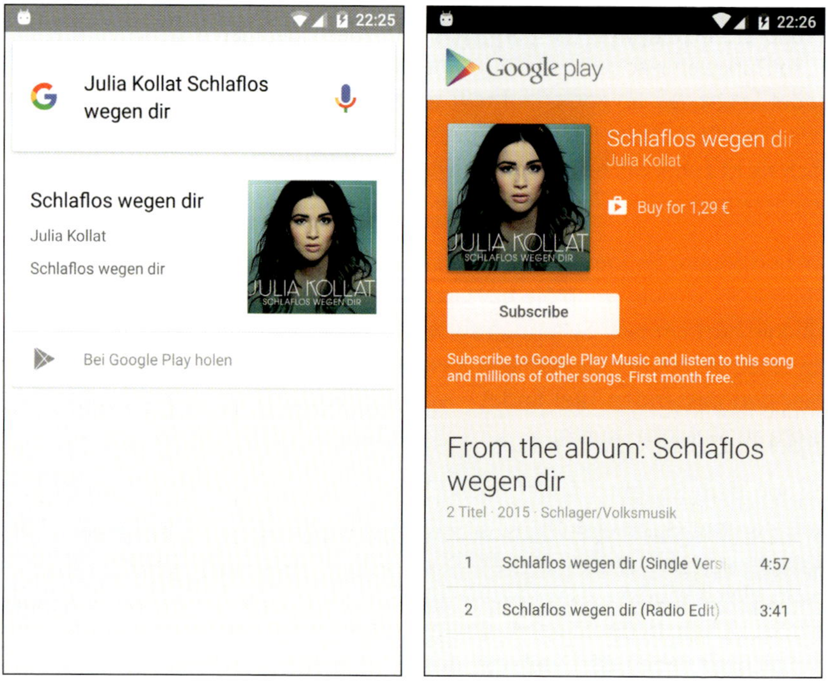

Sound Search hört Musik und findet diese bei Google Play.

Videos und YouTube

YouTube ist mehr denn je die beliebteste Quelle für Videos aller Art im Internet. YouTube bietet zwar die für mobile Geräte optimierte Webseite m.de.youtube.com.

Deutlich komfortabler ist aber die YouTube-App, die eine speziell für Android-Smartphones optimierte Darstellung bietet. Ist diese App installiert, was bei den meisten Android-6-Smartphones der Fall ist, wird beim Besuch der mobilen YouTube-Webseite automatisch die App gestartet.

Mobile YouTube-Seite und YouTube-App im Google Play Store.

INFO: Pro Tag werden über zwei Milliarden Videos auf YouTube betrachtet, und pro Minute wird über 100 Stunden neues Videomaterial hochgeladen. YouTube verursacht etwa 10 % des gesamten Internetdatenverkehrs. Bedenken Sie bei der Nutzung von YouTube über das Mobilfunknetz das zu übertragende Datenvolumen von Videos. Hier kommt man schnell an die Grenzen der Smartphone-Flatrates.

Nach der Anmeldung mit dem auf dem Smartphone installierten Google-Konto hat man in der YouTube-App direkten Zugriff auf eigene Playlisten und Favoriten.

Die Suchfunktion sowie die Listen mit Videos des gleichen Anbieters oder ähnlichen Videos anderer Anbieter stehen so, wie man sie vom PC kennt, auch in der YouTube-App zur Verfügung.

Natürlich lassen sich alle Videos auch im Vollbildmodus abspielen. Dazu braucht man das Smartphone nur quer zu halten. Auch die Funktionen, Videos zu bewerten oder die Links an Freunde zu verschicken, sind in der App enthalten. Dabei werden alle installierten Kommunikations-Apps wie E-Mail, Facebook, Twitter, Google+ und weitere unterstützt.

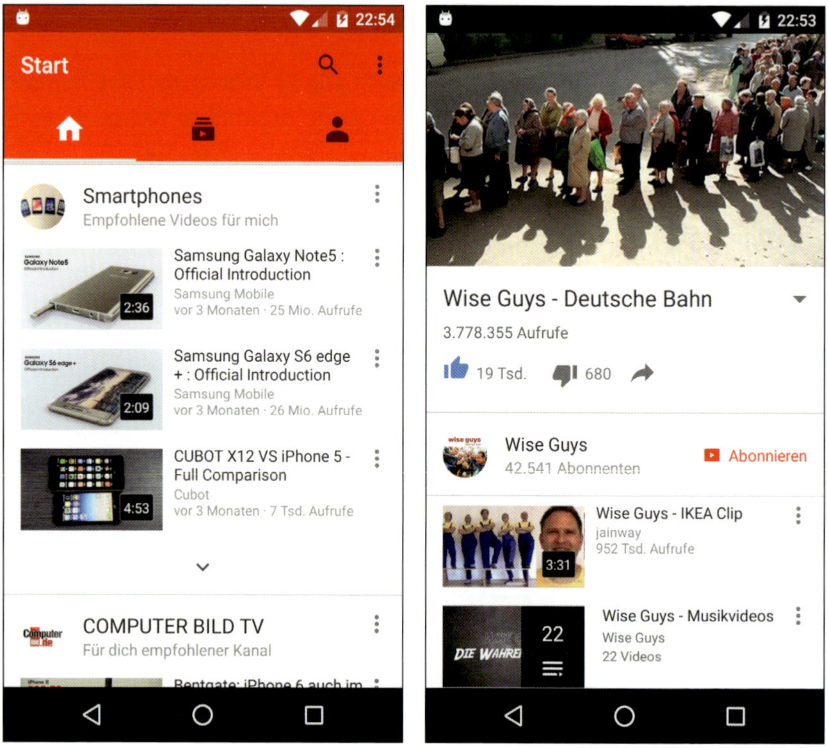

Die YouTube-App auf dem Smartphone.

Mit der YouTube-App können Sie auch eigene Videos, die mit der Smartphone-Kamera aufgenommen wurden, direkt auf YouTube hochladen, ohne dass Sie einen PC dafür benötigen.

Kapitel 8

Coole Apps

Jeder Computer wird erst durch die installierten Programme interessant. Das gilt natürlich auch für Android-Smartphones. Immer wieder veröffentlichen Zeitschriften und Webseiten die angeblich besten Apps. Aber welche sind die besten? Niemand installiert sich Apps aus Sammlerleidenschaft nur um der Apps willen. Man installiert das, was man braucht, und da muss jeder für sich selbst beurteilen, was wichtig ist und was nicht.

Große Teile dieses Buches handeln von Apps und natürlich nur von den besten zu jedem Thema. In diesem Kapitel werden noch einige Apps zu Themen vorgestellt, die bisher unerwähnt blieben.

Dateimanager

Was dem Android-Betriebssystem bis heute fehlt, ist ein leistungsfähiger Dateimanager. Offenbar gehen die Entwickler der Plattform davon aus, dass Anwender sich für die einzelnen Dateien auf ihren Geräten nicht interessieren, früher heruntergeladene Dateien einfach wieder neu herunterladen, und wenn der Speicher voll ist, ein neues Smartphone kaufen.

Einige Gerätehersteller liefern daher eigene Dateimanager-Apps mit, auf anderen Smartphones sollten Sie selbst einen Dateimanager installieren.

Android 6 Marshmallow beinhaltet zumindest einen ganz einfachen Dateimanager, der zwar nicht viele Funktionen bietet, aber im Alltag trotzdem oft ausreicht.

Sie finden diesen Dateimanager nicht als App, sondern in den Einstellungen unter *Gerät/Speicher & USB/Erkunden*.

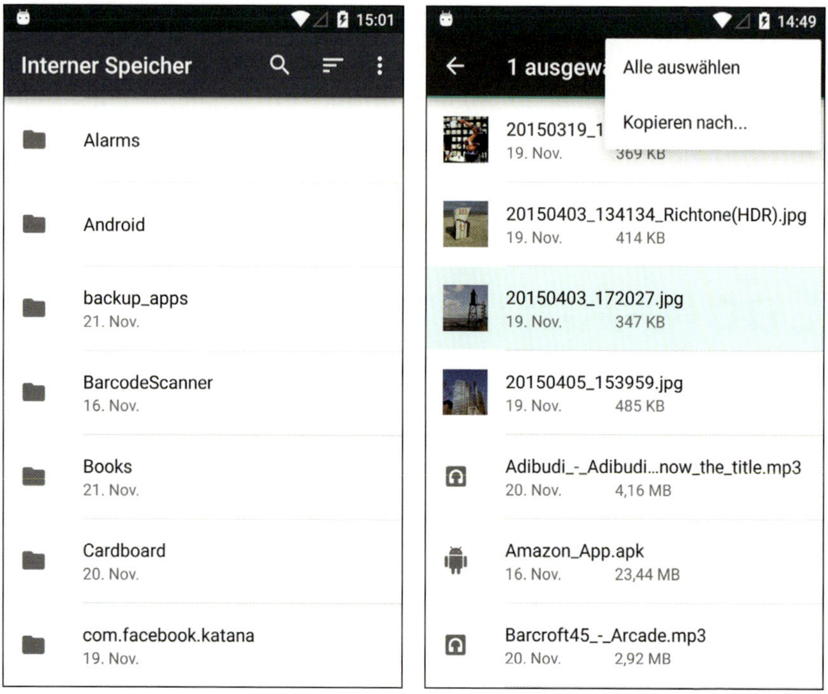

Der eingebaute Dateimanager in den Einstellungen.

File Expert HD

File Expert ist ein komfortabler Dateimanager für Android mit vielen interessanten Funktionen, die über das simple Kopieren und Verschieben von Dateien hinausgehen. *File Expert* bietet zusätzlich zum Zugriff auf Dateien, die lokal auf dem Smartphone oder auf der Speicherkarte liegen, auch interessante Netzwerk- und Cloud-Funktionen. *File Expert* weist an mehreren Stellen auf die kostenpflichtige Version hin – für alle alltäglichen Aufgaben reicht die kostenlose Version jedoch völlig aus.

Bevor man sich in der Verzeichnisstruktur des Smartphones verliert, zeigt *File Expert* eine Übersicht über die wichtigsten Bereiche, Dateien, Dokumente und Apps. Auf diese Weise findet man die wichtigen Dateien leichter und kann diese auch direkt aus dem Dateimanager heraus mit einer zugeordneten Standard-App anzeigen oder zur Bearbeitung öffnen. *File Expert* enthält einen eingebauten Betrachter für Fotos und Grafikdateien.

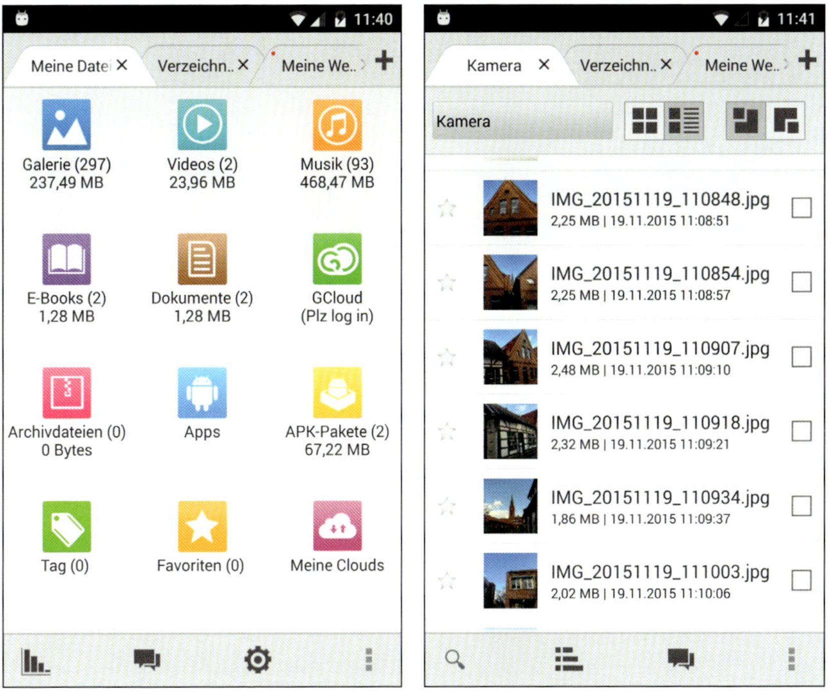

File Expert bietet eine Übersicht über die Inhalte auf dem Smartphone.

Im Gegensatz zu einfacheren Dateimanagern ermöglicht *File Expert* das Kopieren und Verschieben vieler Dateien auf einmal direkt auf dem Smartphone.

Unter *Apps* sind alle installierten Apps aufgelistet. Hier können Sie nicht nur eine oder viele Apps auf einmal deinstallieren, sondern auch installierte Apps sichern, um sie im Notfall wieder neu installieren zu können oder eine ältere Version zu installieren, wenn durch ein Update wichtige Funktionen verloren gegangen sind, wie zum Beispiel beim weiter oben beschriebenen *DB Navigator*.

Die Apps werden als APK-Dateien im Verzeichnis */backup_apps* im internen Speicher abgelegt. Das Dateiformat ist das gleiche, das auch zum Download von Apps im Internet außerhalb des Google Play Store verwendet wird. Das Symbol *APK-Pakete* auf der Startseite von *File Expert* zeigt in einer Übersicht alle gespeicherten APK-Dateien an – gesicherte wie auch aus anderen Quellen heruntergeladene.

Markieren Sie dazu die Häkchen rechts neben den Apps und tippen Sie auf *Backup*. Die so gesicherten Apps lassen sich, wie andere Dateien auch, weitergeben und auf diese Weise auf Smartphones installieren, die keinen Google Play Store in das System eingebunden haben.

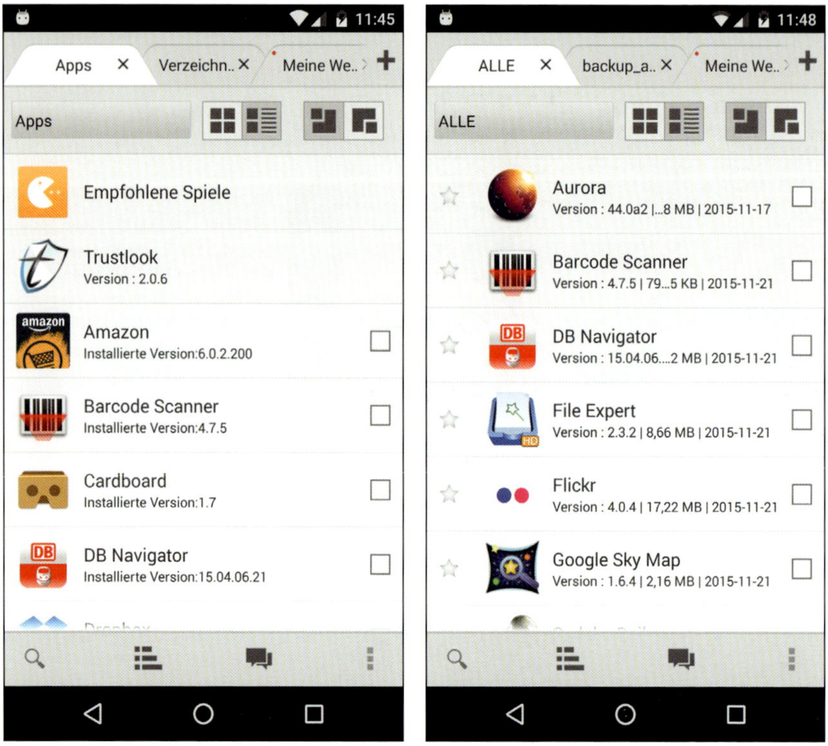

Apps-Liste und APK-Pakete auf dem Smartphone.

ACHTUNG: Beachten Sie beim Weitergeben die Lizenzbedingungen der App. Gekaufte Vollversionen werden oft an die IMEI eines Smartphones gebunden und lassen sich auf anderen Geräten nicht verwenden.

Unter *Apps* finden Sie auch einen eigenen kleinen App-Katalog des Herstellers, über den Sie neben Plug-ins für *File Expert* auch Spiele direkt auf das Smartphone herunterladen können.

File Expert unterstützt unter *Meine Clouds* diverse bekannte Cloud-Speicherdienste wie Dropbox, Google Drive oder box.net. Auf diese Weise haben Sie direkt vom Smartphone aus Zugriff auf Ihre persönlichen dort abgelegten Dateien und können umgekehrt eigene Daten vom Smartphone in Cloud-Speichern sichern oder auf diese Weise an Freunde weitergeben.

Nach einmaliger Anmeldung beim jeweiligen Cloud-Dienst werden die Dateien dort gleichermaßen wie lokale Dateien auf dem Smartphone angezeigt. Zur Übertragung lassen sich die bekannten Funktionen zum Kopieren, Ausschneiden und Einfügen nutzen.

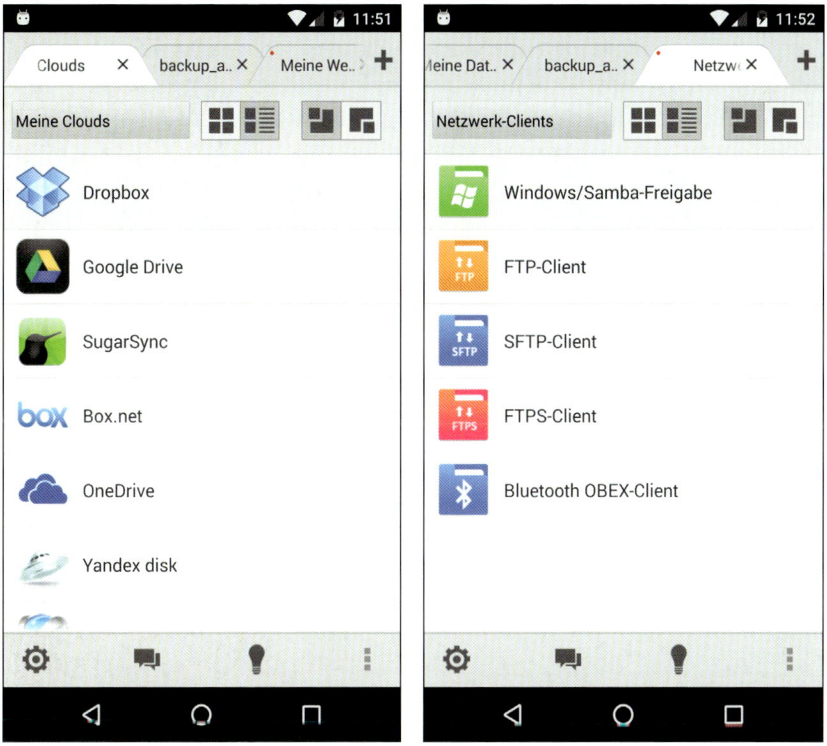

Cloud-Speicherdienste und Netzwerkdienste in File Expert nutzen.

File Expert bietet umfangreiche Funktionen zum Datenaustausch zwischen Smartphone und PC oder anderen Geräten im eigenen lokalen Netzwerk. Dabei werden die wichtigen Netzwerkübertragungsprotokolle FTP, SFTP, FTPS und Bluetooth OBEX unterstützt. Der integrierte SMB-Client ermöglicht den Zugriff auf Windows-PCs in der Netzwerkumgebung oder auf Linux-Samba-Server im Netzwerk vom Smartphone aus.

Total Commander

Der Total Commander ist auf dem PC einer der beliebtesten und funktionsreichsten Dateimanager. Dieses Tool wird jetzt auch für Android angeboten und verfügt dort über einen ähnlichen Funktionsumfang, unter anderem das Kopieren, Verschieben und Umbenennen von Dateien, Zugriff auf Server und Netzwerklaufwerke, Packen und Entpacken in verschiedenen Formaten, konfigurierbare Symbolleisten und vieles mehr.

Ähnlich wie der klassische Norton Commander auf dem PC arbeitet der Total Commander ebenfalls mit zwei Fenstern, die verschiedene Verzeichnisansichten beinhalten können. Auf Smartphones schaltet man durch eine horizontale Wischbewegung auf das jeweils andere Fenster um, auf Tablets werden beide Fenster gleichzeitig auf dem Bildschirm angezeigt.

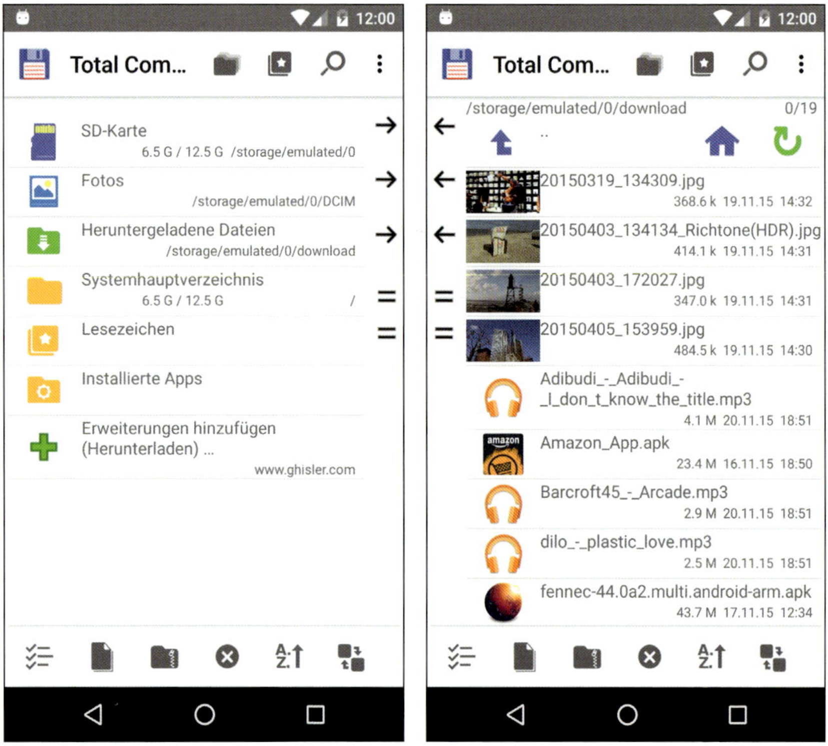

Total Commander mit zwei Fenstern.

Dateien lassen sich von einem Fenster ins andere kopieren, verschieben oder als ZIP-Archiv packen. Die beiden Fenster können frei eingestellt werden. Dabei kann es sich um Verzeichnisse auf der Speicherkarte oder im Dateisystem des Smartphones handeln. Mithilfe einer Verlaufsliste und Lesezeichen lassen sich wichtige Verzeichnisse schnell wiederfinden.

Der Total Commander beinhaltet einen eigenen Texteditor und eine komfortable Suchfunktion für Dateien, die auch Suchbegriffe innerhalb von Textdateien findet. Ein integrierter Medienplayer spielt MP3-Dateien und andere Medien ab, ohne dass diese in einer Musikbibliothek eines großen Medienplayers abgelegt sein müssen.

Über Plug-ins können Netzwerklaufwerke, FTP-Server und die meisten gängigen Cloud-Speicherdienste zum direkten Zugriff in den Total Commander eingebunden werden. Auf diese Weise ersparen Sie es sich, für jeden verwendeten Cloud-Speicher eine eigene App zu installieren.

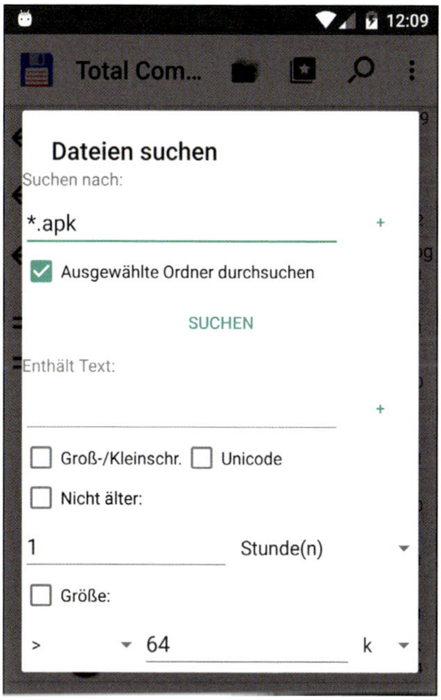

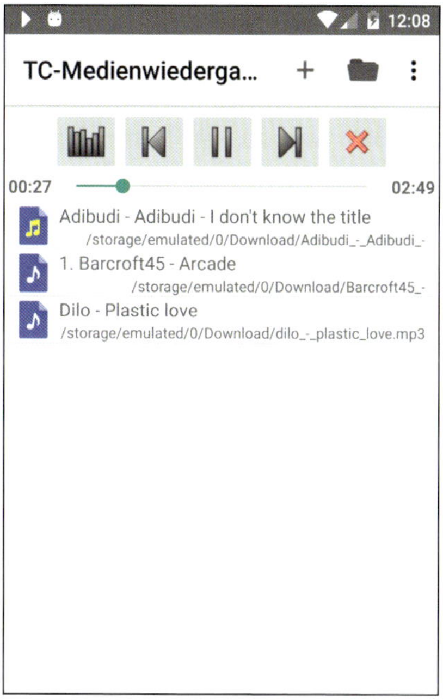

Dateisuche und Medienplayer im Total Commander.

Büro-Apps

In den Anfangszeiten der Smartphones waren es im Wesentlichen Geschäftsleute, die diese Geräte nutzten. Heute sieht es anders aus, ein Smartphone ist ein alltäglicher Begleiter der mobilen Internetgeneration. Dennoch gibt es immer noch nützliche Apps für büroähnliche Funktionen auf den mobilen Taschencomputern.

Office

Wer öfter längere Texte schreibt, möchte diese auch unterwegs korrigieren oder in einer Besprechung Änderungen einfügen. Das ist oftmals schwierig, weil der Computer mit dem Originaltext gerade nicht zur Hand ist.

Microsoft Office für Android

Microsoft bietet kostenlose Office-Apps für Android an, die von Android 6 Marshmallow bereits unterstützt werden.

Google Docs

Google Docs beinhaltet alle wichtigen Funktionen einer Textverarbeitung. Damit lassen sich Google-Docs-Dokumente auf Google Drive wie auch lokal auf dem Smartphone gespeicherte Word-Dokumente bearbeiten. Die App ist auf den meisten Android-6-Smartphones bereits vorinstalliert.

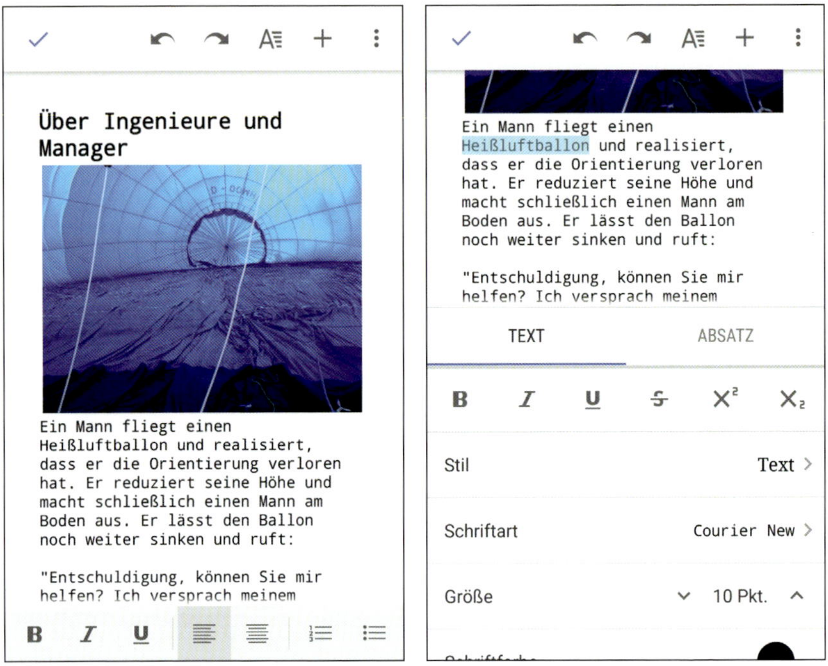

Textverarbeitung Google Docs auf dem Smartphone.

Setzen Sie den Cursor durch einfaches Antippen an die gewünschte Position. Tippen Sie doppelt, um einen Textbereich zu markieren. Anschließend können Anfang und Ende der Markierung beliebig verschoben werden. Tippen Sie länger auf einen markierten Text, erscheint eine Symbolleiste der Zwischenablage. Das Symbol *A* oben blendet Funktionen zur Textformatierung ein.

Über das Menüsymbol oben rechts können Sie das Dokument für andere Personen freigeben. Dabei können Sie diesen Personen verschiedene Rechte für das Dokument zuweisen: nur anzeigen, kommentieren oder sogar bearbeiten. Im Menü finden Sie auch bekannte Funktionen von Textverarbeitungen wie Suchen und Ersetzen, Rechtschreibprüfung und Wörter zählen.

Google Tabellen

Die Tabellenkalkulation Google Tabellen unterstützt fast alle Formeln sowie auch Sortier- und Filterfunktionen aus Excel. Um Felder zu bearbeiten, tippen Sie in die betreffende Zelle. Jetzt erscheint ein Bearbeitungsfeld am unteren Bildschirmrand. Nach der Bearbeitung der Werte wird die Tabelle automatisch neu berechnet.

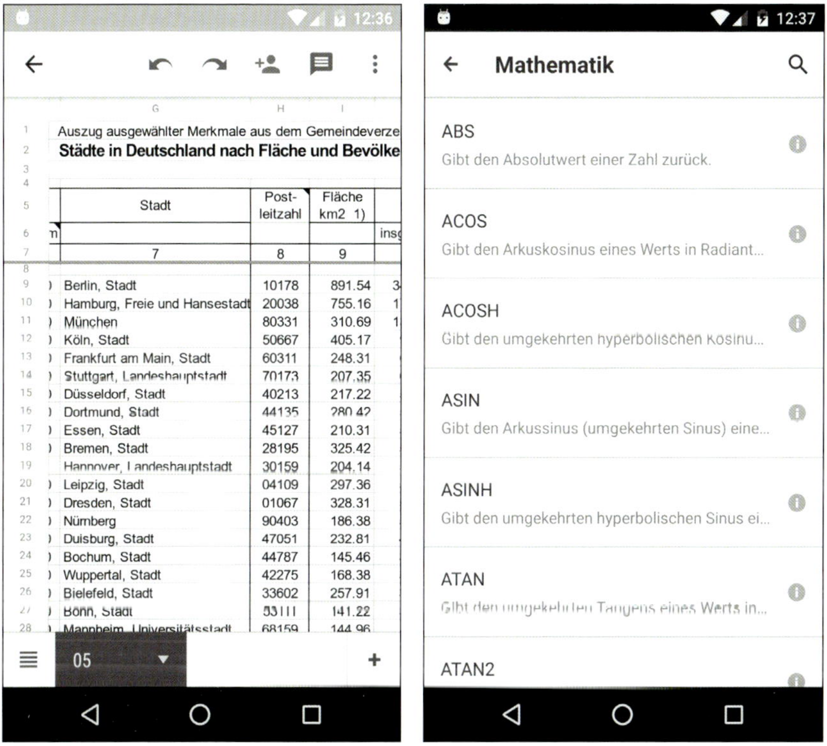

Die Tabellenkalkulation Google Tabellen.

Trigonometrische und finanzmathematische Berechnungen sind in der Tabellenkalkulation ebenso möglich wie die Statistik oder Umrechnung zwischen Zahlensystemen. Selbst die Logik- und Verweisfunktionen aus Excel zum Bezug zwischen verschiedenen Bereichen einer Tabelle wurden umgesetzt. Die meisten Funktionsnamen sind in Englisch und heißen daher anders, als vom deutschen Excel bekannt, werden aber beim Import und Export automatisch umgesetzt und in der App auch auf Deutsch beschrieben.

INFO: Manche alles besser wissenden Medien werfen den mobilen Office-Lösungen eingeschränkte Funktionalität vor. Gerade bei Tabellenkalkulationen gilt aber die alte Administratorenweisheit: Weniger als 10 % der Anwender nutzen mehr als 10 % der Funktionen eines Programms. Dass Google Tabellen keine Pivot-Tabellen und keine Was-wäre-wenn-Analysen mit verschiedenen Datenszenarien verarbeitet, wird nur einen sehr kleinen Anwenderkreis stören.

Google PDF Viewer

Die Google-Drive-App enthält einen eingebauten Betrachter für PDF-Dateien, der sich beim Antippen einer solchen Datei sofort öffnet und nicht als eigenes Symbol in der Apps-Liste erscheint. Sollte er auf einem Smartphone nicht vorinstalliert sein – was nur äußerst selten vorkommt – kann der PDF-Betrachter manuell nachinstalliert werden.

Notizen

Lange vor der Ära der Smartphones hatte Ernest Hemingway einen Notizblock neben seinem Bett liegen, um, wenn er nachts aufwachte, Ideen und Kommentare zu seinen unvollendeten Werken niederzuschreiben. Diese musste er dann am nächsten Morgen mühsam in seine Manuskripte nachtragen. Heute kann man Tag und Nacht und überall Notizen auf dem Smartphone machen. Allerdings beinhaltet Android standardmäßig keine App für Notizen.

Google Notizen

Mit der App *Google Notizen* können Sie unterwegs schnell und einfach Notizen verfassen und auch auf Ihre zu Hause im Browser unter keep.google.com erstellten Notizen unterwegs zugreifen. Änderungen in der Android-App werden automatisch auf dem PC übernommen. Notizen werden automatisch in der Schriftgröße skaliert und in ihrer Farbe dargestellt. Durch einfaches Antippen bearbeiten Sie die Notizen auf dem Smartphone.

Mit den Symbolen in der unteren Symbolleiste erstellen Sie neue Notizen verschiedener Typen. Dabei können Sie auch Sprachnotizen sprechen. Googles

Spracherkennung versucht, diese in Text umzusetzen. Die originale Sprachnotiz bleibt trotzdem erhalten und kann auch auf dem PC angehört werden.

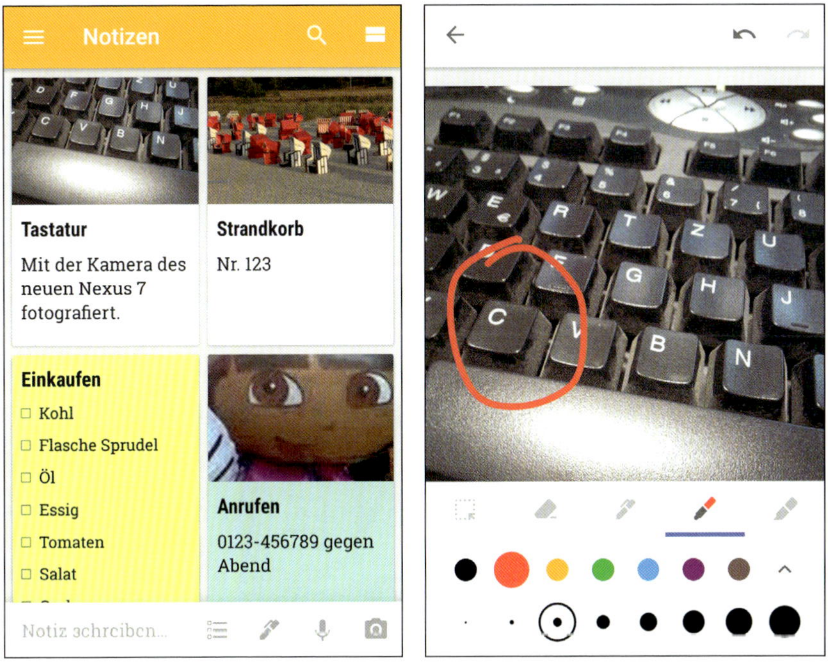

Google Notizen auf dem Smartphone.

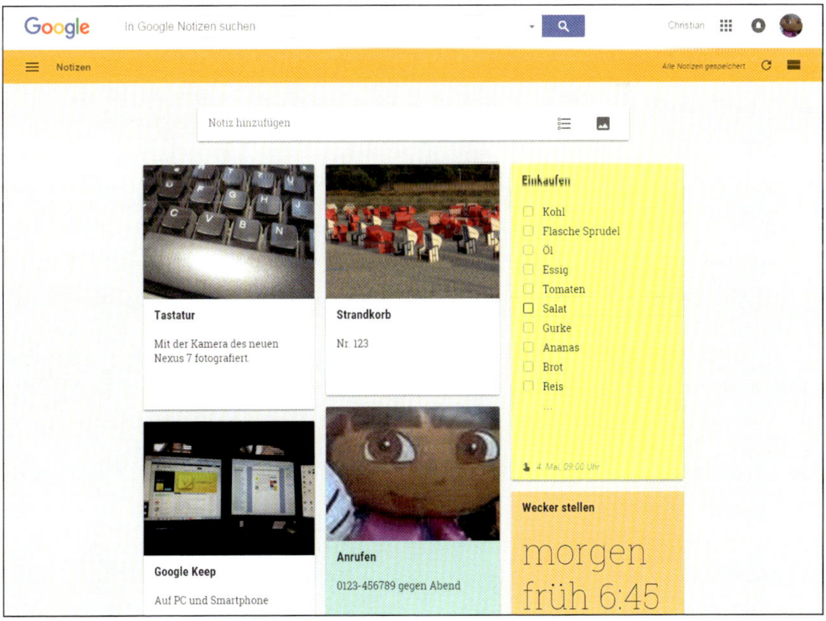

Google Notizen im Browser bei keep.google.com.

Über das Kamerasymbol starten Sie die Kamera des Smartphones und können sofort ein Foto machen, das in einer neuen Notiz gespeichert wird. Das Stiftsymbol in einem angezeigten Bild einer Notiz startet die neue Malfunktion. Hier haben Sie verschiedene Stifttypen und Farben zur Auswahl, um in den Bildern herumzukritzeln und Kommentare anzubringen.

Im Menü der App finden Sie in der Notizansicht den Menüpunkt *Senden*. Damit geben Sie die Notiz über auf dem Smartphone installierte Kommunikationswege wie z. B. E-Mail oder Facebook-Chat weiter. Google Notizen bietet ein Widget für den Startbildschirm, mit dem Sie schnell eine Notiz anlegen können, ohne erst die App starten zu müssen. Außerdem zeigt das Widget die zuletzt angelegte Notiz direkt an.

OneNote

Microsofts Notizblock OneNote ist auch als kostenlose App für Android verfügbar. Notizen, die auf dem PC im Microsoft-Konto oder über onenote.com online abgelegt wurden, werden automatisch mit dem Smartphone synchronisiert und können dort auch bearbeitet werden.

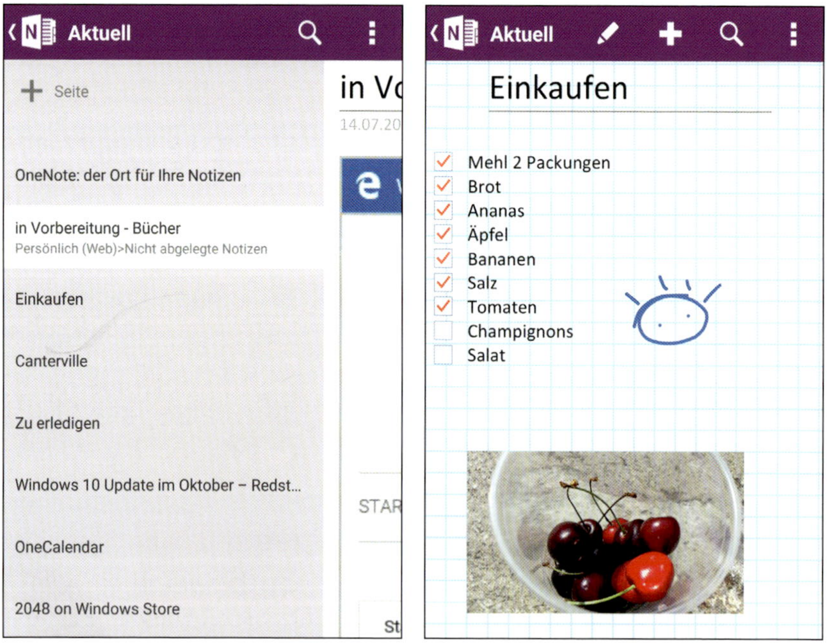

OneNote auf dem Smartphone.

Die App liefert ein sogenanntes Badge für den Startbildschirm mit, einen Button, der frei verschiebbar im Vordergrund schwebt, um schnell eine Notiz erstellen zu können. Zur Nutzung von OneNote ist ein Microsoft-Konto erforderlich.

Google Übersetzer

Die App *Google Übersetzer* bringt die bekannten Übersetzungsfunktionen von Google aufs Smartphone. Mit der App können eingetippte oder gesprochene Texte übersetzt werden. Unterwegs kann man mit der Kamera ein Schild oder eine Speisekarte fotografieren und in Echtzeit in eine andere Sprache übersetzen.

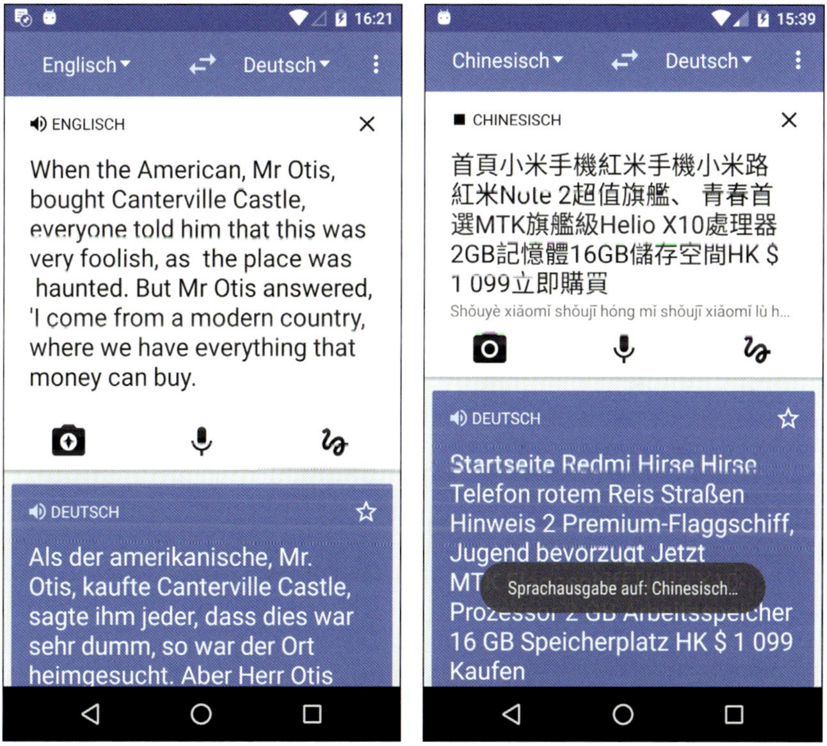

Eingegebener oder kopierter Text und die automatische Übersetzung.

Fremdsprachige Texte lassen sich mit dem Lautsprechersymbol oben links vorlesen, da man in vielen Sprachen die Texte nicht einmal ohne Weiteres aussprechen kann.

> **ACHTUNG:** Zur Veröffentlichung fremdsprachiger Texte ist der *Google Übersetzer* wie jede andere Art automatischer Übersetzung völlig ungeeignet. Die App dient nur dazu, sich ein ungefähres Bild vom Inhalt eines fremdsprachigen Textes zu machen. Besonders bei Sprachen, bei denen man nicht einmal den leisesten Hauch einer Ahnung hat, was ein Text bedeutet, kann eine automatische Übersetzung hilfreich sein.

Anstatt Texte zu tippen oder zu kopieren, können Sie sie auch ins Mikrofon sprechen. So können Sie sich mit einer Person, die eine fremde Sprache spricht, wirklich unterhalten, indem Sie abwechselnd Sätze in das Smartphone sprechen und sich diese in der anderen Sprache wieder vorsprechen lassen.

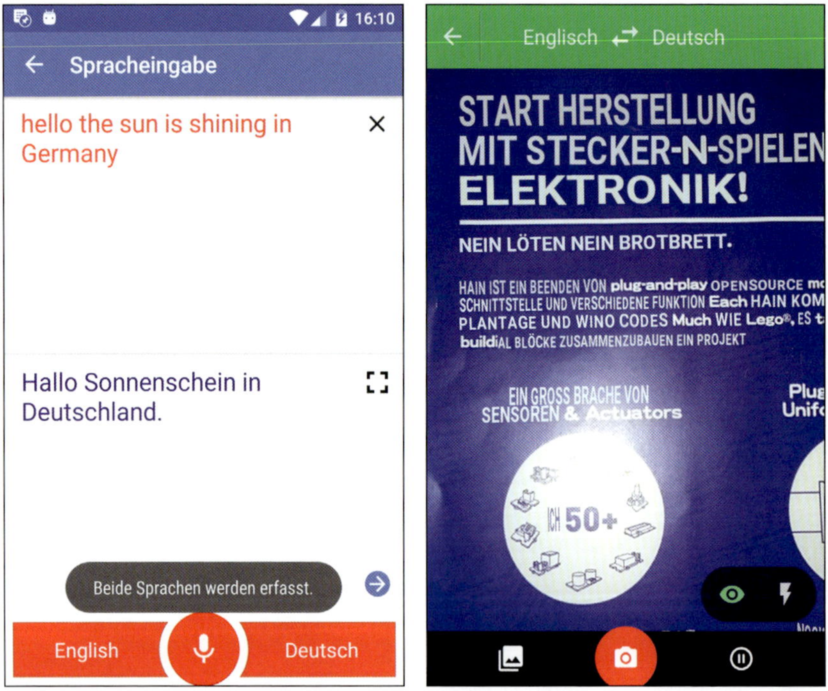

Übersetzen per Mikrofon oder Kamera.

Tippen Sie auf das Kamerasymbol, können Sie einen fremdsprachigen Text mit der Kamera erfassen und in Echtzeit übersetzen. Dabei werden die übersetzten Textteile grafisch passend angeordnet. So können Sie im Vergleich mit dem Original jederzeit leicht erkennen, welche Textpassage was bedeutet. Allerdings eignet sich diese Methode nur für einfache Hinweisschilder oder Speisekarten. Selbst bei einfachen technischen Texten, wie dem abgebildeten Prospekt, ist die automatische Übersetzung nahezu unbrauchbar.

Wenn die Google-Übersetzer-App installiert ist, integriert sich die Übersetzungsfunktion in Android 6 Marshmallow automatisch in die Kontextmenüs unterstützter Apps. Markieren Sie in einer solchen App einen Text, können Sie diesen nicht nur wie bisher in die Zwischenablage kopieren oder direkt teilen, sondern auch in einem über die App geblendeten Fenster übersetzen lassen.

Webseiten übersetzen

Öffnen Sie eine fremdsprachige Webseite im Chrome-Browser, versucht dieser, die Sprache automatisch zu erkennen, und bietet an, die Webseite zu übersetzen. In der Übersetzung wird das Original-Seitenlayout beibehalten. Zum Vergleich können Sie jederzeit wieder das Original anzeigen lassen.

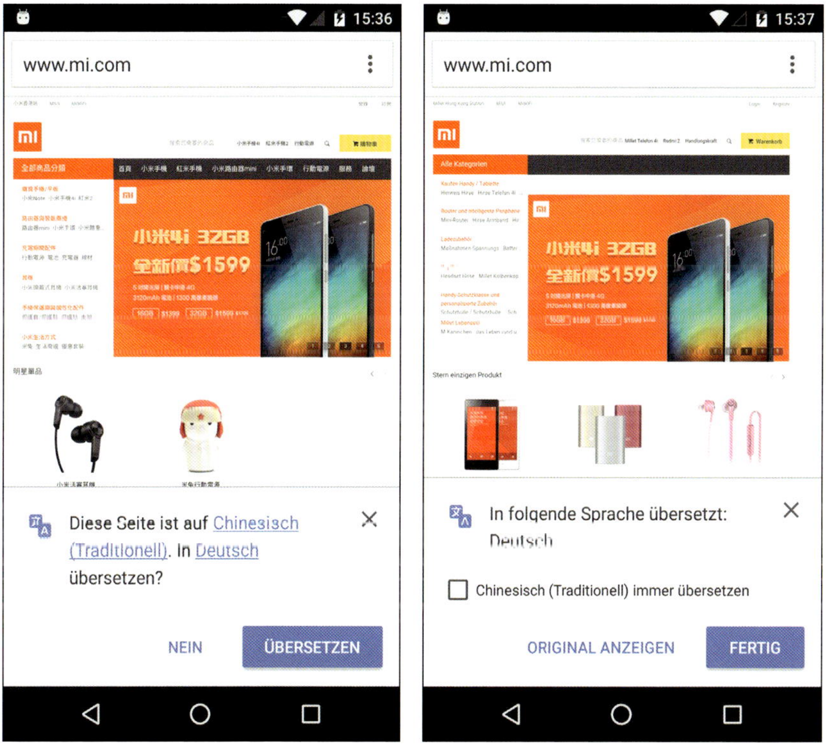

Automatische Übersetzung einer fremdsprachigen Webseite.

Entscheiden Sie sich, eine Seite nicht zu übersetzen, erscheint die Abfrage, ob Sie die erkannte Sprache grundsätzlich nie übersetzen lassen möchten. Möchten Sie die automatische Übersetzung gar nicht nutzen, können Sie sie in den Einstellungen von Chrome unter *Website-Einstellungen/Sprache* komplett abschalten.

Rechner

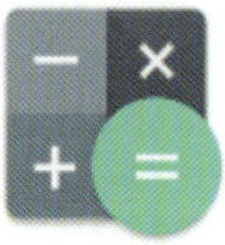

Android 6 Marshmallow liefert einen einfachen Taschenrechner mit, der für den Alltag in den meisten Fällen ausreicht. Dieser bietet sogar ein paar wissenschaftliche und trigonometrische Funktionen.

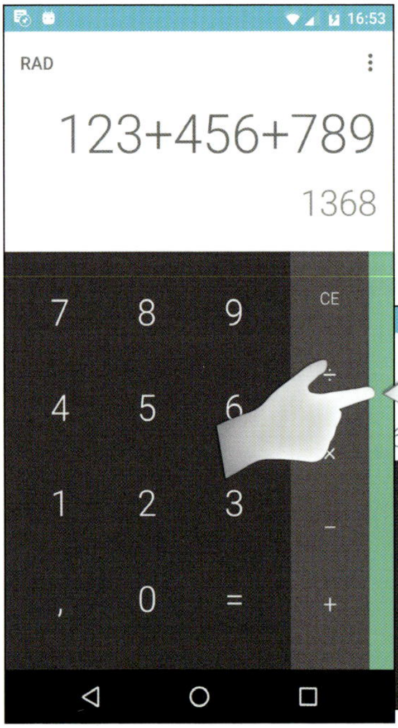

Diese erscheinen, wenn man den grünen Balken vom rechten Bildschirmrand nach links ins Bild schiebt. Im Querformat sind die wissenschaftlichen Funktionen immer zu sehen.

Der Standard-Taschenrechner auf Android-Smartphones.

RealCalc Scientific Calculator

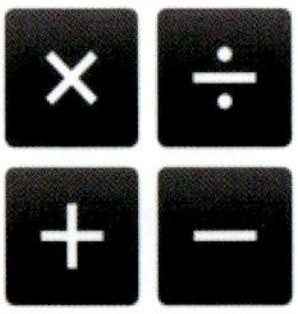

Der *RealCalc Scientific Calculator* ist ein wissenschaftlicher Taschenrechner, der jede Menge Funktionen bietet und im Design an die Zeit vor den Smartphones angelehnt ist, als die Taschenrechner noch echte Tasten hatten.

Der *RealCalc Scientific Calculator* kann in einen Vollbildmodus umgeschaltet werden, in dem die Benachrichtigungszeile verschwindet, sodass der ganze Bildschirm für den Rechner verfügbar ist. Wer gern im RPN-Modus mit umgekehrter polnischer Notation arbeitet, schaltet den Rechner über die Menütaste mit den drei Punkten oben links auf diese Betriebsart um. Bei langem Tippen auf die Ergebnisanzeige erscheint ein Kontextmenü, mit dem der angezeigte oder berechnete Wert per Zwischenablage in andere Apps übertragen werden kann.

Der RealCalc Scientific Calculator mit klassischer Taschenrechnertastatur und im RPN-Modus.

Sehr nützlich sind die zahlreichen Einheitenumrechnungsformeln, die im *RealCalc Scientific Calculator* über die Tasten *SHIFT+CONV* integriert sind. In übersichtlichen Listen finden Sie Maßeinheiten für Länge, Fläche, Volumen, Masse, Zeit, Energie, Temperatur und diverse andere Größen, in die der aktuell errechnete Wert mit wenigen Klicks umgerechnet wird. Für wissenschaftliche Berechnungen liefert der *RealCalc Scientific Calculator* über die Tasten *SHIFT+CNST* eine umfangreiche Sammlung an Naturkonstanten zu verschiedenen Themen.

E-Books

Android-Smartphones mit ihren hochauflösenden Bildschirmen eignen sich geradezu ideal, um unterwegs E-Books zu lesen. Die digitalen Bücher wiegen nichts, verbrauchen keinen Platz in der Tasche, und man braucht auch nicht daran zu denken, ein Buch für längere Bahnfahrten oder Wartezeiten mitzunehmen – das Smartphone hat man sowieso immer dabei.

E-Books werden heute in verschiedenen digitalen Formaten zum kostenlosen Download und auch zum Downloadkauf angeboten. Das bekannteste Format ist EPUB. Einige Bücher werden aber auch in den vom PC bekannten Dateiformaten PDF und RTF geliefert. Zum Lesen von E-Books auf dem Smartphone braucht man eine E-Book-Reader-App.

Google Play Bücher

Google Play bietet neben Apps, Musik und Hardware auch einen Downloadshop für E-Books an. Für die hier gekauften Bücher gibt es eine eigene Reader-App, die auf aktuellen Android-6-Marshmallow-Smartphones bereits vorinstalliert ist. Damit lassen sich die im eigenen Google-Konto gespeicherten Bücher direkt online lesen oder auch zum Offlinelesen auf dem Gerät zur Verfügung stellen.

Die Startseite der App zeigt die im eigenen Google-Konto heruntergeladenen oder gekauften Bücher an. Im Bereich *Bücher kaufen* ist der Google-E-Book-Store fest integriert. Bei vielen Büchern gibt es kostenlose Leseproben, die auch ohne Angabe von Zahlungsdaten gelesen werden können. Öffnen Sie ein Buch durch Antippen. Es wird im Hintergrund heruntergeladen, man kann sofort mit dem Lesen beginnen.

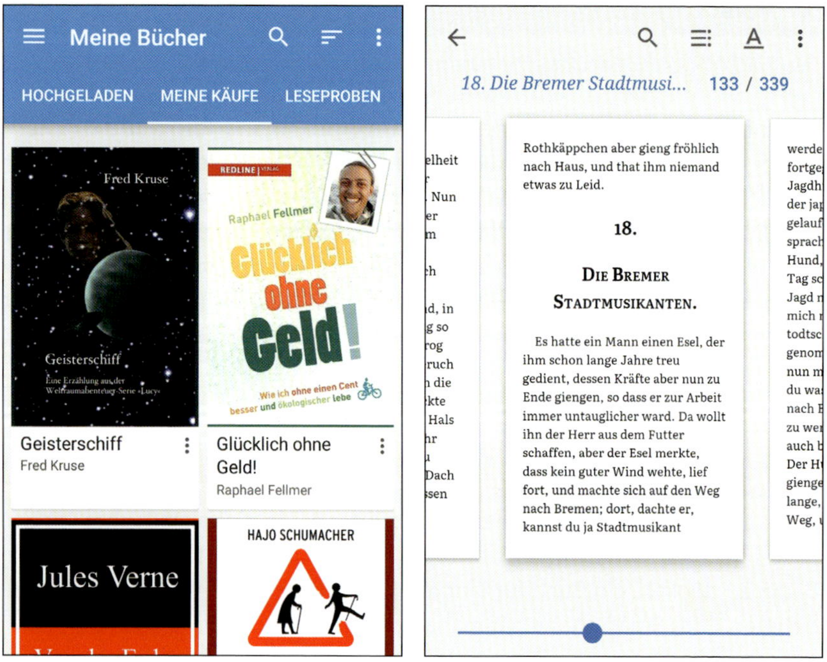

E-Books in der Google-Play-Bücher-App.

Im Buch kann man mit Fingergesten blättern. Statt mit dem Finger über den Bildschirm zu wischen, reicht auch ein kurzes Antippen am rechten Bildschirmrand, um eine Seite weiterzublättern. Tippt man auf den linken Bildschirmrand, kommt man wieder eine Seite zurück. Tippen Sie kurz in die Bildschirmmitte, erscheint oben eine Symbolleiste und unten ein Balken, der die aktuelle Position im Buch anzeigt. Hier können Sie auch rasch zu einer beliebigen Position springen.

Das Lupensymbol oben blendet ein Suchfeld zur Volltextsuche nach einem beliebigen Wort im ganzen Text ein – eine Funktion, die in gedruckten Büchern undenkbar ist. Die Schaltfläche neben dem Lupensymbol blendet das Inhaltsverzeichnis des Buches ein. Hier können Sie direkt zu einer Überschrift springen.

In den Anzeigeoptionen über das *A*-Symbol können Sie die Helligkeit einstellen und zum Lesen im Dunkeln auf einen augenfreundlichen schwarzen Nachtmodus umschalten. Außerdem lassen sich hier Schriftgröße, Zeilenhöhe und Schriftart festlegen. Um nur kurz zu zoomen, ohne gleich die Schriftgröße zu verändern, tippen Sie doppelt in die Bildschirmmitte.

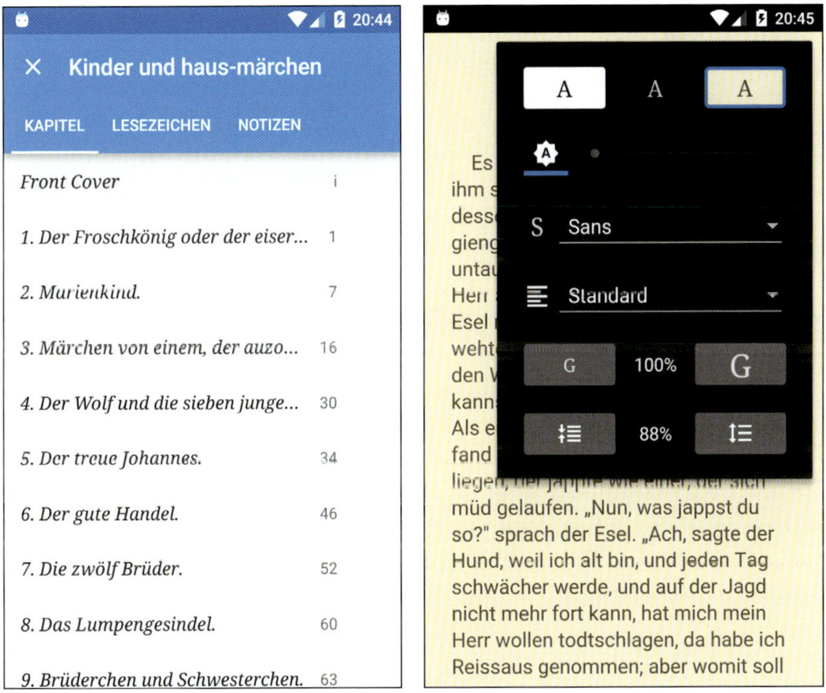

Inhaltsverzeichnis und Einstellungen zur Textdarstellung.

Halten Sie den Finger länger auf ein Wort, wird dieses markiert und es erscheint eine Symbolleiste, mit deren Hilfe Sie eine Notiz anfügen, den markierten Text im Buch, im Web oder im Wörterbuch suchen lassen können. Dieses Wörterbuch kann zur Offlinenutzung heruntergeladen werden. Schieben Sie dazu den Kasten mit der Definition etwas nach oben.

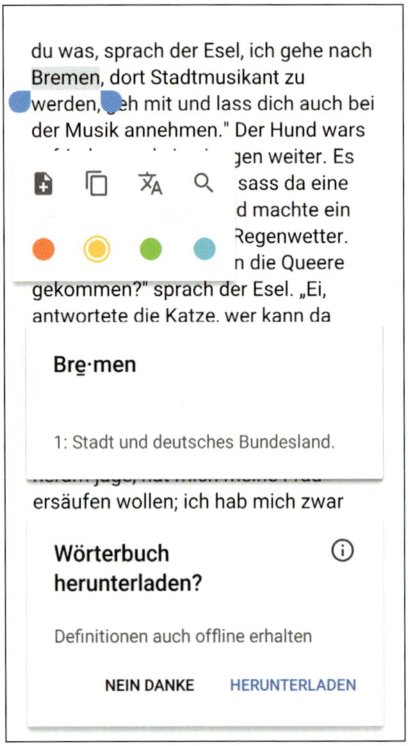

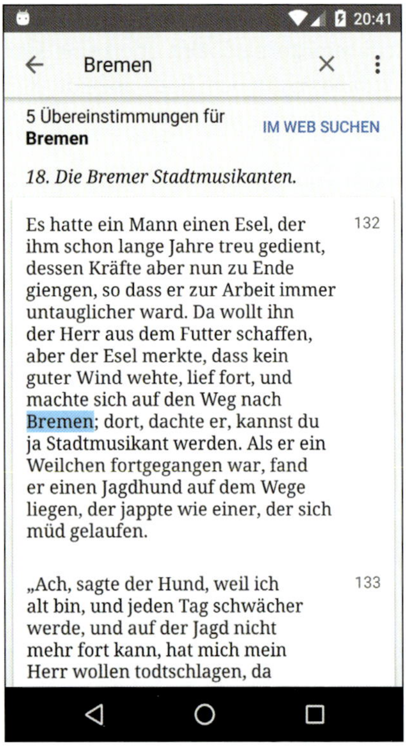

Wort markieren und im Buch suchen.

Markieren Sie einen Satz oder einen Textabsatz und tippen Sie auf das Übersetzungssymbol, um den Text in eine andere Sprache zu übersetzen. Hier werden alle Sprachen des Google Übersetzers angeboten.

Das Menüsymbol rechts oben bietet weitere nützliche Funktionen und Lesehilfen:

- *Originalseiten* – schaltet von der lesefreundlichen Fließtextansicht auf das Originallayout des gedruckten Buches um, vorausgesetzt, dieses ist im E-Book mit gespeichert.
- *Über dieses Buch* – öffnet die Produktseite des Buches im Google Play Store. Wenn Sie nur eine Leseprobe haben, können Sie hier das komplette Buch kaufen.
- *Teilen* – verschickt einen Link auf das Buch im Google Play Store per E-Mail oder über andere installierte Kommunikations-Apps.
- *Lesezeichen hinzufügen* – erstellt ein Lesezeichen an der aktuellen Position. Zu diesen Lesezeichen springen Sie später über das Inhaltsverzeichnissymbol unten links.

- *Vorlesen* – liest das Buch mit einer Computerstimme vor. In den *Einstellungen* können Sie eine menschlichere Stimme wählen. Dazu ist aber eine Onlineverbindung erforderlich.
- *Einstellungen* – blendet einen Einstellungsbildschirm ein. Hier finden Sie die interessante Option, die beim Lesen nicht benötigten Lautstärketasten an der Seite des Smartphones zum komfortablen Blättern mit einer Hand zu verwenden. Außerdem können Sie PDF-Dateien aus Downloads, E-Mails oder anderen Apps in Ihr Google-Konto hochladen, um diese Dateien dann mit dem *Google Play Bücher*-Reader zu lesen.
- *Hilfe und Feedback* – öffnet die neue Hilfefunktion, die seit Android 6 Marshmallow bei den meisten Google-Apps und Systemkomponenten mitgeliefert wird.

Google bietet bei den E-Books im Play Store ein kostenloses Handbuch zu Android 6 Marshmallow in englischer Sprache an, das zwar sehr knapp gehalten ist, aber zumindest die bei den meisten Smartphones fehlenden Originalhandbücher ersetzt.

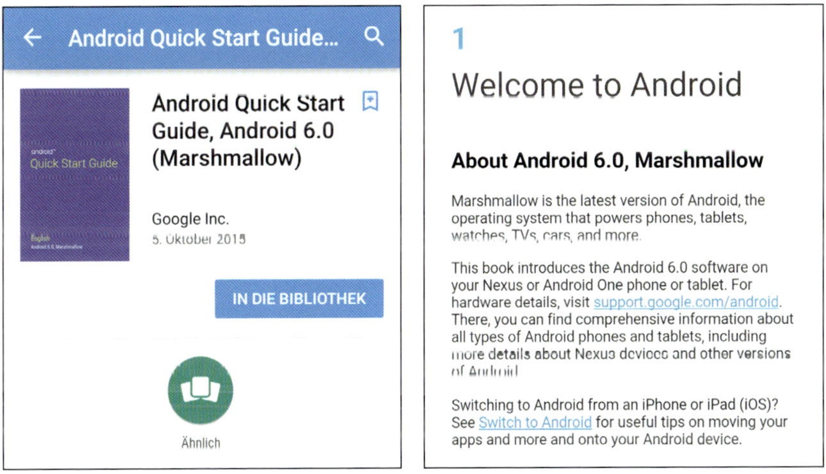

Der englischsprachige Android Quick Start Guide als Google-Play-E-Book.

TIPP: Der *Google Play Bücher*-Reader kann auch eigene E-Books in den Formaten EPUB und PDF darstellen, solange diese keinen Kopierschutz haben. Laden Sie Ihre E-Books vom PC über die Seite play.google.com/books/uploads in Ihr Google-Konto hoch. Sie können auch E-Books aus Ihrer persönlichen Google-Drive-Ablage in Ihre E-Book-Bibliothek übernehmen. Bei E-Books im EPUB-Format stehen alle Funktionen des E-Book-Readers zur Verfügung, wie unter anderem die Volltextsuche, das Inhaltsverzeichnis, Notizen, die Einstellung der Schriftgröße. Im PDF-Format können Sie nur Lesezeichen setzen.

FBReader

E-Book-Reader für Android gibt es eine Menge. Die meisten davon, wie Google Play Bücher oder Kindle, sind mehr oder weniger eng an einen der vielen Downloadshops für E-Books gekoppelt. Der FBReader ist ein E-Book-Reader in deutscher Sprache, der sich vielfältig an persönliche Lesegewohnheiten anpassen lässt und neben EPUB auch noch diverse weitere E-Book-Formate unterstützt.

Der FBReader startet automatisch mit dem zuletzt gelesenen Buch an der Stelle, an der Sie vorher aufgehört haben. Beim ersten Start wird ein Demobuch geöffnet, das eine Kurzanleitung zum Reader enthält. Berühren Sie das mittlere Drittel des Bildschirms, um die Symbolleisten einzublenden. Damit werden auch die Standard-Android-Symbole am unteren Bildschirmrand wieder eingeblendet, die im Lesemodus ebenfalls verschwinden.

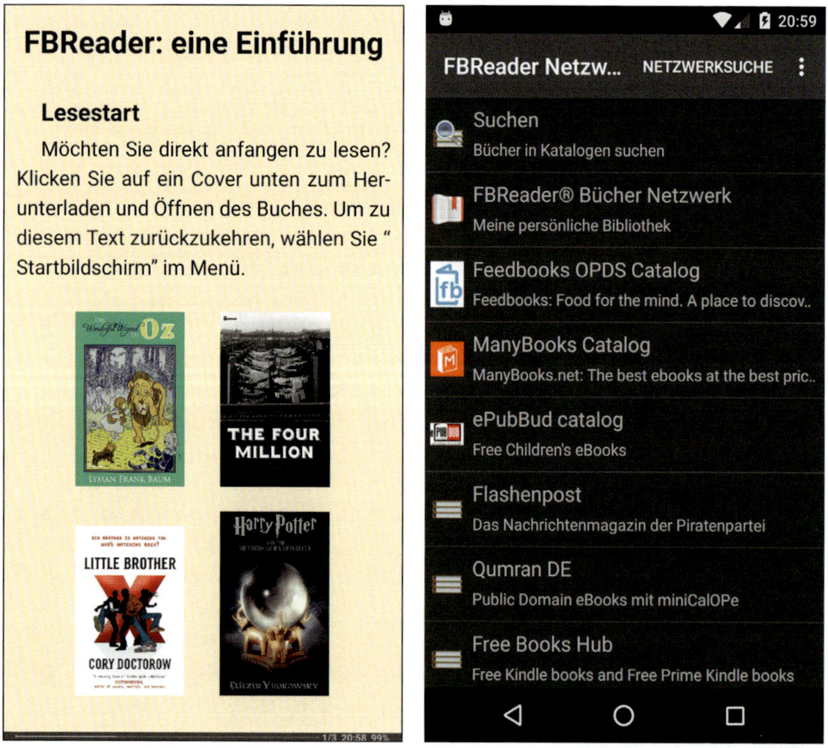

Der FBReader, E-Book-Reader für Android mit diversen E-Book-Katalogen.

Über das Menü kommt man zur lokal gespeicherten Bibliothek. Diese enthält alle E-Books, die im Verzeichnis *Books* auf der Speicherkarte liegen. Zusätzlich gibt es die Möglichkeit, weitere lokale Verzeichnisse einzubinden oder E-Books aus Onlinekatalogen herunterzuladen. Hier stehen verschiedene Kataloge zur Auswahl, die teilweise auch kostenpflichtige E-Books enthalten. Sie können auch weitere E-Book-Kataloge hinzufügen.

Wie bei einem Buch blättert man mit einer Fingerbewegung quer über den Bildschirm vor und zurück. Auch die Lautstärketasten, die man beim Lesen nicht benötigt, können zum Umblättern genutzt werden. Die schmale Zeile am unteren Bildschirmrand zeigt die aktuelle Position im Buch.

Das Menüsymbol oben rechts zeigt das Menü an. Der Menüpunkt *Suche* blendet ein Suchfeld zur Volltextsuche ein. Hier können Sie an der aktuellen Leseposition ein Lesezeichen setzen und später wieder zu einem zuvor gesetzten Lesezeichen springen. Beim Lesen in der Nacht können Sie auf den augenfreundlichen Nachtmodus umschalten, der helle Schrift auf dunklem Grund zeigt und so den Leser nicht so stark blendet.

Die Einstellungsmöglichkeiten zur Anzeige und Bedienung sind im FBReader ausgesprochen vielfältig. Hier lässt sich das Layout detailliert anpassen. Farben und Schriftarten lassen sich frei wählen, und auch beim Blättern lassen sich persönliche Vorlieben festlegen.

Amazon Kindle

Der Onlinebuchhandler Amazon machte mit seinem E-Book-Lesegerät Kindle das Lesen von E-Books erst richtig populär. Anstelle eines »echten« Kindle kann man auch die Kindle-App nutzen, um seine bei Amazon gekauften E-Books unterwegs zu lesen. Amazon verwendet für den Kindle ein eigenes Datenformat, das die anderen E-Book-Reader nicht lesen können. Diese App bietet natürlich auch Zugang zum Onlineshop, der innerhalb der App in einem für Smartphones optimierten Format dargestellt wird, sowie zu den kostenlosen Büchern.

Auch die kostenlosen Bücher muss man bei Amazon »kaufen«. Dazu ist ein Amazon-Kundenkonto erforderlich, das man aber auch schnell im Kindle-Shop anlegen kann, wenn man noch nie bei Amazon eingekauft hat. Nach der »Bestellung« wählt man nur noch das Gerät aus, auf dem man das Buch lesen möchte, falls man mehrere Kindle oder Geräte mit Kindle-App in Verwendung hat. Die Bücher werden automatisch über Amazons eigene Whispersync-

Technologie direkt auf das Smartphone zugestellt, ohne dass Sie noch irgendetwas dazu tun müssen.

In der Kindle-App finden Sie alle gekauften sowie die kostenlos heruntergeladenen Bücher. Bei den bereits angelesenen Büchern zeigt eine kleine Prozentzahl die aktuelle Leseposition im Buch.

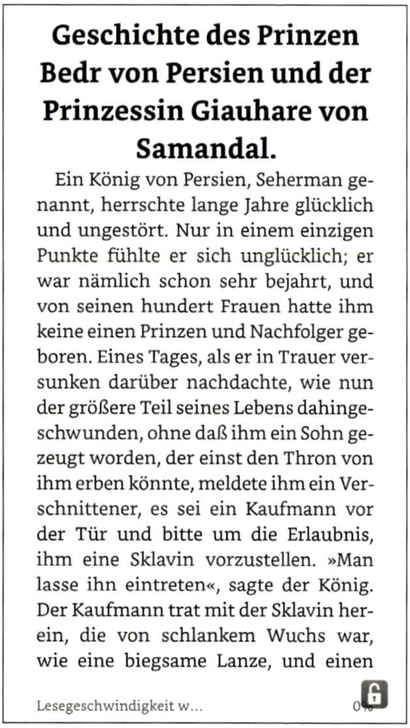

Geschichte des Prinzen Bedr von Persien und der Prinzessin Giauhare von Samandal.

Ein König von Persien, Seherman genannt, herrschte lange Jahre glücklich und ungestört. Nur in einem einzigen Punkte fühlte er sich unglücklich; er war nämlich schon sehr bejahrt, und von seinen hundert Frauen hatte ihm keine einen Prinzen und Nachfolger geboren. Eines Tages, als er in Trauer versunken darüber nachdachte, wie nun der größere Teil seines Lebens dahingeschwunden, ohne daß ihm ein Sohn gezeugt worden, der einst den Thron von ihm erben könnte, meldete ihm ein Verschnittener, es sei ein Kaufmann vor der Tür und bitte um die Erlaubnis, ihm eine Sklavin vorzustellen. »Man lasse ihn eintreten«, sagte der König. Der Kaufmann trat mit der Sklavin herein, die von schlankem Wuchs war, wie eine biegsame Lanze, und einen

Lesegeschwindigkeit w... 0%

Die Kindle-App auf dem Android-Smartphone.

Kindle für Samsung

Nutzer von Samsung-Smartphones sollten die Kindle-App nicht aus dem Google Play Store, sondern aus dem Samsung Galaxy Gifts Store herunterladen. Hier wird eine spezielle Kindle-App im hellen, schlichten Samsung-Design angeboten. Das Besondere an dieser Version ist, dass Nutzer jeden Monat ein Kindle-E-Book von Amazon kostenlos bekommen. Dazu stellt Amazon nur in dieser App-Version jeweils vier Bücher aus seinem Eigenverlag AmazonCrossing zur Verfügung, die sonst kostenpflichtig sind. Der Benutzer kann sich eines davon aussuchen und kostenlos lesen. Nach dem kostenlosen »Kauf« steht das Buch auch auf anderen Kindle-Geräten oder -Apps mit dem gleichen Amazon-Benutzerkonto zur Verfügung. Natürlich können Sie auch mit der Samsung-Version der Kindle-App Ihre bisher bei Amazon gekauften E-Books auf dem Samsung-Galaxy-Smartphone lesen.

Tippen Sie auf ein Buch, öffnet sich dieses in einem angenehm zu lesenden Vollbildmodus auf dem Bildschirm. Im Buch kann man mit Fingergesten blättern. Statt mit dem Finger über den Bildschirm zu wischen, reicht auch ein kurzes Antippen am rechten Bildschirmrand, um eine Seite weiterzublättern. Tippt man auf den linken Bildschirmrand, kommt man wieder eine Seite zurück. Tippt man kurz in die Bildschirmmitte, werden oben Bedienelemente der App und unten die aktuelle Position im Buch angezeigt.

Das Symbol oben links öffnet eine Seitenleiste mit Buchinformationen. Hier finden Sie auch das Inhaltsverzeichnis, um schnell zu einem bestimmten Kapitel zu springen.

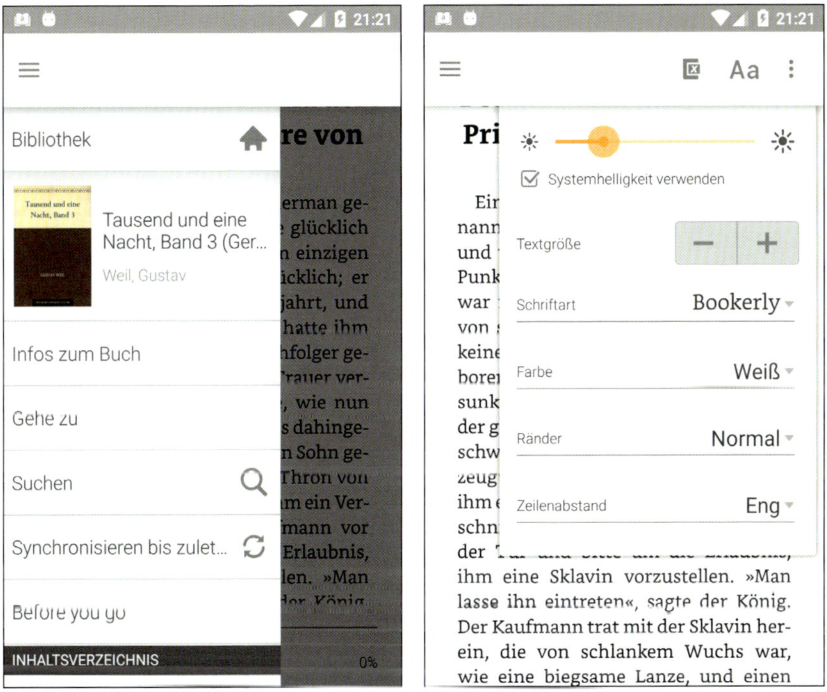

Buchinfo und Leseeinstellungen.

Fahren Sie mit zwei Fingern gleichzeitig von oben nach unten über den Bildschirm, stellen Sie damit die Helligkeit ein. Beim Lesen in der Nacht schalten Sie am besten auf den augenfreundlichen Nachtmodus um, der helle Schrift auf dunklem Grund zeigt und so den Leser nicht so stark blendet. Außerdem können Sie je nach Lesegewohnheit die Schriftgröße auf ein angenehmes Maß einstellen.

Sie können jederzeit die aktuelle Position als Lesezeichen speichern, um so wichtige Textstellen schnell wiederzufinden. Tippen Sie dazu in die alleräußerste rechte obere Bildschirmecke. Die Lesezeichen erreichen Sie später über den Menüpunkt *Notizen und Markierungen*.

Suche, Wörterbuch, Übersetzer und Wikipedia im Kindle

Markieren Sie ein einzelnes Wort durch längeres Antippen, können Sie dieses in Wikipedia nachschlagen. Über die Symbolleiste können Sie diesen Begriff auch per Volltextsuche im Buch suchen oder über den Chrome-Browser im Internet.

Amazon bietet das *Duden Universalwörterbuch* kostenlos für alle Kindle-Nutzer an. Beim ersten Mal müssen Sie es nur herunterladen, brauchen dazu aber Ihr gerade geöffnetes E-Book nicht zu verlassen. Schieben Sie den Wikipedia-Kasten nach links, erscheint ein Kasten für die Übersetzung mit Bing, schieben Sie ihn nach rechts, das Wörterbuch.

Der Link *Vollständige Definition* in der Kurzbeschreibung, nach dem Herunterladen des Wörterbuches, blendet das *Duden Universalwörterbuch* mit der ausführlichen Begriffsbeschreibung ein. Mit der Zurück-Taste kommen Sie aus dem *Duden Universalwörterbuch* wieder zurück ins E-Book. Im Gegensatz zur Wikipedia-Suche kann das *Duden Universalwörterbuch* nach dem erstmaligen Download offline genutzt werden.

Bloggen mit dem Smartphone

Blogs sind dazu da, spontane Ideen und Meinungen schnell und einfach zu veröffentlichen. Dazu extra den PC einzuschalten, wenn er nicht sowieso ständig läuft, ist oft zu mühsam. Viel einfacher geht es, kurz vom Smartphone aus zu bloggen. Inzwischen bieten die meisten Blogsysteme zusätzlich zur für Smartphones optimierten Darstellung zum Lesen im Browser auch eine App zum Bearbeiten und Schreiben von Beiträgen an.

WordPress

WordPress bietet seit der Version 3.9.x eine für Smartphones optimierte Darstellung des Backends, sodass nicht mehr unbedingt eine externe App nötig ist, um von unterwegs Beiträge zu schreiben, Kommentare zu beantworten oder auch die Statistik des eigenen Blogs zu beobachten. Die WordPress-App bietet aber noch mehr Übersicht und Bedienkomfort. Sie unterstützt WordPress.com und selbst gehostete WordPress-Installationen und bietet auch Zugriff auf die eigenen Daten bei Jetpack.

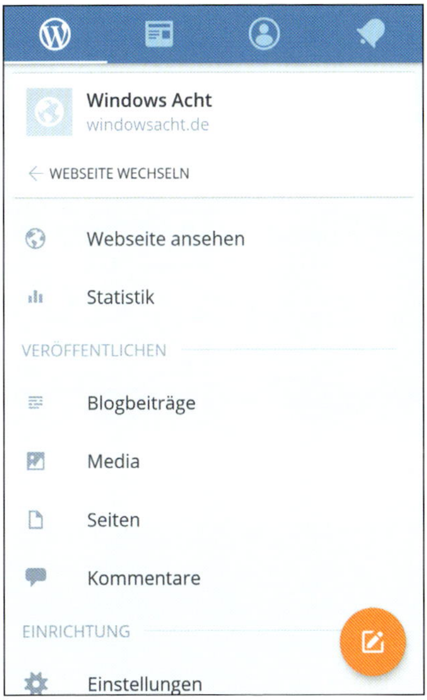

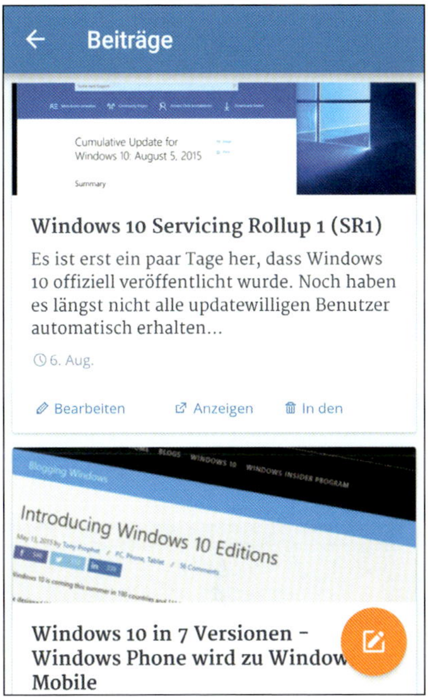

Die WordPress App für Android.

Blogger

Googles Blogdienst Blogger liefert eine eigene App zum Bloggen vom Smartphone.

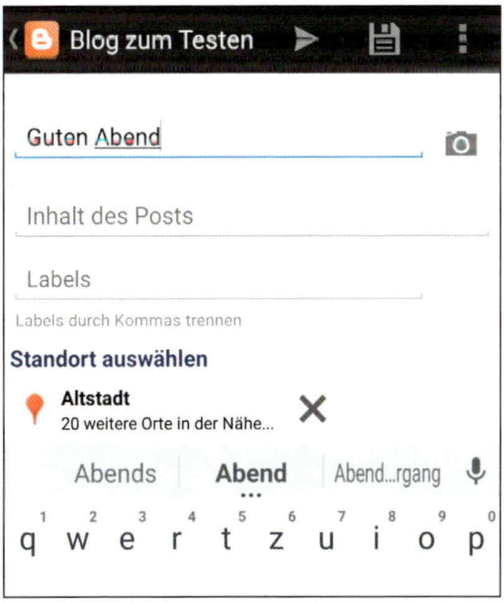

Bloggen mit der Blogger-App.

Nachdem man sich mit seinem Google-Konto angemeldet hat, sind alle Blogs zu sehen, in denen man schreiben darf. Zusätzlich kann man sich eine Favoritenliste mit den Blogs anlegen, die man gern unterwegs liest.

Tumblr

Auf kaum einem Blogsystem ist es so einfach, sich ein eigenes Blog anzulegen, wie bei Tumblr. Die Plattform tumblr.com vereint persönliche Blogs mit den Funktionen sozialer Netzwerke. Aus der App heraus können Sie bloggen sowie Blogs von Freunden und persönliche Nachrichten lesen.

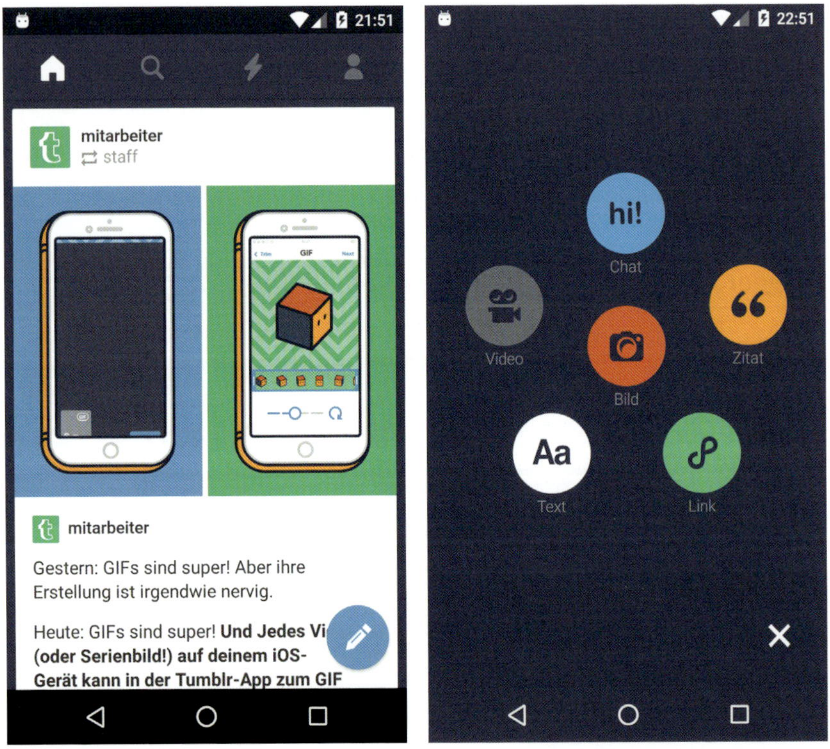

Die Tumblr-App für Android.

Kapitel 9

Die Sicherheitsproblematik bei Android

Onlinekriminelle greifen dort an, wo es sich lohnt – und das sind nicht mehr nur PCs. Daher ist es nicht verwunderlich, dass Android-Smartphones und -Tablets immer stärker in den Fokus der Malware-Autoren rücken, denn nur wenige Anwender haben eine Sicherheitslösung installiert. Das macht es den Tätern leicht, Angriffe mit relativ geringem Aufwand erfolgreich umzusetzen und persönliche Daten und wertvolle Firmeninformationen zu stehlen.

Die Angreifer setzen auf Varianten von Schadcode-Apps, die bereits in Umlauf waren, und manipulierte Kopien von eigentlich harmlosen Applikationen. Die Kriminellen versenden Kurznachrichten an teure Rufnummern und haben es auf persönliche Daten der Nutzer abgesehen, beispielsweise Kontakte und Telefonnummern, sowie das Anmelden bei kostenpflichtigen Diensten. So kann ein Angriff auf dem Smartphone sehr schnell viel teurer werden als ein Virus auf dem PC. In letzter Zeit hat sich die Anzahl gefährlicher Apps für Android nach Medienberichten um ein Vielfaches erhöht. Allerdings sind diese Berichte mit Vorsicht zu lesen, dort werden häufig schon Werbe-Apps, die Standortdaten auslesen, als gefährlich eingestuft.

Android macht es Malware-Autoren deutlich leichter als andere Plattformen, Schadcode zu verbreiten. Google bietet mit seinem Play Store zwar eine wichtige und von einem Großteil der Anwender auch vorrangig genutzte Quelle zur Installation von Apps. Hersteller können Apps aber auch über eigene Webseiten oder alternative Downloadportale anbieten. Im Gegensatz zu anderen Plattformen ist auch eine Installation von Apps über einfache Downloadlinks im Browser, E-Mail-Anhänge, Speicherkarten oder per USB-Kabel vom PC möglich. Sicherheitskritische und bösartige Anwendungen können ungehindert ihren Weg auf die Geräte finden. Keine zentrale Qualitätskontrolle kann das verhindern oder solche Apps gar nachträglich von den Geräten entfernen. Google prüft im Play Store hochgeladene Apps nicht automatisch auf technische Risiken, sondern erst dann, wenn ein konkreter Verdachtsfall vorliegt. Selbst wenn der Google Play Store eine App sperrt, heißt das noch lange nicht, dass sie damit von allen Handys dieser Welt verschwindet.

Ein Android-Smartphone unterliegt also ähnlichen Sicherheitsrisiken wie ein PC, im Gegensatz zum Windows Phone und iPhone, deren Systeme deutlich geschlossener sind. Da jeder Gerätehersteller selbst für die Betriebssystem-Updates verantwortlich ist, kommt es hier teilweise zu erheblichen Verzögerungen beim Schließen kritischer Sicherheitslücken.

Neue Sicherheitspatch-Anzeige

Android 6 Marshmallow zeigt in den *Einstellungen* unter *Über das Telefon* in der Zeile *Android-Sicherheitspatch-Ebene* das Datum der aktuellsten Sicherheits-Updates an. Auf diese Weise lässt sich der aktuelle Update-Stand bei neu aufgetauchten Sicherheitslücken feststellen, da nicht jedes kleine Update bereits eine höhere Versionsnummer zeigt. Google plant, etwa monatlich aktuelle Sicherheits-Updates für Android 6 Marshmallow zur Verfügung zu stellen.

Die größten Sicherheitsprobleme

- Das größte Sicherheitsproblem bei Smartphones sind die Nutzer und weniger die Technik. Installieren Sie nicht, ohne nachzudenken, irgendwelche Apps. Besonders kostenlose Apps, die Funktionen versprechen, die das Smartphone technisch gar nicht leisten kann, sind extrem verdächtig.
- Auch ein zweites Problem ist eher menschlich: Phishing in E-Mails und sozialen Netzen. Auf dem Smartphone sind gefälschte Links schwerer zu erkennen als in einem E-Mail-Programm auf dem PC. Lesen Sie E-Mails noch genauer. Besonders falsche Rechtschreibung und einfältiges Deutsch deuten auf Phishing hin.
- Das größte Sicherheitsrisiko ist Rooting. Viele Medien versprechen unbedarften Nutzern damit Wunder. Tatsächlich öffnen Sie mit Rooting alle sicherheitskritischen Bereiche des Smartphones und machen es damit deutlich anfälliger für Malware.

Bestätigter Bootmodus

Android 6 Marshmallow zeigt während des Bootens eine neue Sicherheitswarnung an, falls die Firmware oder das Betriebssystem von der Werksversion abweicht. Wahrscheinlich wollen in Wirklichkeit damit die Gerätehersteller nur den Entwicklern von CustomROMs Steine in den Weg legen. Eine bösartige App, die über eine Autostart-Funktion von Android nach jedem Bootvorgang startet, wird damit nicht unbedingt aufgedeckt.

Stille SMS

Stille SMS sind SMS, die auf dem Smartphone nicht angezeigt werden und auch keine Benachrichtigung erscheinen lassen. Diese spezielle Art von SMS wird im großen Stil von Polizei, Zoll und Verfassungsschutz eingesetzt, um die Standorte von Smartphones zu ermitteln. Obwohl sie auf den Endgeräten nicht angezeigt werden, erscheinen diese stillen SMS natürlich in den Versandprotokollen der Mobilfunkprovider, einschließlich Angaben zur Funkzelle, in der sie an das dort eingebuchte Handy zugestellt wurden. Die Behörden lassen sich diese Protokolle aushändigen und werten die Daten ihrer versendeten SMS entsprechend aus. Da die stillen SMS direkt mit dem Mobilfunkmodul des Smartphones kommunizieren, ohne Betriebssystemfunktionen zu nutzen, lassen sie sich auch mit externen Apps nicht anzeigen oder gar blockieren.

Vor gefährlichen Apps warnen

Android 6 Marshmallow beinhaltet einen eigenen Malware-Scanner, der das Smartphone regelmäßig auf gefährliche Apps untersucht, da selbst bei Apps aus dem Google Play Store nicht auszuschließen ist, dass sie nach einiger Zeit bösartige Daten nachträglich herunterladen und ausführen, die bei der Einstellung und Überprüfung im Google Play Store noch nicht bekannt waren.

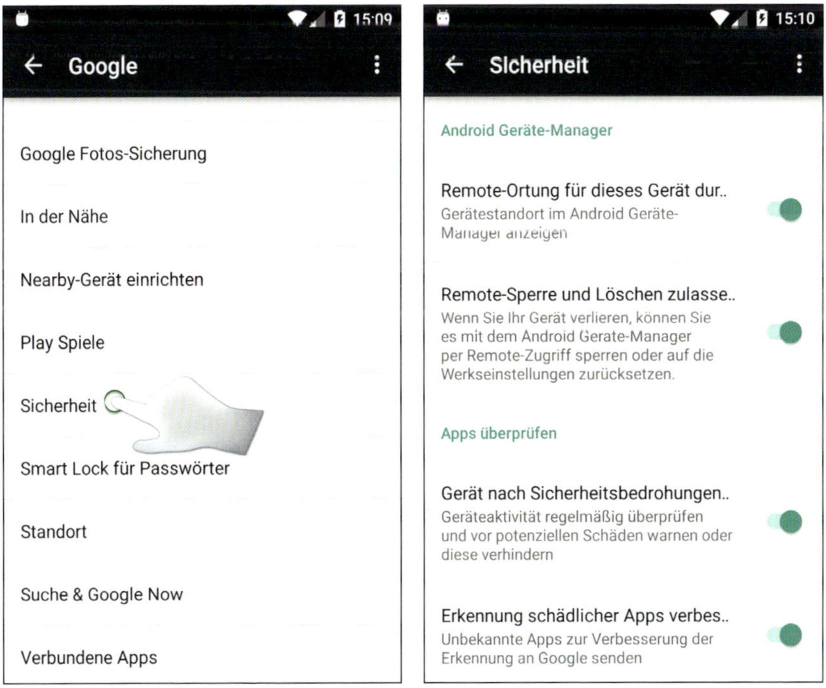

App-Überprüfung in den Google-Einstellungen.

Schalten Sie in den *Einstellungen* unter *Google/Sicherheit* die Option *Gerät nach Sicherheitsbedrohungen* ein. Damit wird das Smartphone automatisch auf bekannte gefährliche Apps überprüft. Um vor bisher unbekannten Apps besser geschützt zu werden, sollten Sie den Schalter *Erkennung schädlicher Apps verbessern* ebenfalls aktiviert lassen.

Phishing bei E-Mails und sozialen Netzen

Phishing ist eine kriminelle Methode, mit der Betrüger versuchen, an Passwörter und private Daten zu kommen. Dabei werden keine technischen Mittel eingesetzt, um Passwörter zu knacken, sondern man versucht, Benutzer geschickt zu überzeugen, ihre Passwörter freiwillig herauszugeben. Dazu bauen die Betrüger eigene Webseiten, die im Design echten Banken, Onlineshops oder sozialen Netzwerken sehr nahekommen.

Die Trickbetrüger verschicken Massenmails, in denen sie sich als Vertreter einer Bank oder eines Onlinedienstes ausgeben. Über einen Link in der E-Mail sollen die Benutzer auf eine Webseite gehen und dort ihre Benutzerdaten, Kontoinformationen, Passwörter und TANs eingeben. Diese werden natürlich nicht an die wirklichen Banken oder Onlineshops, sondern an den Betrüger übermittelt, der sie für seine Zwecke nutzt.

Bei etwas genauerem Hinsehen sind die Phishingmails und die betreffenden Webseiten leicht zu entlarven:

- Phishingmails sind immer in relativ schlechtem Deutsch formuliert. Kein professionelles Unternehmen würde derartige Texte verfassen.
- Üblicherweise wird eine anonyme oder gar keine Anrede verwendet. Professionelle Anbieter sprechen ihre Kunden mit Namen an.
- Weder eine Bank noch PayPal oder eBay fordern ihre Kunden auf, Zugangsdaten preiszugeben.
- Drohende Formulierungen zum Ablaufen einer zeitlichen Frist oder einer Kontosperrung werden von professionellen Anbietern nicht verwendet.
- Oft hat die Absenderadresse nichts mit dem Inhalt der E-Mail zu tun. Seriöse Firmen versenden E-Mails immer mit ihrer Domain als Absender.
- Wird in einer E-Mail ausdrücklich darauf hingewiesen, einen Anhang zu öffnen, handelt es sich meistens um Malware. Vermeiden Sie in eigenen E-Mails deshalb solche Formulierungen.

Leider ist Phishing auf dem Smartphone ein größeres Problem als auf dem PC, da man in den E-Mail-Apps nicht den Quelltext der Mail und oft nicht einmal die wirkliche E-Mail-Adresse des Empfängers sehen kann. Auch wird bei Links in HTML-Mails das tatsächliche Linkziel nicht angezeigt. Lassen Sie also besonders bei HTML-Mails erhöhte Vorsicht walten und achten Sie auf sauberes Deutsch, eine professionelle Anrede und mögliche drohende oder anderweitig verdächtige Formulierungen.

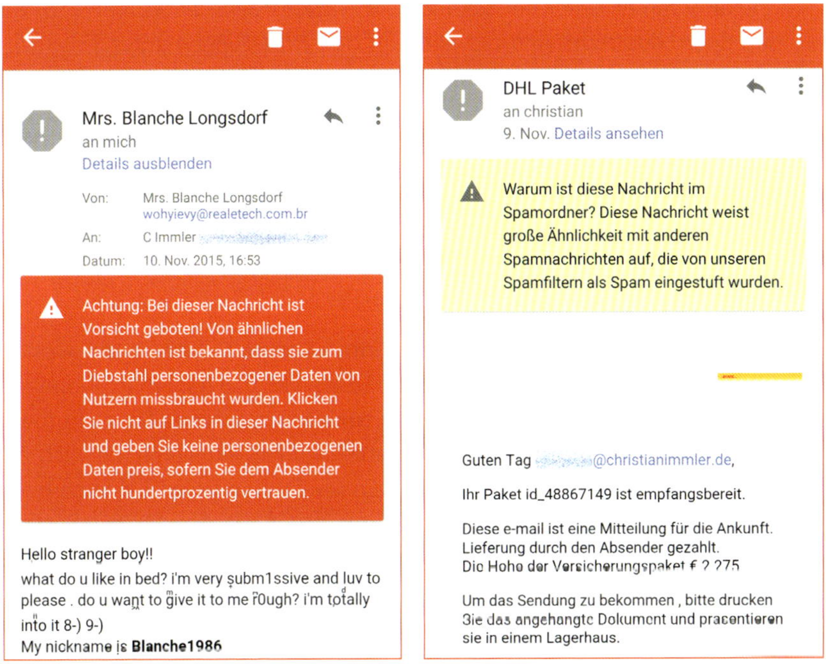

E-Mails mit typischen Spam-Merkmalen.

Tippen Sie bei verdächtigen E-Mails oben auf *Details ansehen*, um Namen und E-Mail-Adressen von Absender und Empfänger zu sehen. Auch hier kann man bereits Verdacht schöpfen. Nicht alle Phishingmails werden von Gmail automatisch – wie die abgebildeten Beispiele – als Spam erkannt. Also Vorsicht!

Gestohlenes oder verlorenes Handy wiederfinden

Die Gefahr eines Virus ist bei Android sehr gering, wesentlich höher ist das Risiko, dass das neue Smartphone gestohlen wird oder man es einfach irgendwo liegen lässt. Sie können sich einigen Ärger sparen und die Chance erhöhen, das Gerät wiederzubekommen, wenn Sie rechtzeitig Vorsorge treffen.

- Schreiben Sie die Seriennummer und die IMEI des Smartphones auf. Diese brauchen Sie, um es im Notfall eindeutig zu identifizieren. Sie finden diese Angaben meistens auf dem Strichcode-Aufkleber auf der Verpackung sowie in den *Einstellungen* unter *Über das Telefon/Status*. Dual-SIM-Smartphones haben für jede SIM-Karte eine eigene IMEI. Diese sind in den *Einstellungen* unter *Status* der SIM-Karten zu finden.

- Schreiben Sie für ehrliche Finder Ihren Namen, die E-Mail-Adresse sowie eine Telefonnummer, unter der Sie auch ohne dieses Gerät erreichbar sind, auf den Sperrbildschirm. Android bietet in den *Einstellungen* unter *Sicherheit/ Sperrbildschirmnachricht* eine Möglichkeit, einen persönlichen Text als Laufschrift auf dem Sperrbildschirm einzublenden, auch wenn eine Bildschirmsperre aktiv ist, der Finder das Gerät also nicht in Betrieb nehmen kann.
- Schalten Sie in den *Einstellungen* unter *Standort* den *Standortzugriff* und *Standortverlauf* ein, um die Ortung über Google optimal nutzen zu können. Unter *Standortverlauf* sehen Sie den Zeitpunkt, wann Ihr Gerät zum letzten Mal den Standort gespeichert hat.
- Schalten Sie in den *Einstellungen* unter *Google/Sicherheit* die Option *Remote-Ortung* ein. Möchten Sie im äußersten Notfall das Smartphone aus der Ferne auf die Werkseinstellungen zurücksetzen, wenn Sie nicht mehr davon ausgehen können, es zurückzubekommen, aktivieren Sie auch die Option *Remote-Sperre und Löschen zulassen*. Dazu müssen Sie auch noch Geräteadministrator-Berechtigungen zulassen. Bedenken Sie dabei: Nach dem Zurücksetzen auf die Werkseinstellungen kann das Smartphone über Google nicht mehr geortet werden.

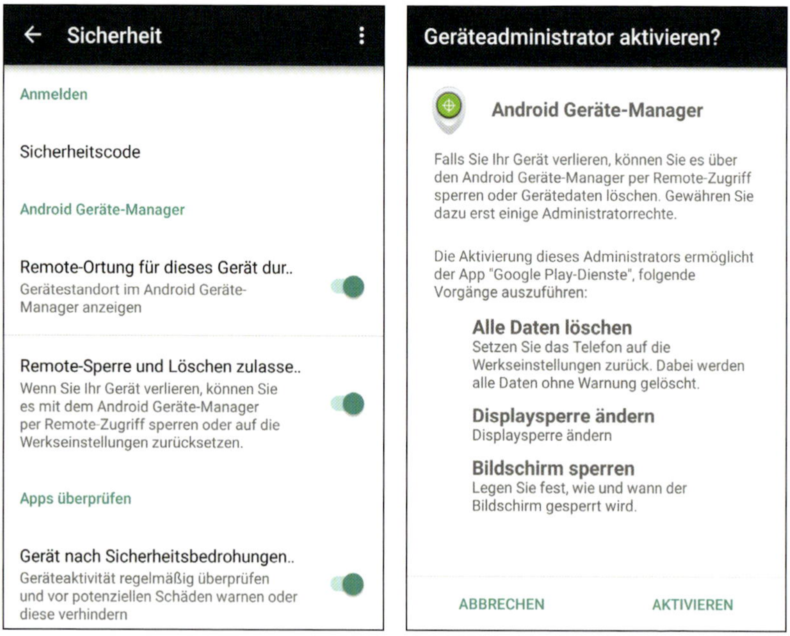

Sicherheitseinstellungen und Geräteadministrator für Remote-Löschen.

Auf der Seite android.com/devicemanager finden Sie nach der Anmeldung mit dem persönlichen Google-Konto auf dem PC alle Android-Geräte, die für dieses Google-Konto registriert sind.

Mit einem Klick auf *Klingeln lassen* können Sie das Gerät klingeln lassen, um es zu finden, wenn Sie es irgendwo in der Nähe verlegt haben. Das funktioniert auch, wenn das Smartphone lautlos gestellt ist. Voraussetzung ist natürlich, dass das Gerät eine Internetverbindung hat.

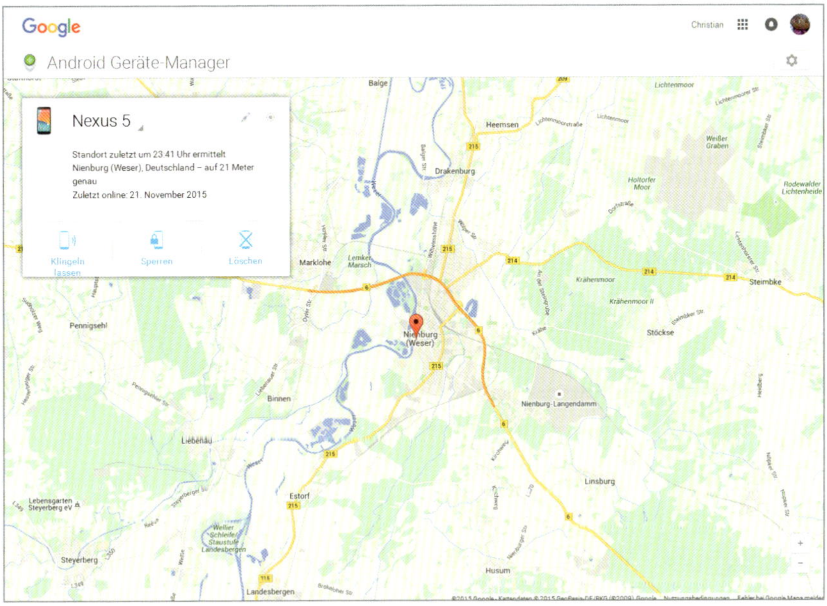

Smartphone über den Android-Geräte-Manager auf dem PC orten.

Aus Sicherheitsgründen muss – auch wenn Sie am PC mit Ihrem Google-Konto angemeldet sind – das Passwort noch einmal eingegeben werden.

Der Android-Geräte-Manager ist auch als App erhältlich. Damit können Sie vom Smartphone aus Ihre anderen Android-Geräte finden, die mit dem gleichen Google-Konto angemeldet sind.

Über den Gastzugang in der App können Sie Freunden helfen, ihre Geräte zu finden. Hier können Sie sich zeitweilig mit einem anderen Google-Konto anmelden, das nur auf den Geräte-Manager, nicht aber auf die anderen Daten Zugriff hat.

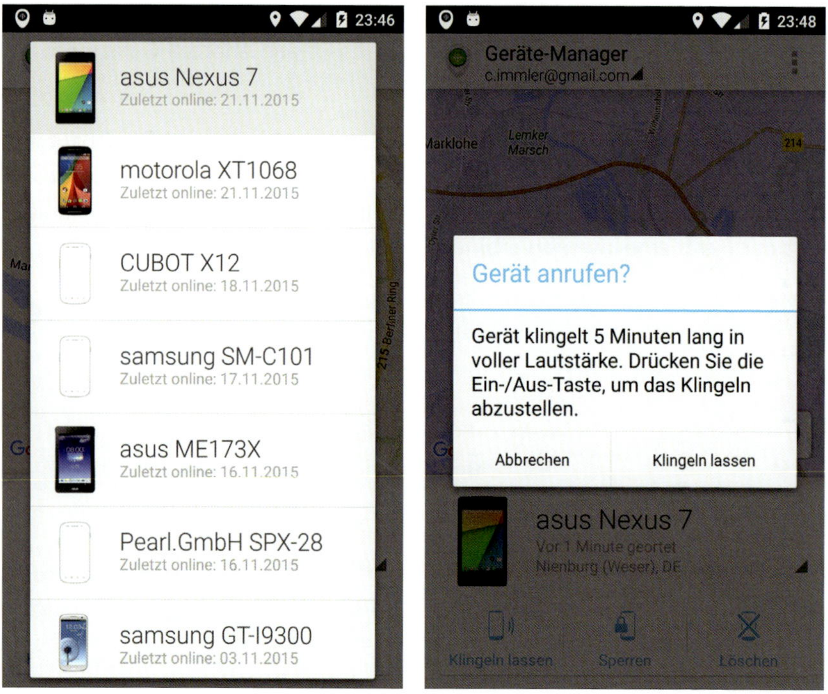

Der Android-Geräte-Manager auf dem Smartphone.

Besonders sichere Bildschirmsperre

Android-Smartphones haben eine Bildschirmsperre, die verhindert, dass man versehentlich auf den Bildschirm tippt und damit irgendwelche Funktionen auf dem Handy auslöst. Diese Sperre lässt sich in der Standardeinstellung durch eine kleine Bewegung mit dem Finger lösen. Man braucht nur auf dem Sperrbildschirm nach oben zu wischen.

Der Sperrbildschirm dient nicht nur als Schutz vor versehentlichem Berühren, er kann auch als Zugangssperre eingesetzt werden, um Fremden die Nutzung des Smartphones zu verweigern.

Infos für ehrliche Finder

Schreiben Sie für ehrliche Finder Ihren Namen sowie eine Telefonnummer, unter der Sie auch ohne dieses Smartphone erreichbar sind, auf den Sperrbildschirm. Der Menüpunkt *Sperrbildschirmnachricht* bietet die Möglichkeit, einen Infotext über den Besitzer auf dem Sperrbildschirm anzeigen zu lassen, auch wenn eine Bildschirmsperre aktiv ist, der Finder das Telefon also nicht in Betrieb nehmen kann.

In den *Einstellungen* haben Sie unter *Sicherheit/Displaysperre* verschiedene Möglichkeiten, einen Zugangsschutz einzurichten. Die Standardeinstellung wird hier als *Wischen* bezeichnet.

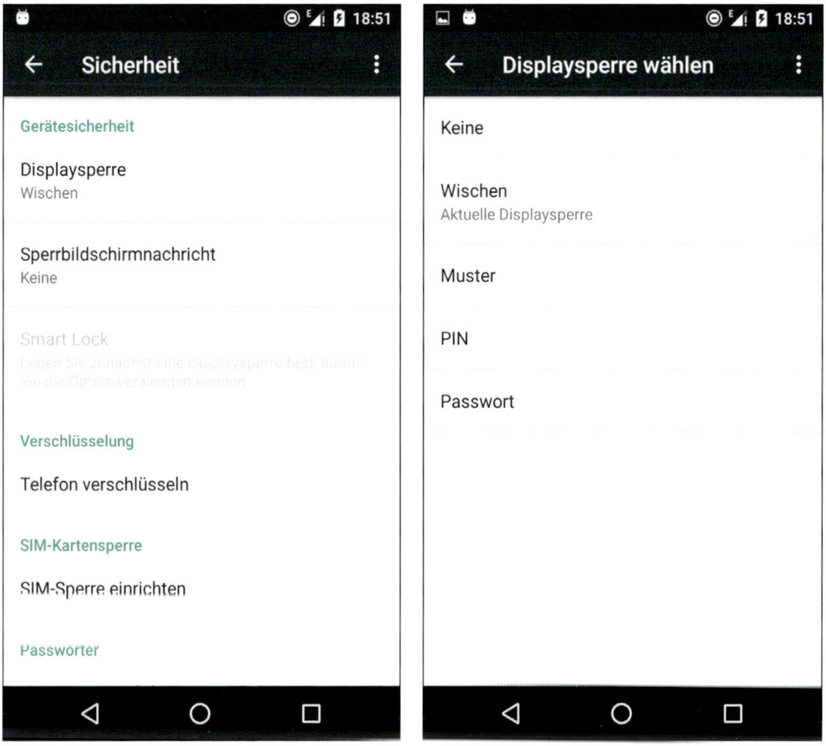

Verschiedene Methoden der Bildschirmsperre.

PIN/Passwort

Wer es vom PC gewohnt ist, bei jedem Einschalten ein Passwort oder eine PIN einzugeben, kann dies auch auf dem Smartphone tun.

Beim Festlegen der PIN oder des Passworts muss diese/dieses zweimal eingegeben werden, um Tippfehler zu vermeiden. Danach müssen Sie noch festlegen, ob auf dem Sperrbildschirm weiterhin Benachrichtigungen erscheinen oder ob diese aus Datenschutzgründen ausgeblendet werden sollen. Auf dem Sperrbildschirm erscheint nach dem gewohnten Wischen nach oben ein Eingabefeld für die PIN.

Möchten Sie später wieder auf eine andere Methode der Bildschirmsperre umschalten, muss aus Sicherheitsgründen die PIN noch einmal eingegeben werden.

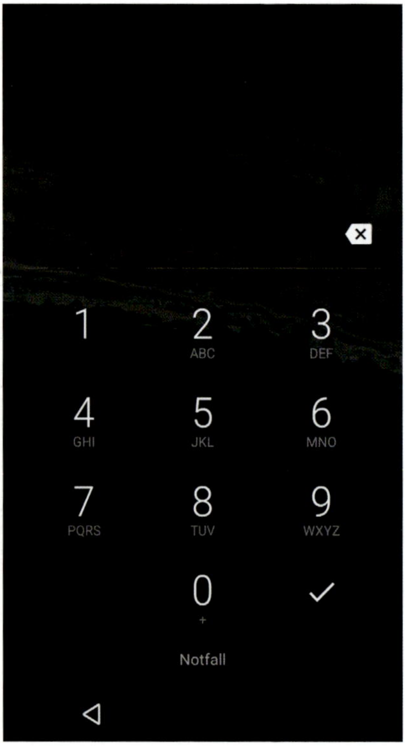

Links: PIN festlegen, rechts: PIN-Eingabe auf dem Sperrbildschirm.

INFO: Eine PIN (**P**ersönliche **I**dentifikations**n**ummer) ist eine Zahlenkombination, ein Passwort kann aus beliebigen Zeichen bestehen. Android unterscheidet diese beiden Verfahren, um bei einer PIN-Eingabe eine Zifferntastatur mit deutlich größeren Tasten einzublenden, als sie die Buchstabentastatur für die Passworteingabe hat.

Die Option *Ein/Aus sperrt Gerät* legt fest, ob ein kurzes Drücken des Ausschalters das Gerät direkt sperrt oder ob erst eine Weile gewartet wird, bis die Sperre zuschlägt. Manchmal kann es auch lästig sein, jedes Mal wieder eine PIN oder ein Passwort einzugeben, wenn man das Smartphone kurz ausgeschaltet hat. Diese Option wird nur angeboten, wenn eine PIN oder ein Passwort eingerichtet ist.

Muster

Viel eleganter und einfacher als die Eingabe eines Passworts ist ein grafisches Sperrmuster. Hier muss man Rasterpunkte auf dem Bildschirm mit einer Linie verbinden. Um Fehler zu vermeiden, muss auch dieses Muster beim Einrichten zweimal gezeichnet werden. Auf dem Sperrbildschirm erscheint dann ein Punktraster, auf dem man das zuvor definierte Muster zeichnen muss, um die Bildschirmsperre zu lösen.

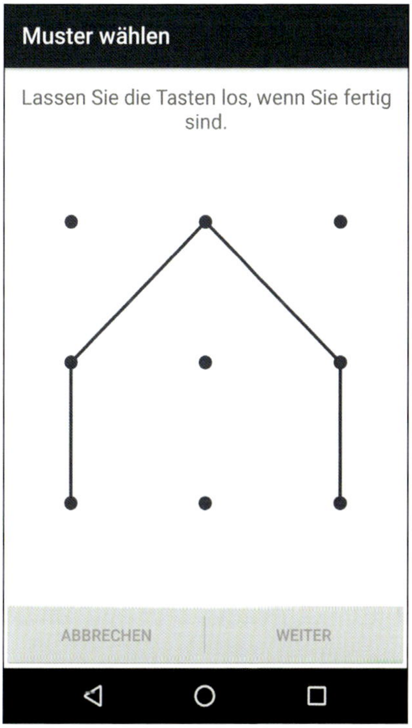

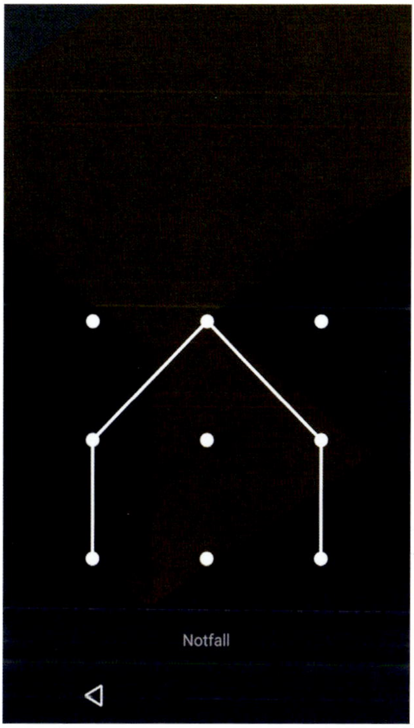

Muster als Bildschirmsperre.

Android Smart Lock

Smart Lock ist eine weitere Methode in Android 6 Marshmallow zum sicheren Zugriff auf ein Gerät, ohne jedes Mal ein Passwort oder ein Sperrmuster einzugeben.

Zunächst muss eine PIN, ein Passwort oder ein Sperrmuster eingerichtet sein, da das Gerät sonst nicht gesperrt ist. Nur dann ist in den *Einstellungen* unter *Sicherheit* die Option *Smart Lock* aktiv. Hier können Sie jetzt vertrauenswürdige Bluetooth-Geräte wie zum Beispiel Smartwatches hinzufügen. Wenn diese in der Nähe sind, entsperrt sich das Smartphone automatisch.

Zusätzlich können auch Orte über Google Maps festgelegt werden, an denen das Gerät automatisch entsperrt wird. Die Positionsbestimmung innerhalb von Gebäuden ist nur auf etwa 80 m genau. Daher werden manchmal falsche Hausnummern angezeigt, was Sie aber nicht weiter zu stören braucht.

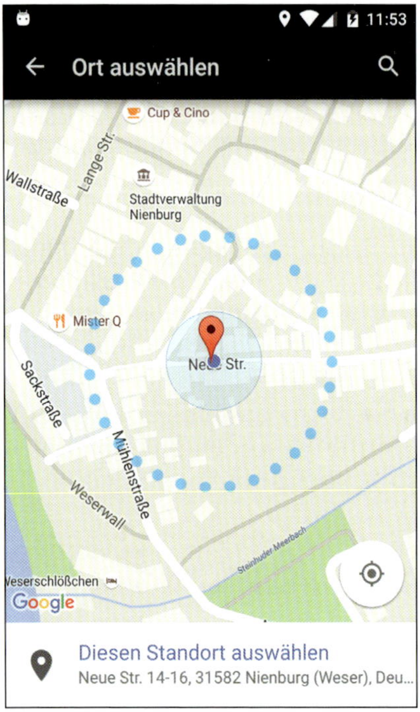

Links: Vertrauenswürdigen Ort hinzufügen, rechts: automatisches Entsperren mit Smart Lock.

Um Smart Lock zu aktivieren, verlassen Sie die Einstellungen-App und drücken einmal auf den Einschalter, um das Gerät zu sperren. Jedes Mal, wenn Sie an den Smart-Lock-Einstellungen etwas verändern, müssen Sie das Sperrmuster oder Passwort eingeben.

Sie können auch an einem vertrauenswürdigen Ort das Smartphone jederzeit sperren, sodass es nur über die Eingabe von PIN, Passwort oder Sperrmuster wieder freigeschaltet werden kann. Schalten Sie dazu den Bildschirm kurz aus und wieder ein und tippen Sie danach ganz unten auf das Schloss-Symbol.

Smartphone an einem vertrauenswürdigen Ort sperren.

ACHTUNG: Damit Smart Lock funktioniert, muss wie beim Geräte-Manager in den *Einstellungen* unter *Standort* der Standortzugriff eingeschaltet sein. Weiterhin muss in den *Einstellungen* unter *Sicherheit/Trust Agents* der Schalter *Smart Lock* eingeschaltet sein.

Entsperren per Gesichtserkennung

Sie können das Smartphone mithilfe von Smart Lock auch entsperren, indem Sie es einfach nur ansehen. Die Frontkamera kann ein gespeichertes Gesicht erkennen und genau dieser Person Zugriff auf das Smartphone gewähren und anderen nicht. Die Gesichtserkennung funktioniert erstaunlich zuverlässig.

1. Wählen Sie in den Einstellungen unter *Sicherheit/Smart Lock* die Option *Trusted Face*, erscheint nach einigen Hinweisbildschirmen mit Erklärungen, wie Sie klar erkennbare Gesichtsfotos machen, das Bild der Frontkamera. Halten Sie das Gerät so, dass Ihr Gesicht innerhalb des Rahmens liegt.
2. Die Gesichtserkennung startet, was an wandernden grünen Punkten entlang dem ovalen Rahmen zu erkennen ist. Wenn das Gesicht erkannt wurde, erscheint eine entsprechende Meldung.

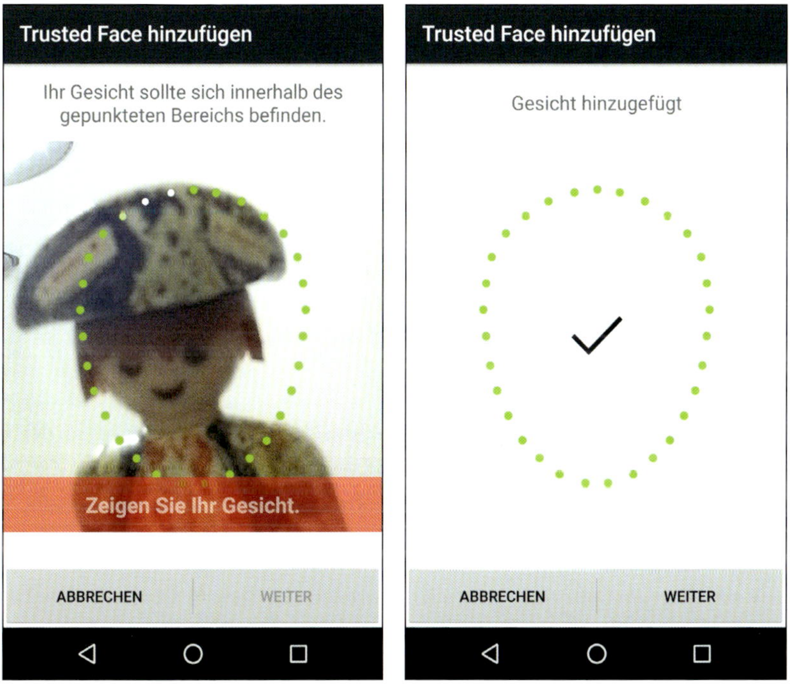

Gesichtserkennung einrichten.

Beim nächsten Einschalten erscheint jetzt auf dem Sperrbildschirm ein Kamerafeld. Blicken Sie dorthin, wird das Smartphone sofort entsperrt. Konnte einige Sekunden kein gültiges Gesicht erkannt werden, können Sie die alternative Entsperrmethode verwenden. In den Einstellungen von *Trusted Face* können Sie die Gesichtserkennung noch verbessern, indem Sie weitere Bilder aufnehmen, zum Beispiel mit Brille oder bei unterschiedlichen Lichtverhältnissen.

Trageerkennung und Fingerabdrucksensoren

Android 6 Marshmallow unterstützt noch weitere Methoden, um per Smart Lock ein Smartphone abzusichern.

Die Trageerkennung erkennt, ob man das Gerät in der Hand hält oder in der Hosentasche trägt. Dann wird es automatisch entsperrt. Liegt es dagegen ruhig auf dem Tisch, wird die Sperre aktiv und es muss über PIN, Passwort oder Sperrmuster wieder entsperrt werden. Die Trageerkennung nutzt dazu die Daten der Bewegungs- und Lagesensoren.

Einige Smartphones, wie zum Beispiel das aktuelle Samsung Galaxy S6, enthalten eingebaute Fingerabdrucksensoren zum Entsperren, die bisher nur von herstellereigenen Apps und Systemerweiterungen genutzt werden konnten. Seit Android 6 Marshmallow ist eine Unterstützung für Fingerabdrucksensoren im Betriebssystem verankert. Diese wird unter *Smart Lock* allerdings nur angezeigt, wenn das Smartphone über einen Fingerabdrucksensor verfügt.

Der Gastmodus in Android 6 Marshmallow

Smartphones sind sehr persönliche Geräte, die man besonders wegen der darauf befindlichen Informationen nur ungern aus der Hand gibt. Android 5 Lollipop bot erstmals einen Gastmodus, in dem man Zugriff auf das Gerät und die installierten Apps, nicht aber auf die im Google-Konto gespeicherten Daten hat. Fotos und andere auf der Speicherkarte lokal gespeicherten Daten stehen auch dem Gast zur Verfügung. Dieser Gastmodus ist auch in Android 6 Marshmallow verfügbar.

In den *Einstellungen* unter *Gerät/Nutzer* sind der Standardnutzer mit Namen sowie der Gast zu sehen. Mit dem Zahnradsymbol können Sie dem Gast das Telefonieren mit dem Smartphone erlauben oder verbieten. Auf E-Mails, SMS und Fotos des Eigentümers hat der Gast keinen Zugriff.

Um auf den Gastbenutzer umzuschalten, ziehen Sie die Benachrichtigungsleiste nach unten und tippen oben rechts auf das Benutzersymbol.

Jetzt erscheint ein Auswahlbildschirm, auf dem Sie den Gastbenutzer wählen. Die beiden Benutzersymbole haben unterschiedliche Farben. Daran erkennen Sie auch jederzeit, welcher Benutzer angemeldet ist. Sie brauchen nur die Benachrichtigungsleiste herunterzuziehen, um das Benutzersymbol oben rechts zu sehen. Außerdem ist der Gastbenutzer leicht daran zu erkennen, dass er das Standardhintergrundbild des Smartphones erhält, wenn Sie selbst bereits ein eigenes festgelegt haben.

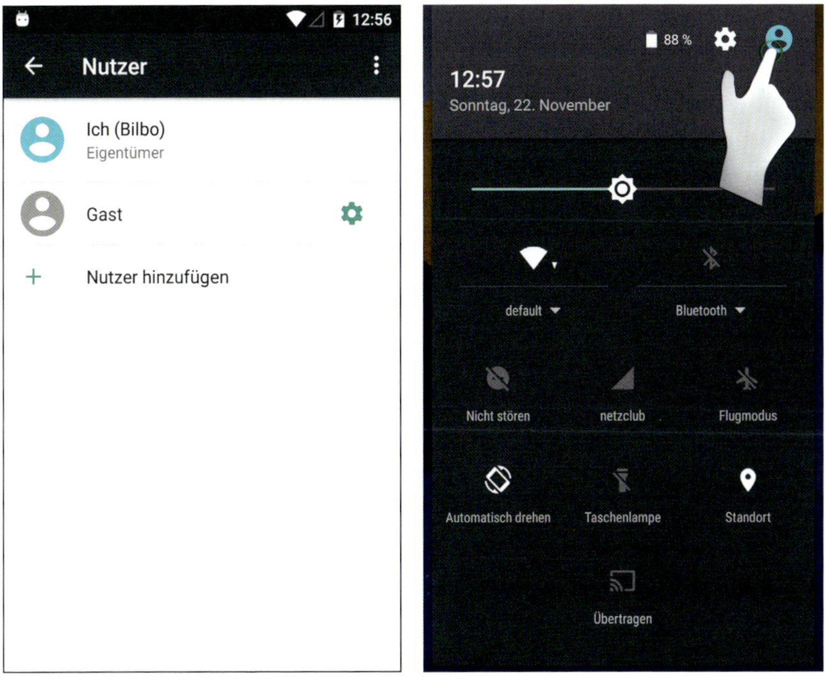

Der Gastbenutzer auf dem Smartphone.

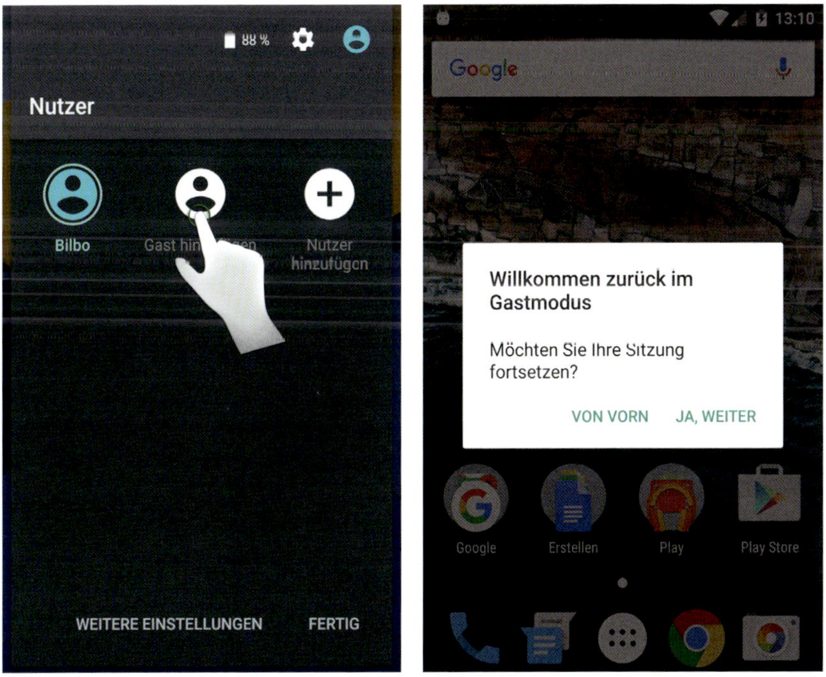

Als Gast anmelden.

Bei der Anmeldung als Gast erscheint eine Frage, ob die letzte Gastsitzung mit den damals eingetragenen Daten fortgesetzt werden soll oder ob ein neuer Gast auf einem »jungfräulichen« System arbeiten soll.

Auf die gleiche Weise schalten Sie wieder zum Hauptbenutzer zurück. Diesmal muss allerdings das Sperrmuster, Passwort oder die PIN eingegeben werden. Als Eigentümer können Sie über den Benutzerauswahlbildschirm jederzeit die Daten der Gastsitzung löschen, um einem neuen Gast keinen Zugriff darauf zu geben.

Weitere Benutzer auf dem Smartphone

Obwohl Smartphones üblicherweise nur von einer Person verwendet werden, bietet Android 6 Marshmallow die Möglichkeit, insgesamt bis zu vier Benutzer auf dem Gerät festzulegen, die jeder ein eigenes Benutzerkonto und eigene Einstellungen der Oberfläche, eigene E-Mail-Konten und eigene Speicherbereiche für Fotos nutzen können, worauf die anderen Benutzer keinen Zugriff haben.

Um einen neuen Nutzer anzulegen, ziehen Sie die Benachrichtigungsleiste nach unten, tippen auf das Benutzersymbol oben rechts und dann auf *Nutzer hinzufügen*. Geben Sie dann dem neuen Benutzer das Smartphone. Dieser richtet es jetzt wie ein neues Gerät mit seinem Google-Konto ein, was wie bei der Ersteinrichtung einige Minuten dauern kann.

Nach Abschluss der Einrichtung ist der neue Nutzer automatisch angemeldet. Der Eigentümer oder auch ein Gast können sich über das Benutzersymbol oben rechts in der Benachrichtigungsleiste anmelden.

In den *Einstellungen* unter *Nutzer* oder über den Link *Weitere Einstellungen* auf dem Anmeldebildschirm kann sich der neue Nutzer selbst wieder auf dem Smartphone löschen. Nur der Eigentümer hat die Möglichkeit, andere Benutzer über die Zahnradsymbole zu entfernen.

Jeder Benutzer sollte sich eine PIN, ein Passwort oder Sperrmuster einrichten, da man sonst beliebig zwischen den Benutzern wechseln kann, was dem Sinn einer Benutzerverwaltung widerspricht.

Telefon und SMS

Wenn Sie als Eigentümer einem Benutzer über das Zahnradsymbol die Berechtigung für Telefonieren und SMS geben, kann dieser Benutzer die Anruflisten und die SMS auf dem Smartphone lesen, da diese Daten zentral für alle Benutzer verwaltet werden. Die Daten der anderen Apps hängen dagegen vom jeweils angemeldeten Google-Konto ab.

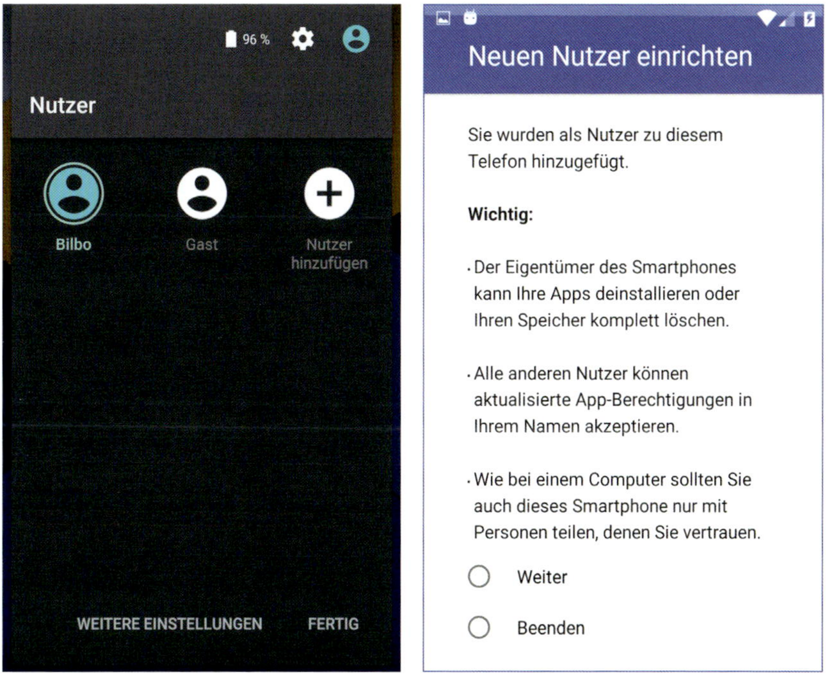

Der neue Nutzer richtet das Smartphone für sich ein.

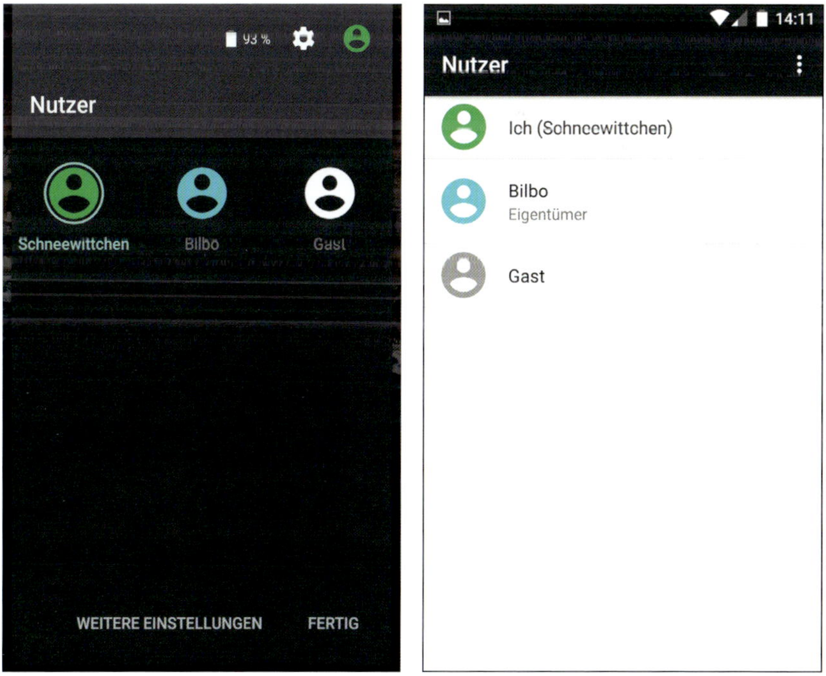

Nutzer anmelden und verwalten.

Apps sperren – Bildschirmfixierung

Möchten Sie das Smartphone aus der Hand geben, um jemand anderes ein Spiel spielen, ein E-Book lesen oder Musik hören zu lassen, dabei aber verhindern, dass diese Person – mehr oder weniger versehentlich – in einer anderen App landet, sperren Sie den Wechsel zwischen Apps mit der Funktion *Bildschirmfixierung*.

1. Wischen Sie in den *Einstellungen* unter *Nutzer/Sicherheit* bis ganz nach unten und schalten Sie dort die Option *Bildschirmfixierung* ein.
2. An dieser Stelle können Sie noch festlegen, dass zum Freigeben das Sperrmuster oder die PIN eingegeben werden muss. Diese zusätzliche Sicherheit brauchen Sie nur, wenn Sie verhindern möchten, dass eine andere Person bewusst die Sperre umgehen und zu einer anderen App wechseln will. Um nur versehentliches Verlassen der angehefteten App zu verhindern, reicht die einfache Bildschirmfixierung.
3. Wechseln Sie jetzt in die App, die Sie zur einzigen Verwendung freigeben möchten.
4. Tippen Sie auf das Quadratsymbol und danach in der Übersicht der Apps auf das Pinsymbol.

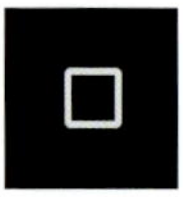

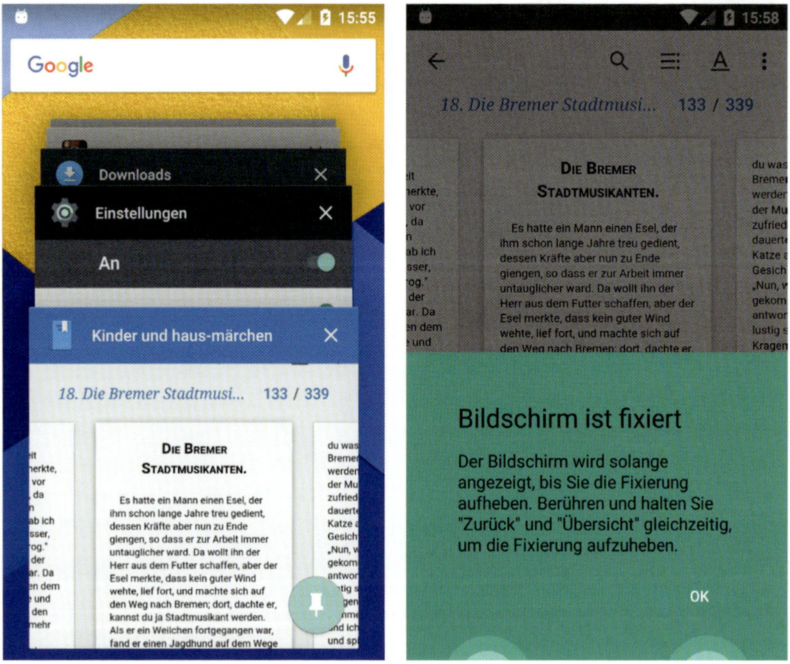

Bildschirmfixierung aktivieren.

5. Möchten Sie die Bildschirmfixierung später aufheben und wieder andere Apps nutzen, halten Sie zwei Finger länger auf dem Dreieck- und dem Quadratsymbol.

Persönliche Daten auf dem Telefon verschlüsseln

Wer ein Android-Smartphone klaut, kommt auch an die darauf gespeicherten Daten heran. Selbst wenn das Smartphone über eine PIN oder ein Sperrmuster geschützt ist, können die Daten über einen Entwicklerzugang per USB-Kabel ausgelesen werden. Noch einfacher geht es mit den Daten auf der Speicherkarte. Diese braucht nur in einen Kartenleser am PC gesteckt zu werden.

Wer auf seinem Smartphone höchst vertrauliche Daten speichert, kann die für Benutzer zugänglichen Teile des Dateisystems wie auch die Speicherkarte verschlüsseln. Ohne das Passwort kommt man dann auch über externe Wege nicht an die Daten heran. Die Verschlüsselung funktioniert nur, wenn eine Passwortsperre auf dem Smartphone eingerichtet ist. Das Passwort muss, da es direkt zur Verschlüsselung verwendet wird, aus mindestens sechs Zeichen bestehen, darunter mindestens eine Ziffer.

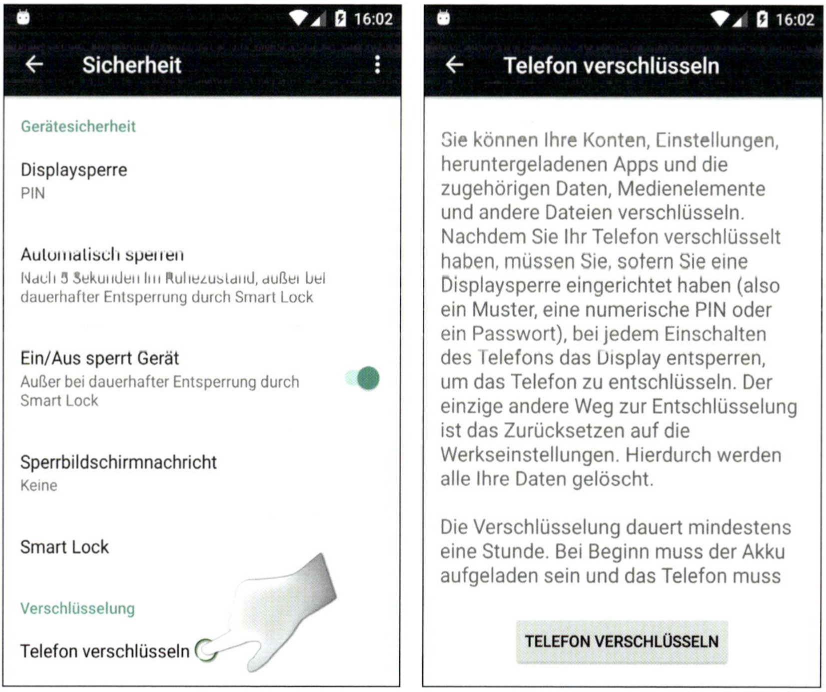

Daten auf dem Smartphone verschlüsseln.

Die Optionen zur Verschlüsselung finden Sie in den *Einstellungen* unter *Nutzer/Sicherheit/Telefon verschlüsseln*. Beachten Sie dabei die Sicherheitshinweise auf dem Bildschirm.

Nur mit Datenverlust rückgängig zu machen

Die Verschlüsselung lässt sich nur durch Zurücksetzen auf die Werkseinstellungen rückgängig machen. Dabei gehen alle auf dem Gerät gespeicherten Daten und Apps verloren. Hat man das Passwort vergessen, gibt es keine Möglichkeit, an die Daten zu kommen.

App-Spam blockieren

Da nur noch sehr wenige Benutzer bereit sind, für Apps zu bezahlen, finanzieren viele Entwickler ihre Arbeit über Werbung, die in die Apps eingebaut wird. Allerdings reagieren Smartphone-Nutzer deutlich kritischer auf Werbung als typische Internetsurfer, die Werbebanner problemlos ignorieren können.

Google selbst bietet Entwicklern die Möglichkeit, über seinen eigenen Dienst AdMob Werbebanner in Apps einzublenden. Diese Art der Werbung wird noch von den meisten Nutzern akzeptiert, da sie wenig aufdringlich ist und die sonstige Nutzung außerhalb der betroffenen App nicht einschränkt.

Es gibt mittlerweile aber auch deutlich aufdringlichere Werbeformen, die zusätzlich auch noch Informationen über das Gerät oder die Person sammeln, wie zum Beispiel die Werbungen von AirPush und LeadBolt.

Wurde eines dieser Systeme über eine darüber finanzierte App einmal gestartet, erscheinen immer wieder Werbeanzeigen in Form von Systembenachrichtigungen in der Benachrichtigungsleiste. Zieht der Benutzer diese nach unten, erscheint die Werbeanzeige.

TIPP: Die Werbeanbieter AirPush, StartApp und LeadBolt mussten aus Datenschutzgründen eine Opt-Out-Möglichkeit anbieten. Unter www.airpush.com/optout bzw. www.startapp.com/opt.aspx und www.leadbolt.com/opt-out können Benutzer über ihre IMEI-Nummer permanent dieser Form von Werbung widersprechen. Das angegebene Smartphone wird dann davor geschützt.

Ignorieren Sie – wie immer – alle Negativkommentare zu Opt-Outs im Google Play Store. Jede Opt-Out-Funktion arbeitet einwandfrei, blockiert aber natürlich nur die Werbung des jeweiligen Anbieters und nicht automatisch alle Werbeanzeigen auf dem Smartphone.

Diese Art von Werbung wird gern für zweifelhafte Dating- und Abodienste genutzt. Oftmals hat der Anzeigetext in der Systembenachrichtigung nichts mit der später angezeigten Werbung zu tun. Zusätzlich können AirPush und LeadBolt neue Symbole auf dem Startbildschirm anlegen, die auf Webseiten führen, auf denen weitere Werbe-Apps heruntergeladen werden.

App-Benachrichtigungen abschalten

Viele Apps zeigen ständig Benachrichtigungen über ihren Systemzustand oder auch nur als Werbung für die kostenpflichtige Version an. Wenn derartige Benachrichtigungen überhandnehmen, können Sie sie für einzelne Apps abschalten.

Tippen Sie länger auf eine Benachrichtigung, die abgeschaltet werden soll. Diese erscheint dunkel und rechts ist ein kleines *i*-Symbol zu sehen. Tippen Sie darauf, können Sie auf dem nächsten Bildschirm alle Benachrichtigungen dieser App blockieren oder aber auch als Priorität behandeln, um sie selbst dann noch anzuzeigen, wenn festgelegt wurde, dass nur wichtige Unterbrechungen erscheinen dürfen, oder der *Nicht stören*-Modus aktiv ist.

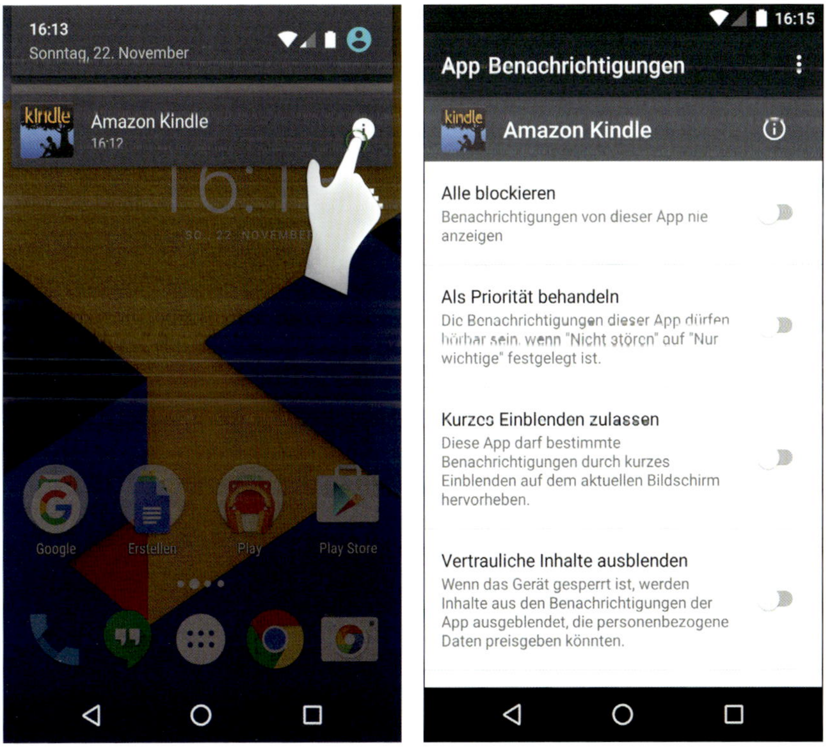

Benachrichtigungen bestimmter Apps abschalten.

Addons Detector

Der *Addons Detector* prüft alle auf dem Smartphone installierten Apps auf integrierte Werbenetzwerke und noch weitere Tools, die Entwickler – vom Nutzer unbemerkt – in ihre Apps integrieren.

Dazu gehören unter anderem Diagnose- und Analysetools, die das Benutzerverhalten ausspähen. Auch Funktionen, die das Smartphone mit sozialen Netzwerken und Spielenetzwerken verbinden, werden aufgedeckt. Viele Apps, die sich im Google Play Store als Freeware tarnen, enthalten versteckte Lizensierungstools, die prüfen, ob eine App legal gekauft ist, oder bei Testversionen Zeitbeschränkungen setzen. Alle Apps, in denen z. B. Googles In-App-Billing, die Bezahlfunktion aus dem Google Play Store, gefunden wird, sind voraussichtlich nicht komplett kostenlos nutzbar. *Addons Detector* berücksichtigt fast alle bekannten Werbenetzwerke, sodass der Prüfung kaum etwas entgehen sollte.

Der Addons Detector findet installierte Apps mit integrierter Werbung.

Lassen Sie den Scan einmal laufen, werden Sie sich wundern, wie viele kostenlose Apps Werbung oder andere Entwicklertools nutzen – die natürlich nicht alle schädlich sind.

In jeder der typischen Kategorien werden die für die Werbung verantwortlichen Apps aufgelistet. Dazu gibt es ausführliche Informationen über das Verhalten und die in Bezug auf Datenschutz und Sicherheit relevanten Bedenken.

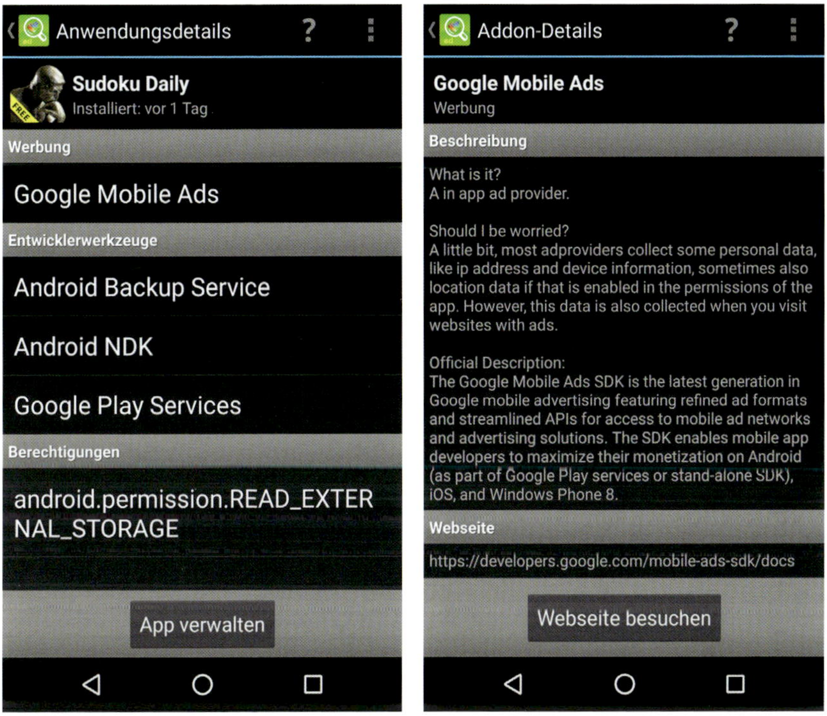

Informationen zu installierten Werbe-Apps und den verwendeten Werbenetzwerken.

Unerwünschte Werbe-Apps kann man direkt aus diesen Listen heraus deinstallieren. Der Button *App verwalten* ruft dazu den entsprechenden Systemdialog auf. Nach der Deinstallation sollte man noch unerwünschte Symbole auf dem Startbildschirm sowie veränderte Lesezeichen und Suchmaschineneinträge im Browser beseitigen, da auch diese schnell wieder neue Werbe-Apps herunterladen können.

Werbung im Browser abschalten

Werbung auf Webseiten nervt – besonders wenn es sich um Videos, Musik, Flash-Werbung oder Überblendungen handelt, die schwer wegzuklicken sind. Einfache Banner sind im Browser auf dem PC noch einigermaßen zu ertragen, auf dem Smartphone kosten sie aber teures Datenvolumen, das auf anderem Weg sinnvoller eingesetzt werden kann.

Der beliebte Werbeblocker Adblock Plus ist auch für Android-Smartphones erhältlich und blockiert im Browser wie auch in vielen anderen Apps die meiste unerwünschte Werbung, allerdings nur über WLAN-Verbindungen, da das Android-Sicherheitssystem den direkten Zugriff auf Mobilfunkverbindungen unterbindet. Dazu sind Root-Rechte nötig. Mehr zum Thema Rooten sowie den damit verbundenen Gefahren finden Sie am Ende dieses Buches.

Da Google als einer der größten Werbevermarkter im Internet Werbeblocker gar nicht gern sieht, kann Adblock Plus nicht über den Google Play Store angeboten werden. Besuchen Sie daher zur Installation mit dem Browser auf dem Smartphone die Webseite adblockplus.org oder nutzen Sie den abgebildeten QR-Code. Zur Installation der APK-Datei muss in den *Einstellungen* unter *Nutzer/Sicherheit* die Installation von Apps aus unbekannter Herkunft zugelassen sein.

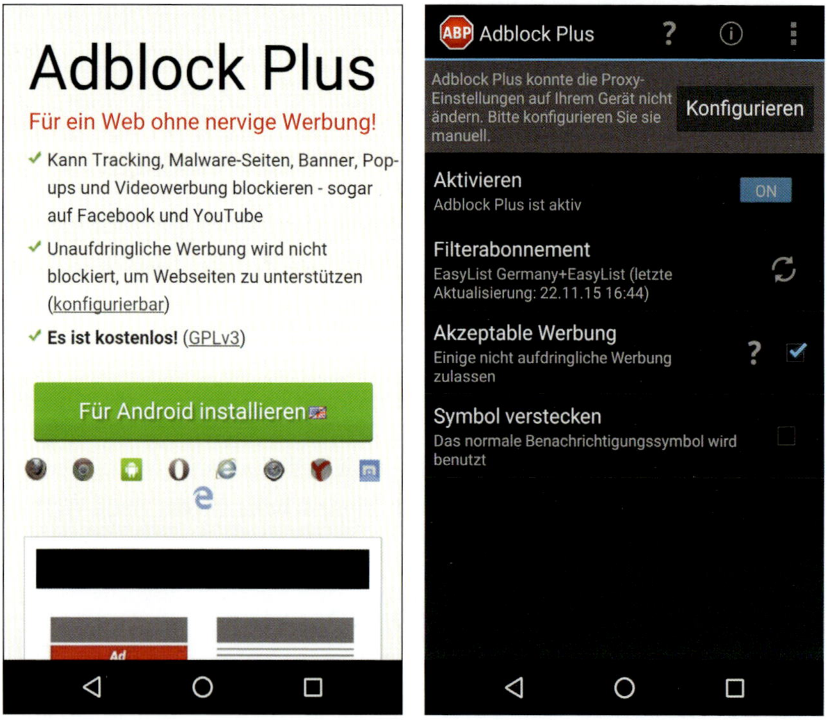

Adblock Plus installieren und einrichten.

1. Starten Sie Adblock Plus nach der Installation und tippen Sie auf *Konfigurieren*. Nach einer kurzen Informationsseite kommen Sie direkt zu den WLAN-Einstellungen.

2. Tippen Sie länger auf die aktuelle WLAN-Verbindung und wählen Sie *Netzwerk ändern*. Schalten Sie im nächsten Dialogfeld *Erweiterte Optionen* ein und wählen Sie in der Liste *Proxy-Einstellungen* die Option *Manuell*.

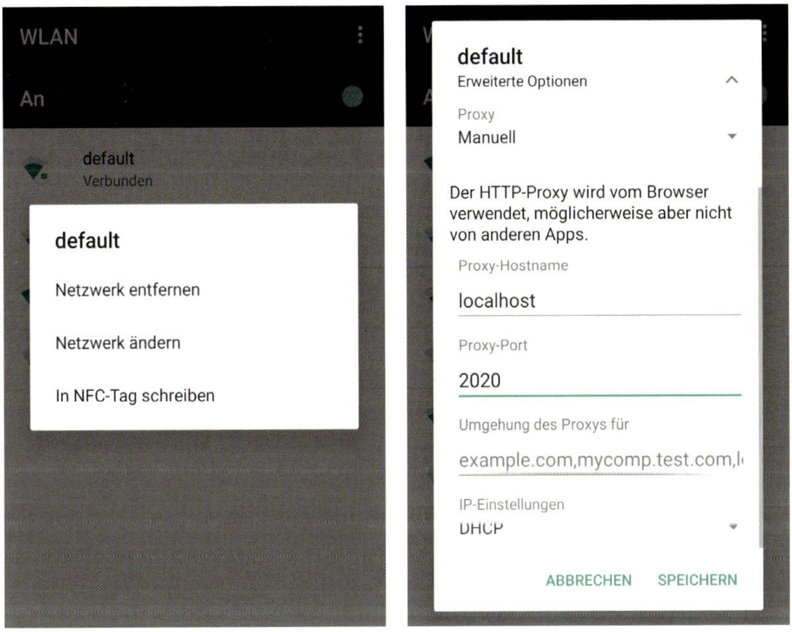

WLAN-Verbindung für Adblock Plus einrichten.

3. Tragen Sie bei *Proxy-Hostname* **localhost** ein und bei *Proxy-Port* **2020**. Bestätigen Sie die Änderung mit *Speichern*. Verwenden Sie verschiedene WLAN-Verbindungen, müssen Sie jede entsprechend konfigurieren.

Was ist nicht aufdringliche Werbung?

In Absprache mit großen werbefinanzierten Webseiten hat Adblock Plus die Option *Einige nicht aufdringliche Werbung zulassen* eingebaut. Damit ist es möglich, bestimmte einfache Bannerwerbung, die keine Inhalte verdeckt und den Nutzer nicht mit Musik oder extrem hohem Datenvolumen belästigt, weiterhin zuzulassen. So können Benutzer Webseiten unterstützen, die nicht aufdringliche Werbung verwenden, und damit ein Zeichen gegenüber anderen Seiten setzen. Der Schalter ist automatisch aktiviert. Die meisten Nutzer verändern die Standardeinstellungen einer App nie. Standardmäßig ausgeschaltet würde diese Funktion ihren Zweck nicht erfüllen.

Adblock Plus im Firefox-Browser

Verwenden Sie auf dem Smartphone den Firefox-Browser, wird Adblock Plus dort keine Werbung blockieren. Firefox verwendet auf Android-Smartphones wie auch unter Windows eigene Proxy-Einstellungen und nutzt nicht die des Betriebssystems. Adblock Plus bietet deshalb eine eigene Firefox-Erweiterung auch für die Android-Version des Browsers an.

1. Besuchen Sie mit dem Firefox-Browser auf Ihrem Smartphone die Webseite adblockplus.org oder nutzen Sie den abgebildeten QR-Code und tippen Sie dort auf *Für Firefox installieren*. Alternativ können Sie auch im Menü von Firefox über *Extras/Add-ons/Add-ons suchen* Adblock Plus installieren.

2. Das Sicherheitssystem von Firefox blockiert die Installation von Add-ons von fremden Seiten. Tippen Sie in der Meldung auf *Erlauben*.

3. Der Menüpunkt *Extras/Add-ons* in Firefox zeigt eine Liste aller installierten Erweiterungen. Tippen Sie hier auf *Adblock Plus*, können Sie einige Einstellungen vornehmen, wie unter anderem das gewünschte Filterabonnement auswählen.

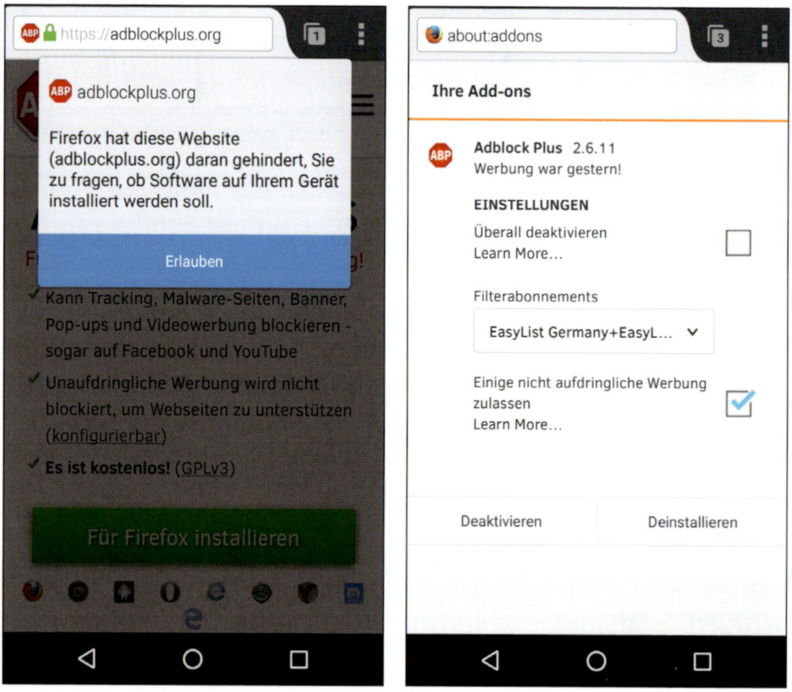

Adblock Plus für Firefox installieren und einrichten.

Eset Mobile Security & Antivirus

Eset, ein bekannter Hersteller von Sicherheitssoftware für PCs, liefert auch eine Sicherheitslösung für Android. Eset Mobile Security & Antivirus schützt Android-Smartphones vor Viren, Trojanern, Spyware, Backdoors und anderer Malware sowie vor Diebstahl.

Kostenlose Premium-Version für Leser

Als Leser dieses Buches bekommen Sie für ein Jahr die Premium-Version von Eset Mobile Security & Antivirus für ein Smartphone kostenlos. Wählen Sie dazu bei der Installation die Option *Probe starten* und später in der App über das Menüsymbol rechts oben die Option *Lizenz*. Geben Sie unter *Anwendung aktivieren* Ihren persönlichen Aktivierungscode ein, den Sie am Ende dieses Buches finden.

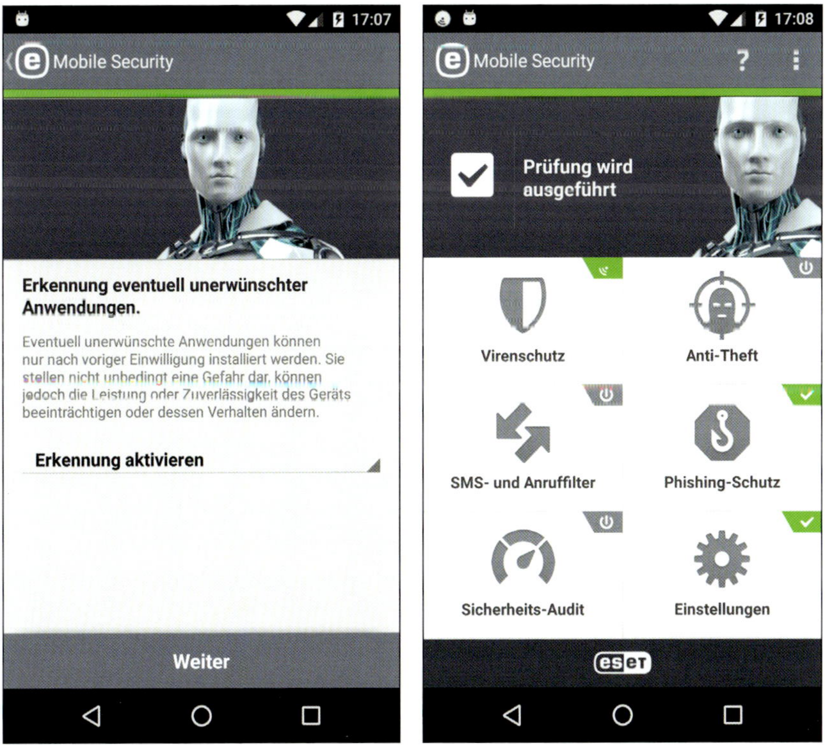

Installation und Hauptbildschirm von Eset Mobile Security & Antivirus.

Eset Mobile Security & Antivirus scannt jede App bei der Installation und überprüft auch im Hintergrund das Smartphone auf gefährliche Aktivitäten. Aktivieren Sie dazu während der Installation die Erkennung unerwünschter Anwendungen. Zusätzlich kann man jederzeit bei Verdacht einer Malware-Infektion das Gerät komplett überprüfen lassen.

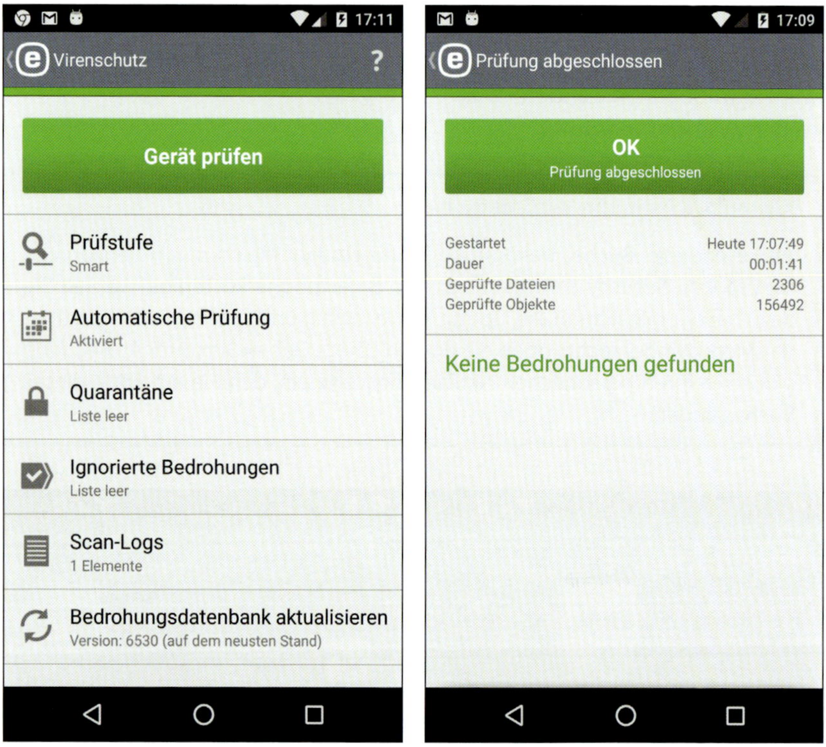

Prüfung auf verdächtige Apps.

Neben dem relativ geringen Risiko eines Virus überprüft die Funktion *Sicherheits-Audit* das Smartphone auch auf Einstellungen und Apps, die möglicherweise ein Risiko für die Sicherheit darstellen.

Es werden Apps angezeigt, die die Berechtigung haben, gebührenpflichtige Dienste zu nutzen, Standortinformationen, Identitätsdaten, Nachrichten oder Kontakte auszulesen. In den meisten Fällen sind diese Apps allerdings nicht bedenklich, sondern die jeweiligen Daten sind für das Funktionieren der Apps erforderlich.

Eset Mobile Security & Antivirus kann in den meisten Browsern einen *Phishing-Schutz* installieren, der aber nur gegen bekannte Phishingseiten helfen kann und keineswegs dem Benutzer die Verantwortung abnimmt.

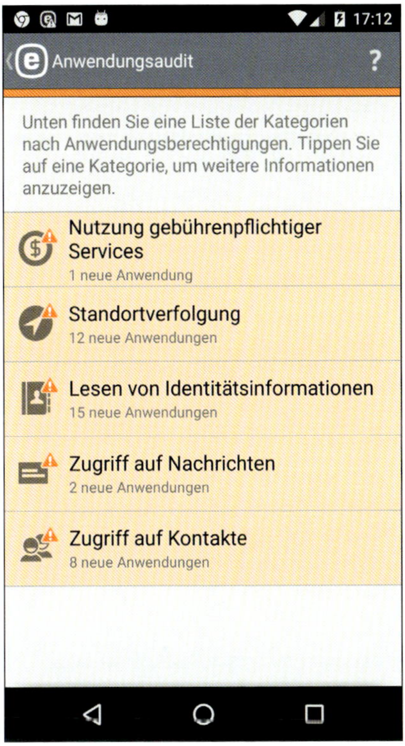

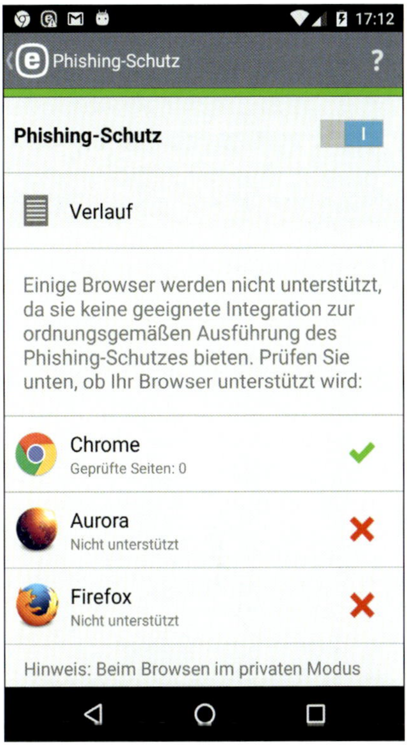

Anwendungsaudit und Phishing-Schutz.

Diebstahlschutz installieren

Das Modul *Anti-Theft* bietet einen erweiterten Diebstahlschutz, der auf einem als vermisst gemeldeten Smartphone verdächtige Aktivitäten wie zum Beispiel den Wechsel der SIM-Karte oder die mehrfache Falscheingabe eines Entsperrungspassworts protokolliert und das Gerät auch aus der Ferne sperren kann. Dabei wird der Gerätestandort aufgezeichnet, und die Frontkamera fotografiert den unrechtmäßigen Benutzer. Über ein Web-Interface bei my.eset.com kann man das Smartphone als vermisst melden und die gesammelten Daten einsehen.

Dieser Diebstahlschutz muss einmal installiert werden, um im Fall der Fälle zur Verfügung zu stehen. Die App benötigt dazu erweiterte Berechtigungen, die im Betriebssystem als *Geräteadministrator* bezeichnet werden. Damit kann verhindert werden, dass ein Dieb die Software deinstalliert.

Geben Sie dann noch die Telefonnummer eines vertrauenswürdigen Freundes an, dessen Handy berechtigt ist, per SMS das Passwort zurückzusetzen, falls Sie es selbst einmal vergessen haben sollten.

Zusätzlich können weitere SMS-Codes definiert werden, mit denen das Smartphone aus der Ferne gesperrt oder gesucht werden kann oder auch die Daten gelöscht werden können.

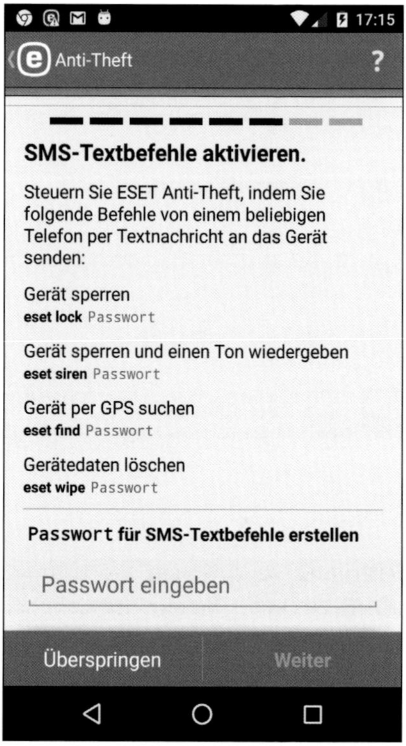

Diebstahlschutz aktivieren.

KAPITEL 10

Insidertipps zur Bedienung

Die Bedienung eines Android-Smartphones erfolgt weitgehend intuitiv, sodass man kaum etwas falsch machen kann. Aber natürlich gibt es wie bei jedem System einige Tricks, auf die man nicht sofort kommt.

Hintergrundbilder und Live-Hintergründe

Das Hintergrundbild des Bildschirms, sei es auf dem PC oder auf dem Smartphone, ist ein höchst emotionales Thema. Die einen vertreten die Meinung, der Bildschirmhintergrund sei das Unwichtigste überhaupt, anderen liegt dieses Bild so am Herzen, dass es je nach Tageslaune ständig geändert werden muss.

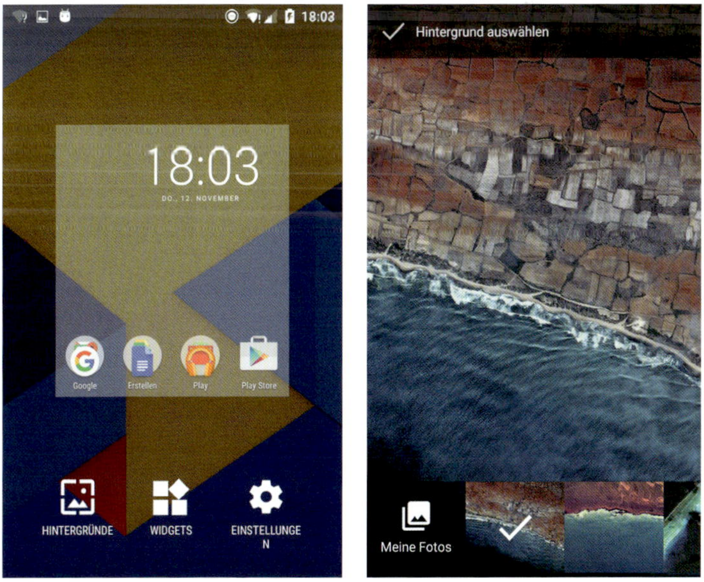

Bei Android mitgelieferte Hintergrundbilder auswählen.

Je nach Smartphone-Modell wird ein vorinstalliertes Hintergrundbild mitgeliefert, aber wer möchte schon, dass sein Handy aussieht wie alle anderen? Tippen Sie etwas länger auf den Startbildschirm und dann auf das Symbol *Hintergründe*. Jetzt erscheint eine Auswahlliste zum Festlegen eines Hintergrundbildes. Wählen Sie in der Leiste am unteren Bildschirmrand ein Hintergrundbild aus und tippen Sie auf *Hintergrund auswählen*. Damit wird es automatisch auf dem Startbildschirm übernommen.

Eigene Hintergrundbilder verwenden

Noch wesentlich persönlicher ist ein eigenes selbst fotografiertes Hintergrundbild auf dem Smartphone. Wählen Sie dazu in der Bildauswahlleiste ganz am Anfang das Symbol *Meine Fotos*.

Jetzt werden alle auf dem Smartphone gespeicherten Fotos angezeigt. Diese können mit der Kamera aufgenommen, aus dem Internet heruntergeladen oder auf anderem Weg, zum Beispiel per E-Mail, auf das Smartphone gelangt sein. Über das Symbol links oben haben Sie die Möglichkeit, außer lokal gespeicherten Bildern auch Fotos von Google Drive, aus der Fotos-App, von OneDrive oder anderen installierten Cloud-Speicherdiensten zu wählen.

Wählen Sie hier das gewünschte Foto aus. Im Gegensatz zu früheren Android-Versionen brauchen Sie keinen Bildausschnitt zu bestimmen. Das Hintergrundbild wird als Vorschau angezeigt. Tippen Sie auf *Hintergrund auswählen*.

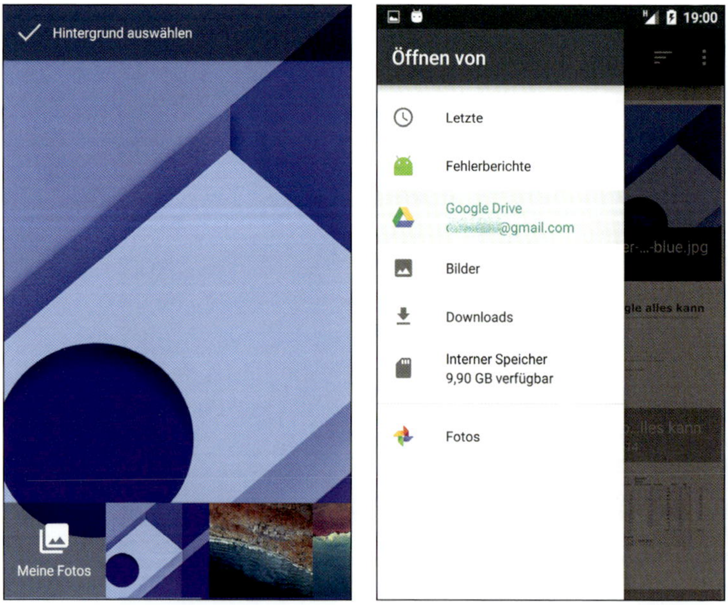

Eigenes Hintergrundbild auswählen.

Eigenes Hintergrundbild verwenden.

Betrachten Sie gerade Fotos in der Fotos-App und finden dabei ein Bild, das Sie gern als Bildschirmhintergrund sehen möchten, brauchen Sie nicht den Umweg über den Startbildschirm zu gehen. Wählen Sie im Menü oben rechts *Verwenden als* und tippen dann auf das Symbol *Hintergrund*.

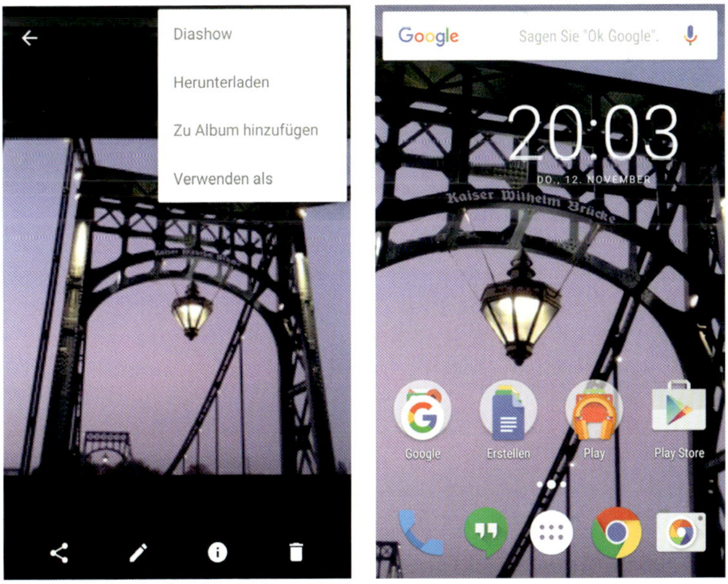

Foto aus der Google-Fotos-App als Hintergrundbild nutzen.

Live-Hintergründe

Live-Hintergründe sind keine Bilder im klassischen Sinn, sondern mathematische Algorithmen, die in Echtzeit einen animierten Hintergrund berechnen und darstellen. Viele dieser Live-Hintergründe reagieren interaktiv auf Berührungen des Startbildschirms. Die Live-Hintergründe befinden sich ganz am Ende der Liste der Hintergrundbilder und sind zur besseren Unterscheidung mit Namen versehen.

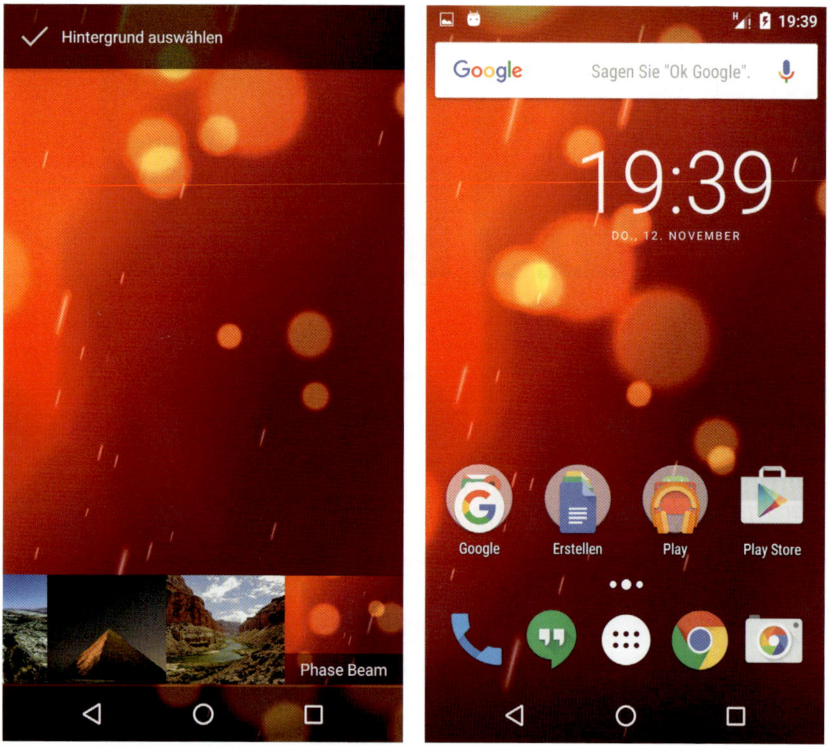

Live-Hintergrund auswählen.

> **ACHTUNG:** Live-Hintergründe belasten den Prozessor und tragen damit extrem zum Akkuverbrauch des Smartphones bei. Wer auf lange Akkulaufzeiten Wert legt, verwendet lieber ein statisches Hintergrundbild, am besten ein möglichst dunkles.

Zusätzliche Live-Hintergründe lassen sich wie Apps installieren. Viele neuere Live-Hintergründe erscheinen nach der Installation der Einfachheit halber als Verknüpfung auf dem Startbildschirm.

Tippen Sie auf ein solches Symbol, kommen Sie direkt in die Liste der Live-Hintergründe, um den Hintergrund festzulegen, ohne erst über den Startbildschirm zu gehen. Auch einige Apps enthalten Live-Hintergründe, um zum Beispiel das aktuelle Wetter oder andere Informationen in Echtzeit als Hintergrund auf dem Startbildschirm zu zeigen.

Widgets für schnelle und persönliche Infos

Widgets sind kleine interaktive Elemente, die bestimmte Informationen oder Daten zum schnellen Zugriff auf den Startbildschirm bringen. Android liefert eine Liste nützlicher Widgets bereits mit. Viele Apps installieren weitere Widgets, wie zum Beispiel Facebook, Twitter, diverse Wetter-Apps oder Google+.

Widgets auf den Startbildschirm legen

Tippen Sie länger auf den Startbildschirm und dann auf das Symbol *Widgets*. Jetzt erscheint eine mehrere Bildschirmseiten lange Liste von Widgets.

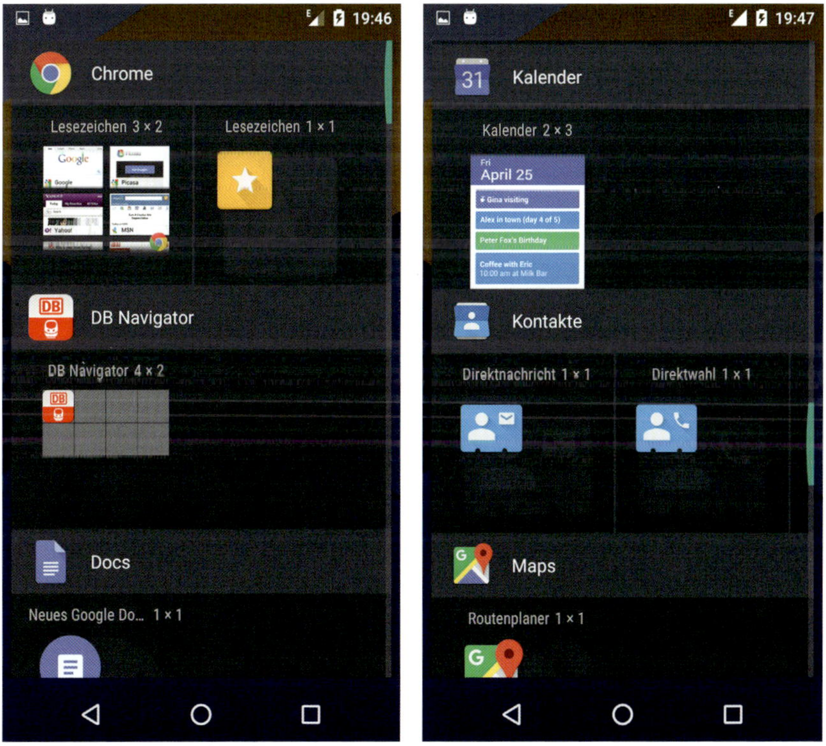

Die Liste der Widgets in Android 6 Marshmallow.

Bei jedem Widget ist die Größe in Rastereinheiten angezeigt, die dieses Widget belegt. Eine Rastereinheit entspricht der Größe eines App-Symbols. Einige Widgets sind in verschiedenen Größen verfügbar, manche lassen sich auch interaktiv in der Größe verändern. Je nach freiem Platz auf dem Startbildschirm können Sie sich bei einigen Widgets unterschiedlich viele Informationen anzeigen lassen.

Um ein Widget auf den Startbildschirm zu bringen, ziehen Sie es einfach wie eine App aus der Liste heraus und platzieren es an der gewünschten Stelle auf einem der Startbildschirme.

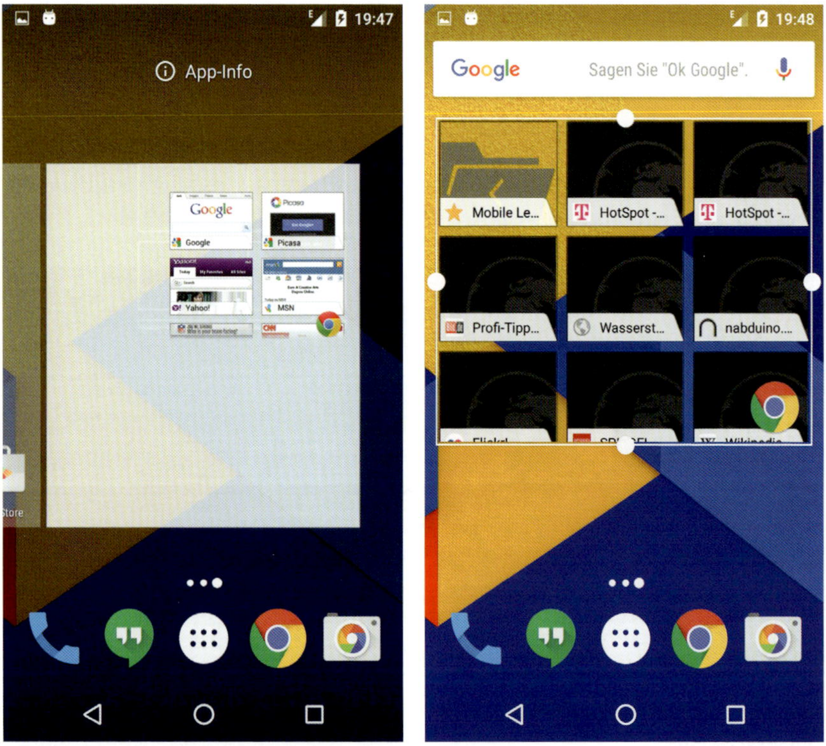

Widgets auf den Startbildschirm bringen und in der Größe anpassen.

Widgets können auch später noch jederzeit wie App-Symbole auf dem Startbildschirm verschoben werden. Zeigt ein Widget eine farbige Umrandung mit blauen Griffen an den Seiten, lässt sich dieses in der Größe verändern.

Um ein Widget wieder vom Startbildschirm zu entfernen, gehen Sie genauso vor wie bei Apps. Ziehen Sie es an den oberen Bildschirmrand auf die Fläche *Entfernen*.

Einstellungen mit Suchfunktion

Die Einstellungen wurden in Android 5 Lollipop grundlegend überarbeitet und übersichtlicher gestaltet. Dieses Design wurde in Android 6 Marshmallow übernommen.

Man braucht jetzt nicht mehr die Einstellungen-App aus der Liste der Apps aufzurufen. Ziehen Sie einfach mit zwei Fingern gleichzeitig die Benachrichtigungsleiste vom oberen Bildschirmrand herunter und tippen Sie oben rechts auf das *Einstellungen*-Symbol.

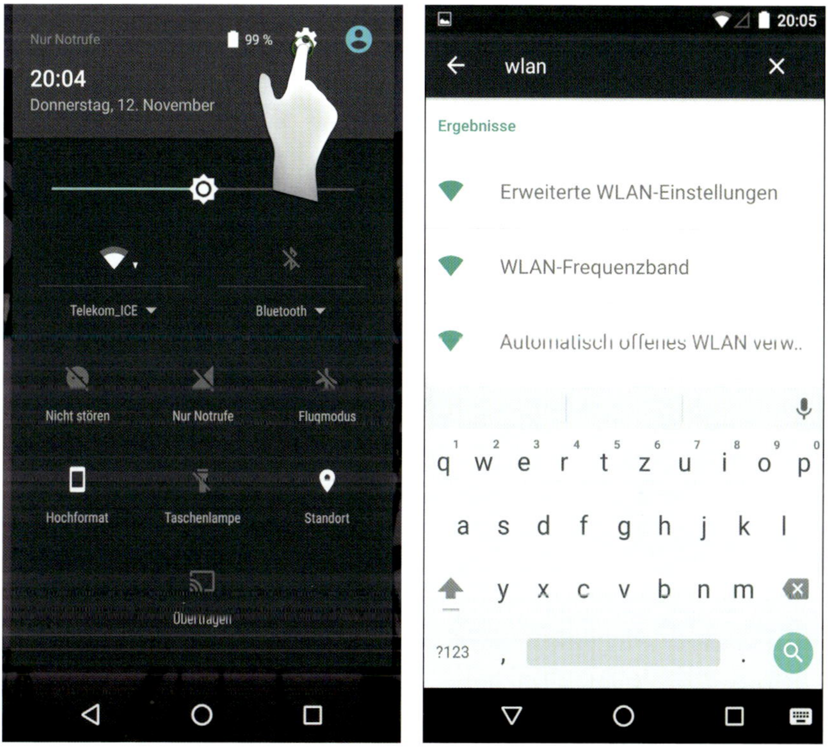

Einstellungen aufrufen und in den Einstellungen suchen.

Nicht immer ist es ganz einfach, eine bestimmte Einstellung innerhalb der verschachtelten Struktur zu finden. Auf dem Hauptbildschirm der *Einstellungen* finden Sie oben rechts ein Lupensymbol. Tippen Sie darauf, können Sie einen Suchbegriff eingeben. Schon während der Eingabe werden passende Einstellungen vorgeschlagen.

System UI Tuner

Der *System UI Tuner* ermöglicht Anpassungen der Statusleiste und der Schnelleinstellungen, ist aber standardmäßig verborgen, da sich diese Funktion zurzeit noch im Betastadium befindet. Ziehen Sie mit zwei Fingern die Benachrichtigungsleiste nach unten und tippen Sie länger auf das Zahnrad zum Aufrufen der Einstellungen. Nach wenigen Sekunden erscheint eine Meldung, dass der *System UI Tuner* den Einstellungen ganz unten hinzugefügt wurde.

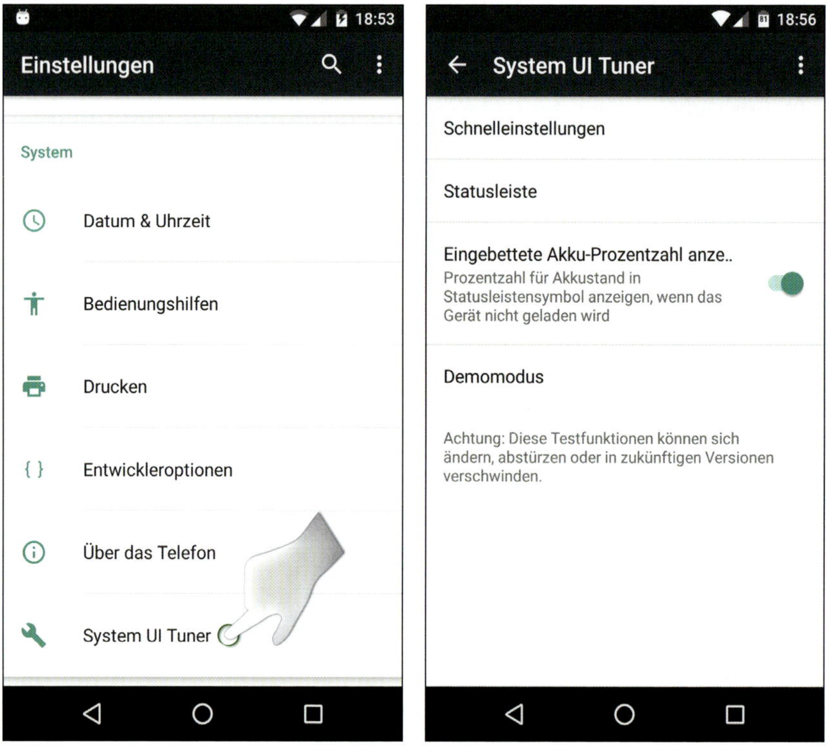

Der System UI Tuner in den Einstellungen.

Der Schalter *Eingebettete Akku-Prozentzahl anzeigen* zeigt im Batteriesymbol in der Statusleiste den Akkuladestand an, solange das Smartphone nicht am Ladegerät hängt. Während des Aufladens erscheint an dieser Stelle ein Blitzsymbol.

Über die Zeile *Schnelleinstellungen* können Sie die Anordnung der Kacheln in den Schnelleinstellungen verändern und auch Kacheln hinzufügen, falls nicht alle verfügbaren Kacheln eingeblendet werden. Die dort angezeigte *Broadcast-Kachel* lassen Sie am besten ausgeschaltet. Hierbei handelt es sich um eine Funktion zur automatischen Benachrichtigung von Handys in einer bestimmten Region, die in deutschen Mobilfunknetzen aber nicht genutzt wird.

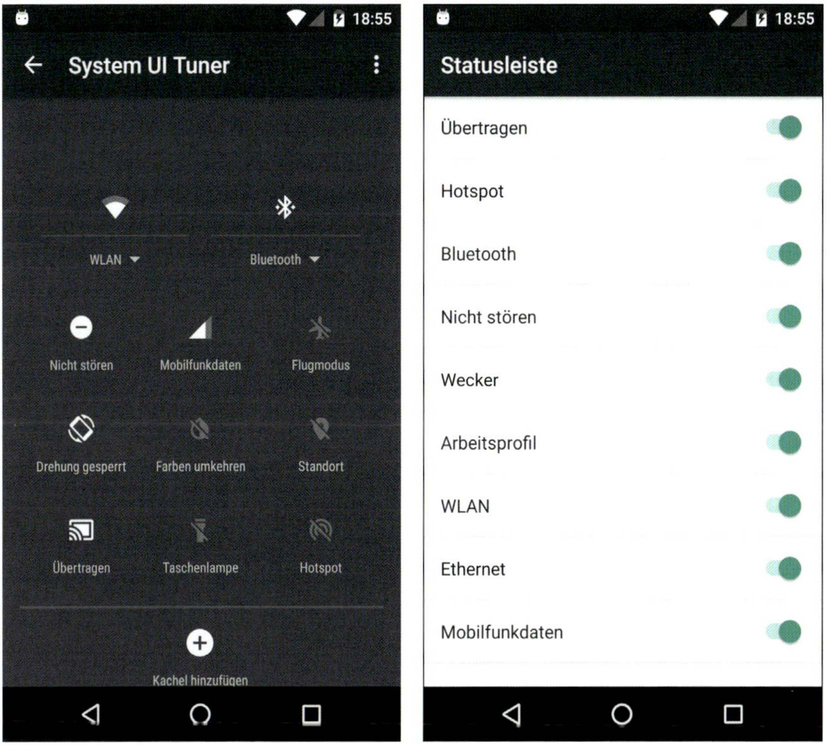

Einstellungen für Schnelleinstellungen und Statusleiste im System UI Tuner

In den Einstellungen für die Statusleiste legen Sie fest, welche Symbole in der Statusleiste erscheinen sollen. Standardmäßig sind alle verfügbaren Symbole aktiv. Diese werden aber nur sichtbar, wenn die entsprechende Systemkomponente sie einblendet. Im *System UI Tuner* ausgeschaltete Symbole können auch von Systemfunktionen nicht eingeblendet werden.

Der Demomodus ist nur für Entwickler interessant, die den Screenshots ihrer Apps ein gleichmäßiges Aussehen geben wollen. Bei eingeschaltetem Demomodus zeigen die Symbole für WLAN und Mobilfunk volle Signalstärke und die Uhr immer 06:00. Alle anderen Symbole in der Statusleiste verschwinden im Demomodus. Für normale Anwender bringt der Demomodus keinen Nutzen.

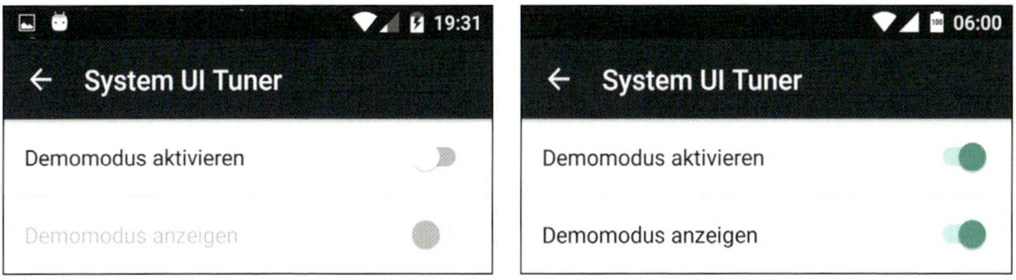

Der Demomodus im System UI Tuner.

Akku sparen

Wie bei jedem batteriebetriebenen Gerät ist auch bei Android-Smartphones der Akku immer viel zu schnell leer. Bei keiner anderen Zahl in den Datenblättern oder der Werbung für Smartphones beweisen Hersteller so viel Fantasie wie bei Stand-by- und Gesprächszeiten. Angaben von mehreren Hundert Stunden können nur unter extremen Laborbedingungen gelten, wenn optimaler Netzempfang besteht und keine einzige App sich im Hintergrund Daten holt. Um im Alltag Laufzeiten von mehr als einem Tag zu erreichen, ist bewusstes Akkusparen mit den richtigen Einstellungen wichtig.

Android zeigt sehr detailliert an, welche Apps oder Systemkomponenten den Akku beanspruchen. Neben den großen Stromfressern GPS, Bluetooth und WLAN sorgen auch die Hintergrundbeleuchtung sowie einige Apps mit viel Hintergrundaktivität, wie zum Beispiel Live-Hintergründe, dafür, dass der Akku nicht so lange hält wie erwartet.

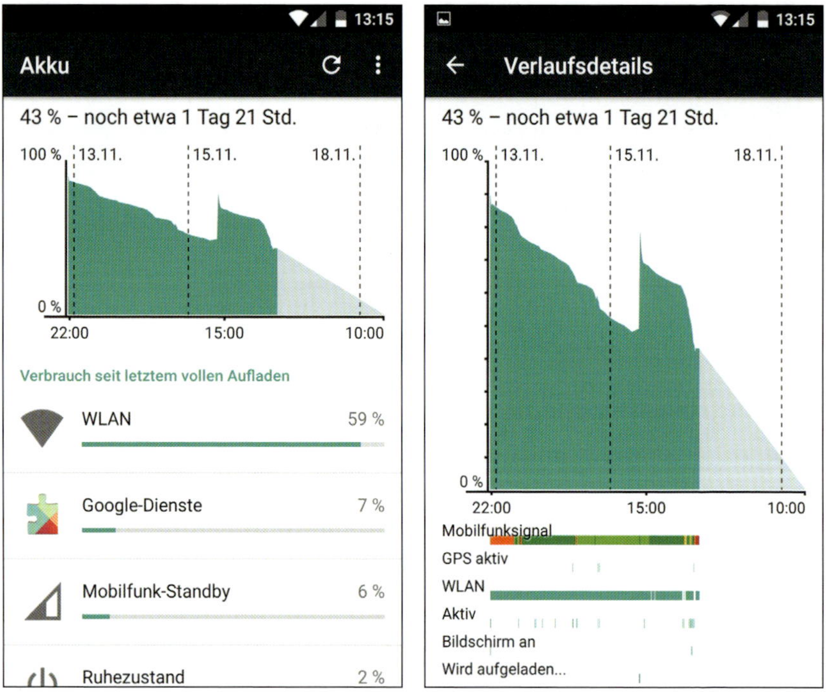

Anzeige der Komponenten, die den meisten Strom verbrauchen.

Sie finden diese Anzeige in den *Einstellungen* unter *Akku*. Auf diese Weise lassen sich gezielt Stromfresser abschalten oder betreffende Apps bei Akkuknappheit nicht mehr nutzen. Neu seit Android 5 Lollipop ist die Vorhersage, wie lange es noch dauern wird, bis der Akku bei gleich bleibendem Nutzerverhalten ganz leer ist oder voraussichtlich wieder voll aufgeladen ist, wenn das Smartphone gerade am Ladegerät hängt. Tippen Sie auf die Akkuverlaufskurve, sehen Sie genau, wann GPS, WLAN und der Bildschirm eingeschaltet waren und wie sich dies auf den Stromverbrauch auswirkte.

Tipps zum Akkusparen

- Wenn Sie sich außerhalb eines WLANs befinden, schalten Sie das WLAN aus.
- Der Flugmodus spart noch mehr Strom.
- Schließen Sie die App *Maps* und andere Karten-Apps, wenn Sie sie nicht nutzen. Laufen diese Apps im Hintergrund, verwenden sie GPS und verbrauchen somit mehr Strom.
- Verringern Sie die Bildschirmhelligkeit. Ziehen Sie dazu die Benachrichtigungsleiste mit zwei Fingern herunter und schieben Sie den Helligkeitsregler ein Stück nach links.
- Schalten Sie die automatische Synchronisation in den Einstellungen des Google-Kontos für alle Dienste ab, die Sie nicht so oft benötigen. Dies spart Strom, allerdings zulasten des Komforts, da Sie jetzt die Datensynchronisierung manuell vornehmen müssen.
- Laden Sie größere Dateien, vor allem System-Updates nur herunter, wenn das Smartphone an die Stromversorgung angeschlossen ist.

Akku-Leistungsoptimierung

Eine der wichtigsten Neuerungen von Android 6 Marshmallow ist die deutliche Reduzierung des Stromverbrauchs im Stand-by-Modus. Ein Smartphone-Akku ist also nicht mehr morgens leer, wenn das Gerät über Nacht einfach nur herumlag.

Bisher wurde auch im Stand-by-Modus viel Strom durch Hintergrundaktivitäten von Apps verbraucht, die Daten synchronisierten oder über irgendwelche Ereignisse benachrichtigten, die den Benutzer zum Beispiel in der Nacht überhaupt nicht interessierten.

Die neue Systemfunktion *App-Stand-by* sorgt dafür, dass alle Apps, die Hintergrundaktivitäten durchführen, dies im Stand-by-Modus zu bestimmten vom System festgelegten Zeiten tun. So wird das Smartphone in bestimmten Zeitintervallen geweckt, dann synchronisieren alle Apps und danach fällt es wieder in den Ruhezustand zurück. Diese Methode verbraucht wesentlich weniger Strom, als die deutlich häufigeren Weckvorgänge, wenn jede App ihr eigenes Synchronisationsintervall nutzt.

Die Optimierung des Akkuverbrauchs ist für alle Apps, bei denen dies möglich ist, standardmäßig eingeschaltet. Tippen Sie in den *Einstellungen* unter *Gerät/Akku* auf das Menüsymbol rechts oben und wählen dort *Akku-Leistungsoptimierung*. Schalten Sie die Liste von *Nicht optimiert* auf *Alle Apps* um, können Sie für jede App oder jeden Systemdienst bei Problemen die Optimierung abschalten, was dann aber zu höherem Stromverbrauch führt.

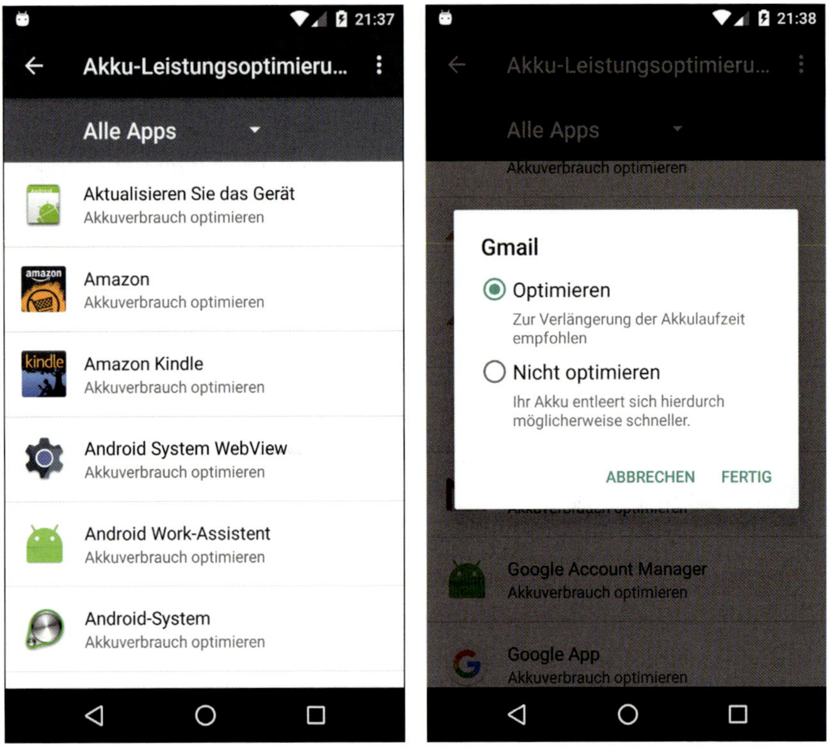

Einstellungen zur Akku-Leistungsoptimierung.

Der Energiesparmodus

Viele Gerätehersteller, wie zum Beispiel Samsung, hatten auf ihren Android-Smartphones einen Energiesparmodus vorinstalliert, der bestimmte Funktionen bei schwachem Akku abschaltet, um die Laufzeit zu verlängern. Seit Android 5 Lollipop gehört der Energiesparmodus zum System.

Tippen Sie in den *Einstellungen* unter *Akku* oben rechts auf das Menüsymbol und wählen Sie dort den *Energiesparmodus*. Hier können Sie den Energiesparmodus manuell ein- und ausschalten oder auch festlegen, dass dieser bei schwacher Akkukapazität automatisch aktiviert wird. Sobald das Smartphone an ein Ladegerät angeschlossen wird, wird der Energiesparmodus wieder deaktiviert.

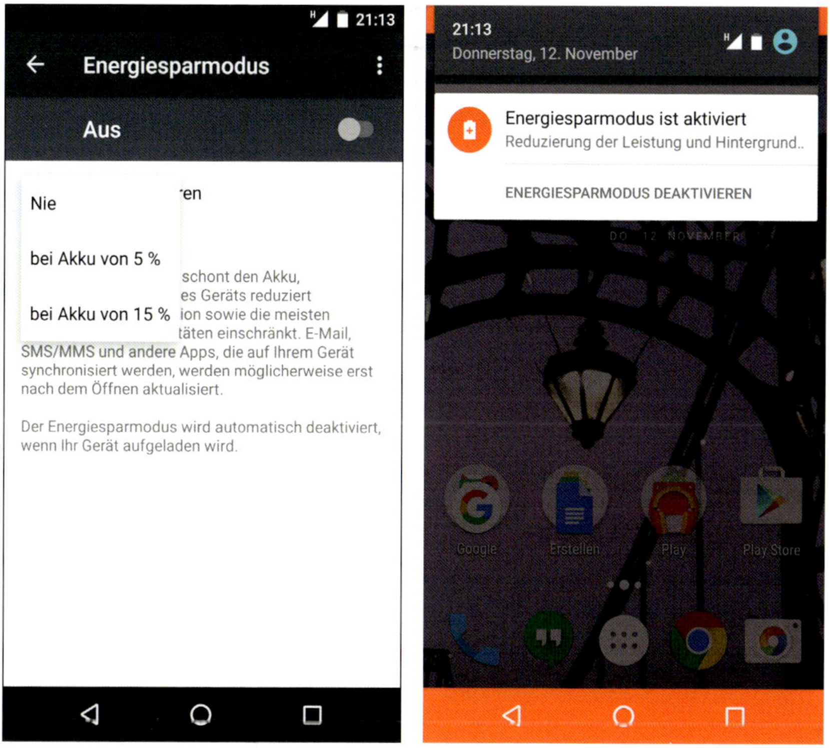

Einstellungen für den Energiesparmodus.

Im Energiesparmodus werden Synchronisationsfunktionen im Hintergrund sowie auch die Vibrationsfunktion abgeschaltet. Das Telefon klingelt weiterhin. Apps lassen sich auch manuell synchronisieren. Zur deutlichen Kennzeichnung erscheinen die Benachrichtigungsleiste und die Symbolleiste am unteren Bildschirmrand im Energiesparmodus in einem kräftigen Orange. In der Benachrichtigungsleiste ist eine Benachrichtigung zu sehen, über die Sie den Energiesparmodus jederzeit wieder deaktivieren können, ohne den langwierigen Weg über die Einstellungen zu gehen.

Neue Sprachbefehle zur Steuerung des Smartphones

Die Sprachsteuerung der Google-Suche wurde mit Android 6 Marshmallow verbessert und noch stärker ins System integriert. So lassen sich jetzt noch mehr Apps über Sprache aufrufen und diese antworten auch mit einem gesprochenen Text. Tippen Sie auf dem Google-Now-Bildschirm oder im Google-Suchfeld auf dem Startbildschirm auf das Mikrofonsymbol und sprechen Sie einen Sprachbefehl. Die Tabelle zeigt einige beliebte Sprachbefehle in Google Now:

Sprachbefehl	Funktion
Öffne [URL/App]	Webseite im Browser öffnen oder App starten
Stelle Wecker auf [Uhrzeit]	Wecker stellen
Erinnere mich um [Uhrzeit]	Erinnerung anlegen
Erstelle einen Termin [Name][Tag/Uhrzeit]	Termin anlegen
Suche [Suchbegriff]	Google-Suche
Zeige Bilder von [Suchbegriff]	Google-Bildersuche
Karte von [Ort]	Landkarte oder Stadtplan zeigen
Wie viele Einwohner hat [Ort]	Einwohnerzahl eines Ortes mit Jahreszahl der letzten Statistik
Fahre nach [Ort]	Google-Routenplanung starten
Wo ist der nächste [Supermarkt/Baumarkt/Kiosk/Apotheke/Restaurant/Pizzeria /...]	Orte in der lokalen Google-Suche zeigen
[Zahl] [Rechenoperation] [Zahl]	Berechnung ausführen, Google-Now-Taschenrechner anzeigen
Wie spät ist es?	Uhrzeit ansagen und anzeigen
Wie ist das Wetter in [Ort]	Wetter bei Google Now
Regnet es morgen?	Regenvorhersage und Wetter am aktuellen Standort
[Name] anrufen	Person anrufen. Bei mehreren Nummern kann eine per Sprachbefehl ausgewählt werden.
E-Mail an [Name]	E-Mail per Spracheingabe erstellen
[Zahl] [Währung] in [Währung]	Betrag in eine andere Währung umrechnen
[Satz] auf [Sprache]	Satz mit dem Google Übersetzer übersetzen
Spiele Musik von [Interpret]	Musik im Google Play Musik Player abspielen
Installiere [App]	App im Google Play Store suchen

Bedienungshilfen für Outdoor- und Extremsituationen

Nicht jedem Menschen fällt es gleichermaßen leicht, die Texte auf dem Smartphone zu erkennen. Auch in verschiedenen Extremsituationen bei grellem Licht oder schnellen Bewegungen können Bedienungshilfen die Nutzung des Smartphones vereinfachen.

In den *Einstellungen* unter *Bedienungshilfen* kann jeder individuell die Einstellungen auswählen, die die Bedienung des Smartphones und die Lesbarkeit des Bildschirms in bestimmten Situationen verbessern.

- **TalkBack** – spricht eine kurze Erklärung zu jedem berührten Bildschirmelement. Dieses Element wird dann kräftig grün umrandet. Um die Funktion wirklich auszulösen, muss man doppelt tippen. Über das *Einstellungen*-Symbol rechts oben auf dem TalkBack-Bildschirm lässt sich die Sprachausgabe individuell anpassen.

- **Schalterzugriff** – legt bestimmte Gerätefunktionen auf Tastenkombinationen, wenn die Bedienung des Touchscreens nur schwer möglich ist.
- **Untertitel** – legt kurze Texte auf grafische Elemente, ähnlich den Untertiteln in Filmen. Bei extremen Beleuchtungsverhältnissen sind die Texte besser erkennbar, zumal Textgröße und Farbschema eingestellt werden können.
- **Vergrößerungsbewegungen** – Durch dreimaliges Antippen des Bildschirms kann in den meisten Apps gezoomt werden. Anschließend können Sie mit zwei Fingern den Bildschirmausschnitt verändern.
- **Großer Text** – vergrößert die Systemschrift in allen Apps.
- **Text mit hohem Kontrast** – alle grauen Texte werden ebenfalls in kräftigem Schwarz dargestellt.
- **Ein/Aus beendet Anruf** – Mit dem Ein-/Ausschalter kann ein Anruf beendet werden. So muss man nicht mehr auf dem Touchscreen den Button suchen, wenn man das Telefon zum Beispiel beim Sport zwar in Griffweite, aber nicht in Sichtweite hat.
- **Display automatisch drehen** – Die automatische Bildschirmdrehung beim Bewegen des Smartphones kann in bestimmten Situationen stören und hier ausgeschaltet werden.

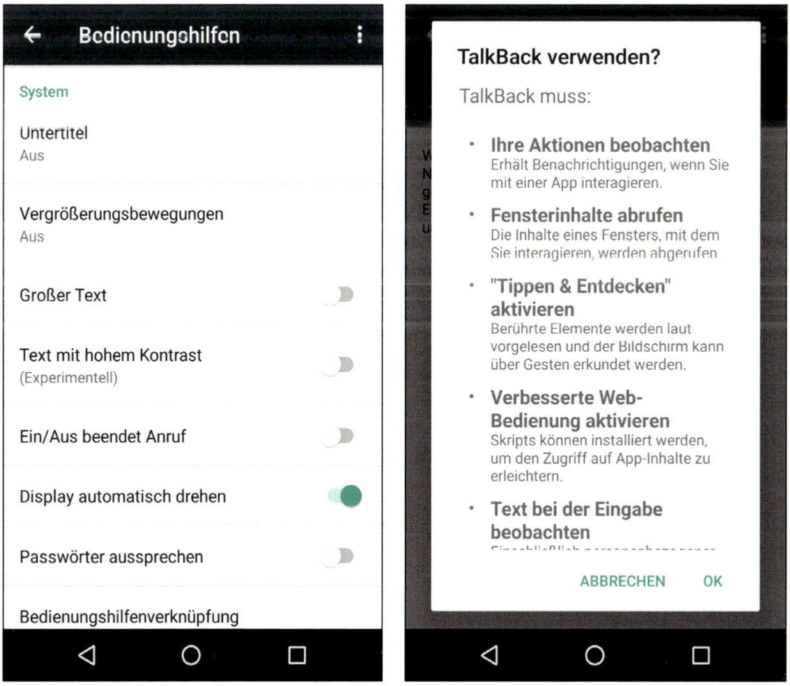

Bedienungshilfen und TalkBack.

- **Passwörter aussprechen** – Passwörter, die auf dem Bildschirm während der Eingabe nicht zu sehen sind, können vorgelesen werden.
- **Bedienungshilfenverknüpfung** – Brauchen Sie die Bedienungshilfen nur in bestimmten Ausnahmesituationen, möchten Sie nicht gerade dann jedes Mal mühsam durch die *Einstellungen* blättern. Mit der Bedienungshilfenverknüpfung können Sie die voreingestellten Bedienungshilfen durch eine Kombination aus Ein-/Ausschalter und Touchscreen-Berührung aktivieren.
- **Text-in-Sprache-Ausgabe** – Hier stellen Sie die Geschwindigkeit und Sprache der Sprachausgabe ein.
- **Reaktionszeit Berühren/Halten** – Die Zeitdauer, ab wann eine Berührung des Bildschirms nicht mehr als Antippen, sondern als Halten gewertet wird, lässt sich in drei Stufen einstellen.
- **Farbumkehr** – kehrt den Bildschirminhalt ins Negative um. Was bei Grafiken sehr befremdlich aussieht, kann bei Texten unter bestimmten Lichtverhältnissen die Lesbarkeit deutlich verbessern. Ähnlich dem Nachtmodus von E-Book-Readern und Navigations-Apps erscheinen alle Texte in Weiß auf schwarzem Grund.
- **Farbkorrektur** – Hier werden verschiedene Farbkorrekturen angeboten, die bei Farbsehschwäche die Erkennbarkeit bestimmter Bildschirmelemente erleichtern.

Verbesserte Speicherverwaltung

In Android 6 Marshmallow wurde die Speicherverwaltung verbessert. Für den Benutzer bedeutet das vor allem mehr Übersichtlichkeit. Tippen Sie in den *Einstellungen* unter *Gerät* auf *Speicher & USB*, wird die aktuelle Speicherbelegung angezeigt. Hier sehen Sie auf einen Blick, welche Daten, Apps, Bilder, Videos etc. wie viel Speicher belegen. Weiter unten in der Liste sind auch die Datenmengen anderer Benutzer auf dem Smartphone zu sehen.

Ganz unten wird der gesamte für den Cache aller Apps belegte Speicher angezeigt. Tippen Sie auf diese Zeile, können Sie den Cache für alle Apps auf einmal löschen und so manchmal viel Speicher mit einem Klick freigeben.

Tippen Sie auf *Apps*, um eine Liste aller Apps, sortiert nach ihrem aktuellen Speicherbedarf, anzuzeigen. Tippen Sie hier auf eine App, sehen Sie detailliert, wie viel Speicher die App selbst benötigt und wie viel die zugehörigen Daten und der Cache. Hier können Sie Cache und Daten der App mit wenigen Klicks löschen.

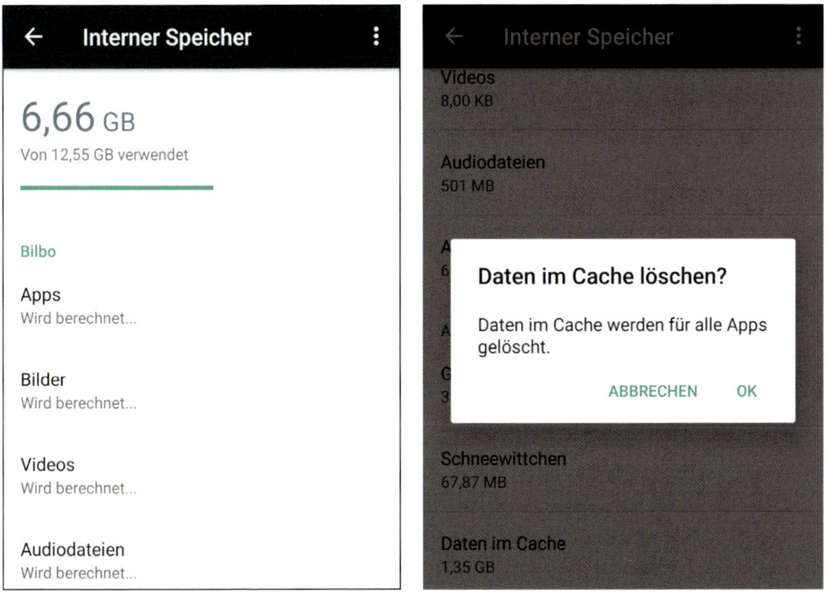

Speicherverbrauch der Daten auf dem Smartphone anzeigen.

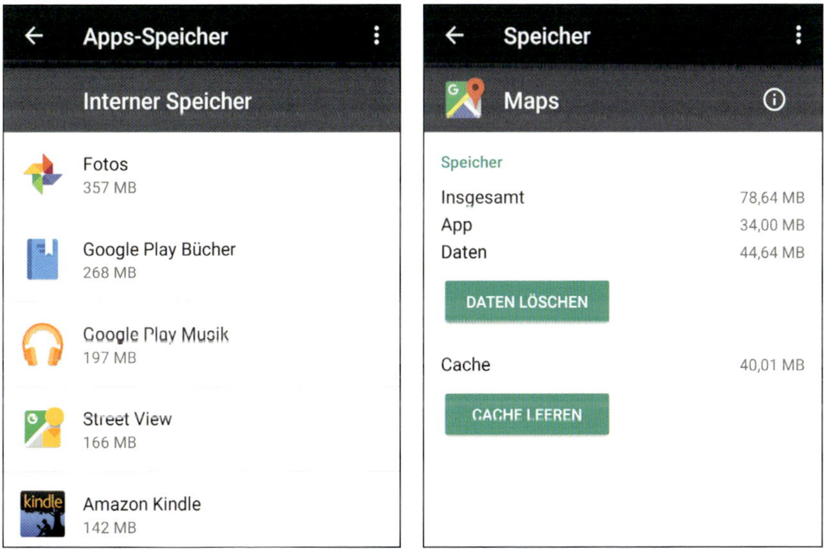

Von Apps belegten Speicherplatz anzeigen.

ACHTUNG: Vorsicht beim Löschen von Daten. Hier werden in vielen Fällen persönliche Daten unwiderruflich gelöscht. Mit einem falschen Klick löschen Sie zum Beispiel alle eigenen Fotos auf dem Smartphone, heruntergeladene Musik oder E-Books. Im Gegensatz zum Löschen der Daten ist das Löschen des Cache bei den meisten Apps völlig ungefährlich.

INFO: Android 6 Marshmallow bietet die Möglichkeit, eine Speicherkarte im Smartphone als echte Speichererweiterung zu nutzen, nicht nur als Ablageort für Fotos, Musik und App-Daten, wie dies in früheren Android-Versionen der Fall war. Sichern Sie dazu zunächst alle Daten von der Speicherkarte, da diese bei der Neuformatierung verloren gehen.

Tippen Sie dann in den *Einstellungen* unter *Speicher & USB* auf die Speicherkarte, wählen Sie oben rechts im Menü die Option *Einstellungen* und auf dem nächsten Bildschirm *Als internen Speicher formatieren*.

Jetzt wird die Speicherkarte neu formatiert und kann als echte Speichererweiterung genutzt werden. Diese Speicherkarte ist jetzt in anderen Geräten nicht mehr lesbar, sie kann also nicht mehr zum Datenaustausch zwischen Smartphone und PC verwendet werden.

Das Smartphone mit dem PC verbinden

Moderne Android-Smartphones müssen heute nicht mehr mit dem PC verbunden werden, um Daten zu synchronisieren. Fast alle Daten lassen sich auch drahtlos über Cloud-Dienste austauschen. Die Synchronisation von Adressbuch und Kalender erfolgt automatisch über das Google-Konto.

Es gibt aber auch noch Fälle, in denen eine USB-Verbindung mit einem PC durchaus nützlich sein kann, etwa um eine größere Musiksammlung vom PC aufs Handy zu bringen oder umgekehrt Fotos von der Handykamera auf den PC zu übertragen. Auch lassen sich Smartphones mit ihrer großen Speicherkapazität als tragbarer Datenspeicher statt eines USB-Sticks oder gar als Sicherungsmedium für persönliche Daten nutzen.

Vom PC aus hat man zwar ohne Spezialtools keinen Zugriff auf den internen Programmspeicher, aber auf das interne Datenlaufwerk sowie die Speicherkarte (wenn vorhanden) im Smartphone, die meistens größer als der interne Speicher ist.

Alle aktuellen Android-Smartphones haben einen Micro-USB-Anschluss zur Verbindung mit dem PC, der auch zum Aufladen des Akkus genutzt wird.

INFO: Das neue Steckerformat USB Typ-C wird in nächster Zeit die typischen Micro-USB-Buchsen vom Typ B in Smartphones ersetzen. USB-Typ-C-Stecker sind symmetrisch, passen also in beiden Richtungen in die Buchse. Außerdem unterstützt USB Typ-C zusammen mit geeigneten Ladegeräten ein deutlich schnelleres Aufladen des Smartphones und dank USB-3.0-Technologie auch eine schnellere Datenübertragung vom PC.

1. Schließen Sie das Smartphone über ein USB-Kabel am PC an.

2. Auf den meisten aktuellen Smartphones wird bei der Verbindung mit Windows 7, Windows 8.1 oder Windows 10 automatisch der Verbindungsmodus *Mediengerät (MTP)* ausgewählt. In diesem Modus können Sie Fotos importieren, Dateien öffnen und auch digitale Medien zwischen PC und Smartphone synchronisieren. Im Modus *PTP* wird das Smartphone als Kamera erkannt, hier haben Sie nur Zugriff auf die Fotos, können allerdings mit einigen Fotoverwaltungsprogrammen vom PC aus direkt darauf zugreifen, ohne die Bilder erst auf die Festplatte übertragen zu müssen. Für Windows-XP-Computer müssen Sie den einfacheren Modus *USB-Speicher* verwenden.

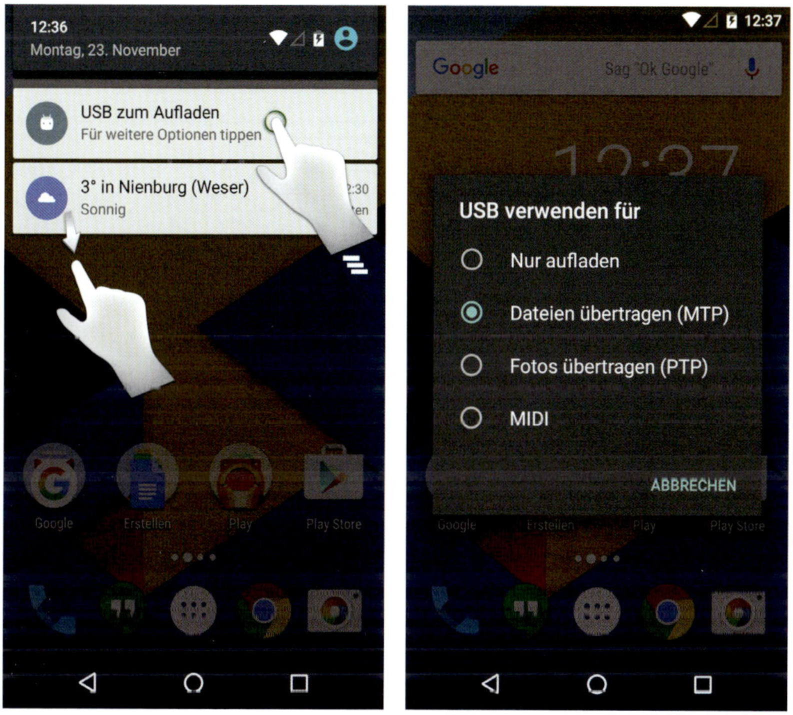

USB-Verbindung mit dem Android-Smartphone.

3. Bei der ersten Verbindung mit dem PC werden bei einigen Smartphones spezielle Gerätetreiber installiert.

4. Kurz danach erscheinen das interne Laufwerk und die Speicherkarte des Smartphones im Datei-Explorer auf dem PC. Jetzt können Sie Daten in beide Richtungen kopieren.

5. In der USB-Verbindungsbenachrichtigung auf dem Smartphone können Sie den Verbindungsmodus später noch umstellen.

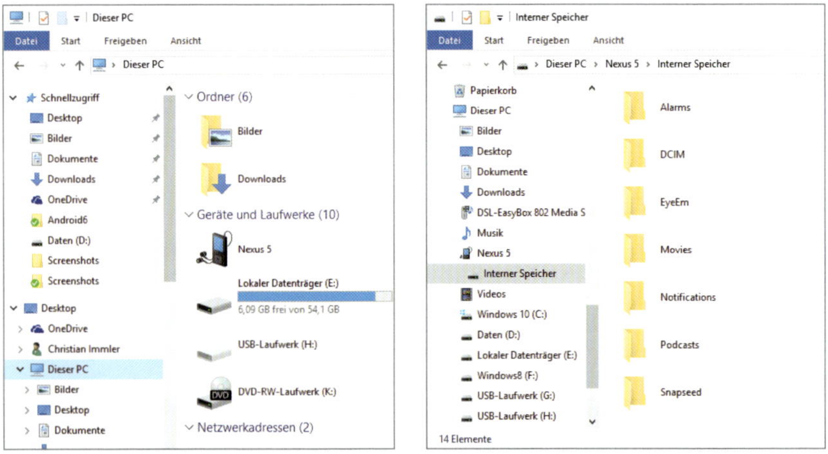

Das interne Laufwerk eines Smartphones im Datei-Explorer unter Windows 10.

ACHTUNG: Während das Smartphone im einfachen USB-Laufwerkmodus mit dem PC verbunden ist, kann die Speicherkarte auf dem Smartphone nicht genutzt werden. So lassen sich keine Apps von der Speicherkarte starten und auch keine Fotos betrachten oder Musik abspielen. Wird die Verbindung mit dem PC getrennt, steht die Speicherkarte dem Smartphone nach wenigen Sekunden wieder zur Verfügung. Dies gilt nicht für die Übertragungsmodi *MTP* und *PTP*.

Chrome Remote Desktop

Chrome Remote Desktop ist eine App von Google, mit der Sie Ihren PC vom Smartphone fernsteuern können. Auf dem PC ist dazu der Chrome-Browser erforderlich. Dort müssen Sie mit dem gleichen Google-Konto wie auf dem Smartphone angemeldet sein. Der Modus *Remote-Unterstützung* funktioniert mit fremden PCs und anderen Google-Konten. Hier muss ein eigener Sicherheitsschlüssel eingegeben werden.

1. Laden Sie über den Link chrome.google.com/remotedesktop im Chrome-Browser auf dem PC die App *Chrome Remote Desktop* aus dem Chrome Web Store herunter.

2. Starten Sie die App *Chrome Remote Desktop* anschließend über den Chrome App Launcher auf dem Windows Desktop.

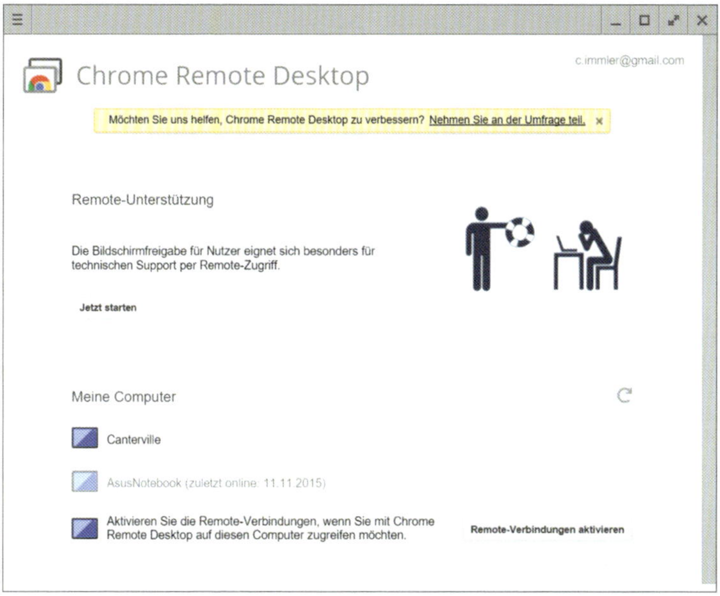

Chrome Remote Desktop auf dem PC.

3. Beim ersten Start müssen Sie der App die angefragten Zugriffsberechtigungen geben, da der Chrome-Browser sonst keine derartigen Zugriffe von außen zulassen würde.

4. Klicken Sie im *Chrome Remote Desktop*-Fenster im Bereich *Meine Computer* auf *Remote-Verbindungen aktivieren*. Nur beim ersten Mal muss noch ein Remote-Desktop-Host-Installationsprogramm heruntergeladen und ausgeführt werden.

5. Legen Sie jetzt eine mindestens sechsstellige PIN fest, mit der Sie sich später vom Smartphone für den Zugriff auf den PC anmelden müssen.

6. Überprüfen Sie die Energieeinstellungen des PCs. Stellen Sie sicher, dass er nicht automatisch nach einer Inaktivitätszeit in einen Energiesparmodus schaltet. In diesem Fall wäre er aus der Ferne nicht erreichbar.

7. Starten Sie auf dem Smartphone die App *Chrome Remote Desktop*. In der Liste erscheinen Ihre Computer, auf denen *Chrome Remote Desktop* installiert ist. Manchmal dauert es einen Moment, bis ein neuer PC hier auftaucht. Tippen Sie in solchen Fällen auf das *Aktualisieren*-Symbol oben rechts.

8. Jetzt erscheint der Desktop des PCs auf dem Smartphone-Bildschirm. Hier können Sie mit einer Zweifingergeste zoomen. Die Symbole oben rechts schalten auf den Vollbildmodus und blenden eine Tastatur ein. Über das Menüsymbol oben rechts können Sie die Verbindung trennen.

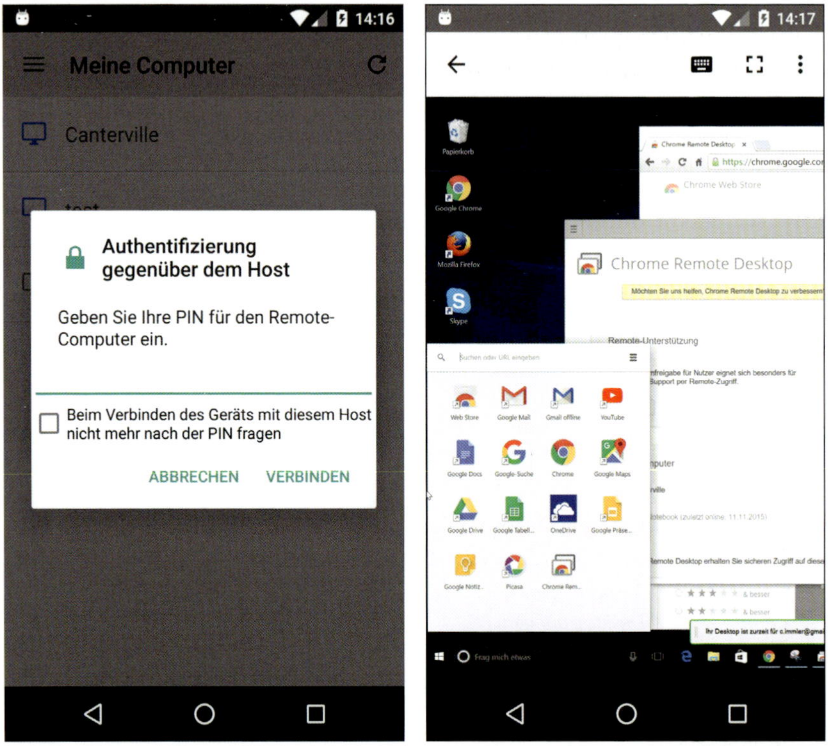

PC mit Chrome Remote Desktop vom Smartphone fernsteuern.

Mit dem Notebook über das Handy ins Internet

Moderne Smartphones liefern zumindest in Großstädten mit guter HSDPA-Versorgung Datenübertragungsraten, die mit DSL über Telefonkabel durchaus mithalten können. Da bietet es sich an, unterwegs das Handy als mobilen Internetzugang für das Notebook zu nutzen. Allgemein wird dieses Verfahren als Tethering bezeichnet, abgeleitet von dem englischen Wort für »anbinden«.

INFO: Mobilfunkbetreiber sehen das Tethering gar nicht gern, da es auf dem Handy auf einmal ein Vielfaches an Datenvolumen erzeugt. Am Anfang versuchte man, Tethering technisch zu verhindern, was aber allein über die SIM-Karte nur schwer möglich ist, da das Handy eine normale Internetverbindung aufbaut und der PC von außen nicht zu sehen ist. Einige US-amerikanische Netzbetreiber lesen den User-Agent-String des Browsers aus und verhindern damit Netzwerkdatenverkehr, der von PC-Browsern verursacht wird. Auch hierzulande kursieren Gerüchte, Mobilfunkanbieter wollten in Zukunft die Modemnutzung in den preisgünstigen Tarifen technisch unterbinden.

Bei den meisten günstigen Flatratetarifen für Smartphones wird nach wenigen Hundert MByte – zum Handysurfen in einem Monat meist ausreichend – auf unattraktive GPRS-Geschwindigkeit abgebremst. Per Tethering mit dem Notebook kann man dieses Datenvolumen schon nach wenigen Stunden erreichen. Für den Rest des Monats hat man dann keinen Spaß mehr an der Flatrate. Die teureren Datenflatrates für Surfsticks beinhalten deutlich mehr Übertragungsvolumen. Natürlich spricht nichts dagegen, eine solche SIM-Karte in ein Smartphone zu stecken und dieses für das Tethering zu nutzen. Allerdings haben die typischen Notebook-Surftarife meist höchst unattraktive Preise beim Telefonieren.

Smartphone als mobiler WLAN-Hotspot

Android 6 Marshmallow bietet eine Möglichkeit, einen mobilen WLAN-Hotspot einzurichten. Sie können sich dann mit anderen Geräten wie Notebooks, Tablets, Spielkonsolen, E-Book-Readern per WLAN am Smartphone anmelden und die Mobilfunkverbindung des Smartphones als Internetzugang nutzen.

1. Tippen Sie in den *Einstellungen* unter *Drahtlos und Netzwerke/Mehr...* auf *Tethering und mobiler Hotspot*.

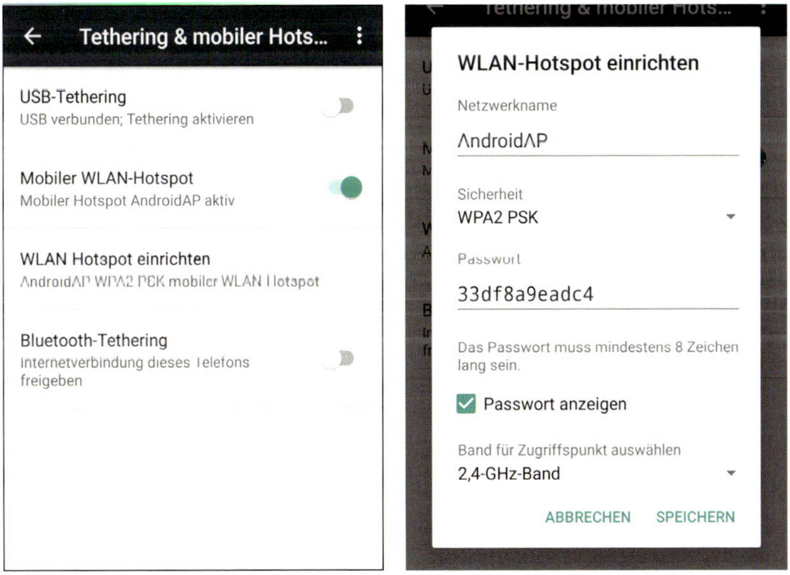

WLAN-Hotspot auf dem Smartphone einrichten.

2. Schalten Sie hier die Option *Mobiler WLAN-Hotspot* ein. Ein Symbol in der Statusleiste markiert den aktiven WLAN-Hotspot. Er wird sofort auf den anderen Geräten als verfügbar angezeigt. Bedenken Sie jedoch, dass die

Reichweite bei Weitem nicht so groß ist wie die eines klassischen WLAN-Routers. Außerdem verbraucht die Nutzung als WLAN-Hotspot sehr viel Strom des Smartphone-Akkus. Schließen Sie am besten das Smartphone die ganze Zeit ans Ladegerät an und beenden Sie den WLAN-Hotspot, sobald Sie ihn nicht mehr benötigen.

3. Tippen Sie auf *WLAN-Hotspot einrichten*. Der Konfigurationsdialog zeigt den Namen des Hotspots sowie einen zufällig generierten Schlüssel an, der auf den Geräten eingegeben werden muss. Als Verschlüsselungsverfahren wird standardmäßig WPA2-PSK verwendet. Schalten Sie *Passwort anzeigen* ein, um das Passwort zu sehen, damit Sie es auf den anderen Geräten eingeben können. An dieser Stelle können Sie auch selbst ein Passwort festlegen und bei Bedarf das Frequenzband umstellen. Android 6 Marshmallow unterstützt für WLAN-Hotspots jetzt auch das 5-GHz-Band, soweit dieses von der verwendeten Hardware unterstützt wird.

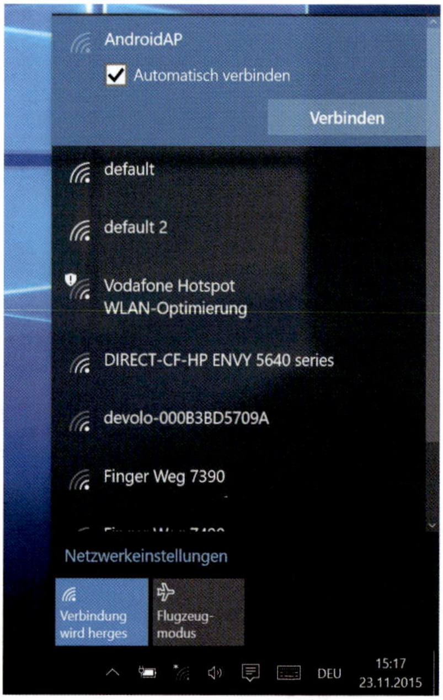

Windows 10 Notebook mit dem WLAN-Hotspot auf dem Android Smartphone verbinden.

Tethering per USB-Kabel

Anstatt über WLAN können Sie ein Notebook oder einen PC auch über ein USB-Kabel mit dem Smartphone verbinden, um die Internetverbindung zu nutzen. Dies funktioniert allerdings nur mit Windows-PCs und immer nur mit einem PC gleichzeitig.

> **ACHTUNG:** Diese Art der Verbindung sollten Sie auf jeden Fall zu Hause auf dem Notebook einrichten, bevor Sie sie unterwegs nutzen, da das Notebook eine funktionierende Internetverbindung voraussetzt, um notwendige Treiber zu installieren, bevor das USB-Tethering verwendet werden kann.

1. Verbinden Sie das Smartphone über ein USB-Kabel mit dem PC und tippen Sie in den *Einstellungen* unter *Drahtlos und Netzwerke/Mehr...* auf *Tethering & mobiler Hotspot*. Aktivieren Sie hier die Option *USB-Tethering*.

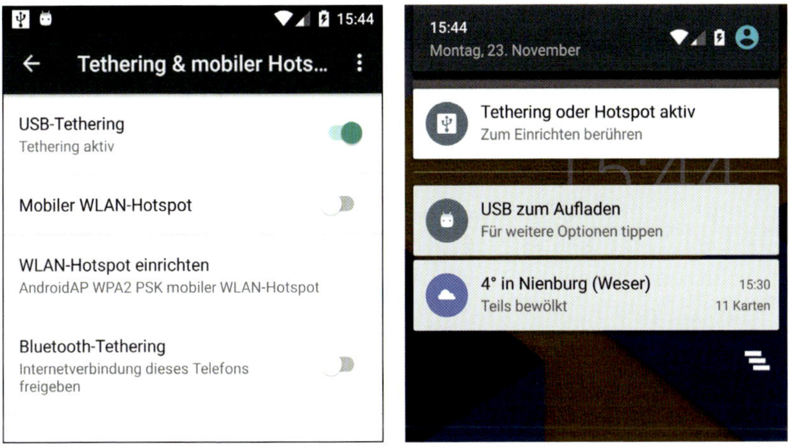

USB-Tethering in den Einstellungen auf dem Smartphone und in den Benachrichtigungen.

2. Auf dem PC erscheint eine Meldung, dass Gerätetreiber installiert werden. Dazu wird die vorhandene Internetverbindung des PCs genutzt.

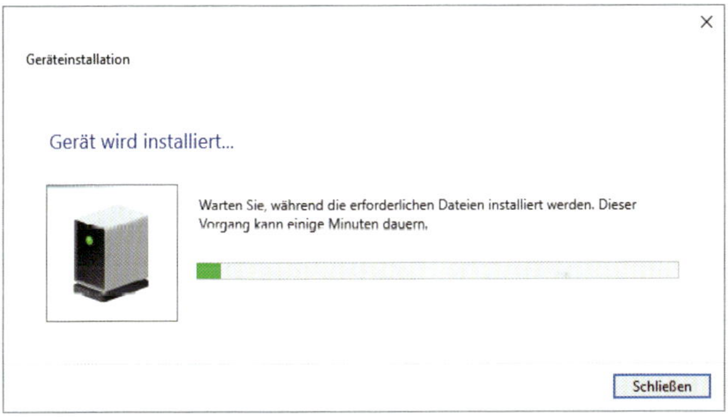

Treiberinstallation auf dem PC

3. Im Ordner *Netzwerkverbindungen* von Windows wird automatisch eine neue Netzwerkverbindung angezeigt. Den Ordner *Netzwerkverbindungen* finden Sie unter Windows 8.1 und Windows 10 im Systemmenü mit einem Rechtsklick auf das Windows-Logo. In Windows 7 öffnen Sie das *Netzwerk- und Freigabecenter* in der Systemsteuerung.

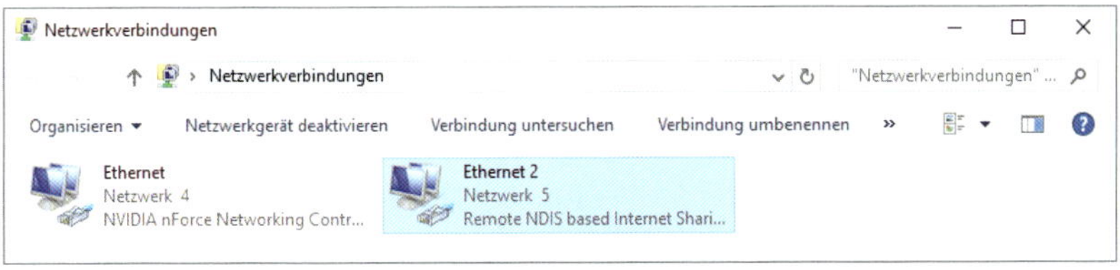

Die neue Netzwerkverbindung auf dem PC.

4. Trennen Sie jetzt die bestehende Internetverbindung des PCs. Dann können Sie die neue Netzwerkverbindung über das Smartphone auf dem PC nutzen. Um sie wieder zu trennen, ziehen Sie einfach das USB-Kabel heraus. Auf dem Smartphone wird dann automatisch das USB-Tethering wieder deaktiviert.

Datenübertragung per Bluetooth

Bluetooth ist eine drahtlose Übertragungstechnik mit einer Reichweite von wenigen Metern, mit der Sie Daten zwischen verschiedenen Geräten übertragen können. Fast alle Smartphones unterschiedlichster Betriebssysteme und selbst ältere Handys unterstützen Bluetooth. Per Bluetooth können Sie auch Daten auf PCs oder auf die Fotodruckautomaten in Drogerie- und Elektronikmärkten übertragen.

Daten zwischen zwei Smartphones übertragen

Da Bluetooth viel Strom frisst, empfiehlt es sich, es nur einzuschalten, wenn es wirklich genutzt wird. Ein Symbol in den Schnelleinstellungen ermöglicht es, Bluetooth jederzeit ein- und wieder auszuschalten. Tippen Sie auf das Wort *Bluetooth* unterhalb des Symbols, sehen Sie eine Liste aller Bluetooth-Geräte in der Nähe. Tippen Sie dort auf *Weitere Einstellungen*, kommen Sie zu den Bluetooth-Einstellungen, wo Sie Verbindungen aufbauen und verwalten.

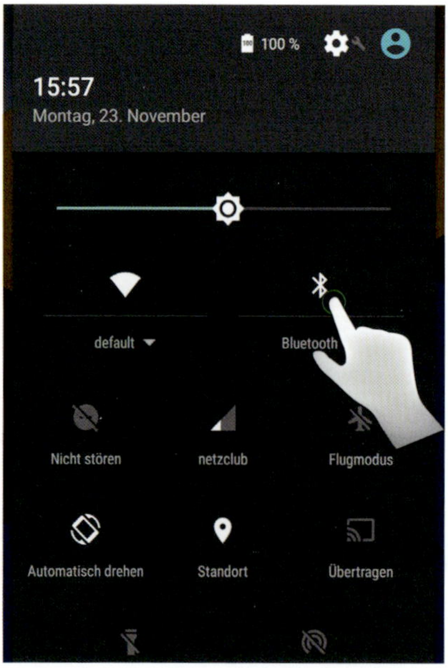

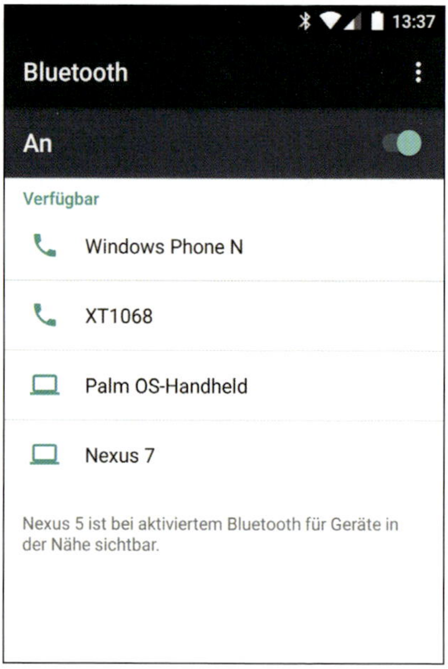

Bluetooth auf dem Smartphone einschalten.

Bei Bluetooth verwendet jedes Gerät einen eigenen Namen, mit dem es von anderen Geräten unterschieden werden kann. Damit sich die Geräte gegenseitig finden, müssen sie sichtbar geschaltet werden. Android 6 Marshmallow regelt die Sichtbarkeit automatisch. Solange der Bildschirm mit den Bluetooth-Einstellungen geöffnet ist, ist das Smartphone für andere sichtbar.

1. Möchten Sie ein Foto oder eine andere Datei vom Smartphone per Bluetooth auf ein anderes Handy übertragen, schalten Sie auf beiden Geräten Bluetooth ein und machen sie sichtbar (bei Android 5 und 6 automatisch geregelt).

2. Wählen Sie in der entsprechenden App das zu sendende Objekt, zum Beispiel ein Foto, und tippen Sie auf das *Teilen*-Symbol. Wählen Sie hier *Bluetooth*.

3. Jetzt erscheint eine Liste der sichtbaren Geräte in der Nähe. Wählen Sie hier das Gerät aus, an das das Foto gesendet werden soll. Sollte das gewünschte Gerät nicht in der Liste stehen, tippen Sie oben rechts auf das Menüsymbol und wählen dort *Aktualisieren*.

4. Auf dem empfangenden Gerät müssen Sie die Annahme der Datei noch bestätigen. So wird verhindert, dass jemand unbemerkt per Bluetooth auf das eigene Smartphone zugreift.

Bluetooth-Kopplung (Pairing)

Nach wenigen Minuten werden die meisten Geräte aus Sicherheitsgründen automatisch wieder unsichtbar. Um zu verhindern, dass vertrauenswürdige Geräte vor jeder Datenübertragung wieder sichtbar geschaltet werden müssen, tippen Sie auf dem Bluetooth-Einstellungen-Bildschirm auf das gewünschte Gerät und koppeln es. Diese Kopplung, auch als Pairing bezeichnet, muss auf beiden Geräten innerhalb kurzer Zeit noch bestätigt werden. Zur Identifikation wird ein sogenannter Pairing-Code auf beiden Geräten angezeigt, der auf älteren Android-Geräten sowie bei einigen anderen Betriebssystemen noch manuell eingegeben werden muss.

Danach können Sie jederzeit eine Verbindung herstellen, auch wenn das andere Gerät nicht sichtbar ist. Bluetooth muss natürlich eingeschaltet sein, und der Empfang von Daten muss weiterhin bestätigt werden.

Android 6 Marshmallow zeigt beim Antippen des Wortes *Bluetooth* unter dem gleichnamigen Symbol in den Schnelleinstellungen eine Liste gekoppelter Geräte an. Hier können Sie ganz einfach eine Verbindung herstellen, wenn diese wegen längerer Inaktivität automatisch getrennt war oder zwischenzeitlich ein anderes gekoppeltes Gerät verbunden war.

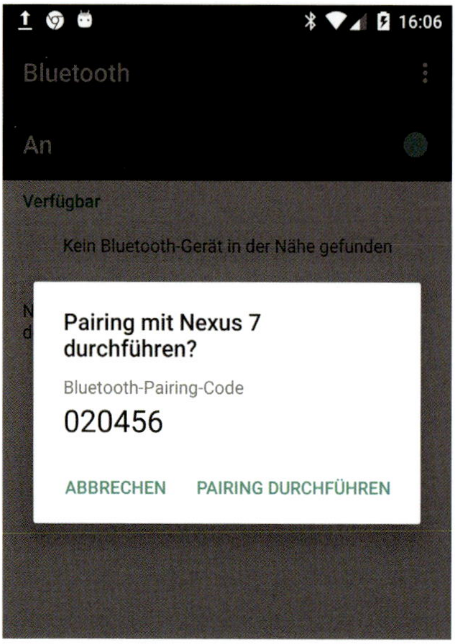

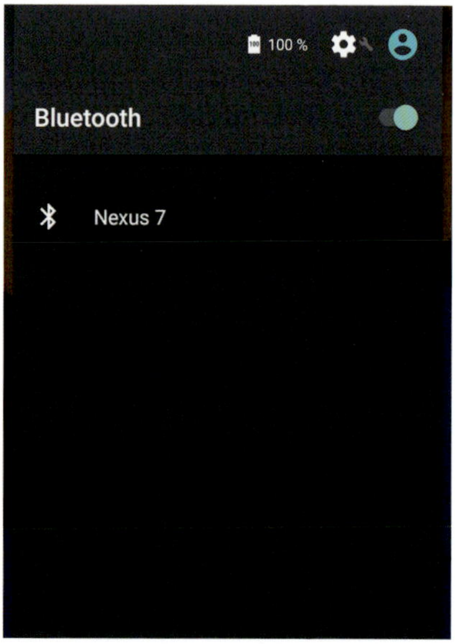

Links: Bluetooth-Kopplung einrichten, rechts: gekoppelte Geräte in den Schnelleinstellungen.

Daten zwischen Smartphone und PC übertragen

Auch ohne spezielle Synchronisierungssoftware können Sie per Bluetooth Daten vom Smartphone zum PC und umgekehrt übertragen.

Viele Notebooks haben bereits eine Bluetooth-Schnittstelle eingebaut. Andere PCs lassen sich leicht mit Bluetooth nachrüsten. Bluetooth-Adapter in USB-Stick-Bauart sind in großer Auswahl zu günstigen Preisen im Zubehörhandel erhältlich.

Bluetooth-Verbindungen werden nicht wie Netzwerkverbindungen von einem Rechner aus verwaltet. Hier muss an beiden beteiligten Geräten jemand sitzen. Auf dem einen Gerät wird die Datei verschickt, und auf dem anderen muss sie angenommen werden. Bluetooth-Übertragungen dauern allerdings deutlich länger als Datenübertragungen per WLAN oder Kabelverbindungen.

Bluetooth stellt eine einfache Möglichkeit dar, einzelne Fotos vom Smartphone auf fremde PCs zu senden, auf denen nicht das gleiche Google-Konto eingerichtet ist.

Bluetooth auf einem PC mit Windows 10 aktivieren

Schalten Sie über das Info-Center von Windows 10 oder über *Geräte/Bluetooth* in den Einstellungen *Bluetooth* ein. Bluetooth wird damit eingeschaltet und der PC automatisch als sichtbar festgelegt.

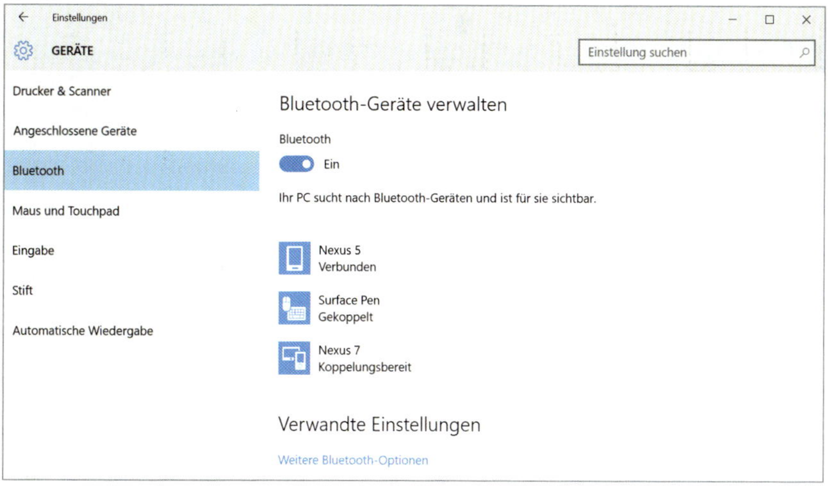

Bluetooth-Einstellungen in Windows 10.

Bluetooth auf einem PC mit Windows 7 oder Windows 8.1 aktivieren

1. In Windows 7 und Windows 8.1 sind noch ein paar mehr Schritte nötig. Als Erstes muss der empfangende Computer sichtbar geschaltet werden. Klicken Sie dazu mit der rechten Maustaste auf das ausgeblendete Bluetooth-Symbol in der Taskleiste und wählen Sie im Kontextmenü *Einstellungen öffnen*.

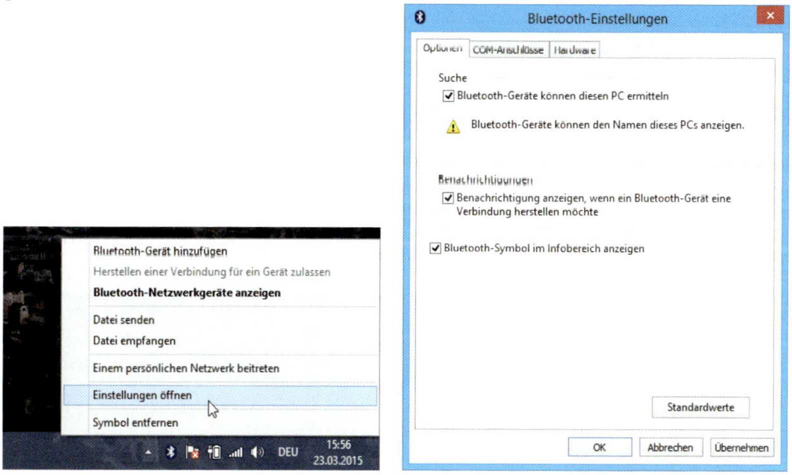

Bluetooth-Einstellungen auf dem empfangenden Gerät.

2. Aktivieren Sie im nächsten Dialogfeld alle Optionen. Die oberste, *Bluetooth-Geräte können diesen PC ermitteln*, steuert die Sichtbarkeit innerhalb der Bluetooth-Umgebung.

Dateien vom Smartphone auf einen Windows-PC senden

Die folgenden Schritte sind für alle Windows-Versionen gleich:

1. Klicken Sie mit der rechten Maustaste auf das Bluetooth-Symbol in der Taskleiste und wählen Sie im Kontextmenü *Datei empfangen*. Es erscheint die Meldung, dass auf eine Datenübertragung gewartet wird.

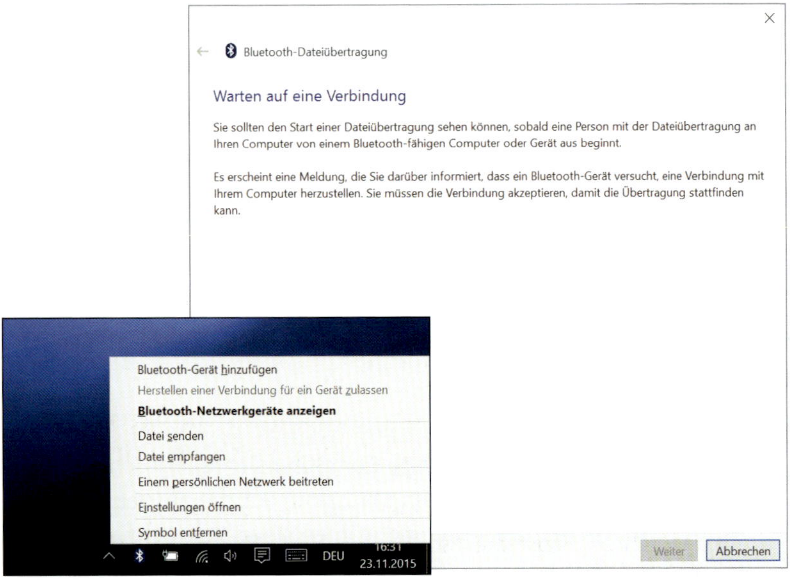

PC zum Empfang einer Datei vorbereiten.

2. Starten Sie auf dem Smartphone die gewünschte App, markieren Sie die zu übertragende Datei, zum Beispiel ein Foto, tippen Sie auf das *Teilen*-Symbol und wählen Sie in der Liste *Bluetooth*.

3. Die Suche nach Bluetooth-Geräten in der Umgebung startet automatisch. Tippen Sie hier auf den PC, an den die Datei gesendet werden soll.

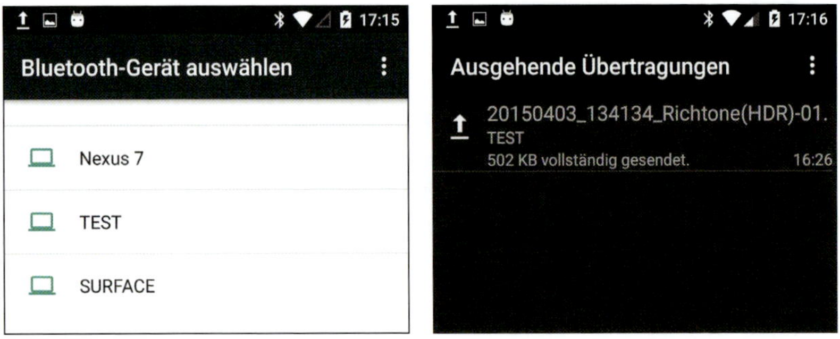

PC auswählen und Datei übertragen.

4. Auf dem PC erscheint ein Fenster, das den Übertragungsfortschritt anzeigt. Nach der Übertragung müssen Sie noch ein Verzeichnis wählen, in dem die empfangene Datei gespeichert werden soll.

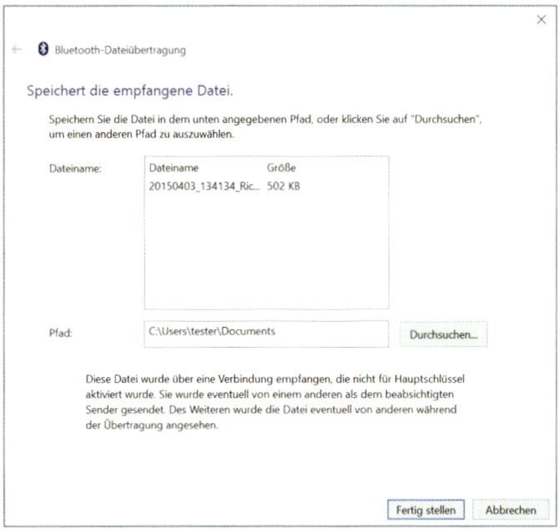

Empfangene Datei auf dem PC speichern.

Datei vom PC auf das Smartphone senden

Umgekehrt können Sie auch Dateien vom PC auf das Smartphone übertragen. Achten Sie dabei darauf, nur Dateitypen zu übertragen, mit denen Sie auf dem Smartphone auch etwas anfangen können, wie zum Beispiel Fotos.

1. Schalten Sie auf dem Smartphone Bluetooth ein und lassen Sie den *Einstellungen*-Bildschirm geöffnet, damit das Smartphone sichtbar bleibt.

2. Suchen Sie auf dem PC die zu übertragende Datei im Explorer, klicken Sie mit der rechten Maustaste darauf und wählen Sie im Kontextmenü *Senden an/Bluetooth-Gerät*.

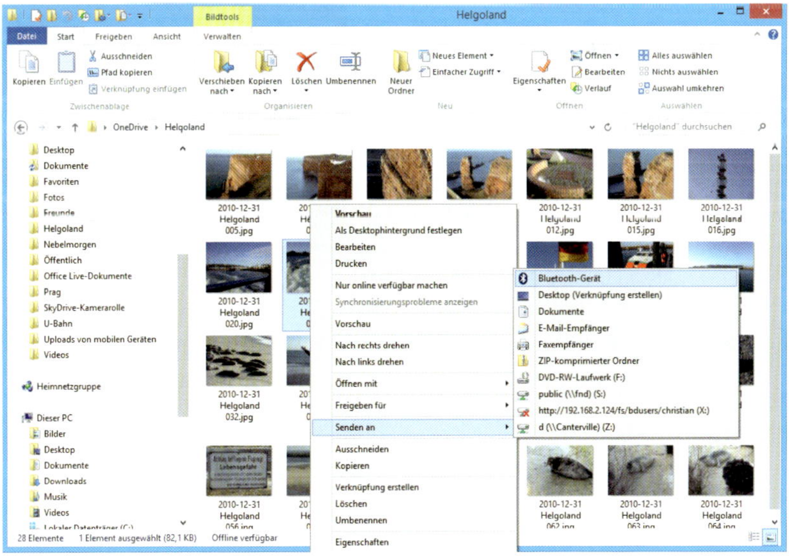

Foto aus dem Explorer an ein Bluetooth-Gerät senden.

3. Wählen Sie im nächsten Dialogfeld Ihr Smartphone aus und deaktivieren Sie die Option *Authentifizierung verwenden*. Klicken Sie anschließend auf *Weiter*.

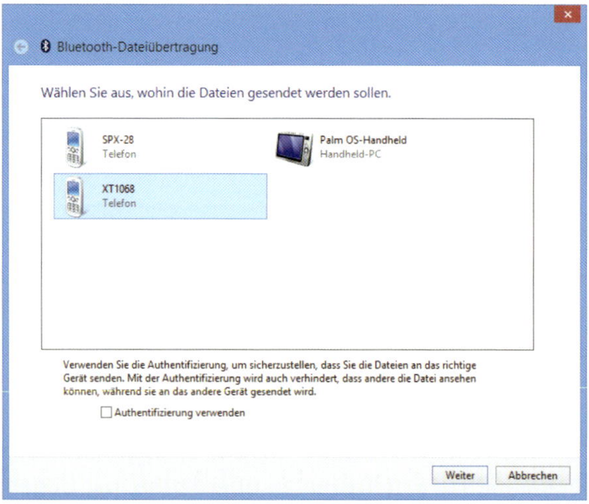

Bluetooth-Gerät in der Umgebung auswählen.

4. Auf dem Smartphone erscheint eine Benachrichtigung zur Datenübertragung, in der der Name des PCs sowie der Name der zu übertragenden Datei angezeigt werden. Tippen Sie hier auf *Akzeptieren*.

Foto per Bluetooth vom PC auf einem Smartphone empfangen.

5. Nach Abschluss der Übertragung sehen Sie eine weitere Benachrichtigung. Tippen Sie darauf, um die Liste empfangener Dateien zu öffnen.

6. Tippen Sie in der Liste auf die neu übertragene Datei, um sie mit der Standardanwendung zu öffnen. Sollte für diesen Dateityp keine Standardanwendung definiert sein, erscheint ein Auswahlfenster.

7. Schließen Sie auf dem PC das Fenster *Die Datei wurde erfolgreich übertragen* mit einem Klick auf *Fertig stellen*.

Android-Smartphones rooten

Wem die Freiheit, die Android auf normalem Weg schon bietet, noch nicht reicht, kann sein Handy rooten. Da Android auf Linux basiert, geht es auch von einem normalerweise eingeschränkten Benutzerkonto aus, dem kritische Systemzugriffe verwehrt werden. Ein spezieller Benutzer *root* hat Zugriff auf das komplette System, was natürlich mit hohen Risiken verbunden ist.

ACHTUNG: Das Rooting an sich ist zwar mittlerweile weitgehend sicher, danach hat man aber volle Rechte auf dem System und kann durch Fehlbedienung oder bösartige Apps, die ohne Root-Zugriff nicht laufen, sein System eventuell unwiderruflich beschädigen. Im Gegensatz zu einem durch Fehlbedienung beschädigten Windows-PC lässt sich das Betriebssystem auf einem Android-Smartphone nicht einfach neu installieren. Es gibt auch keine Systemwiederherstellung und keine Rettungs-CD. Da beim Rooten alle Sicherheitsmechanismen außer Kraft gesetzt werden, kann angebliche Tuning-Software, die Prozessor oder Grafikchips übertaktet, diese auch tatsächlich hardwareseitig beschädigen oder gar zerstören. Ein Android-Gerät zu rooten, ist zwar nicht illegal, da im Gegensatz zu Jailbreaks auf dem iPhone keine Urheberrechte verletzt und auch keine bewusst gesetzten Sperren aufgebrochen werden. Die meisten Hersteller lehnen Garantieansprüche für gerootete Geräte aber grundsätzlich ab.

Gerootete Smartphones haben keine der Android-typischen Sicherheitsmechanismen mehr. Sie stehen Trojanern und anderer bösartiger Software völlig offen gegenüber. Einige Trojaner rooten bei ihrer Installation das Smartphone, um anschließend weitere Software nachzuinstallieren.

Android-Nutzer können mit besonderen – von den Geräteherstellern nicht autorisierten – Tools sich selbst den Root-Zugriff auf ihr Smartphone freischalten. Dabei wird der Benutzer *root* angelegt, der normalerweise gar nicht vorhanden ist, und die Systempartition im Dateisystem komplett mit Schreibzugriff gemountet, damit der Benutzer *root* dann auch schreibend auf alle Dateien zugreifen kann – was diesem Benutzer und allen Apps mit Root-Zugriff verständlicherweise auch zerstörerische Prozesse ermöglicht.

Im gerooteten Modus sind noch weit mehr Funktionen möglich, was auch Entwicklern einen großen Spielraum für spezielle Root-Apps bietet. So ist zum Beispiel das Übertakten des Prozessors oder die Installation nicht vom Gerätehersteller autorisierter sogenannter CustomROMs nur mit Root-Berechtigung möglich, da bestimmte Schutzmechanismen des Systems übergangen werden müssen. CustomROMs sind Betriebssystemversionen, die von unabhängigen Entwicklergruppen erstellt werden und oft mehr Funktionen bieten als die Original-ROMs der Gerätehersteller.

Zuerst brauchen Sie ein Rooting-Tool, das zu Ihrem Smartphone passt. Da das Rooten für die meisten »normalen« Nutzer wesentlich mehr Risiken als Vorteile bringt, empfehlen wir hier kein Rooting-Werkzeug.

Ein guter Ansatzpunkt zur Suche nach derartigen Tools ist das XDA-Developers-Forum www.xda-developers.com. Bei PC-basierten Rooting-Tools lesen Sie immer zuerst genau die mitgelieferte Anleitung. In den meisten Fällen muss das Smartphone über eine bestimmte Tastenkombination in den Recovery-Modus versetzt werden. Oft müssen auch die normalen USB-Sync-Treiber des Herstellers auf dem PC deinstalliert werden, bevor eine zum Rooting geeignete Verbindung zwischen Smartphone und PC mit Spezialtreibern aufgebaut werden kann. Selbstverständlich ist auch eine Datensicherung vor dem Rooten angebracht.

Sind Sie sich nicht sicher, ob Ihr Smartphone gerootet ist oder nicht, hilft die kostenlose App *Root Checker Basic* weiter. Diese App überprüft das Smartphone auf mögliche Root-Zugriffe, ohne es selbst zu rooten oder irgendwelche anderen Veränderungen vorzunehmen. Damit der Test auf möglichen Root-Zugriff funktioniert, fragt die App wie jede App, die Root-Rechte benötigt, bei der Superuser-App nach. Hier muss eine entsprechende Anfrage bestätigt werden, um den Test durchzuführen.

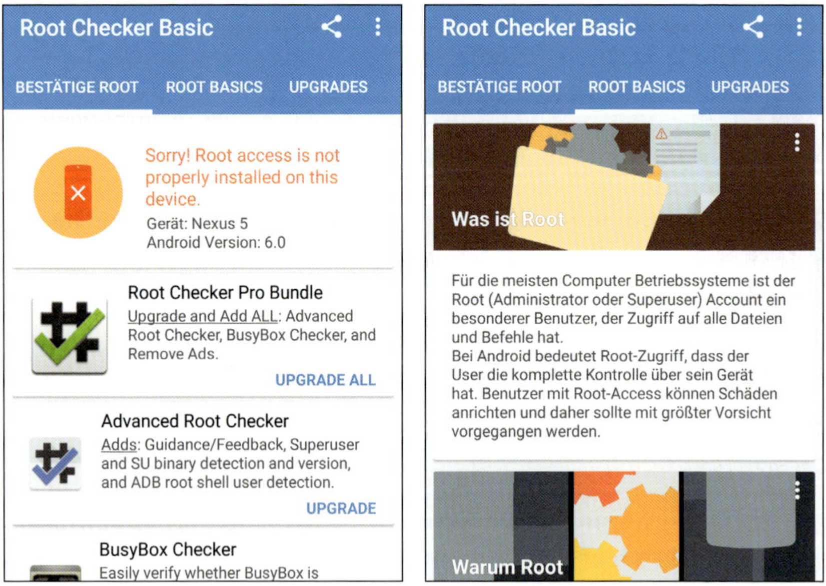

Root Checker Basic stellt fest, ob ein Smartphone gerootet ist oder nicht.

TIPP: Da das Rooting eine reine Softwaremaßnahme ist, lässt es sich in den meisten Fällen wieder rückgängig machen, solange Sie nicht im gerooteten Zustand ein anderes ROM installiert haben. Die Rooting-Tools verfügen fast alle auch über eine UnRoot-Funktion. Im Falle eines Garantieanspruchs kann ein Gerätehersteller aber durchaus erkennen, ob ein Fehler durch Rooting hervorgerufen wurde.

Das Easter Egg in Android 6

Easter Eggs, oder auf deutsch Ostereier, sind kleine, meist unterhaltsame Programmkomponenten, die Softwareentwickler irgendwo verstecken, wo man sie nicht so leicht findet. In Android gibt es traditionell ein Easter Egg, das den Süßigkeitsnamen der jeweiligen Android-Version darstellt. Wischen Sie in den *Einstellungen* ganz nach unten, tippen Sie auf *Über das Telefon* und danach oft hintereinander auf die angezeigte Android-Version. Jetzt erscheint ein Marshmallow-Symbol auf dem Bildschirm. Tippen Sie auch hier ein paar Mal in schneller Folge auf den Bildschirm und halten Sie den Finger dann eine Weile fest.

Das Easter Egg in Android 6 Marshmallow.

Nun erscheint ein einfaches Spiel im Stil des nicht mehr erhältlichen Klassikers *Flappy Bird*. Hier geht es darum, das Android-Männchen durch Antippen des Bildschirms zwischen den aufgespießten Marshmallows hindurch zu manövrieren, ohne daran anzustoßen. Ein ähnliches Easter Egg war auch schon in Android 5 Lollipop enthalten, mit dem Unterschied, dass man hier zwischen Lollis hindurchfliegen musste.

Androidify

Gerade die Apps, die manchen Nutzern als völlig sinnlos erscheinen, sind die, die anderen den meisten Spaß bereiten. Mit *Androidify* nimmt Google sich selbst auf den Arm und bietet Android-Fans die Möglichkeit, sich einen persönlichen Avatar im Android-Stil zu basteln, indem man das Android-Männchen nach eigenen Wünschen umgestaltet. Dazu stehen verschiedene Kleidungsstücke und Frisuren zur Verfügung, auch die Figur selbst kann größer, kleiner, schlanker oder beleibter ausfallen.

Mit Androidify das eigene Android-Männchen erschaffen.

Das fertige Android-Männchen lässt sich über die auf dem Smartphone installierten Kommunikationswege verteilen, als Bild in der Galerie speichern oder als Avatar im eigenen Google-Konto nutzen. Außer über die App auf dem Smartphone kann man *Androidify* auch am PC über www.androidify.com nutzen.

In diesem Sinne viel Spaß mit Ihrem Android-Smartphone!

Stichwortverzeichnis

A

B

Q

R

S

T

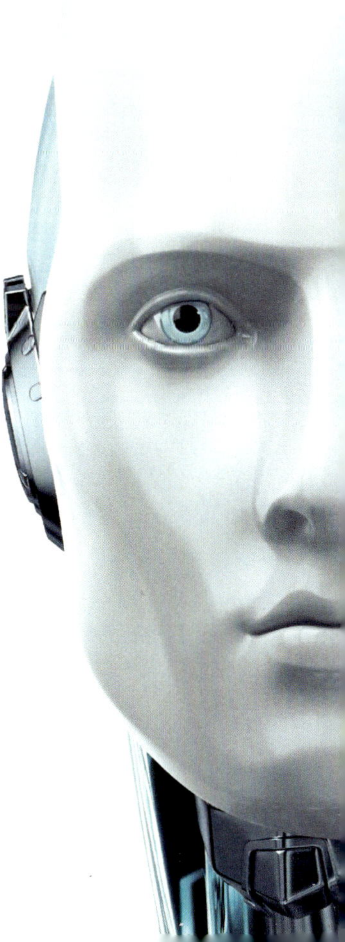